Fallstudienbuch Beteiligungscontrolling

Mit vertiefenden Übungen und wertorientierter Perspektive

von

Dipl.-Kfm. Niels Ahlemeyer
Univ.-Prof. Dr. Anton Burger
Dr. Philipp R. Ulbrich

Katholische Universität Eichstätt-Ingolstadt

Oldenbourg Verlag München

Dipl.-Kfm. Niels Ahlemeyer
Univ.-Prof. Dr. Anton Burger
Dr. Philipp R. Ulbrich

Lehrstuhl für ABWL und Unternehmensrechnung
Wirtschaftswissenschaftliche Fakultät Ingolstadt
Katholische Universität Eichstätt-Ingolstadt
Auf der Schanz 49
D-85049 Ingolstadt

niels.ahlemeyer@ku-eichstaett.de
anton.burger@ku-eichstaett.de

Bibliografische Information der Deutschen Nationalbibliothek

Die Deutsche Nationalbibliothek verzeichnet diese Publikation in der Deutschen Nationalbibliografie; detaillierte bibliografische Daten sind im Internet über <http://dnb.d-nb.de> abrufbar.

© 2009 Oldenbourg Wissenschaftsverlag GmbH
Rosenheimer Straße 145, D-81671 München
Telefon: (089) 45051-0
oldenbourg.de

Das Werk einschließlich aller Abbildungen ist urheberrechtlich geschützt. Jede Verwertung außerhalb der Grenzen des Urheberrechtsgesetzes ist ohne Zustimmung des Verlages unzulässig und strafbar. Das gilt insbesondere für Vervielfältigungen, Übersetzungen, Mikroverfilmungen und die Einspeicherung und Bearbeitung in elektronischen Systemen.

Lektorat: Wirtschafts- und Sozialwissenschaften, wiso@oldenbourg.de
Herstellung: Anna Grosser
Coverentwurf: Kochan & Partner, München
Gedruckt auf säure- und chlorfreiem Papier
Druck: Grafik + Druck, München
Bindung: Thomas Buchbinderei GmbH, Augsburg

ISBN 978-3-486-58874-3

Vorwort

Die Akquisition, die Integration, die laufende Steuerung und die Desinvestition von Beteiligungen stellen sowohl in der Wirtschaftspraxis als auch in der wissenschaftlichen Diskussion zentrale Problembereiche dar. Nicht nur kapitalmarktorientierte, sondern auch zahlreiche mittelständische Unternehmen weisen heute dezentrale Strukturen und einen starken Trend zur Konzernierung auf, so dass das Management von Beteiligungen zu einem immer bedeutenderen Führungsproblem wird.

Die einzelnen Phasen im Leben einer Beteiligung verlangen zum Teil Instrumente, die über die Toolbox eines klassischen Managements und Controllings hinausgehen. Daher ist die Entwicklung von Instrumenten notwendig, die für die Steuerung von Beteiligungen spezifisch sind.

Ziele dieses Buches sind: Erstens soll jeweils am Beginn der Kapitel eine kurze Rekapitulation zentraler Inhalte eines Beteiligungscontrollings aus dem im Oldenbourg-Verlag 2005 erschienenen Lehrbuch „Beteiligungscontrolling" geboten werden. Vor allem sollen zweitens Vorgehensweisen und Instrumente zum Beteiligungscontrolling anhand konstruierter Fallstudien konkretisiert werden. Dabei wird über den konzeptionellen Rahmen des seinerzeitigen Lehrbuchs weit hinausgegangen, indem in die einzelnen Beteiligungsphasen viele völlig neue Problemstellungen und Verknüpfungen, etwa zum externen Rechnungswesen, hereingenommen und mittels Fallstudien aufgearbeitet werden.

Aufrichtig danken wir Herrn *Dr. Jürgen Schechler* vom Oldenbourg-Verlag für die freundliche Aufnahme des Buches in sein Verlagsprogramm und für die harmonische Zusammenarbeit.

Niels Ahlemeyer/Anton Burger/Philipp Ulbrich

Ingolstadt, im August 2008

Einleitung

Das Leben einer Beteiligung kann idealtypisch in eine Akquisitionsphase, Integrationsphase, laufende Beteiligungsphase und Desinvestitionsphase untergliedert werden. Das Akquisitionscontrolling, das Integrationscontrolling, das Beteiligungscontrolling im engeren Sinn und das Desinvestitionscontrolling unterstützen in den einzelnen Phasen das Management. Oftmals übernimmt die Abteilung „Beteiligungscontrolling" auch Aufgaben des Akquisitions-, Integrations- und Desinvestitionscontrollings. Aufgrund dessen fokussiert dieses Lehrbuch auf alle Phasen einer Beteiligung in einem Unternehmensverbund.

In dem Kapitel „Grundlagen Beteiligungscontrolling" werden einfache Sachverhalte mit Fragen aufbereitet. Die Fragen sind so ausgestaltet, dass der Leser auch ohne Lehrbuch einen schnellen Überblick über die rechtlichen und ökonomischen Rahmenbedingungen sowie den Begriff „Beteiligungscontrolling" bekommt.

Das Kapitel „Akquisition" behandelt die Bildung von Akquisitionsstrategien und Methoden zur Bewertung von Akquisitionsobjekten. Das Kapitel enthält eine umfangreiche Fallstudie, die sich über 100 Seiten hinzieht und dem tieferen Verständnis dient. Darüber hinaus finden sich kleinere Aufgaben zur Bewertung von Akquisitionsobjekten am Ende des Kapitels.

In dem Kapitel „Integration" wird aufgezeigt, wie Wertsteigerungspotentiale durch Akquisitionen in einem Unternehmensverbund realisiert werden können. Da die Bewertungsinstrumente schon in der Akquisitionsphase vorgestellt werden und die Wertsteigerungspotentiale branchenspezifisch sind, wird eine konzeptionelle Aufarbeitung des Wissens anhand von Fragen und Formeln gewählt.

Das Kapitel „Laufendes Beteiligungscontrolling" bereitet in einfacher Form Wissen zum Planungs- und Berichtswesen auf. Umfangreiche Aufgaben zu den Verrechnungspreisen und den Anreiz- und Vergütungssystemen runden das Kapitel ab.

In dem Kapitel „Desinvestition" werden grundlegende Begriffe als Basiswissen eines Beteiligungscontrollers eingeübt. Eine kleine Fallstudie schließt das Kapitel ab.

Inhalt

Vorwort		**V**
Einleitung		**VII**
1	**Grundlagen Beteiligungscontrolling**	**1**
1.1	Einführung in das Beteiligungscontrolling	1
1.2	Rechtliche Rahmenbedingungen	8
1.3	Ökonomische Rahmenbedingungen	23
1.4	Eigenständiges Beteiligungscontrolling und Begriff des Beteiligungscontrolling	34
2	**Akquisition**	**41**
2.1	Akquisitionsstrategien	41
2.2	Phasen der Akquisition	155
2.3	Unternehmensbewertung im Rahmen der Akquisitionsphase	170
3	**Integration**	**221**
3.1	Grundlagen der Integration	221
3.2	Aufgaben und Instrumente der Integration	233
4	**Laufendes Beteiligungscontrolling**	**251**
4.1	Planungs- und Berichtswesen	251
4.2	Verrechnungspreise	281
4.3	Anreiz- und Vergütungssysteme	293
5	**Controlling der Desinvestition**	**303**
5.1	Konzepte der Desinvestition	303
5.2	Der Prozess der Desinvestition	311
Stichwortverzeichnis		**319**

1 Grundlagen Beteiligungscontrolling

1.1 Einführung in das Beteiligungscontrolling

Begriff der Beteiligung:

Erklären Sie anhand des Beispiels, was man allgemein unter dem Begriff „**Beteiligung**" versteht (siehe Lehrbuch S. 1)!

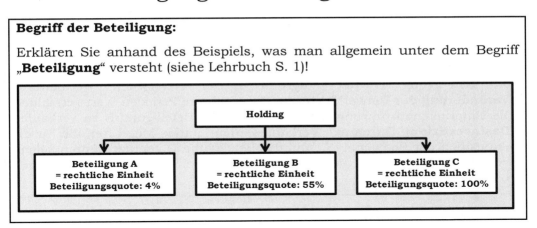

- Der Begriff „**Beteiligung**" bezeichnet allgemein das Halten eines Anteils an einem rechtlich selbständigen Unternehmen. Da die Beteiligungen A, B und C rechtliche Einheiten sind, kann man diese unabhängig von der Beteiligungsquote allgemein als Beteiligungen bezeichnen.

Relevanz des Beteiligungsbegriffs:

Die Holding hält im Jahr t die Beteiligung A und die Beteiligung B:

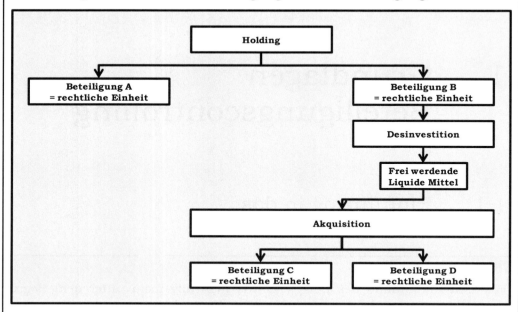

Die Beteiligung B hat aufgrund eines verschärften Wettbewerbs (**Veränderung der Umweltfaktoren**) über mehrere Perioden Wert vernichtet. Die Unternehmensführung entschließt sich die Beteiligung B zu verkaufen (**Desinvestition**). Durch den Verkauf werden Liquide Mittel frei, die für die Akquisition der Beteiligung C und der Beteiligung D genutzt werden sollen. Welche Gründe gibt es für das Halten von Beteiligungen (siehe Lehrbuch S. 3–5)?

- Möglichkeit der **Haftungsbeschränkung**
- Möglichkeit der Fortführung des **Firmennamens**
- Möglichkeit der **Kontrolle mit geringerem Kapitaleinsatz** aufgrund von weiteren Eigenkapitalgebern
- Möglichkeit des **schnellen Verkaufs** der Anteile an einer Beteiligung und der **flexiblen Anpassung** an neue Umweltkonstellationen oder an interne Strategieausrichtungen
- Möglichkeit der gezielten **Beteiligung von Partnern** an dem rechtlich selbständigen Unternehmen
- Verbesserte **Reaktionsfähigkeit,** stärkere **Innovationskraft** und **höhere Motivation** sowie **Messbarkeit des Erfolgs** des Managements durch eine dezentralisierte Unternehmensführung.

1.1 Einführung in das Beteiligungscontrolling

> **Betriebswirtschaftlicher Beteiligungsbegriff:**
> Gehen Sie bitte kurz auf die betriebswirtschaftlichen Beteiligungsbegriffe ein (siehe Lehrbuch S. 7–8)!

Als betriebswirtschaftliche Beteiligungsbegriffe haben sich die unternehmerische und die wirtschaftliche Beteiligung durchgesetzt:

- Eine **unternehmerische Beteiligung** liegt vor, wenn folgende Charakteristika erfüllt sind:
    - Engagement in einem rechtlich selbständigen Unternehmen
    - Möglichkeit der aktiven Einflussnahme
    - Möglichkeit der Integration in die eigene Strategiegestaltung
- Eine **wirtschaftliche Beteiligung** liegt vor, wenn die Kriterien der unternehmerischen Beteiligung erfüllt sind und zusätzlich ein **Interesse** an der Nutzung der Möglichkeit der aktiven Einflussnahme besteht.

> **Unternehmerische Beteiligung:**
> Diskutieren Sie, ob die AB-AG eine unternehmerische Beteiligung der Conglo AG sein kann!

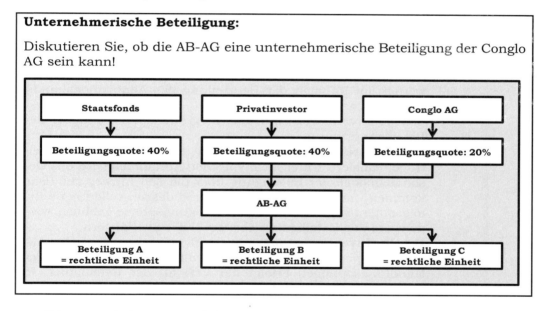

- Die AB-AG ist ein rechtlich selbständiges Unternehmen. Durch den Erwerb von 20% an der AB-AG ist die Conglo AG ein finanzielles Engagement eingegangen.
- Mit 20% hat die Conglo AG nur beschränkte Einflussmöglichkeiten. Sie hat aber die Möglichkeit eine Hauptversammlung einzuberufen und aktiv auf der Hauptversammlung auf die Geschäftstätigkeit einzuwirken.
- Ein Staatsfonds hat meistens kein Interesse aktiv in die Strategiegestaltung einzugreifen, so dass diesem eine neutrale Position zuzuschreiben ist. Da der Privatinvestor 40% der Anteile besitzt, hängt die Möglichkeit

der Einflussnahme und der Integration der AB-AG in die Strategiegestaltung der Conglo AG von der Kooperationsbereitschaft des Privatinvestors ab.

> **Beteiligungslebenszyklus:**
>
> Erörtern Sie das Konzept des Beteiligungslebenszyklus und ordnen Sie die Integrationsphase in das Beteiligungscontrolling ein (siehe Lehrbuch S. 8–10)!

- Der Beteiligungslebenszyklus stellt das Leben einer Beteiligung in einer idealtypischen Entwicklung dar.
    - In der **Akquisitionsphase** wird die Beteiligung gekauft. Es wird eine wertsteigernde Akquisitionsstrategie festgelegt und nach optimalen Akquisitionskandidaten gesucht. Nach einer detaillierten Beurteilung erfolgt der Kauf der Beteiligung. Das Erfolgspotential sollte in den einzelnen Subphasen maximiert werden.
    - Die **Integrationsphase** kann als eigenständige Phase definiert werden, überschneidet sich aber mit der Akquisitions- und der Beteiligungsphase. Während der Akquisitionsphase werden im Rahmen der Beurteilung des Akquisitionskandidaten Integrationsvorteile bewertet, die in der Integrationsphase zu realisieren sind. Die Integrationsphase endet in der Beteiligungsphase.
    - In der **Beteiligungsphase** werden die geplanten Erfolgsbeiträge realisiert. Unter idealtypischen Annahmen wird das Geschäftsmodell der Beteiligung über die Zeit hinweg zur Reife kommen und degenerieren. Aufgrund dessen sollen neue Erfolgspotentiale während der Beteiligungsphase gehoben werden, um den Beteiligungslebenszyklus zu verlängern.
    - Die **Desinvestitionsphase** verläuft spiegelverkehrt zur Akquisitionsphase. Nach einer detaillierten Beurteilung der Handlungsoptionen erfolgt der Verkauf der Beteiligung. In den einzelnen Subphasen soll das Risikopotential minimiert werden.

Obwohl sich eine **genaue Positionierung** einer Beteiligung im Beteiligungslebenszyklus als schwierig erweist und **diskontinuierliche Prozesse** nicht erfasst werden, erlaubt der Beteiligungslebenszyklus eine projekt- und prozessorientierte Betrachtung.

1.1 Einführung in das Beteiligungscontrolling

Beteiligungslebenszyklus:

Das folgende Beispiel zeigt den Umsatz, den Net Operating Profit Less Adjusted Taxes (NOPLAT) und den Free Cashflow (FCF) der einzelnen Beteiligungen einer Holding:[1]

		Holding			
		Holding	**Beteiligung A**	**Beteiligung B**	**Beteiligung C**
		Umsatzerlöse	**Umsatzerlöse**	**Umsatzerlöse**	**Umsatzerlöse**
Jahr	t-2	28.885.650	3.168.000	19.293.750	6.423.900
	t-1	28.947.570	3.643.200	19.467.000	5.837.370
	t	28.629.962	4.530.240	19.252.052	4.847.670
	t+1e	29.500.374	6.457.651	19.030.858	4.011.865
	t+2e	31.912.747	9.801.792	18.803.315	3.307.640
		NOPLAT	**NOPLAT**	**NOPLAT**	**NOPLAT**
Jahr	t-2	2.055.570	357.136	1.416.126	282.308
	t-1	2.059.569	526.521	1.379.796	153.253
	t	1.882.330	590.445	1.209.675	82.211
	t+1e	2.437.796	1.272.724	986.071	179.001
	t+2e	3.268.400	2.259.822	960.873	47.705
		FCF	**FCF**	**FCF**	**FCF**
Jahr	t-2	3.822.858	790.946	1.611.115	1.420.796
	t-1	223.400	-670.273	1.604.700	-711.027
	t	-5.149.426	-846.334	-2.839.709	-1.463.383
	t+1e	4.068.776	-321.395	1.383.546	3.006.625
	t+2e	2.932.949	926.927	1.138.719	867.304

Nehmen Sie an, dass die einzelnen Beteiligungen Produkte herstellen, die unterschiedliche Kundenbedürfnisse befriedigen. Welche Trends können Sie feststellen? Wo könnten sich die Beteiligungen in ihrem Lebenszyklus befinden?

- Der Gesamtumsatz der Holding steigt stetig.
    - Die Umsatzsteigerung wird hauptsächlich durch die **Beteiligung A** getrieben. Die hohen Wachstumsraten lassen darauf schließen, dass die Beteiligung A sich noch am **Anfang des Lebenszyklus** befindet. Der NOPLAT steigt ebenfalls stark an. Durch die hohen Umsatzwachstumsraten ist der FCF über mehrere Perioden negativ, weil höchstwahrscheinlich Erweiterungsinvestitionen getätigt werden müssen, um das Umsatzwachstum zu ermöglichen.
    - Der Umsatz der **Beteiligung B** ist leicht abnehmend. Es ist nicht ersichtlich, ob der Umsatzrückgang durch einen Absatzrückgang oder durch einen Preisrückgang verursacht wurde. Ein Absatzrückgang könnte durch einen Verlust von Marktanteilen oder durch einen Rückgang des Marktvolumens zustande kommen.

---

[1] Die Balken geben zur Verdeutlichung die Trendentwicklung der Zahlen wieder.

Bei einem Rückgang des Marktvolumens ist zu hinterfragen, ob der Rückgang kurzfristiger Natur ist (Konjunkturabschwung) oder ob sich langfristige Nachfrageverschiebungen ergeben haben. Die Beteiligung B wird wahrscheinlich auf einem gesättigten Markt operieren. Ob der Umsatz und der NOPLAT in der Zukunft abnehmen, sich stabilisieren oder leicht zunehmen wird ist nicht ersichtlich. Daher ist **keine klare Positionierung** der Beteiligung B im Lebenszyklus möglich.

- Der Umsatz der **Beteiligung C** ist stark abnehmend. Die Beteiligung C wird sich mit dem jetzigen Geschäftsmodell am Ende des Lebenszyklus befinden. Der FCF übertrifft bei weitem den NOPLAT über mehrere Perioden. Dies ist ein eindeutiges Zeichen, dass wenige Ersatz- und Erweiterungsinvestitionen getätigt wurden und die Beteiligung sich in einem schrumpfenden Markt und sich damit auch am **Ende des Lebenszyklus** befindet.

Beteiligungslebenszyklus:

Das Management der Holding möchte das folgende Unternehmen akquirieren:

Jahr	Akquisitionsobjekt		
	Umsatzerlöse	NOPLAT	FCF
t-2	1.848.000	-112.776	-754.616
t-1	2.112.000	-170.808	-576.140
t	2.608.320	-134.897	-299.847
t+1e	3.459.456	196.514	24.853
t+2e	4.900.896	622.668	695.473

Das Unternehmen stellt die gleichen Produkte wie die Beteiligung A her. Wie ist diese Akquisition im Hinblick auf den Beteiligungslebenszyklus zu bewerten?

- Der Kauf des Akquisitionsobjektes ist der Akquisitionsphase zuzuordnen. Das Management hat hier die Strategie, das Geschäftsfeld der Beteiligung A zu stärken. Dieses Geschäftsfeld hat eine hohe Wachstumsdynamik. Der NOPLAT des Akquisitionsobjektes wird wahrscheinlich erst in der nächsten Periode positiv werden und danach stark steigen. Durch die Akquisition sollen daher zukünftige Erfolge hinzugekauft werden. Dadurch dass die Beteiligung A und das Akquisitionsobjekt die gleichen Produkte herstellen, kann das Unternehmen versuchen durch den Verbund Wertsteigerungen zu erzielen.
- Um die Beteiligung A zu stärken, sollten zuerst verschiedene Akquisitionsobjekte **gesucht**, **beurteilt** und **bewertet** werden, um daraus dasjenige auszuwählen, das den Wert bzw. das **Erfolgspotential** der Holding am meisten steigert.

1.1 Einführung in das Beteiligungscontrolling

> **Beteiligungslebenszyklus:**
>
> Das Management der Holding hat sich entschlossen, die Beteiligung C in der Periode t zu verkaufen:
>
> | Jahr | Desinvestitionsobjekt | | |
> |---|---|---|---|
> | | Umsatzerlöse | NOPLAT | FCF |
> | t-2 | 6.423.900 | 282.308 | 1.420.796 |
> | t-1 | 5.837.370 | 153.253 | -711.027 |
> | t | 4.847.670 | 82.211 | -1.463.383 |
> | t+1e | 4.011.865 | 179.001 | 3.006.625 |
> | t+2e | 3.307.640 | 47.705 | 867.304 |
>
> Wie ist diese Akquisition im Hinblick auf den Beteiligungslebenszyklus zu bewerten?

- Der Verkauf der Beteiligung erfolgt in der Desinvestitionsphase. Der Umsatz und der NOPLAT der Beteiligung C nehmen voraussichtlich in den nächsten Perioden weiter stark ab. Das Unternehmen muss daher die Kapazitäten reduzieren, um sich an die fallende Nachfrage anzupassen. Fixkosten lassen sich nur langsam an die neue Nachfragesituation anpassen. In Verbindung mit einem starken Preisdruck auf der Absatzseite, kann dies leicht zu Verlusten führen. Durch den fallenden NOPLAT wird es auch immer schwieriger etwaige Zinszahlungen aus dem operativen Geschäft zu zahlen. Es wird dementsprechend die Strategie verfolgt eine sich schlecht entwickelnde Beteiligung möglichst früh zu verkaufen, um das **Risiko** zu eliminieren, keine risikoadäquate Rendite mehr erwirtschaften zu können.
- Im Rahmen der Desinvestitionsphase sollten verschiedene potentielle Käufer **gesucht**, **beurteilt** und **bewertet** werden, um denjenigen Käufer auszuwählen, der für die Holding am vorteilhaftesten ist.

> **Beteiligungslebenszyklus:**
>
> Nennen Sie zwei Strategien, die für einen Kauf des Desinvestitionsobjektes sprechen!

- Ein **Konkurrent** könnte an einem Kauf des Desinvestitionsobjektes interessiert sein. Zwar werden fallende Umsätze prognostiziert, wodurch die Produktionskapazitäten an die neue Nachfragesituation angepasst werden müssen; allerdings kann der Konkurrent durch den Kauf unter Umständen den **Konkurrenzdruck** verringern. Dies hat zur Folge, dass höhere Preise gegenüber den Kunden durchgesetzt werden können und die Kapazitätsanpassung im besten Fall sogar profitabel stattfindet.
- Ein Unternehmen könnte an einem Kauf interessiert sein, um eine **strategische Restrukturierung** vorzunehmen. Es könnte Wissen

besitzen, wie man das Potential des Desinvestitionsobjekts nutzen kann, um **neue Umsatzquellen** zu erschließen. Darüber hinaus könnte es versuchen **Teile des Desinvestitionsobjekts zu schließen** und **profitable Teile weiterzuführen**. Die Holding könnte auch selbst eine Restrukturierung durchführen, würde dann allerdings das Risiko eines Misserfolgs der Restrukturierung tragen und wertvolle Managementressourcen binden.

1.2 Rechtliche Rahmenbedingungen

Rechtliche Form einer Beteiligung:

Wie werden die folgenden Beteiligungen der Holding geführt (siehe Lehrbuch S. 11)? Gehen Sie auch darauf ein, warum wahrscheinlich die Beteiligungen A, B und C in der rechtlichen Form einer Kapitalgesellschaft geführt werden!

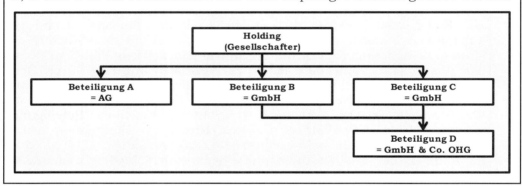

- Die Holding ist in dem Beispiel Gesellschafter der Beteiligungen A, B und C. Die Beteiligungen B und C wiederum sind Gesellschafter der Beteiligung D. Die Beteiligung D hat die Rechtsform einer Personengesellschaft. Dadurch dass die Gesellschafter beschränkt haftend sind, wird sie zur GmbH & Co. OHG.
    - Der Vorstand der **Beteiligung A** führt diese eigenverantwortlich unter Beachtung der Sorgfaltspflichten. Die Holding nimmt über die **Hauptversammlung** Einfluss auf die Willensbildung der Beteiligung A.
    - Die **Beteiligung B** und die **Beteiligung C** werden von einem Geschäftsführer geleitet. Die Holding nimmt über die **Gesellschafterversammlung** Einfluss auf die Willensbildung in den Beteiligungen B und C.
    - Die **Beteiligung D** wird von den **Geschäftsführern** der Beteiligung B und C geführt soweit im Gesellschaftsvertrag nichts Abweichendes geregelt wird.

1.2 Rechtliche Rahmenbedingungen

- Als rechtliche Form von Beteiligungen kommen Personengesellschaften oder Kapitalgesellschaften in Frage. **Kapitalgesellschaften** (z.B. AG, KGaA, GmbH) können eine Haftungsbeschränkung ermöglichen und eignen sich besser zur Fremdgeschäftsführung.

Typisch stille Beteiligung:

Erklären Sie mit Hilfe des folgenden Beispiels, was die Eigenschaften einer typisch stillen Beteiligung sind (siehe Lehrbuch S. 12–13)?

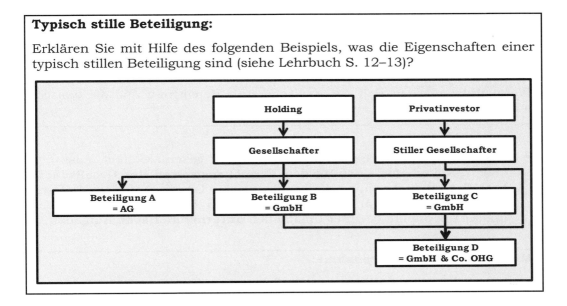

- Der stille Gesellschafter haftet bei einer typisch stillen Beteiligung mit seiner **Einlage**, hat einen Anspruch auf ein angemessenes ergebnisabhängiges **Beteiligungsentgelt** und bei Beendigung des Gesellschaftsverhältnisses auf **Rückzahlung** der Nominaleinlage.
- Der stille Gesellschafter wird **nicht** gesondert im **Handelsregister** ausgewiesen und **nicht** durch die vom Unternehmen geschlossenen Geschäfte **berechtigt und verpflichtet**.
- Die Beteiligungen B und C werden in dem Beispiel als Gesellschafter der Beteiligung D im Handelsregister eingetragen. Der Privatinvestor als stiller Gesellschafter wird hingegen nicht im Handelsregister aufgeführt. Es wird daher nicht öffentlich sichtbar, dass der Privatinvestor der Beteiligung D Geld zur Verfügung gestellt hat. Während die Beteiligungen B und C mit ihrem Vermögen für die Beteiligung D haften, haftet der Privatinvestor als stiller Gesellschafter nur in Höhe seiner Einlage.

Typisch stille Beteiligung:

Welcher der folgenden drei Aussagen ist richtig?

1) Der typisch stille Gesellschafter besitzt einen Anteil an den Vermögenswerten der Gesellschaft. Im Außenverhältnis wird dies aber nicht deutlich.
2) Der stille Gesellschafter haftet nur mit seiner Einlage und wird im Handelsregister nicht gesondert ausgewiesen.
3) Der typisch stille Gesellschafter wird durch die vom Unternehmen geschlossenen Geschäfte berechtigt und verpflichtet.

Atypische stille Beteiligung:

Worin unterscheiden sich die atypische stille Beteiligung und die typische stille Beteiligung (siehe Lehrbuch S. 12–13)?

- Die atypische stille Beteiligung ist dadurch gekennzeichnet, dass der stille Gesellschafter auch an den **Vermögenswerten der Gesellschaft beteiligt** ist und somit bei Beendigung des Gesellschaftsverhältnisses ebenfalls einen Anspruch auf die anteiligen Rücklagen hat. Darüber hinaus übernimmt er unter Umständen **unternehmerische Aufgaben**.

Möglichkeit der Einflussnahme:

Wodurch wird die Möglichkeit zur Einflussnahme bestimmt (siehe Lehrbuch S. 13–15)?

- Die Möglichkeit zur Einflussnahme auf eine Beteiligung wird wesentlich durch die **Beteiligungsquote** bestimmt. **Vertragliche Gestaltungen**, **personelle Verflechtungen**, die **Streuung des Anteilsbesitzes** und das **Interesse an einer Einflussnahme** sind als weitere Einflussfaktoren zu beachten.

1.2 Rechtliche Rahmenbedingungen

Beteiligungsform:

Charakterisieren Sie kurz die jeweilige Form der Beteiligung der Holding (siehe Lehrbuch S. 14)?

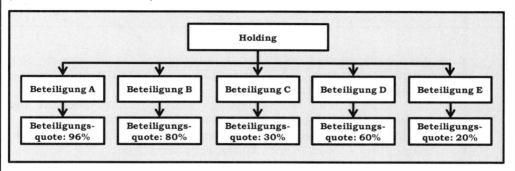

- Die Holding hat an der Beteiligungen A und B jeweils eine **qualifizierte Mehrheitsbeteiligung** (75%-100%). Die Holding kann daher als Gesellschafter bei der Beteiligung A und B Satzungsänderungen durchsetzen, Kapitalerhöhungen vornehmen und einen Beherrschungs- und Gewinnabführungsvertrag abschließen.
- An der Beteiligung A hält die Holding eine **Eingliederungsbeteiligung** (95%-<100%). Als herrschender Gesellschafter kann die Holding die Minderheits-Anteilseigner im Rahmen eines Squeeze-out ausschließen. Durch den Squeeze-out kommt es zu einem **Delisting der Aktien der Minderheitsaktionäre** gegen eine angemessene Barabfindung, die durch einen Sachverständigen zu prüfen ist.
- Die Beteiligung D ist eine **einfache Mehrheitsbeteiligung** (>50%). Die Holding kann über alle Fragen, die keine qualifizierte Mehrheitsbeteiligung erfordern, entscheiden.
- Darüber hinaus hat die Holding eine **Sperrminderheitsbeteiligung** (>25%-<50%) an der Beteiligung C und kann dadurch Kapitalerhöhungen, Satzungsänderungen und den Abschluss eines Beherrschungs- und Gewinnabführungsvertrags verhindern. Die **Minderheitsbeteiligung** an der Beteiligung E ermöglicht es der Holding Beschlüsse zu blockieren.

Vermögens- und Verwaltungsrecht:

Was wird unter dem Vermögens- und Verwaltungsrecht, das durch das Halten eines Anteils an einer Beteiligung entsteht, verstanden (siehe Lehrbuch S. 16–17)?

- Durch das Halten von Anteilen an einer Beteiligung entstehen dem Gesellschafter Vermögens- und Verwaltungsrechte. Diese differieren je nach Rechtsform der Kapitalgesellschaft.
    - Das Vermögensrecht konkretisiert sich durch das **Recht auf Dividende** und einen **Anteil am Liquidationserlös**.
    - Die **Möglichkeit der Einflussnahme** auf die Willensbildung der Beteiligung wird als Verwaltungsrecht bezeichnet.

Ausschüttung:

Wie viel darf der Holding und den weiteren Gesellschaftern maximal ausgeschüttet werden (siehe Lehrbuch S. 18–19)? Die Beteiligung A muss keine satzungsmäßige Rücklage bilden.

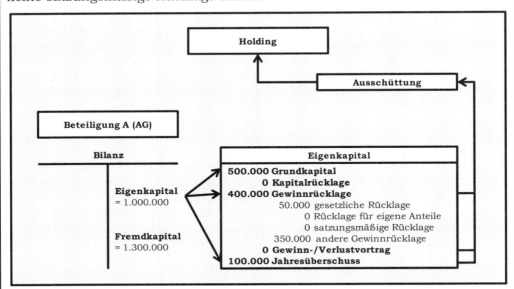

- Die Gesellschafter leisten ihre Einlage in bar und in voller Höhe. In der Folge dürfen nur in der Bilanz **ausgewiesene Gewinne** und **freie Rücklagen** als Dividende ausgeschüttet werden. Das **Grundkapital** und die **gesetzlichen Rücklagen** dürfen nicht angegriffen werden. Lediglich

die förmliche Kapitalherabsetzung ermöglicht eine weitere Rückführung von Mitteln an die Gesellschafter.
- Die gesetzliche Rücklage muss zusammen mit der Kapitalrücklage 10% des Grundkapitals betragen. Beträgt die gesetzliche Rücklage zusammen mit der Kapitalrücklage weniger als 10% des Grundkapitals, müssen mindestens 5% des um den Gewinn-/Verlustvortrag korrigierten Jahresüberschusses der gesetzlichen Rücklage zugeführt werden. Die Beteiligung A kann in diesem Beispiel den kompletten Jahresüberschuss und die „andere Gewinnrücklage" an die Holding und die restlichen Gesellschafter abführen.

Fremdfinanzierung:

Worin liegt der Vorteil, wenn die Holding als Gesellschafter eine Beteiligung zusätzlich mit Fremdkapital anstatt mit Eigenkapital versorgt?

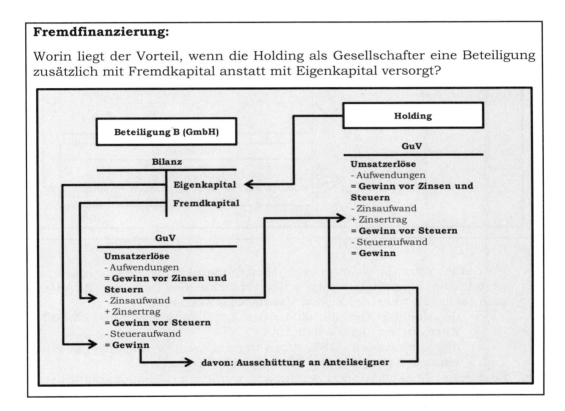

- Die Holding kann die Beteiligung A auch mit **Fremdkapital** anstatt mit Eigenkapital versorgen. Auf Beteiligungsebene wird der **Fremdkapitalzins** als Aufwand behandelt. Dies mindert den steuerpflichtigen Gewinn, also die Bemessungsgrundlage, auf der die Steuerzahlung berechnet wird. Auf Gesellschafterebene sind die **Zinserträge** steuerpflichtig. Im Besonderen ausländische Gesellschafter können aufgrund unterschiedlicher Steuersätze durch eine **Gesellschafter-Fremdfinanzierung** Steuern sparen.

- Darüber hinaus unterscheiden sich die Finanzierungsmöglichkeiten in der **Haftungsrangfolge**.

Eigenkapitalersatz:

Was sind die Voraussetzungen dafür, dass das Darlehen von der Holding nicht als Eigenkapitalersatz umqualifiziert wird (siehe Lehrbuch S. 36–38)?

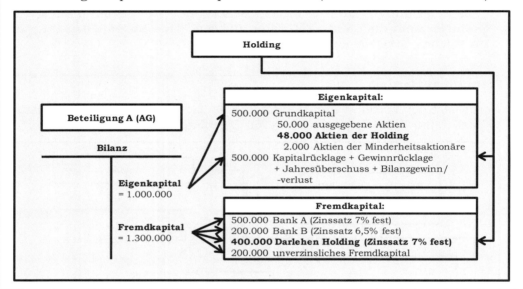

- Um eine steuerlich motivierte Fremdfinanzierung einzuschränken, werden die Fremdkapitalzinsen als verdeckte Gewinnausschüttungen umqualifiziert, wenn der Zinssatz **variabel** gestaltet ist,
    - die Holding (Gesellschafter) der Beteiligung mehr als **250.000 Euro** zur Verfügung stellt und
    - diese mindestens **25%** der Anteile an der Beteiligung hat oder einen **beherrschenden Einfluss** ausüben kann.
- Sind feste Zinskonditionen vereinbart, werden die Fremdkapitalzinsen als verdeckte Gewinnausschüttungen umqualifiziert, wenn
    - die Holding (Gesellschafter) der Beteiligung mehr als **250.000 Euro** zur Verfügung stellt und diese mindestens **25%** der Anteile besitzt oder einen **beherrschenden Einfluss** ausüben kann,
    - das anteilige Fremdkapital am Gesamtkapital mehr als **60%** beträgt und
    - die festen Zinskonditionen einem **Fremdvergleich** nicht standhalten.

    Für inländische Kapitalgesellschaften, deren Haupttätigkeit im Halten von anderen Beteiligungen besteht oder deren Bilanzvermö-

1.2 Rechtliche Rahmenbedingungen 15

gen mehr als 75% aus Beteiligungen an Kapitalgesellschaften ausmacht, gelten besondere Regelungen.

- Mit 48.000 Aktien hat die Holding einen Anteil von **96%** an der Beteiligung A. Die Höhe des Darlehens der Holding an der Beteiligung A beträgt **400.000 Euro**. Es ist ein **fester Zinssatz** von 7% vereinbart worden. Das anteilige Fremdkapital am Gesamtkapital beträgt **weniger als 60%**. Aufgrund dessen werden die Fremdkapitalzinsen nicht als verdeckte Gewinnausschüttungen umqualifiziert.

Gesellschafter-Fremdfinanzierung:

Hat es für den Gesellschafter Vorteile, in einer Krise, in der ein ordentlicher Kaufmann einer Beteiligung (GmbH) zur finanziellen Unterstützung Eigenkapital zugeführt hätte, die Beteiligung mit Fremdkapital zu versorgen (siehe Lehrbuch S. 20–21)?

- Ein Vorteil der Gesellschafter-Fremdfinanzierung ist die **nachrangige Haftungseigenschaft von Fremdkapital**. Wenn eine Beteiligung in einer Krise ist und als nicht mehr kreditwürdig betrachtet werden kann, würde es sich für einen Gesellschafter lohnen anstatt von Eigenkapital Fremdkapital nachzuschießen. Im Falle einer Insolvenz würde das Fremdkapital vor dem Eigenkapital aus der Insolvenzmasse bedient werden.
- Um die finanzielle Unterstützung der Beteiligung durch den Gesellschafter **zu Lasten anderer Fremdkapitalgeber** zu vermeiden, kommt es bei einer Zuführung von Fremdkapital in einer Krise zu einer Behandlung als **Eigenkapitalersatz**, wenn der Gesellschafter **10%** oder mehr des Stammkapitals besitzt oder **geschäftsführend** tätig ist.
- Dies gilt auch für Prolongationen von Fremdkapitalgewährungen, Sicherheitsgewährungen für Kredite und dem Abzug von gewährten Mitteln bei Eintritt einer Krise.
- Bis eine Unterbilanz beseitigt ist, dürfen weder das Fremdkapital zurückgeführt noch Zinsen gezahlt werden.

Gesellschafter-Fremdfinanzierung:

Darf die Beteiligung B in der folgenden Situation die fest vereinbarten Zinsen in Höhe von 7% für das Darlehen an die Holding zahlen?

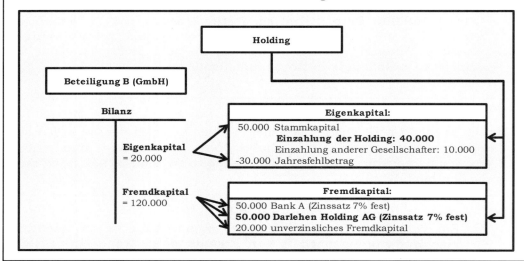

- In diesem Beispiel liegt das Buchkapital (20.000 Euro) unter dem Stammkapital (50.000 Euro), so dass eine Unterbilanz in Höhe von 30.000 Euro auftritt. Da die Holding 80% der Anteile besitzt, dürfen weder das Fremdkapital zurückgeführt noch Zinsen gezahlt werden, bis die Unterbilanz beseitigt ist.

Haftung:

Ein Unternehmen erwirbt die Mehrheit an einer rechtlich selbständigen Beteiligung. Kann sich das Unternehmen komplett aus der Haftung für die Beteiligung entziehen (siehe Lehrbuch S. 21–22)?

- Grundsätzlich sind der rechtlich selbständige Gesellschafter und die Gesellschaft, an der dieser eine Beteiligung hält, **zwei getrennte Rechtssubjekte**, die eigenverantwortlich unter Beachtung der Sorgfaltspflichten getrennt geführt werden.
- Im Besonderen bei **Alleinbeteiligungen** hat der Gesellschafter de facto weitere Einflussmöglichkeiten. Aufgrund dessen sind Erkenntnisse, Erklärungen und Handlungen einer Beteiligung dem Gesellschafter zuzurechnen. Dies gilt zum Beispiel für Zahlungen der Gesellschaft an von Gesellschaftern beeinflusste Personen.

- Im Rahmen des **Haftungsdurchgriffs** haftet der Gesellschafter für die Beteiligung im Außenverhältnis bzw. hat eine Verpflichtung zum Verlustausgleich im Innenverhältnis.
    - Der Haftungsdurchgriff kann *erstens* durch eine **Vermögensvermischung** von (privatem) Vermögen des Gesellschafters und der Beteiligung mit Beeinträchtigung der Kapitalerhaltungsvorschriften entstehen.
    - *Zweitens* kann der Haftungsdurchgriff durch eine vom Gesellschafter verursachte **Unterkapitalisierung** entstehen, bei der eine am Geschäftsumfang zu gering bemessene Kapitalausstattung vorliegt.
    - *Drittens* trifft der Haftungsdurchgriff ein, wenn es durch die **Konzernherrschaft** zu einer **Benachteiligung von Gläubigern** kommt.
- Das Unternehmen kann sich dementsprechend nicht immer komplett aus der Haftung für die Beteiligung entziehen.

Konzernformen:

Was wird im Aktiengesetz unter einem Gleichordnungskonzern und unter einem Unterordnungskonzern verstanden? Wie wird der Unterordnungskonzern weiter untergliedert (siehe Lehrbuch S. 23–26)?

- Im Aktiengesetz wird zwischen dem Gleichordnungskonzern und dem Unterordnungskonzern unterschieden. Der Unterordnungskonzern kann wiederum in den faktischen Konzern, den Vertragskonzern und den Eingliederungskonzern untergliedert werden.
    - Im **Gleichordnungskonzern** wird entweder durch einen Gleichordnungsvertrag oder durch personelle Verflechtungen eine einheitliche Leitung *ohne* Abhängigkeit sichergestellt.
    - Kann der Gesellschafter mittelbar bzw. unmittelbar einen beherrschenden Einfluss auf die Beteiligung ausüben oder wird diese unter der einheitlichen Leitung des Gesellschafters geführt, kommt es zu einer abhängigen Beteiligung, so dass ein **faktischer Konzern** vorliegt.
    - Wenn die einheitliche Leitung durch einen Vertrag vermittelt wird, liegt ein **Vertragskonzern** vor. Durch den Beherrschungsvertrag geht die Leitungsmacht der Beteiligung auf den Gesellschafter über. Ein Gewinnabführungsvertrag führt zu einer Ausschüttung des gesamten Jahresüberschusses an den Gesellschafter, der allerdings um Verlustvorträge und die Dotierung der gesetzlichen Rücklage zu vermindern ist. Wenn der Verlust nicht durch die Gewinnrücklagen gedeckt ist, kommt es in der Folge zu einer Verlustausgleichspflicht des

herrschenden Gesellschafters. Eine alleinige Insolvenz der Beteiligung ist dadurch nicht mehr möglich.
- o Der **Eingliederungskonzern** hat keine Minderheitsanteilseigner mehr. Der herrschende Gesellschafter hat ein umfassendes Weisungsrecht, das auch existenzgefährdende Maßnahmen deckt.

Gleichordnungskonzern:

Kommt durch die einheitliche Leitung im Gleichordnungskonzern eine Abhängigkeit zustande?

Ja   <u>Nein</u>

Steuerrechtliche Probleme in Unternehmensverbünden:

Eine inländische Kapitalgesellschaft schüttet Dividenden an einen inländischen Mehrheitsanteilseigner in der Rechtsform einer Kapitalgesellschaft aus. Diese Kapitalgesellschaft leitet die Dividenden an ihre Anteilseigner weiter. Was für ein steuerrechtliches Problem entsteht und wie hat der Gesetzgeber es geregelt (siehe Lehrbuch S. 33–36)?

- Wenn eine Beteiligung in Form einer Kapitalgesellschaft eine Ausschüttung an eine Körperschaft vornimmt, müsste die Ausschüttung auch auf Ebene der Körperschaft versteuert werden, um diese dann an einkommensteuerpflichtige Steuersubjekte ausschütten zu können. Um diese Benachteiligung durch eine Mehrfachbesteuerung zu vermeiden, sind **95%** der Ausschüttung auf Ebene der Körperschaft steuerfreie Einkünfte. Diese können nicht mit tatsächlich angefallenen Aufwendungen verrechnet werden, da auf die steuerfreien Einkünfte keine Steuern zu zahlen sind. **Pauschal** sind **5%** der Ausschüttungen zu versteuern. Darüber hinaus fallen aufgrund des **nationalen gewerbesteuerlichen Schachtelprivilegs** für Ausschüttungen keine Gewerbesteuern an, falls die Höhe einer inländischen Beteiligung mindestens 10% beträgt.

1.2 Rechtliche Rahmenbedingungen

> **Steuerrechtliche Probleme in Unternehmensverbünden:**
> Was für ein steuerrechtliches Problem entsteht, wenn die Tätigkeit einer Kapitalgesellschaft hauptsächlich darin besteht, andere Beteiligungen als Holding zu halten (siehe Lehrbuch S. 35–36)?

- Finanzielle Nachteile ergeben sich, wenn die Tätigkeit einer Holding hauptsächlich im Halten von Beteiligungen besteht. Es kommt auf Ebene der Beteiligungen zu Ausschüttungen an die Holding. Andere Aufwendungen auf Ebene der Holding, wie beispielsweise Fremdkapitalzinsen, Abschreibungen und Personalkosten, können **nicht** mit den Ausschüttungen **verrechnet** werden, da 95% des Ausschüttungsbetrags steuerfreie Einkünfte sind und 5% pauschal besteuert werden. Wenn keine weiteren Erträge auf Ebene der Holding generiert werden, kommt es zu einem **Aufbau von Verlustvorträgen**.

> **Verhinderung von Verlustvorträgen:**
> Was für Möglichkeiten bestehen für die Holding, Verlustvorträge trotzdem zu verhindern (siehe Lehrbuch S. 35)?

- Soweit die Holding **tatsächliche Leistungen** gegenüber den Beteiligten erbringt, kann sie zu **marktüblichen** Konditionen Entgelte als **Konzernumlagen** festsetzen.
- Eine andere Möglichkeit, um den Aufbau von Verlustvorträgen zu verhindern, ist die **Bildung von Organschaften**.

> **Organschaft:**
> Wird die Organgesellschaft oder der Organträger besteuert (siehe Lehrbuch S. 39)?

- Bei Vorliegen einer Organschaft wird nicht mehr jede rechtlich selbständige **Kapitalgesellschaft** besteuert (Trennungsprinzip). Anstatt dessen wird das Ergebnis der **Beteiligung** (Organgesellschaft) der **übergeordneten Einheit** (Organträger) zugerechnet und dort besteuert.

> **Organschaft:**
>
> Warum werden Organschaften gebildet (siehe Lehrbuch S. 40)?

- Beteiligungsbezogene Ausgaben und steuerliche Verluste können sofort geltend gemacht werden. Dadurch entsteht ein **Zins- und Liquiditätsvorteil**.

> **Organschaft:**
>
> Was sind die Voraussetzungen für die Bildung einer ertragssteuerlichen und einer umsatzsteuerlichen Organschaft (siehe Lehrbuch S. 39–41)?

- Voraussetzungen für die Bildung einer ertragssteuerlichen Organschaft sind:
    - eine **Stimmrechtsmehrheit** durch mittel- oder unmittelbare Beteiligung an einer **Kapitalgesellschaft** (finanzielle Eingliederung)
    - und einen für einen Zeitraum von mindestens fünf Jahren abgeschlossenen, in das Handelsregister eingetragenen und tatsächlich durchgeführten **Gewinnabführungsvertrag**.
    - Darüber hinaus müssen die **Beteiligungen** (Organgesellschaften) ihren **Sitz** und die **übergeordnete Einheit** (Organträger) ihre **Geschäftsleitung** im Inland haben.
- Die Bildung einer umsatzsteuerlichen Organschaft setzt neben der finanziellen Eingliederung die **organisatorische** und **wirtschaftliche Eingliederung** voraus.

> **Steuerrechtliche Besonderheiten bei der Akquisition:**
>
> Was ist beim Unternehmenskauf aus steuerrechtlicher Sicht zu beachten (siehe Lehrbuch S. 47)?

- Beim Unternehmenskauf ist darauf zu achten, dass die **Finanzierungskosten** von der Steuer abzugsfähig sind und eventuell vorhandene **Verlustvorträge** erhalten bleiben.
- Darüber hinaus sollte der **Kaufpreis größtenteils abschreibbar** sein, um eine steuermindernde Wirkung entfalten zu können.

1.2 Rechtliche Rahmenbedingungen

> **Share und Asset Deal:**
>
> Was versteht man unter einem **Share Deal** und unter einem **Asset Deal** (siehe Lehrbuch S. 47–48)?

- Beim **Share Deal** werden die Anteile eines Unternehmens erworben.
- Beim **Asset Deal** werden die einzelnen Vermögensgegenstände und Schulden des Unternehmens einzeln übertragen. Dabei kommt es zur Auflösung von stillen Reserven. Die Differenz zwischen dem Kaufpreis und dem Substanzwert (nach Aufdeckung der stillen Reserven) wird als Geschäftswert bilanziert.

> **Share Deal:**
>
> Wie wird der **Share Deal** steuerlich behandelt (siehe Lehrbuch S. 48)?

- Der Veräußerungsgewinn ist zu **95 % steuerfrei**. Veräußerungsgewinne, die auf einer Rückgängigmachung von früheren Teilwertabschreibungen beruhen, sind aber zu versteuern. Einbringungsgeborene Anteile, die innerhalb der siebenjährigen Sperrfrist verkauft werden, sind zu versteuern.
- **5 %** des Veräußerungsgewinns unterliegen der **Gewerbe- und Körperschaftssteuer**.
- Die Vermögensgegenstände können auf Basis ihrer **ursprünglichen Buchwerte** weiterhin **steuermindernd abgeschrieben** werden. Bei Wertminderungen der Beteiligung können allerdings außerplanmäßige Teilwertabschreibungen auf Ebene der Muttergesellschaft nicht steuerlich geltend gemacht werden.

> **Asset Deal:**
>
> Wie wird der **Asset Deal** steuerlich behandelt (siehe Lehrbuch S. 48)?

- Der Veräußerer hat eventuelle **stille Reserven aufzudecken** und ein Goodwill zu aktivieren. Durch die Aufdeckung eventueller stiller Reserven und die Aktivierung eines Goodwill kommt es beim Veräußerer unter Abzug von Veräußerungskosten zu einem zu versteuernden **außerordentlichen Gewinn**.
- Beim Käufer wirken hingegen die **Abschreibungen** der Vermögensgegenstände und des Goodwills **steuermindernd**.
- Der **Asset Deal** spielt aber in der Praxis eine untergeordnete Rolle, da die gesamte Steuerbelastung des Verkäufers und Käufers regelmäßig höher ausfällt als bei dem **Share Deal**.

> Welche der folgenden Aussagen sind richtig?

Der positive Unterschiedsbetrag zwischen dem Veräußerungspreis und dem Buchwert des Betriebsvermögens einschließlich der Veräußerungskosten ist beim **Share Deal** zu 95% steuerfrei.

<u>Richtig</u>   Falsch

Der positive Unterschiedsbetrag kann beim **Share Deal** in den darauffolgenden Jahren steuermindernd abgeschrieben werden.

Richtig   <u>Falsch</u>

Beim **Share Deal** werden die einzelnen Vermögensgegenstände des Unternehmens einzeln übertragen.

Richtig   <u>Falsch</u>

Beim **Asset Deal** ist ein positiver Unterschiedsbetrag als außerordentlicher Gewinn beim Veräußerer voll zu versteuern.

<u>Richtig</u>   Falsch

> **Verlustvorträge:**
>
> Wann können bei einem Unternehmenskauf keine Verlustvorträge übertragen werden (siehe Lehrbuch S. 49)?

- Wenn **mehr als die Hälfte der Anteile** an einer Kapitalgesellschaft übertragen werden und
- der Geschäftsbetrieb überwiegend (> 50%) mit **neuem Betriebsvermögen** fortgeführt wird, können keine Verlustvorträge übertragen werden.

1.3 Ökonomische Rahmenbedingungen

> **Transaktionskosten:**
>
> Warum kann eine Akquisition zu einer Verringerung von Transaktionskosten führen (siehe Lehrbuch S. 51)?

- Im Rahmen eines Geschäftsabschlusses fallen **Transaktionskosten** für die Anbahnung, Vereinbarung, Abwicklung und Kontrolle sowie nachträgliche Anpassung von Verträgen an. Die Akquisition eines **Geschäftspartners** führt zu einer Verringerung von Transaktionskosten. Externe Geschäfte werden durch innerbetriebliche Leistungen ersetzt.
- Der Geschäftspartner wird durch die Akquisition Teil des Unternehmensverbundes. Das Verhalten des Akquisitionsobjektes (Geschäftspartner) ist darauf auszurichten, die Ziele des Unternehmensverbundes zu verfolgen. Die Transaktionskosten verlagern sich auf das **zielgerichtete Ausrichten der Handlungen des Managements** des Akquisitionsobjektes im Sinne des Gesamtunternehmensverbundes. Auch hier fallen Transaktionskosten für die Anbahnung, Vereinbarung, Abwicklung und Kontrolle sowie nachträgliche Anpassung von Verträgen an.

> **Synergiestufen:**
>
> Nennen Sie drei Synergiestufen, die sich nach der Höhe der eingesetzten Mittel zu Realisierung der Synergien und dem Synergieniveau unterscheiden (siehe Lehrbuch S. 52)!

- Es kann zwischen **finanziellen**, **funktionalen** und **organisatorischen Synergien** unterschieden werden.
- Finanzielle Synergien (z.B. Steuereinsparungen und Finanzierungsvorteile) lassen sich meistens leichter realisieren als funktionale Synergien (z.B. Integration der Personalverwaltung) oder organisatorische Synergien (z.B. Änderungen der Organisationsstruktur). In der Regel können aber gerade durch letztere höhere Einsparungen realisiert werden. Die Kosten für die Realisierung der Einsparungen fallen allerdings auch höher aus.

> **Zentrale:**
>
> Was ist die Aufgabe der Zentrale und erläutern Sie das Spannungsverhältnis der dezentralen Organisation (siehe Lehrbuch S. 53–54)?

- Ein Unternehmensverbund ist durch eine hohe Komplexität, vielfältige innerbetriebliche Leistungsverflechtungen und Interdependenzen gekennzeichnet. Hauptaufgabe der Zentrale ist die **Koordination** des Unternehmensverbundes.
- Eine dezentrale Organisation senkt einerseits die **Koordinationskosten**, verringert aber andererseits die Möglichkeiten zur **Hebung von Synergiepotentialen**.

> **Zentrale:**
>
> Wann ist die Zentrale eines Unternehmensverbundes gerechtfertigt?

- Zur Rechtfertigung der Zentrale müssen **positive Verbundeffekte** die **Koordinationskosten** übersteigen.

1.3 Ökonomische Rahmenbedingungen

> **Dezentrale Unternehmensführung:**
>
> Was sind die Vorteile einer dezentralen Unternehmensführung (siehe Lehrbuch S. 54)?

- Die Vorteile einer dezentralen Unternehmensführung sind, dass das Management der Beteiligungen **näher am Marktgeschehen** ist, schneller auf externe Einflüsse **reagieren** kann und die größere Entscheidungsfreiheit **motivierend** wirkt.

> **Dezentrale Organisation:**
>
> Bitte markieren Sie die richtigen Wörter zur Vervollständigung des Satzes und begründen Sie die Wahl kurz (siehe Lehrbuch S. 54–56)!

Eine **dezentrale Organisation** bietet sich an

- je unterschiedlicher / ähnlicher die Tätigkeitsbereiche sind, da ...
- je höher / geringer die leistungswirtschaftlichen Verflechtungen sind, da ...
- je stabiler / instabiler die Unternehmensentwicklung ist, da ...
- je geringer / höher die strategische Bedeutung ist, da ...
- je geringer / höher die Zahl der Beteiligungen ist, da ...
- je größer / kleiner eine einzelne Beteiligung ist, da ...
- je höher / geringer die Beteiligungsquote ist, da ...
- je höher / geringer die Internationalität ist, da ...

Beispielhafte Begründungen:

Eine **dezentrale Organisation** bietet sich an

- je **unterschiedlicher die Tätigkeitsbereiche** sind, da es bei unterschiedlichen Tätigkeitsbereichen weniger Verbundmöglichkeiten gibt und die höhere Marktkenntnis, Innovationskraft sowie die höhere Motivation eines dezentralen Managements überwiegen dürften.
- je **geringer die leistungswirtschaftlichen Verflechtungen** sind, da dadurch die Bedeutung einer zentralen Koordination abnimmt.
- je **instabiler die Unternehmensentwicklung** ist, da eine dezentrale Führung schnell auf Marktimpulse reagieren kann.
- je **geringer die strategische Bedeutung** ist, da weder eine zentrale strategische Abstimmung der Beteiligungen erfolgen muss noch deren finanziellen Auswirkungen auf die Unternehmensgruppe bedeutend ist.

- je **höher die Zahl der Beteiligungen** ist, da eine zentrale Koordination sehr kostenintensiv wird.
- je **kleiner eine einzelne Beteiligung** ist, da deren finanzielle Auswirkung auf den Unternehmensverbund geringer ist.
- je **geringer die Beteiligungsquote** ist, da die gesellschaftsrechtlichen Einflussmöglichkeiten abnehmen.
- je **höher die Internationalität** ist, da kulturelle Unterschiede durch eine dezentrale Organisation besser in der Führung berücksichtigt werden können. Andererseits kann auch eine unternehmensweite Kultur integrierend wirken.

Prinzipal-Agenten-Problem:

Beschreiben Sie das Prinzipal-Agenten-Problem in der mehrstufigen Beteiligungsstruktur der folgenden AB-AG (siehe Lehrbuch S. 58–59)! Die AB-AG und die Beteiligung A sind nicht operativ am Markt tätig!

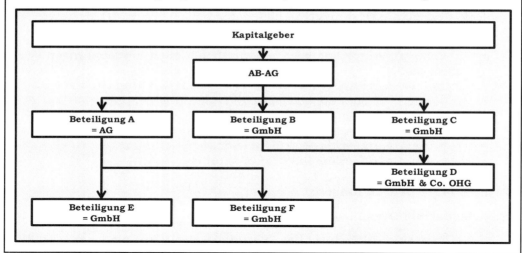

- Nach der **Prinzipal-Agenten-Theorie** handelt das Management (**Agent**) im Auftrag der Kapitalgeber (**Prinzipal**). Zwischen Prinzipal und Agent existieren Informationsasymmetrien:
    - Die Gesellschafter der Aktiengesellschaft bestimmen in der Hauptversammlung den Aufsichtsrat, der den Vorstand ernennt, überwacht und abberuft. Die **Absichten** (Hidden Intention) und **Eigenschaften** (Hidden Characteristics) des Vorstands sind vor Vertragsabschluss nicht vollständig bekannt.

1.3 Ökonomische Rahmenbedingungen

- o Auch nach dem Vertragsabschluss kann das **Handeln** (Hidden Action) des Vorstands nicht ausnahmslos beobachtet werden. Hinzu kommt, dass der Vorstand über marktnahe **Informationen** (Hidden Information) verfügen kann, die dieser nicht an den Aufsichtsrat bzw. an die Gesellschafter weitergibt.
- In der **mehrstufigen Beteiligungsstruktur** der AB-AG investieren die Gesellschafter in die AB-AG als Holding. Die Holding verteilt die finanziellen Ressourcen auf die Beteiligung A als Zwischenholding und auf die Beteiligungen B und C. Die Beteiligung A als Zwischenholding verteilt die Ressourcen wiederum auf die Beteiligungen E und F während die Beteiligungen B und C die Beteiligung D finanzieren. Die AB-AG ist somit Agent und Prinzipal zugleich. Einerseits kommt es zu Informationsasymmetrien zwischen den Kapitalgebern und der Holding; andererseits kommt es ebenfalls zu Informationsasymmetrien zwischen der Holding und der Zwischenholding und den Beteiligungen. Es entsteht dadurch ein mehrstufiges Prinzipal-Agenten-Problem.

Prinzipal-Agenten-Problem:

Beurteilen Sie kritisch wie man dem Prinzipal-Agenten-Problem entgegenwirken kann (siehe Lehrbuch S. 59–60)!

- Das Prinzipal-Agenten-Problem kann durch **Kontrollen** und **positive Anreize** gemindert werden. Umfangreiche Kontrollen verursachen aber nicht nur Kontrollkosten, sondern mindern auch die Motivation auf dezentraler Ebene. Werden positive Anreize an übergeordnete Zielsetzungen (z.B. Gesamtunternehmenswertsteigerung) geknüpft, entsteht eine Koordinationswirkung im Sinne des Unternehmensverbundes aber nicht unbedingt eine verursachungsgerechte Entlohnung (**Trittbrettfahrer-Problem**).

> **Aufgaben des Beteiligungscontrolling:**
>
> Wofür ist das Beteiligungscontrolling zuständig und was für Aufgaben übernimmt es (siehe Lehrbuch S. 60–61)?

- Das Beteiligungscontrolling ist für die **Informationsversorgung des Managements** zuständig und übernimmt **Planungs-, Kontroll- und Koordinationsaufgaben**. Es kann aber auch **beratend** auf dezentraler Ebene tätig werden.

> **Koordination:**
>
> Wie können die Beteiligungen im Sinne des Unternehmensverbundes koordiniert werden (siehe Lehrbuch S. 63)?

- Quantitative und qualitative **Zielvorgaben** in Planungs- und Berichtssystemen (technokratische Koordinationsinstrumente) entfalten eine koordinierende Wirkung. Indem beispielsweise ein zu erreichendes Rentabilitätsziel vorgegeben wird, sind die internen Prozesse und Entscheidungen so zu gestalten, dass das Rentabilitätsziel erreicht werden kann.
- Durch **personelle Verflechtungen** wie Doppelmandate und Entsendungen (personelle Koordinationsinstrumente) werden Interdependenzen innerhalb des Unternehmensverbundes besser erfasst und in Entscheidungen berücksichtigt. Es entsteht eine koordinierende Wirkung im Sinne des Unternehmensverbundes.
- Durch die **aufbau- und ablauforganisatorische Gestaltung** (strukturelle Koordinationsebene) werden die Entscheidungs- und Informationswege gestaltet. Eine zentrale oder dezentrale Ausgestaltung der Aufbauorganisation determiniert die Ausgestaltung der Koordination. Beispielsweise erfolgt bei einem Stammhauskonzern die Koordination vermehrt zentral, während bei einer Strategischen Holding oder einer Investment-Holding der Bildung von Verrechnungspreisen eine Koordinationsfunktion zugesprochen werden kann. Auch die Ablauforganisation regelt durch die Festlegung von Arbeitsprozessen die koordinierte Durchführung der betrieblichen Tätigkeit.
- Eine starke koordinierende Wirkung kann auch die **Unternehmenskultur** oder eine gemeinsame **Vision** entfalten.

1.3 Ökonomische Rahmenbedingungen

> **Dimensionen der Koordination:**
>
> Was für Dimensionen der Koordination gibt es in mehrstufigen Beteiligungsstrukturen (siehe Lehrbuch S. 64)?

In mehrstufigen Beteiligungsstrukturen wird zwischen einer sachlichen, zeitlichen und formellen Koordination differenziert:
- Die **sachliche Koordination** lässt sich wiederum in die horizontale, vertikale und diagonale Koordination unterteilen:
  - Die **horizontale Koordination** bezieht sich auf Unternehmensteile der gleichen Produktionsstufe im gleichen Fachgebiet mit starken Leistungsverflechtungen. Beschaffung, Produktion und Absatz können verstärkt koordiniert werden, um Verbundvorteile zu nutzen.
  - Bei der **vertikalen Koordination** handelt es sich um die Abstimmung von über- und untergeordneten Einheiten. Zu koordinierende leistungswirtschaftliche Verflechtungen zwischen den über- und untergeordneten Einheiten treten oft auf.
  - Nur geringe leistungswirtschaftliche Verflechtungen treten hingegen bei der **diagonalen Koordination** auf, da es sich hierbei um Unternehmensteile aus unterschiedlichen Produktionsstufen und Fachgebieten handelt.
- Bei der **zeitlichen Koordination** geht es um die Abstimmung der langfristig geplanten Erfolge der Teileinheiten des Unternehmensverbundes.
- Darüber hinaus sind im Rahmen der **formellen Koordination** Informationen, Instrumente und Methoden zur Messung der Erfolge **vergleichbar** zu gestalten.

> **Holding:**
>
> Was versteht man unter einer Holding und welche verschiedenen Holding-Typen können unterschieden werden (siehe Lehrbuch S. 66–70)?

- Eine **Holding** ist ein rechtlich selbständiges Unternehmen, das Beteiligungen hält und bezeichnet auch den gesamten Unternehmensverbund. Die Holding im engeren Sinne ist nicht im Rahmen des Leistungserstellungsprozesses operativ am Markt tätig. Die organisatorische verselbständigte Führung eines Unternehmensverbundes wird als **virtuelle Holding** (interne Holding) bezeichnet. Bei mehrstufigen Unternehmensstrukturen kann es eine **Dachholding**

und mehrere **Zwischenholdings** geben. Nach Grad der Einflussnahme können verschiedene Holding-Typen unterschieden werden:
- In einer **Investment-Holding** werden den Beteiligungen finanzielle Ziele vorgegeben, die diese eigenverantwortlich zu erreichen haben.
- Bei der **Finanz-Holding** werden einerseits finanzielle Ziele vorgegeben und andererseits auch finanzielle Ressourcen gezielt den Beteiligungen bereitgestellt und somit Investitionsprojekte und Restrukturierungen gefördert.
- Die **Strategische Holding** zeichnet sich dadurch aus, dass nicht nur finanzielle Ziele vorgegeben werden und gezielt finanzielle Ressourcen in Beteiligungen investiert werden, sondern auch langfristige Zielsetzungen und Strategien zentral für die Beteiligungen entwickelt werden. In Krisensituationen kann es auch zu operativen Eingriffen seitens der Holding kommen.
- Nicht zur Holding im engeren Sinne gehört der **Stammhauskonzern**, bei dem die operativen Führungsaufgaben von der Zentrale wahrgenommen werden.

Holding:

Ist die AB-AG eine Holding (siehe Lehrbuch S. 66–70)?

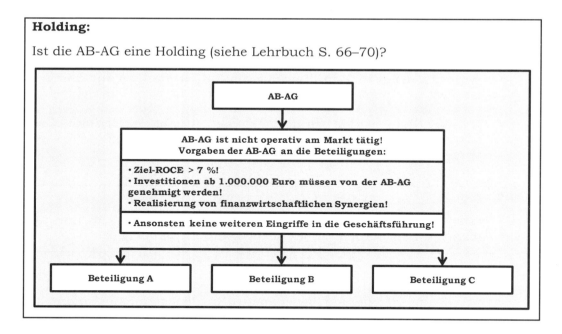

- Ja, die AB-AG ist eine **Holding im engeren Sinne**, da sie ein rechtlich selbständiges Unternehmen ist (AG), das Beteiligungen hält und nicht im Rahmen des Leistungserstellungsprozesses operativ am Markt tätig ist.

1.3 Ökonomische Rahmenbedingungen

- Die AB-AG gibt den Beteiligungen finanzielle Ziele vor (ROCE > 7 %) und greift in die Ressourcenverteilung ein, weil Investitionen ab 1.000.000 Euro von der AB-AG genehmigt werden müssen. Darüber hinaus versucht die AB-AG finanzwirtschaftliche Synergien zu heben, d.h. sowohl die Kapitalkosten als auch die Steuerbelastung auf Gruppenebene zu minimieren. Da sie weder strategische Entscheidungen trifft noch in die operative Tätigkeit der Beteiligungen eingreift, ist die AB-AG als Finanz-Holding zu klassifizieren.

Ausgestaltung der Einflussnahme:

Wie kann die Einflussnahme der AB-AG ausgestaltet sein (siehe Lehrbuch S. 71)?

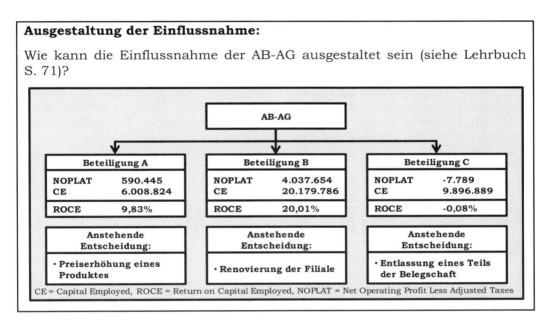

- Die AB-AG kann den Beteiligungen eine spezifische Zielrendite vorgeben (**Management by Objectives**), welche das Management der Beteiligungen A, B und C eigenständig zu erreichen haben. Durch die Vorgabe einer Zielrendite sollen dezentrale Entscheidungen **generiert** werden, die die Zielrendite positiv beeinflussen. Wird die Zielrendite erfüllt oder übertroffen, kann die AB-AG den Beteiligungen A, B und C weitere Entscheidungsautonomie einräumen. Bei Entscheidungen über Preisänderungen könnte die AB-AG beispielsweise eine **bloße Kenntnisnahme** einfordern. Falls die AB-AG aber die Preisstrategien unter den Beteiligungen A, B und C koordinieren möchte oder die Preisänderungen größere Risiken in sich bergen, wäre es für die AB-AG sinnvoll, sich bei Entscheidungen über Preisänderungen ein **Vetorecht** zu sichern oder diese von einer zentralen Controlling-Abteilung **verifizieren** zu lassen.

- Die Beteiligung C hat einen negativen Return on Capital Employed. In diesem Fall (**Management by Exception**) kann die AB-AG verstärkt in die operative Tätigkeit eingreifen, um das Management der Beteiligung bei einer Restrukturierung zu unterstützen. Bis die Zielrendite wieder erreicht wird, kann sich die AB-AG weitere Informationen, wie beispielsweise wöchentliche Absatzzahlen, neue Auftragseingänge und die Entwicklung des operativen Cashflows, berichten lassen.
- Je nach Bedeutung und Charakteristika der Beteiligungen A, B und C, kann die AB-AG die Einflussnahme **beteiligungsspezifisch ausgestalten**.

Getrennte Erfolgsermittlung:

Die rechtliche Selbständigkeit der Beteiligungen A, B und C der AB-AG bedingt eine getrennte Erfolgsermittlung. Wird der Nutzen der Beteiligung A für den Konzernverbund der AB-AG in der getrennten Erfolgsermittlung sichtbar (siehe Lehrbuch S. 72)?

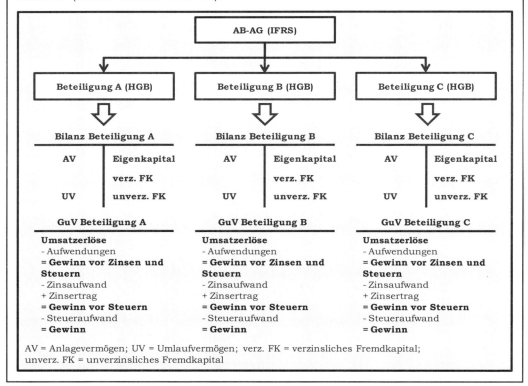

1.3 Ökonomische Rahmenbedingungen

Der Nutzen der Beteiligung A für andere Beteiligungen oder für den Konzernverbund wird in der **getrennten Erfolgsermittlung** nicht immer deutlich:

- **Synergieeffekte (bzw. Dyssynergieeffekte)**, die durch die Beteiligung A im Unternehmensverbund auftreten, können der Beteiligungen A nur schwer zugeordnet werden, da der zusätzliche Nutzen nur durch die Kombination der Beteiligungen entsteht. Beispielsweise könnte die Beteiligung A auch Produkte der Beteiligung B über ihr Vertriebsnetz vertreiben. Ohne das Vertriebsnetz der Beteiligung A, könnten nicht zusätzliche Produkte der Beteiligung B verkauft werden; ohne die Produkte der Beteiligung B, könnte das Vertriebsnetz der Beteiligung A nicht ausgelastet werden. Die **Verrechnungspreisbestimmung** bezüglich dieser innerbetrieblichen Leistungsverflechtungen kann das Ergebnis der Beteiligung A aus Konzernsicht verzerren.
- Die Integration der Beteiligung A in den Unternehmensverbund kann für die Beteiligungen B und C bzw. für die AB-AG darüber hinaus Folgen haben (**externe Effekte**), die sich nicht in der Erfolgsrechnung der Beteiligung A widerspiegeln. Dies wäre beispielsweise der Fall, wenn sich durch die Integration der Beteiligung A das Image der AB-AG verschlechtert.

Externe Effekte:

Was sind externe Effekte in einem Unternehmensverbund und welche Rolle nehmen diese im Beteiligungscontrolling ein (siehe Lehrbuch S. 71–72)?

- Externe Effekte treten auf, wenn eine Entscheidung einer Beteiligung **negative Auswirkungen** auf eine andere hat, wie beispielsweise eine schlechte Reputation. Die Koordinationsaufgabe des Beteiligungscontrollings kann deswegen nicht nur auf der getrennten Erfolgsermittlung aufbauen, sondern muss auch versuchen, vorhandene **Interdependenzen** zu erkennen, um auf eine **Steigerung des Gruppenwertes** hinzuwirken.

1.4 Eigenständiges Beteiligungscontrolling und Begriff des Beteiligungscontrolling

> **Anforderungen an das Beteiligungscontrolling:**
>
> Welches sind die vier allgemeinen Anforderungen an das Beteiligungscontrolling (siehe Lehrbuch S. 74–79)?

- Das Beteiligungscontrolling unterstützt das Formalziel der Gruppenwertmaximierung durch die Koordination der Beteiligungen und ihre Erfolgsbemessung (Sachziele des Beteiligungscontrollings). Als allgemeine Anforderungen an das Beteiligungscontrolling zur Erfüllung der Formal- und Sachziele werden genannt:
    - **Wirtschaftlichkeit**. Der Nutzen des Beteiligungscontrollings soll die daraus entstehenden Kosten übersteigen; im Besonderen ist das Entstehen von Zahlenfriedhöfen zu vermeiden.
    - **Anreizkompatibilität**. Das Beteiligungscontrolling hat die Anreiz- und Vergütungsinstrumente so zu gestalten, dass die Beteiligungsmanager im Sinne der Gesamtunternehmensgruppe handeln (Anreizkompatibilität). Dabei sind die Anreizsysteme möglichst objektiv, also frei von willkürlichen Einflüssen, zu gestalten.
    - **Kommunikationsfähigkeit**. Die durch das Beteiligungscontrolling vermittelten Informationen müssen verständlich kommuniziert werden, um vom Empfänger akzeptiert zu werden und die richtigen Steuerungsimpulse zu entfalten. Bei innovativen Änderungen ist auf Widerstände zu achten; Übergangsregelungen und Kompensationen helfen diese zu überwinden.
    - **Analysefähigkeit**. Die für das Beteiligungscontrolling generierten Informationen sollten hinsichtlich der Definition, der Datengewinnungsmethodik, dem Zeitbezug, der Interpretation und der Bezugsgröße vergleichbar sein. Im Beteiligungscontrolling ist auf nationale und branchenabhängige Unterschiede zu achten. Unterschiedliche Wahlrechtsausübungen (formelle Vergleichbarkeit), verschiedene Fertigungsstufen (organisatorische Vergleichbarkeit) und Lohn- und Produktivitätsunterschiede (kontextbezogene Vergleichbarkeit) können Störfaktoren bei der Beurteilung von Daten im Beteiligungscontrolling sein. Bei der Analyse ist auf die Aktualität der Daten zu achten.

1.4 Eigenständiges Beteiligungscontrolling und Begriff des Beteiligungscontrolling

> **Anforderungen an das Beteiligungscontrolling:**
>
> Welche drei zusätzlichen Anforderungen sind an das Beteiligungscontrolling zu stellen (siehe Lehrbuch S. 79–83)?

- Als beteiligungsspezifische Anforderungen kommen in Betracht:
  - **Aggregierbarkeit**. In pyramidenförmigen Organisationsstrukturen muss das Beteiligungscontrolling Informationen über die Performance unterschiedlicher Verantwortungsbereiche bereitstellen. Bei einem pyramidenförmigen Aufbau sollten steuerungsrelevante Informationen vollständig, integrierbar und verdichtet auf allen Ebenen darstellbar sein. Leistungs- und Finanzierungsbeziehungen sind dabei zu konsolidieren. Ein ergänzendes Sonderreporting kann auf aggregierter Ebene eingesetzt werden, um auffällige Informationen, die durch die Zusammenfassung relativiert werden, zu berichten. Qualitative Informationen könnten beispielsweise in Tabellen wiedergeben werden.
  - **Flexibilität**. Für eine tiefer gehende Analyse der durch das Beteiligungscontrolling bereitgestellten Informationen müssen sich die Daten in inhaltlicher und zeitlicher Sicht flexibel anpassen lassen. Die flexible Informationsbereitstellung unterstützt das schnelle Ein- und Ausgliedern von Beteiligungen.
  - **Formalisierung**. Das Beteiligungscontrolling stellt Informationen für verschiedene Informationsadressaten unterschiedlicher Ebenen zur Verfügung. Einheitliche Begriffsabgrenzungen, Datenstrukturen und Verarbeitungsregeln sichern die Verwendbarkeit der Informationen für die verschiedenen Adressaten.

> **Anforderungen an das Beteiligungscontrolling:**
>
> Beurteilen Sie die Pro-Forma-Kennzahl EBIT bzw. das ordentliche Betriebsergebnis (HGB) als Steuerungsgröße nach den allgemeinen Anforderungen an das Beteiligungscontrolling und nach den spezifischen Anforderungen an das Beteiligungscontrolling?

- **Wirtschaftlichkeit**: Die Pro-Forma-Kennzahl EBIT ist aus der Gewinn- und Verlustrechnung des Jahresabschlusses zu entnehmen, die in Deutschland für Kapitalgesellschaften nach den Regelungen des HGB erstellt werden muss. Es fällt dementsprechend kein Mehraufwand an.
- **Anreizkompatibilität**: Für eine Anreizkompatibilität der Pro-Forma-Kennzahl EBIT spricht, dass in einem Unternehmensverbund die Zentrale meist für die Finanzierungs- und Steuergestaltung verantwortlich ist. Zur Steuerung von Beteiligungen ist es daher sinnvoll Finanzierungs- und Steuereffekte zu neutralisieren. Gegen eine Anreizkompatibilität spricht, dass in der Pro-Forma-Kennzahl EBIT auch periodenfremde Erträge und Aufwendungen enthalten sind. Diese können die operative Leistung der letzten Periode des Managements einer Beteiligung verzerren. Unterschiedliche Risiken der einzelnen Beteiligungen und Interdependenzen zwischen den Beteiligungen und zwischen einzelnen Perioden werden im EBIT nicht berücksichtigt. Darüber hinaus könnten bilanzpolitische Maßnahmen das Ergebnis verzerren.
- **Kommunikationsfähigkeit:** Die Pro-Forma-Kennzahl EBIT ist eine bekannte Größe und damit leicht kommunizierbar. Lediglich unterschiedliche Definitionen in der wissenschaftlichen Literatur haben einen leicht negativen Einfluss auf die Kommunikationsfähigkeit.
- **Analysefähigkeit**: Die einzelnen Erträge und Aufwendungen werden durch die Rechnungslegungsstandards landesweit einheitlich definiert. Zur Berechnung des EBIT gibt es aber keine gesetzlichen Regelungen. Darüber hinaus können länderspezifische Unterschiede aufgrund unterschiedlicher Rechnungslegungsstandards auftreten. Das Konzernhandbuch kann eine einheitliche Definition und Berechnung sicherstellen. Allerdings stehen die Daten aus dem Rechnungswesen erst nach der Erstellung des Geschäftsberichts oder des Quartalsberichts zur Verfügung und sind deswegen nicht aktuell.
- **Aggregierbarkeit**: Basiert die Berechnung der Pro-Forma-Kennzahl EBIT auf gleichen Rechnungslegungsstandards und werden die Wahlrechte einheitlich ausgeübt, können die Daten aggregiert werden. Konsolidierungen sind bei der Aggregation vorzunehmen.
- **Flexibilität**: Das EBIT kann in seine einzelnen Komponenten (z.B. Umsatzerlöse, Herstellungs-, Verwaltungs-, Vertriebs-, Forschungs-

1.4 Eigenständiges Beteiligungscontrolling und Begriff des Beteiligungscontrolling

und Entwicklungskosten sowie sonstige Erträge und Aufwendungen) inhaltlich aufgespalten werden.
- **Formalisierung:** Die Formalisierung kann durch das Konzernhandbuch sichergestellt werden.

Die Steuerung einer Beteiligung über das EBIT kann anhand der Anforderungen an das Beteiligungscontrolling folgendermaßen zusammenfassend dargestellt werden:

Kriterien	sehr gut	gut	mittel	schlecht	sehr schlecht
Wirtschaftlichkeit	X				
Anreizkompatibilität		X			
Kommunikationsfähigkeit	X				
Analysefähigkeit			X		
Aggregierbarkeit			X ←	→ X	
Formalisierung	X				
Flexibilität				X	

Beteiligungsmanagement:

Was ist der Unterschied zwischen den Aufgaben des Beteiligungscontrollings und denen des Beteiligungsmanagements (siehe Lehrbuch S. 88–89, S. 92)?

Grundsätzlich wird dem Controlling eine entscheidungsunterstützende Funktion zugeschrieben während das Management Entscheidungen trifft:
- Das Beteiligungsmanagement ist für die Abstimmung, Verwaltung und Steuerung der Beteiligungen zuständig.
- Das Beteiligungscontrolling hat die Aufgabe das Management bei der Abstimmung, Verwaltung und Steuerung der Beteiligungen zu **unterstützen**. Es nimmt eine **koordinierende Position** zwischen den einzelnen Beteiligungen ein und **informiert** durch aktuelle und zielbezogene Daten die Entscheidungsträger auf unterschiedlichen Ebenen des Unternehmensverbunds.

Beteiligungsmanagement:

Warum ist eine Trennung der Aufgaben des Beteiligungscontrollings und des Beteiligungsmanagements sinnvoll (siehe Lehrbuch S. 89, S. 92)?

- Eine Trennung der Entscheidungsbefugnis des Managements und der Entscheidungsunterstützung des Beteiligungscontrollings wirkt **rationalitätssichernd**. Ist das Management für die Entscheidung der Umsetzung der Informationen in Handlungen zuständig, kann das Controlling die Zielerreichung **unabhängiger** durchführen. Das Beteiligungscontrolling nimmt aber durch die entscheidungsunterstützende Informationsvorbereitung eine entscheidungsbeeinflussende Funktion wahr.

- Eine Trennung von Informationsbereitstellung und Entscheidung kann dazu beitragen, **Informationspathologien** zu vermeiden, d.h. weniger Entscheidungen ohne fundierte Informationen zu tätigen.

Prozessuale Aufgaben:

Beschreiben Sie die Aufgaben des Beteiligungscontrolling aus prozessualer Sicht (siehe Lehrbuch S. 90)?

- Aus prozessualer Sicht unterstützt das Beteiligungscontrolling den Planungsprozess der Beteiligungen (**Planungsfunktion**) und stimmt die Planungen mit anderen Beteiligungen und den Entscheidungsträgern übergeordneter Ebenen ab (**Moderationsfunktion**).
- Das Beteiligungscontrolling kontrolliert die realisierten Ergebnis-, Finanz- und Leistungsziele auf Abweichungen (**Kontrollfunktion**), analysiert die Ursachen für die Abweichungen (**Feedback**), nimmt Planungsrevisionen vor und leitet Gegensteuerungsmaßnahmen ein (**Feedforward**).

Prozessübergreifende Aufgaben:

Welche prozessübergreifenden Aufgaben hat das Beteiligungscontrolling zu erfüllen (siehe Lehrbuch S. 91–92)?

- Neben den prozessbezogenen Aufgaben, bietet das Beteiligungscontrolling wiederkehrende **Serviceleistungen** an (z.B. das Erstellen der dezentralen Abschlüsse), **berät** bei Bedarf einzelne Beteiligungen (z.B. große Investitionsobjekte, Sanierungsprojekte) und **passt** die Abläufe, Instrumente und die Organisation den sich ändernden unternehmensspezifischen Zielsetzungen und Umweltbedingungen **an**. Der Aufbau und die Pflege der Abläufe im Unternehmen wirken systembildend.

1.4 Eigenständiges Beteiligungscontrolling und Begriff des Beteiligungscontrolling

Fayolsche Brücke:

Was versteht man im Beteiligungscontrolling unter einer Fayolschen Brücke (siehe Lehrbuch S. 90–91)?

- Das Initiieren von Kooperationen unter den einzelnen dezentralen Einheiten ohne Einbindung übergeordneter Ebenen wird als **Fayolsche Brücke** bezeichnet.

Strategische Aufgaben:

Was zählt zu den strategischen Aufgaben im Beteiligungscontrolling (siehe Lehrbuch S. 93)?

- Im Rahmen der strategischen Aufgaben im Beteiligungscontrolling werden **übergeordnete Zielsetzungen** festgelegt und **langfristige Planungen** vorgegeben.
- Erfolgspotentiale können durch Akquisitions- und Desinvestitionsentscheidungen (**Gestaltung des Beteiligungsportfolios**) sowie durch gezieltes Bearbeiten von einzelnen Geschäftsfeldern (**Wettbewerbsstrategien**) gesichert und erschlossen werden.

Strategischer Planungsprozess:

Welches Wissen ist im Beteiligungscontrolling für den strategischen Planungsprozess von Bedeutung?

- Das zentrale und dezentrale Wissen über **Marktpotentiale** in Verbindung mit den **Erfahrungen aus realisierten Sollwerten** ist für den strategischen Planungsprozess im Beteiligungscontrolling von Bedeutung.

> **Operative Aufgaben:**
>
> Was zählt zu den operativen Aufgaben im Beteiligungscontrolling (siehe Lehrbuch S. 94)?

- Zu den operativen Aufgaben des Beteiligungscontrollings zählen vor allem die Durchführung und Analyse von **Soll-Ist-Abweichungen** im Rahmen der Kontrolle der Planvorgaben.

> **Reporting:**
>
> Wie sollte ein Reporting der Beteiligungen an die Zentrale gestaltet sein (siehe Lehrbuch S. 95)?

- Das Reporting sollte **standardisiert** werden, um eine Vergleichbarkeit innerhalb der Unternehmensgruppe sicherzustellen.
- Den beteiligungsspezifischen Besonderheiten kann durch eine Aufnahme von **zusätzlichen Elementen** in das Reporting Rechnung getragen werden (Differenzierung).

2 Akquisition

2.1 Akquisitionsstrategien

Wertorientiertes Ziel:

Was ist das wertorientierte Ziel von Akquisitionen (siehe Lehrbuch S. 101)?

- Das wertorientierte Ziel von Akquisitionen ist, den **Konzernwert** zu steigern und die **Existenz** des Konzerns langfristig zu sichern.

Bildung von Strategien:

Auf welcher Ebene werden Strategien in einer Holding gebildet (siehe Lehrbuch S. 101)?

- Strategien können sowohl auf Holding-Ebene (**Holding-Strategie**) als auch auf Ebene der strategischen Geschäftseinheiten (**Geschäftsfeldstrategien**) gebildet werden. Auf Holding-Ebene werden Strategien bezüglich der Ausrichtung des Beteiligungsportfolios beschlossen. Aufgrund der Nähe zum Markt, werden die Geschäftsfeldstrategien meist auf Beteiligungsebene entwickelt.

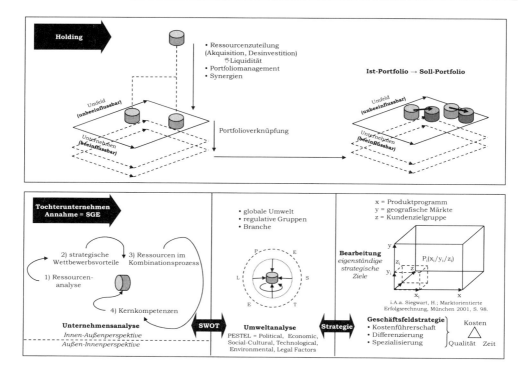

Koordination von Strategien:

Wie muss die Entwicklung einer Strategie in einer Holding koordiniert werden (siehe Lehrbuch S. 101–102)?

- Die Strategien auf Holding-Ebene müssen mit den Strategien auf Beteiligungsebene **vertikal** abgestimmt werden. Die Strategien können den Beteiligungen vorgegeben (**top down**) oder gleichberechtigt mit den Beteiligungen abgestimmt (**Gegenstromverfahren**) werden. Allerdings werden die Strategien der Holding nicht von den Beteiligungen vorgegeben (**bottom up**).

Ressourcenverteilung:

Was ist aus finanzieller Perspektive bei der Strategiebildung zu beachten?

- Die Durchführung von Strategien bindet **knappe Ressourcen** im Unternehmen. Auf Holding-Ebene sind die knappen Ressourcen auf die Projekte zu verteilen, die am höchsten zum Gruppenwert beitragen. Vertikale und horizontale **Interdependenzen** innerhalb des Unternehmensverbundes sind bei der Strategiebildung zu beachten. Gibt es keine Projekte, die den Gruppenwert steigern, können finanzielle Ressourcen am Kapitalmarkt angelegt oder ausgeschüttet werden.

Koordination von Strategien:

Erläutern Sie beispielhaft, ob Geschäftsfeldstrategien auch horizontal koordiniert werden müssen!

- Die Geschäftsfeldstrategien der einzelnen Beteiligungen der Holding müssen **horizontal** koordiniert werden, um Interdependenzen zwischen Beteiligungen zu berücksichtigen. Verfolgt beispielsweise eine Beteiligung unter der Konzernmarke eine Differenzierungsstrategie und eine andere Beteiligung unter der gleichen Marke eine Kostenführerschaftstrategie, könnte es zu **externen Effekten** kommen. Das preiswerte Image des kostenorientierten Produktes könnte die Kaufbereitschaft für das teurere differenzierte Produkt senken.

Ableitung von Geschäftsfeldstrategien:

Welche Informationen bilden die Grundlage zur Ableitung von Geschäftsfeldstrategien (siehe Lehrbuch S. 102–104)?

- Die Grundlage zur Ableitung von Geschäftsfeldstrategien bilden die aktuellen und zukünftigen **Chancen** und **Risiken** aus der Umweltanalyse (globale Umwelt, regulative Gruppen, Branche) und die **Stärken** und **Schwächen** aus der Unternehmensanalyse (Ressourcen, Wertschöpfungsprozesse, Fähigkeiten und Kompetenzen).

Systematisierung der Umwelt:

Eine Beteiligung steht in vielfältigen Beziehungen zu ihrer Umwelt. Wie können die Einflussfaktoren aus der Umwelt systematisiert werden, die Einfluss auf die wirtschaftliche Tätigkeit einer Beteiligung haben (siehe Lehrbuch S. 102–104)?

Eine Systematisierung kann stattfinden in:

- **Globale Umwelt:** Politische, ökonomische, soziale, technologische, ökologische und rechtliche Rahmenbedingungen bestimmen das wirtschaftliche Handeln einer Beteiligung.
- **Regulative Gruppen:** Regulative Gruppen wie beispielsweise Gewerkschaften üben starken Einfluss auf die Beteiligung aus.
- **Wettbewerb:** Der **Wettbewerb** wird durch die Rivalität innerhalb der Branche, den potentiellen Markteintritt neuer Wettbewerber, die Bedrohung durch Ersatzprodukte sowie die Verhandlungsstärke der Abnehmer und Lieferanten geprägt. Die **Branchenattraktivität** – gekennzeichnet durch die Wettbewerbsintensität und die Wettbewerbsdynamik – bestimmt die Möglichkeit nachhaltige Erfolge zu erzielen.

Ressourcen:

Wie kann man von den Ressourcen einer Beteiligung auf die Stärken und Schwächen einer Beteiligung schließen (siehe Lehrbuch S. 105)?

- Eine vergleichende Analyse der finanziellen, physischen, personellen, organisatorischen und technologischen **Ressourcen** im Verhältnis zum besten Unternehmen (**Benchmarking**) gibt Aufschluss über besondere Stärken und Schwächen einer Beteiligung.

Wertketten-Analyse:

Wie kann man die Stärken und Schwächen einer Beteiligung strukturieren, Verknüpfungen zwischen den Wertschöpfungsaktivitäten aufzeigen und kostenintensive Aktivitäten identifizieren (siehe Lehrbuch S. 105–106)?

- Eine **Wertketten-Analyse** strukturiert die Ressourcen eines produzierenden Unternehmens nach ihrer Stellung im Wertschöpfungsprozess und zeigt Verknüpfungen von Wettbewerbsvorteilen auf. Der Wert einer Leistung entsteht durch den betrieblichen Kombinationsprozess, der in Schritte zerlegt werden kann.
    - Zuerst kommen Roh-, Hilfs- und Betriebsstoffe in das Unternehmen (**Eingangslogistik**),
    - die dann im Produktionsprozess verarbeitet (alle **Operationen der Produktion**)
    - und über die Distributionskanäle verteilt werden (**Ausgangslogistik**).

2.1 Akquisitionsstrategien

- Anschließend erfolgt die Vermarktung der Absatzleistung (**Marketing und Vertrieb**)
- und die Nachbetreuung der Kunden (**Kundendienst**).
- Dieser Prozess wird unterstützt durch die Bestellungen der Roh-, Hilfs- und Betriebsstoffe (**Beschaffung**),
- der Entwicklung von neuen Produkten und Verfahren (**Technologieentwicklung**),
- der Beschaffung von Personal (**Personalwirtschaft**)
- und der **Unternehmensinfrastruktur** (wie z.B. das Rechnungswesen).

Das Unternehmen kann im Idealfall einzelne Aktivitäten kostengünstiger durchführen als seine Konkurrenten oder in den einzelnen Aktivitäten den Wert der Leistung aus Sicht des Kunden steigern. Diejenigen Aktivitäten die einen **Großteil der Gesamtkosten** verursachen oder die den **höchsten Wert aus Sicht des Kunden** schaffen, sind besonders zu beachten.

Strategischer Wettbewerbsvorteil:

Wann wird eine Ressourcenstärke in einem Unternehmensverbund zu einem strategischen Wettbewerbsvorteil (siehe Lehrbuch S. 105)?

- Eine Ressourcenstärke kann zu einem nachhaltigen Wettbewerbsvorteil führen, wenn sie nur in dem Unternehmensverbund vorhanden ist (**Einmaligkeit**), schwer nachzubilden ist (**eingeschränkte Imitierbarkeit**), nicht durch andere Ressourcen ersetzbar ist (**fehlende Substituierbarkeit**) und die Ressourcenstärke für den Kunden einen **Wert** besitzt. Die Einmaligkeit der Ressourcenstärke und der Wert, der der Ressourcenstärke vom Kunden beigemessen wird, führt zu einem Wettbewerbsvorteil. Die eingeschränkte Imitierbarkeit und die fehlende Substituierbarkeit machen den Wettbewerbsvorteil **nachhaltig**.

Kernkompetenzen:

Wie hängen Kernkompetenzen und strategische Wettbewerbsvorteile zusammen (siehe Lehrbuch S. 106)?

- Erst das fertige Produkt stellt für den Kunden einen Wert dar, der im Kombinationsprozess der unternehmerischen Ressourcen erbracht wird. Kernkompetenzen stellen dabei ein **Bündel** von spezifischen Fertigkeiten (**kollektiven Wissens**) dar, die sich **historisch** entwickelt haben, **unternehmensweit** gelten, einen **dauerhaften** Nährboden haben und im **Ressourcenwettbewerb** stehen. Kernkompetenzen sind die Ursache für strategische Wettbewerbsvorteile. Die Produkte können sich ändern, während die Kernkompetenzen gleich bleiben.

Kernkompetenzen:

Warum sind Kernkompetenzen eingeschränkt imitierbar?

- Kernkompetenzen haben sich **historisch** entwickelt und ergeben sich durch das **Zusammenwirken** von spezifischen Fertigkeiten, wodurch sie von außen nicht sofort erkennbar sind. Das spezifische Zusammenwirken von Fertigkeiten und die historische Entwicklung kann nicht durch andere Unternehmen sofort dupliziert werden. Kernkompetenzen können aber durch Akquisitionen hinzugekauft und auf den Unternehmensverbund übertragen werden.

Klassische Akquisitionsstrategien:

Beurteilen Sie kritisch die klassischen Strategien zur Steigerung des Konzernwertes durch Akquisitionen (siehe Lehrbuch S. 107 und S. 110–114)!

- Durch ein **Portfoliomanagement** kann eine **Ertragsverstetigung** und damit einhergehend eine **geringere Volatilität** des Ergebnisses angestrebt werden. Bei gleichen Ertragschancen soll das Risiko gesenkt bzw. bei gleichem Risiko die Ertragschancen erhöht werden. Dies führt zu einer geringeren **Insolvenzwahrscheinlichkeit**, weil negative Ergebnisse zum Teil durch positive Ergebnisse kompensiert werden können und resultiert in niedrigeren **Fremdkapitalkosten**. Kommt es zu einem Cash-Ausgleich innerhalb der Beteiligungen des Portfolios, sinkt die Frequenz der externen Kapitalaufnahme, so dass zusätzlich **Emissionskosten** eingespart werden. Der Aussage, dass durch ein Portfoliomanagement die Eigenkapitalkosten gesenkt werden können, ist entgegenzuhalten, dass der **Kapitalmarkt** eine Risikostreuung oft kostengünstiger vornehmen kann (z.B. Kauf eines ETF-Fonds).
- Ein **fähigeres Management** und die Bereitstellung **neuer Ressourcen** können zu einer effizienteren Unternehmensführung führen. Durch **Restrukturierungen** können Einnahmen gesteigert und/oder Ausgaben gesenkt werden. In diversifizierten Konzernen entsteht aber eine Intransparenz, so dass es zu einer sanktionsfreien Wert-

vernichtung kommen kann, wenn Restrukturierungen und Desinvestitionen nach der Akquisition nicht in dem nötigen Maße vorgenommen werden. Ein Grund hierfür ist der mangende Druck vom Kapitalmarkt, der durch die **Intransparenz** bedingt ist.
- Eine **Zentralisierung** von Aufgaben kann einerseits zu höheren Einnahmen und/oder geringeren Ausgaben durch Synergieeffekte führen. Andererseits entstehen **kostenintensive Führungseinheiten**. Die Motivation, Innovationskraft, Flexibilität und Reaktionsgeschwindigkeit kann aufgrund der geringeren Autonomie auf Beteiligungsebene abnehmen. Eine dezentrale Unternehmensführung wirkt dem entgegen.
- Durch einen **Transfer von Know-how** kann die Effizienz in Beteiligungen gesteigert werden. Im Rahmen einer **Lernstrategie** werden operative Kernfähigkeiten entdeckt und konzernweit übertragen. Bei einer **Konzentrationsstrategie** erfolgt eine Fokussierung auf prozess- und führungsverwandte Geschäfte. In einer **Restrukturierungsstrategie** wird nach einer effizienteren Durchführung der Aufgaben im Rahmen einer Reorganisation gesucht. Wenn aber gutes Personal im Unternehmen nur beschränkt verfügbar ist, führt ein zeitweiliger Transfer des Personals zu einem **Leistungsmangel in anderen Bereichen**.
- Durch eine **Expansion** in neue Märkte werden neue Einnahmequellen erschlossen. Eine **Quersubventionierung** von ertragsschwachen Beteiligungen durch ertragsstarke Beteiligungen ist aber aufgrund der Intransparenz in diversifizierten Konzernen nicht auszuschließen.

Conglomerate Surplus:

Wann entsteht ein Conglomerate Surplus (siehe Lehrbuch S. 107)?

- Ein Conglomerate Surplus entsteht, wenn der Unternehmensverbund (**Konzernmarktwert**) mehr wert ist als die Summe der fiktiv selbständigen Unternehmen (**fiktive Marktwerte der Tochterunternehmen = Stand-alone-Werte**).
- Es kommt daher zu einem Conglomerate Surplus, wenn die **Synergien** (Kosteneinsparungen, Umsatzsteigerungen, Risikoverringerung) durch den Unternehmensverbund die **Dyssynergien** (Kostenerhöhungen aus der Komplexität, der Kompromisse, der Inflexibilität, Umsatzrückgänge etc.) übersteigen.

Portfolioanalyse:

Wie baut man eine Portfolioanalyse im Rahmen des Beteiligungscontrollings konzeptionell auf (siehe Lehrbuch S. 108)?

- Die Beteiligungen werden an Hand von **zwei Dimensionen** (Unternehmensdimension, Umweltdimension) positioniert. Die Position wird durch einen **Kreis** wiedergegeben, dessen Größe den Anteil an einer Gesamtgröße widerspiegelt. Aus der Gegenüberstellung der **Soll-Position** mit der **Ist-Position** im Portfolio lassen sich Normstrategien auf Ebene der Holding ableiten. Die Vernetzung von Portfolios zieht mehrere Einflussfaktoren mit in Betracht und zeigt strategische Lücken auf.

Portfolioanalyse – Strategische Geschäftseinheit:

Eine strategische Geschäftseinheit ist eine **organisatorische Einheit** im Unternehmen, für die sich **eigenständige Strategien** zur Bearbeitung von **strategischen Geschäftsfeldern** ableiten lassen. Unterscheidet sich die Positionierung der strategischen Geschäftseinheiten von der Positionierung der Beteiligungen?

- Das Portfolio unterscheidet sich nicht im Falle einer Deckungsgleichheit zwischen strategischen Geschäftseinheiten und Beteiligungen (**One-house-model**). Besteht keine Deckungsgleichheit, ist eine Ableitung von Normstrategien kritisch zu hinterfragen. Beispielsweise kann eine Beteiligung aus mehreren strategischen Geschäftseinheiten bestehen, die eine unterschiedliche Positionierung aufweisen, so dass sich für diese unterschiedliche Normstrategien ergeben.
- Grafisch lässt sich das Problem folgendermaßen darstellen:

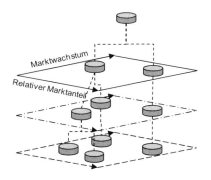

2.1 Akquisitionsstrategien

Marktvolumen:

Die Hopper AG hat drei Beteiligungen. In der folgenden Übersicht wird der Umsatz, der Net Operating Profit Less Adjusted Taxes (NOPLAT), der Jahresüberschuss (JÜ) und der Free Cashflow (FCF) der letzten drei Perioden der Beteiligungen der Hopper AG dargestellt:[2]

		Holding	Hopper AG		
			Beteiligung A	Beteiligung B	Beteiligung C
		Umsatz	**Umsatz**	**Umsatz**	**Umsatz**
Jahr	t-2	255.591,0	17.787,0	51.450,0	186.354,0
	t-1	277.000,5	26.146,9	63.656,5	187.197,1
	t	318.777,8	50.222,9	89.956,8	178.598,1
		NOPLAT	**NOPLAT**	**NOPLAT**	**NOPLAT**
Jahr	t-2	9.838,4	-266,9	5.528,6	4.576,7
	t-1	11.949,8	1.616,4	8.115,0	2.218,4
	t	15.752,4	4.330,7	14.452,0	-3.030,3
		JÜ	**JÜ**	**JÜ**	**JÜ**
Jahr	t-2	3.868,4	-1.136,9	3.428,6	1.576,7
	t-1	5.679,8	746,4	6.015,0	-1.081,6
	t	10.382,4	3.460,7	12.952,0	-6.030,3
		FCF	**FCF**	**FCF**	**FCF**
Jahr	t-2	16.024,0	4.475,7	4.472,1	7.076,2
	t-1	1.605,6	-10.973,7	4.611,0	7.968,3
	t	-3.308,5	-2.329,3	-14.602,1	13.622,9

Prognostizieren Sie das mengenmäßige Marktvolumen für die Beteiligung A! Es stehen Ihnen folgende Daten eines Marktforschungsinstituts zur Verfügung:

			Prognose	
Marktinformationen:	t-1	t	t+1e	t+2e
Inflation	2%	2%	2%	2%
Marktpotential pro Jahr (Menge)	13.000	13.000	13.000	13.000
		Bitte berechnen Sie:		
Marktsättigungsgrad	33,51%			
Marktvolumenwachstum zur Vorperiode		40,00%	60,00%	30,00%
		Bitte berechnen Sie:		
Marktvolumen (Menge)				

- Das mengenmäßige Marktvolumen gibt an, **wie viel Produkte** von **allen Anbietern** innerhalb einer Periode abgesetzt worden sind. Der Marktsättigungsgrad ist definiert als der **prozentuale Anteil des Marktvolumens am Marktpotential**. Das Marktpotential gibt die **maximal verkaufbare Menge** an.

---

[2] Die Balken geben zur Verdeutlichung die Trendentwicklung der Zahlen wieder.

- Es wird prognostiziert, dass für den Markt der Beteiligung A aufgrund von hohen Marktwachstumsraten ein hoher Marktsättigungsgrad in den nächsten Perioden erreicht wird:

Marktinformationen:	t-1	t	t+1e	t+2e
			Prognose	
Inflation	2%	2%	2%	2%
Marktpotential pro Jahr (Menge)	13.000	13.000	13.000	13.000
		Bitte berechnen Sie:		
Marktsättigungsgrad	33,51%	46,91%	75,06%	97,57%
Marktvolumenwachstum zur Vorperiode		40,00%	60,00%	30,00%
		Bitte berechnen Sie:		
Marktvolumen (Menge)	4.356,0	6.098,4	9.757,4	12.684,7

Umsatzprognose:

Berechnen Sie nun auf Basis des Marktvolumens der vorherigen Aufgabe den prognostizierten Umsatz der Beteiligung A mit Hilfe der folgenden Tabelle!

Beteiligung A	t-1	t	t+1e	t+2e
			Prognose	
Marktanteil (Menge)	25,00%	35,00%	40,00%	45,00%
		Bitte berechnen Sie:		
Absatz	1.089,0	2.134,4		
Produktionskapazität (t)	2.500,0	2.500,0		
produzierte Menge	1.089,0	2.134,4	3.903,0	5.708,1
		Bitte berechnen Sie:		
Kapazitätsauslastung	43,56%	85,38%		
Kapazitätserweiterung (31.12. des Vorjahres)	1.500	0	2.000	2.000
		Bitte berechnen Sie:		
Preis (t)	24,01	23,53		
Preisveränderung auf t+1	-2,00%	-2,00%	-2,00%	-2,00%
		Bitte berechnen Sie:		
Umsatz	26.146,9	50.222,9		

- Es wird erwartet, dass die Beteiligung A den Marktanteil in den nächsten zwei Perioden um jeweils 5% steigern kann. Der Absatz nimmt daher stark zu. Da die Kapazitätsauslastung in der Periode t schon 85,38% beträgt, müssen in den nächsten Perioden Investitionen in die Kapazitätserweiterung getätigt werden, um die steigende Nachfrage bedienen zu können.

2.1 Akquisitionsstrategien

Beteiligung A	t-1	t	Prognose t+1e	t+2e
Marktanteil (Menge)	25,00%	35,00%	40,00%	45,00%
			Bitte berechnen Sie:	
Absatz	1.089,0	2.134,4	3.903,0	5.708,1
Produktionskapazität (t)	2.500,0	2.500,0	4.500,0	6.500,0
produzierte Menge	1.089,0	2.134,4	3.903,0	5.708,1
			Bitte berechnen Sie:	
Kapazitätsauslastung	43,56%	85,38%	86,73%	87,82%
Kapazitätserweiterung (31.12. des Vorjahres)	1.500	0	2.000	2.000
			Bitte berechnen Sie:	
Preis (t)	24,01	23,53	23,06	22,60
Preisveränderung auf t+1	-2,00%	-2,00%	-2,00%	-2,00%
			Bitte berechnen Sie:	
Umsatz		26.146,9	50.222,9	89.999,5	128.991,8

- Der Preis wird in den nächsten Perioden um 2% gesenkt. Die Gewinnmarge könnte dadurch abnehmen; zumal die Kosten unter Umständen in Höhe der Inflation steigen. Dem entgegen wirkt der steigende Absatz, der unter normalen Umständen zu einer Verringerung der Stückkosten führt (Fixkostendegression).

BCG-Matrix (Mengeneinheiten):

Eine Unternehmensberatung stellt Ihnen folgende Daten für die Beteiligung A zur Verfügung:

			Marktinformationen		
			Marktpotential (Menge):		13.000
			Beteiligung A	Konkurrent 1	Konkurrent 2
Jahr		Marktsättigung	Marktanteil	Marktanteil	Marktanteil
	t-1	33,508%	25,00%	19,00%	56,00%
	t	46,911%	35,00%	18,00%	47,00%
	t+1e	75,057%	40,00%	17,00%	43,00%
	t+2e	97,574%	45,00%	16,00%	39,00%
	t+3e	73,181%	50,00%	15,00%	35,00%
	t+4e	36,590%	50,00%	14,00%	36,00%

Es wurde ermittelt, dass pro Jahr insgesamt maximal 13.000 Produkte am Markt abgesetzt werden könnten (**Marktpotential**). Im letzten Jahr konnte die Beteiligung A, der Konkurrent 1 und der Konkurrent 2 zusammen 4356 (*Marktsättigung * Marktpotential*) Produkte am Markt verkaufen (**Marktvolumen**). Es wird prognostiziert, dass sich das Marktvolumen dem prognostizierten Marktpotential in den nächsten Jahren annähert (**Marktsättigung**). Im Jahr t hat die INO AG – ein Technologie-Unternehmen, welches noch nicht mit der Beteiligung A konkurriert – bekannt geben, dass aufgrund einer Produktinnovation in Kürze das Geschäftsmodell der Beteiligung A und der Konkurrenten hinfällig wird. Aufgrund dessen wird idealtypisch von einem auslaufenden Lebenszyklus ausgegangen.

Positionieren Sie die Beteiligung A in der BCG-Matrix und zeigen Sie auf, wie sich diese Positionierung voraussichtlich in den nächsten Perioden ändern wird. Nehmen Sie auch eine kurze Interpretation vor! Benutzen Sie für die Berechnung die folgende Tabelle:

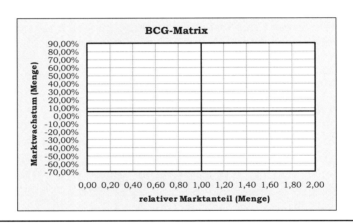

- Der **relative Marktanteil** wird berechnet, indem Sie den Absatz der Beteiligung durch den Absatz des stärksten Konkurrenten teilen:

$$\text{relativer Marktanteil}_t = \frac{\text{Absatz der Beteiligung}_t}{\text{Absatz des stärksten Konkurrenten}_t} \times \frac{\text{Marktvolumen (Menge)}_t}{\text{Marktvolumen (Menge)}_t}$$

$$= \frac{\dfrac{\text{Absatz der Beteiligung}_t}{\text{Marktvolumen (Menge)}_t}}{\dfrac{\text{Absatz des stärksten Konkurrenten}_t}{\text{Marktvolumen (Menge)}_t}} = \frac{\text{Marktanteil der Beteiligung}_t}{\text{Marktanteil des stärksten Konkurrenten}_t}$$

Wird der Bruch um das Marktvolumen auf Mengenbasis erweitert, so ergibt sich der relative Marktanteil aus dem Marktanteil der

2.1 Akquisitionsstrategien

Beteiligung dividiert durch den Marktanteil des stärksten Konkurrenten.

- Das **Marktwachstum auf Mengenbasis** wird durch folgende Formel berechnet:

$$\text{Marktwachstum}_t = \frac{\text{Marktvolumen}_t - \text{Marktvolumen}_{t-1}}{\text{Marktvolumen}_{t-1}} = \frac{\text{Marktvolumen}_t}{\text{Marktvolumen}_{t-1}} - 1$$

- Für die Beteiligung A ergibt sich diese prognostizierte Entwicklung:

Lösung:			
Jahr	relativer Marktanteil	Marktvolumen (Menge)	Marktwachstum
t-1	0,45	4.356,0	
t	0,74	6.098,4	40,0%
t+1e	0,93	9.757,4	60,0%
t+2e	1,15	12.684,7	30,0%
t+3e	1,43	9.513,5	-25,0%
t+4e	1,39	4.756,8	-50,0%

- Für die Bestimmung der Kreisgröße in der BCG-Matrix ist noch der Absatz zu berechnen:

Jahr	Absatz
t-1	1.089,0
t	2.134,4
t+1e	3.903,0
t+2e	5.708,1
t+3e	4.756,8
t+4e	2.378,4

- Relativer Marktanteil, Marktwachstum und Kreisgröße können nun in die BCG-Matrix eingetragen werden:

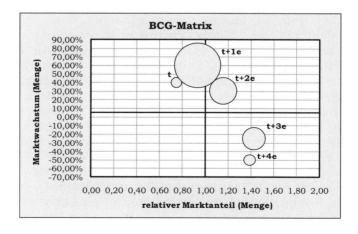

- Die BCG-Matrix zeigt in diesem Beispiel auf, dass sich die Beteiligung A im Zeitpunkt t noch in der Wachstumsphase befindet. In dieser Phase muss eine Beteiligung meist **Erweiterungsinvestitionen** in das Anlage- und Umlaufvermögen tätigen, die es ermöglichen, höhere Mengen zu produzieren. Wenn die Erweiterungsinvestitionen nicht aus dem operativen Cashflow gedeckt werden können, müssen die Holding und/oder andere externe Kapitalgeber die Beteiligung **finanziell unterstützen**.
- In den Perioden t+3e und t+4e wird angenommen, dass das Marktvolumen stark zurück geht. Die Beteiligung A muss daher innerhalb eines **kurzen Lebenszyklus** die Investitionen amortisieren und eine risikoadäquate Verzinsung erwirtschaften. Wenn der Absatz fällt, müssen **keine Kapazitätserweiterungsinvestitionen** mehr getätigt werden. Darüber hinaus können auch die **Ersatzinvestitionen zurückgefahren** werden, um die Kapazität an die Nachfragesituation anzupassen. Der **FCF** fällt in diesem Lebenszyklusstadium generell **sehr hoch** aus und übertrifft den NOPLAT. Die Ursache hierfür liegt in den Abschreibungen, die den NOPLAT verringern während der FCF um die Erweiterungs- und Ersatzinvestitionen gemindert wird, die gegen Ende des Lebenszyklus abnehmen. Wenn das Unternehmen langfristig überleben möchte, muss es in Produkte investieren, die noch länger am Markt absetzbar sind. Aus Sicht der Holding ist es daher wichtig, ein ausgeglichenes Portfolio zu haben.
- Die Beteiligung A wird in diesem Beispiel voraussichtlich den relativen Marktanteil weiter ausbauen können. Ein relativer Marktanteil größer eins gibt dabei an, dass die Beteiligung **mehr produziert** als der stärkste Konkurrent. Das heißt die Beteiligung produziert auch jeweils mehr als die anderen Konkurrenten. Wenn die Beteiligung mehr produziert als ihre Konkurrenten, hat sie die Möglichkeit **leistungsfähigere Anlagen** einzusetzen und ihre Fixkosten auf eine höhere Absatzmenge umzulegen (**Fixkostendegression**). Der relative Marktanteil zeigt daher, dass die Beteiligung voraussichtlich einen **Kostenvorteil** erlangen wird. Ein Kostenvorteil ist besonders relevant in Märkten, in denen eine **hohe Wettbewerbsintensität** herrscht. Oftmals ist die Wettbewerbsintensität in reifen und schrumpfenden Märkten höher, da nur noch über Marktanteilsgewinne der Absatz gesteigert werden kann. Daher ist es wichtig am Ende des Lebenszyklus einen hohen Marktanteil zu besitzen. In wachsenden Märkten hingegen steigt der Absatz mit dem Marktvolumenwachstum (Menge), wenn der Marktanteil konstant bleibt. Bleibt hingegen der relative Marktanteil konstant, kann nicht auf ein konstantes Verhältnis zwischen Marktvolumenwachstum (Menge) und Absatzwachstum geschlossen werden, da der stärkste Konkurrent unter Umständen in gleichem Maße Marktanteile verlieren kann.

2.1 Akquisitionsstrategien

BCG-Matrix (Werteinheiten):

Positionieren Sie die Beteiligung A noch einmal in der BCG-Matrix und zeigen Sie auf, in welche Richtung sich die Beteiligung in der BCG-Matrix bewegt! Berechnen Sie diesmal die Position anhand des relativen Marktanteils und des Marktwachstums auf **Basis von Werteinheiten**. Es stehen Ihnen folgende Daten zur Verfügung:

		Marktinformationen					
		Inflation					2%
		Beteiligung A		Konkurrent 1		Konkurrent 2	
Jahr		Preis	Absatz	Preis	Absatz	Preis	Absatz
	t-1	24,01	1.089,0	26,01	827,6	25,50	2.439,4
	t	23,53	2.134,4	26,53	1.097,7	25,76	2.866,2
	t+1e	23,06	3.903,0	27,06	1.658,8	26,02	4.195,7
	t+2e	22,60	5.708,1	27,60	2.029,5	26,28	4.947,0
	t+3e	22,15	4.756,8	28,15	1.427,0	26,54	3.329,7
	t+4e	21,70	2.378,4	28,72	665,9	26,80	1.712,4

		Marktvolumen	Umsatz	Umsatz	Umsatz
Jahr	t-1	109.884	26.147	21.527	62.210
	t				
	t+1e	244.039	90.000	44.888	109.152
	t+2e	314.996	128.992	56.020	129.984
	t+3e	233.884	105.343	40.177	88.364
	t+4e	116.641	51.618	19.124	45.899

		Bitte berechnen Sie:		
Jahr		relativer Marktanteil	Marktvolumen (Wert)	Marktwachstum
	t-1			nominal: real:
	t			
	t+1e			
	t+2e			
	t+3e			
	t+4e			

Positionieren Sie die Beteiligung A in der folgenden Matrix, in der schon die Kreise eingetragen sind, die sich bei der Positionierung auf Mengenbasis ergeben haben. Warum unterscheidet sich die Positionierung und welches Vorgehen würden Sie in der Holding präferieren?

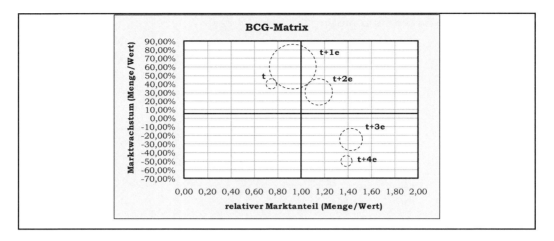

- In diesem Beispiel wird der **relative Marktanteil auf Wertbasis** berechnet:

$$\text{relativer Marktanteil}_t = \frac{\text{Umsatz der Beteiligung}_t}{\text{Umsatz des stärksten Konkurrenten}_t}$$

- Das **reale Marktwachstum** auf Wertbasis wird durch folgende Formel berechnet:

$$\text{reales Marktwachstum} = \text{nominales Marktwachstum} - \text{Inflationsrate}$$

$$\text{nominales Marktwachstum}_t = \frac{\text{Marktvolumen}_t - \text{Marktvolumen}_{t-1}}{\text{Marktvolumen}_{t-1}} = \frac{\text{Marktvolumen}_t}{\text{Marktvolumen}_{t-1}} - 1$$

$$\text{Marktvolumen}_t = \text{Umsatz}_t \text{ Beteiligung} + \text{Umsatz}_t \text{ Konkurrent 1} + \text{Umsatz}_t \text{ Konkurrent 2}$$

- Für die Beteiligung A ergibt sich diese prognostizierte Entwicklung:

	Lösung:			
	relativer Marktanteil	Marktvolumen (Wert)	Marktwachstum	
			nominal:	real:
t-1	0,42	109.884		
t	0,68	153.173	39,4%	37,4%
t+1e	0,82	244.039	59,3%	57,3%
t+2e	0,99	314.996	29,1%	27,1%
t+3e	1,19	233.884	-25,8%	-27,8%
t+4e	1,12	116.641	-50,1%	-52,1%

- Relativer Marktanteil, Marktwachstum und Kreisgröße können nun in die BCG-Matrix eingetragen werden:

2.1 Akquisitionsstrategien

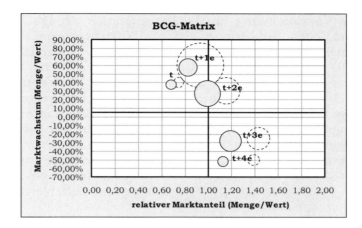

- Da die Kreisgröße auf Umsatzbasis um ein Vielfaches (Preis in t) größer ist, wurde folgende Adjustierung vorgenommen, um eine bessere Vergleichbarkeit in dem BCG-Portfolio zu erhalten:

Blasengröße:	t-1	t	t+1e	t+2e	t+3e	t+4e
Absatz	1.089,0	2.134,4	3.903,0	5.708,1	4.756,8	2.378,4
Umsatz/Preis in t	1.111,2	2.134,4	3.824,9	5.482,1	4.477,0	2.193,7

- Die Kreise verschieben sich leicht nach unten, weil die **Preise** in der Branche **durchschnittlich auf realer Basis** sinken. Eine Preisreduktion verringert grundsätzlich die betriebliche Gewinnmarge. Höhere Absatzmengen verringern hingegen die Stückkosten und verbessern dadurch die Gewinnmarge (z.B. Fixkostendegression, Erfahrungs- und Lernkurve etc.). Welcher dieser Effekte überwiegt, hängt von der Wettbewerbsintensität ab.
- Die Beteiligung hat einen geringeren relativen Marktanteil auf Wertbasis als auf Mengenbasis, weil sie die **Preise stärker als der Konkurrent 2 senkt**. Die starke Preisreduktion ist wahrscheinlich auch die Ursache für die Prognose der Marktanteilsgewinne gegenüber dem stärksten Konkurrenten.
- Grundsätzlich ist die Positionierung auf Basis von Mengen richtig, weil in der BCG-Matrix angenommen wird, dass ein **höherer Output zu einer Verringerung der Fixkosten je produzierter Einheit**, zu einem Einsatz von leistungsfähigeren Anlagen, zu Rüstkosteneinsparnissen und zu Lerneffekten führt (Economies of Scale). Stellt ein Unternehmen mehr her als der stärkste Konkurrent (relativer Marktanteil > 1), fallen weniger Kosten pro produzierte Einheit an. Wenn beide Unternehmen das Produkt zum gleichen Preis anbieten, erwirtschaftet das Unternehmen **mit der größten Herstellungsmenge eine höhere Gewinnmarge**.

- Die Voraussetzung für die Interpretation der BCG-Matrix ist, dass eine höhere produzierte Menge zu Kostenvorteilen führt und sich die Unternehmen nicht durch eine Differenzierungsstrategie (Qualität, Zeit) abheben. Kann ein Unternehmen durch eine Differenzierungsstrategie eine **Nische** bedienen, in der die **Preissensibilität** nicht so hoch ist, kann das Unternehmen beispielsweise **trotz eines geringen relativen Marktanteils hohe Gewinnmargen** erzielen. Allerdings kann dann **innerhalb dieser Nische wieder die BCG-Matrix angewandt** werden, so dass es wiederum zu einem Preiswettbewerb kommt, in der derjenige den Vorteil hat, der am meisten produziert. Mit der richtigen Abgrenzung des Marktvolumens wird sich daher die Positionierung auf Mengenbasis und auf Wertbasis nicht stark unterscheiden.

McKinsey-Matrix:

Auf Beteiligungsebene ist die Abgrenzung des Marktvolumens problematisch. Oftmals bieten die Konkurrenten mehrere Produktvarianten an und können durch einen Qualitäts- und Zeitwettbewerb einen reinen Kostenwettbewerb vermeiden. Daher bittet Sie das Management der Holding der Hopper AG eine leicht veränderte McKinsey-Matrix anzuwenden. Das Kriterium des relativen Marktanteils für die Positionierung des Kreises auf der Abszisse und das Kriterium des realen Marktwachstums für die Positionierung des Kreises auf der Ordinate werden aus der BCG-Matrix übernommen.

Um noch weitere Kriterien einfügen zu können, wird der relative Marktanteil und das reale Marktwachstum mit Punkten von 1 bis 10 bewertet. Als zweites Kriterium wird noch die relative Qualität ermittelt. Die Produkte haben die geringste Fehleranfälligkeit und schnitten in Tests immer als bester ab. Es wird erwartet, dass der Qualitätsvorsprung gehalten werden kann. Berechnen Sie die relative Wettbewerbsstärke der Beteiligung:

				Prognose		
Jahr	t-1	t	t+1e	t+2e	t+3e	t+4e
relativer Marktanteil	0,4203	0,6803	0,8245	0,9924	1,1921	1,1246
Skalenpunkte		5	6	7	8	8
Kriterium X (z.B. relative Qualität)	sehr gut	sehr gut	sehr gut	sehr gut	sehr gut	sehr gut
Skalenpunkte		10	10	10	10	10
		Bitte berechnen Sie:				
Summe Skalenpunkte						
Maximal erreichbare Skalenpunkte						
Wettbewerbsstärke						

Für die Marktattraktivität wird lediglich das reale Marktwachstum aus der BCG-Matrix übernommen, um nicht durch zu viele Kriterien die Interpretierbarkeit zu erschweren:

2.1 Akquisitionsstrategien

Jahr	t-1	t	t+1e	t+2e	t+3e	t+4e
reales Marktwachstum		37,40%	57,32%	27,08%	-27,75%	-52,13%
Skalenpunkte		8	9	6	3	1
			Bitte berechnen Sie:			
Summe Skalenpunkte						
Erreichbare Skalenpunkte						
Marktattraktivität						

Bitte positionieren Sie die Beteiligung in der vereinfachten McKinsey-Matrix und erläutern Sie, warum sich die Positionierung verändert hat:

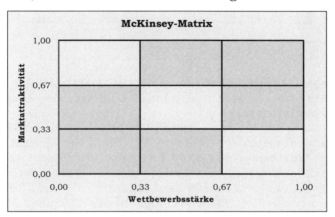

Kreisgröße				Prognose		
Jahr	t-1	t	t+1e	t+2e	t+3e	t+4e
Umsatz Beteiligung	26.147	50.223	90.000	128.992	105.343	51.618

- Die Wettbewerbsstärke besteht in diesem Beispiel aus dem relativen Marktanteil und der relativen Qualität. Da die relative Qualität mit der höchsten Punktzahl bewertet wurde, verbessert sich die Wettbewerbssituation gegenüber dem relativen Marktanteil als alleiniges Kriterium zur Erreichung eines Wettbewerbsvorteils. Die Kreise verschieben sich folglich auf der Abszisse nach rechts.
- Da die Marktattraktivität in dem folgenden Beispiel mit dem Kriterium der BCG-Matrix übereinstimmt, entstehen hier nur leichte Verschiebungen aufgrund der Skalierung. Man könnte auch weitere Kriterien wie z.B. Marktvolumen, Wettbewerbsintensität, Länge des Produktlebenszyklus, Korrelation der Branche zum Marktindex etc. in das Scoring-Modell aufnehmen. Die Interpretation wird dadurch aber schwieriger, weil die Einflussfaktoren nicht mehr durch die Positionierung auf den ersten Blick sichtbar sind.

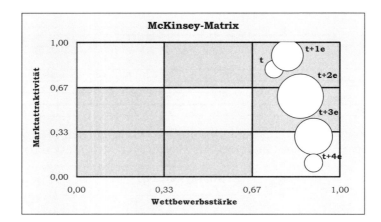

- Das **reale Marktwachstum** in der BCG-Matrix oder die **Marktattraktivität** in der McKinsey-Matrix sind von der Beteiligung **nicht direkt beeinflussbar**.
- Daher kann aus Sicht der BCG-Matrix ein **höherer relativer Marktanteil** angestrebt werden, aus Sicht der McKinsey-Matrix eine **höhere Wettbewerbsstärke**. Ein höherer relativer Marktanteil ist aber nicht zwingend notwendig, um die Wettbewerbssituation der Beteiligung zu verbessern und dadurch höhere Renditen erwirtschaften zu können. Daher ermöglicht die McKinsey-Matrix auch die Integration von anderen Wettbewerbskriterien. Eine hohe Wettbewerbsstärke sollte es der Beteiligung ermöglichen, mehr als die **risikoadäquaten Kapitalkosten** zu erwirtschaften. Da über die Totalperiode die diskontierten Wertbeiträge dem **Kapitalwert** einer Investition entsprechen, führt eine hohe Wettbewerbsstärke zu einer Kapitalallokation in die Beteiligung.

2.1 Akquisitionsstrategien

BCG-Matrix – SGE:

Bei einer Vorstandssitzung der Hopper AG kommt die Kritik auf, dass die BCG-Matrix für die Beteiligung A nicht anwendbar ist, weil diese aus zwei unterschiedlichen strategischen Geschäftseinheiten besteht. Sie werden gebeten, dies auf Basis der folgenden Daten zu analysieren:

				Prognose		
Jahr	t-1	t	t+1e	t+2e	t+3e	t+4e
Marktvolumen (Wert)	109.883,6	153.172,9	244.038,6	314.995,7	233.884,2	116.641,2
Inflation	2,00%	2,00%	2,00%	2,00%	2,00%	2,00%
reales Marktwachstum			37,40%	57,32%	27,08%	-27,75%	-52,13%
Beteiligung A:						
Produktionskapazität	2.500,0	2.500,0	4.500,0	6.500,0	5.000,0	4.000,0
Absatz	1.089,0	2.134,4	3.903,0	5.708,1	4.756,8	2.378,4
durchschnittlicher Preis	24,0	23,5	23,1	22,6	22,1	21,7
Umsatz	26.146,9	50.222,9	89.999,5	128.991,8	105.343,3	51.618,2
SGE 1:						
Produktionskapazität	1.875,0	1.750,0	2.700,0	3.900,0	2.500,0	2.000,0
Absatz	871,2	1.494,1	2.536,9	3.424,9	2.378,4	475,7
Preis (t)	24,0	21,8	21,3	21,5	20,8	26,0
Umsatz	20.917,5	32.644,9	53.999,7	73.525,3	49.511,4	12.388,4
SGE 2:						
Produktionskapazität	625,0	750,0	1.800,0	2.600,0	2.500,0	2.000,0
Absatz	217,8	640,3	1.366,0	2.283,2	2.378,4	1.902,7
Preis (t)	24,0	27,5	26,4	24,3	23,5	20,6
Umsatz	5.229,4	17.578,0	35.999,8	55.466,5	55.832,0	39.229,8
Konkurrent 1:						
Produktionskapazität	2.000,0	1.500,0	2.000,0	2.500,0	1.500,0	1.500,0
Absatz	827,6	1.097,7	1.658,8	2.029,5	1.427,0	665,9
Preis (t)	26,0	26,5	27,1	27,6	28,2	28,7
Umsatz	21.526,9	29.122,5	44.887,5	56.019,6	40.176,6	19.124,0
Konkurrent 2:						
Produktionskapazität	3.500,0	3.500,0	4.500,0	5.500,0	5.500,0	3.000,0
Absatz	2.439,4	2.866,2	4.195,7	4.947,0	3.329,7	1.712,4
Preis (t)	25,5	25,8	26,0	26,3	26,5	26,8
Umsatz	62.209,8	73.827,5	109.151,5	129.984,2	88.364,3	45.898,9

Positionieren Sie die strategische Geschäftseinheit 1 (SGE 1) in der folgenden Matrix, in der schon die Kreise eingetragen sind, die sich bei der Positionierung auf Wertbasis bei der Beteiligung A ergeben haben. Warum kommt es bei der Positionierung zu einem Fehler?

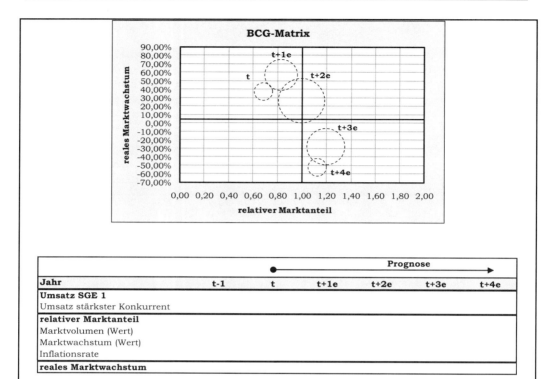

- Bei der Positionierung kommt es zu einem Fehler, weil der Umsatz der strategischen Geschäftseinheit geringer ist als der Umsatz der Beteiligung. Durch den geringeren Umsatz ist der **relative Marktanteil kleiner** und das **reale Marktwachstum** sinkt leicht, weil die Strategische Geschäftseinheit 2 darin nicht mehr berücksichtigt wird:

Jahr	t-1	t	t+1e	t+2e	t+3e	t+4e
Umsatz SGE 1	20.918	32.645	54.000	73.525	49.511	12.388
Umsatz stärkster Konkurrent	62.210	73.827	109.152	129.984	88.364	45.899
relativer Marktanteil	0,34	0,44	0,49	0,57	0,56	0,27
Marktvolumen (Wert)	104.654	135.595	208.039	259.529	178.052	77.411
Marktwachstum (Wert)			29,56%	53,43%	24,75%	-31,39%	-56,52%
Inflationsrate			2%	2%	2%	2%	2%
reales Marktwachstum			27,56%	51,43%	22,75%	-33,39%	-58,52%

- Der Marktanteil der Beteiligung übertraf vorher ab 1+2e den Marktanteil des stärksten Konkurrenten. Nun bewegt sich voraussichtlich die Strategische Geschäftseinheit bei einer Positionierung

2.1 Akquisitionsstrategien

in der BCG-Matrix in den nächsten Perioden in den Poor Dog-Quadranten (untere linke Quadrant):

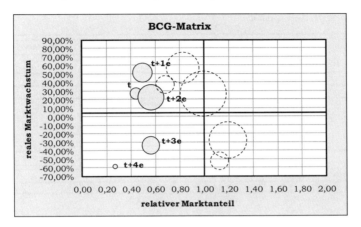

- Ein relativer Marktanteil größer eins bedeutet, dass ein Unternehmen zu geringeren Stückkosten produzieren kann und dadurch einen Wettbewerbsvorteil erreicht. Durch die **falsche Marktabgrenzung**, hätte der Vorstand zu dem Entschluss kommen können, die **Preise zu senken**, um noch einen Kostenvorteil vor der Degenerationsphase zu erreichen. Durch die neue Positionierung wird ersichtlich, dass selbst bei aggressiven Preissenkungen ein relativer Marktanteil größer eins kaum mehr erreichbar ist. Aufgrund dessen ist ein **Preiskampf eher abzuraten** und eine **frühzeitige Desinvestition vorzubereiten** oder eine **neue Nische** zu finden, in der die Beteiligung noch einen Kostenvorteil hat und die BCG-Matrix in einer engeren Marktabgrenzung neu angewandt wird.

BCG-Matrix – Holding:

Die Hopper AG besteht aus drei Beteiligungen, für die die folgenden Planungen vorhanden sind:

Holding Hopper AG	t-1	t	t+1e (Prognose)	t+2e
Umsatz der Holding	277.000,5	318.777,8	373.794,9	439.022,6
Umsatzwachstum		15,08%	17,26%	17,45%

Hopper AG → A, B, C

Marktinformationen:	t-1	t	t+1e (Prognose)	t+2e
Umsatz Beteiligung A	**26.146,9**	**50.222,9**	**89.999,5**	**128.991,8**
Umsatz Konkurrent 1	21.526,9	29.122,5	44.887,5	56.019,6
Umsatz Konkurrent 2	62.209,8	73.827,5	109.151,5	129.984,2
Marktvolumen (Wert)	**109.883,6**	**153.172,9**	**244.038,6**	**314.995,7**

Marktinformationen:	t-1	t	t+1e (Prognose)	t+2e
Umsatz Beteiligung B	**63.656,5**	**89.956,8**	**104.864,0**	**123.870,6**
Umsatz Konkurrent 1	50.373,8	49.645,7	48.781,9	49.172,1
Umsatz Konkurrent 2	148.470,0	128.347,0	119.772,3	114.062,3
Marktvolumen (Wert)	**262.500,3**	**267.949,6**	**273.418,2**	**287.105,0**

Marktinformationen:	t-1	t	t+1e (Prognose)	t+2e
Umsatz Beteiligung C	**187.197,1**	**178.598,1**	**178.931,4**	**186.160,3**
Umsatz Konkurrent 1	122.094,0	113.319,9	117.898,1	115.846,6
Umsatz Konkurrent 2	276.318,0	280.494,9	292.462,7	304.797,0
Umsatz Konkurrent 3	64.260,0	62.332,2	63.578,8	64.850,4
Marktvolumen (Wert)	**649.869,1**	**634.745,1**	**652.871,0**	**671.654,3**
Inflation	**2,00%**	**2,00%**	**2,00%**	**2,00%**

Erstellen Sie nun die BCG-Matrix für die Holding und zeigen Sie strategische Handlungsempfehlungen auf! Nehmen Sie an, dass die Beteiligungen A, B und C in der Hopper AG als strategische Geschäftseinheiten behandelt werden.

Periode t	Beteiligung A	Beteiligung B	Beteiligung C
Umsatzerlöse			
Umsatzerlöse des stärksten Konkurrenten			
relativer Marktanteil			
Marktvolumen (Wert)			
Marktwachstum (Wert)			
Inflationsrate			
reales Marktwachstum			

2.1 Akquisitionsstrategien

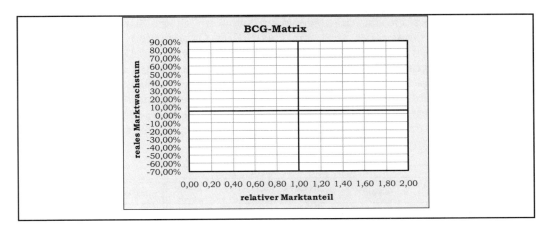

- Der relative Marktanteil und das reale Marktwachstum werden in der folgenden Tabelle berechnet und danach in die BCG-Matrix übertragen:

Periode t	Beteiligung A	Beteiligung B	Beteiligung C
Umsatzerlöse	50.222,9	89.956,8	178.598,1
Umsatzerlöse des stärksten Konkurrenten	73.827,5	128.347,0	280.494,9
relativer Marktanteil	0,68	0,70	0,64
Marktvolumen (Wert)	153.172,9	267.949,6	634.745,1
Marktwachstum (Wert)	39,40%	2,08%	-2,33%
Inflationsrate	2%	2%	2%
reales Marktwachstum	37,40%	0,08%	-4,33%

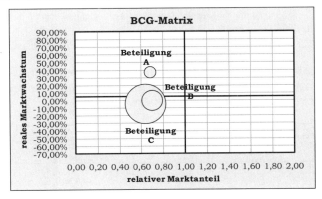

- Das Portfolio ist unausgewogen, weil im Stars-Quadranten (obere rechte Quadrant) und im Cash Cow-Quadranten (untere rechte Quadrant) keine Beteiligungen positioniert sind. Der Umsatz der **Beteiligung A** wird nach den Prognosen weiter stark zunehmen.
- Voraussichtlich wird das Unternehmen den relativen Marktanteil weiter steigern können, so dass sich die Beteiligung A auf den Stars-Quadranten (obere rechte Quadrant) zu bewegt. Um das Umsatzwachstum zu ermöglichen, werden Erweiterungsinvestitionen in die Beteiligung A nötig sein.

		Beteiligung A		
Jahr	Umsatz	reales Umsatzwachstum	reales Marktwachstum	relativer MA
t-1	26.146,9			0,42
t	50.222,9	90,08%	37,40%	0,68
t+1e	89.999,5	77,20%	57,32%	0,82
t+2e	128.991,8	41,33%	27,08%	0,99

- Die **Beteiligung B** befindet sich im Poor Dog-Quadranten (untere linke Quadrant). Auch hier wird ein zunehmender relativer Marktanteil prognostiziert. Die Beteiligung B bewegt sich daher auf den Cash Cow-Quadranten (untere rechte Quadrant) zu. Die Marktanteilsgewinne werden voraussichtlich sogar zu einem steigenden Umsatz führen. Um die Marktanteilsgewinne finanzieren zu können (z.B. Marketingaktionen und Kapazitätserweiterungen), werden ebenfalls Erweiterungsinvestitionen in die Beteiligung B nötig sein.

		Beteiligung B		
Jahr	Umsatz	reales Umsatzwachstum	reales Marktwachstum	relativer MA
t-1	63.656,5			0,43
t	89.956,8	39,32%	0,08%	0,70
t+1e	104.864,0	14,57%	0,04%	0,88
t+2e	123.870,6	16,13%	3,01%	1,09

- Die **Beteiligung C** befindet sich im Dog-Quadranten (untere linke Quadrant). Der Umsatz wird nur leicht steigen; der relative Marktanteil wird voraussichtlich abnehmen.

		Beteiligung C		
Jahr	Umsatz	reales Umsatzwachstum	reales Marktwachstum	relativer MA
t-1	187.197,1			0,68
t	178.598,1	-6,59%	-4,33%	0,64
t+1e	178.931,4	-1,81%	0,86%	0,61
t+2e	186.160,3	2,04%	0,88%	0,61

- Bewegt sich die Beteiligung A zukünftig in den Star-Quadranten (obere rechte Quadrant) und die Beteiligung B in den Cash Cow-Quadranten (untere rechte Quadrant), müssen frühzeitig Investitionen in den Question-Mark-Quadranten (obere linke Quadrant) getätigt werden, um neues **Erfolgspotential** aufzubauen. Nach der BCG-Matrix ist besonders die Beteiligung C kritisch zu bewerten, weil sie sich in einem stagnierenden Markt befindet und keine Kostenvorteile hat. Initiiert der Konkurrent 2 einen Preiskampf, wird die Rentabilität der Beteiligung C leiden.

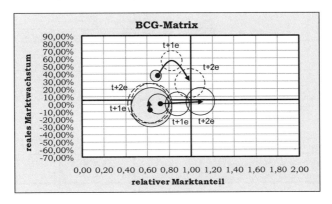

McKinsey-Matrix – Holding:

Nachdem Sie die BCG-Matrix für die Hopper AG erstellt und ausführlich analysiert haben, bittet Sie der Vorstand zur Rationalitätssicherung noch einmal die McKinsey-Matrix anzuwenden. Dazu erstellen Sie das folgende Scoring-Modell:

Skala	sehr gut gut schlecht 10 - 9 - 8 - 7 - 6 - 5 - 4 - 3 - 2 - 1 - 0		
	Holding		
Periode t	**Beteiligung A**	**Beteiligung B**	**Beteiligung C**
relativer Marktanteil	0,68	0,70	0,64
Skalenpunkte (1 bis 10)	5	5	4
relative Qualität	sehr gut	sehr gut	gut
Skalenpunkte (1 bis 10)	10	10	5
Summe Skalenpunkte			
Maximal erreichbare Skalenpunkte			
Wettbewerbsstärke			
reales Marktwachstum	37,40%	0,08%	-4,33%
Skalenpunkte (1 bis 10)	8	5	3
ROCE	6,55%	10,54%	-1,39%
Skalenpunkte (1 bis 10)	6	8	2
Summe Skalenpunkte			
Maximal erreichbare Skalenpunkte			
Marktattraktivität			
Umsatzerlöse			

Positionieren Sie die Beteiligungen A, B und C in der McKinsey-Matrix:

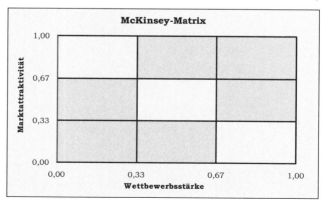

Beurteilen Sie die McKinsey-Matrix kritisch und gehen Sie darauf ein, ob Sie den ROCE als Kriterium der Marktattraktivität mit aufnehmen sollten?

- In dem Scoring-Modell wurden der relative Marktanteil und die relative Qualität als Erfolgspotentiale ausgewählt, die die Wettbewerbsstärke determinieren. Für die Bestimmung der Marktattraktivität wurden das reale Marktwachstum und der ROCE herangezogen.
- Es ist **problematisch** den **ROCE** als Kriterium der Marktattraktivität heranzuziehen, da eine **hohe Marktattraktivität** in *Verbindung* mit einer **hohen Wettbewerbsstärke** im Vergleich zum stärksten Konkurrenten **zukünftig** zu einem hohen ROCE führen soll, der eine Investition in die Beteiligung sinnvoll erscheinen lässt. Es ist daher anzuraten, den ROCE wieder als Kriterium herauszunehmen.
- Kritisch zu beurteilen ist, dass durch die Anwendung des Scoring-Modells zur Bestimmung der Marktattraktivität und der Wettbewerbsstärke die **Einflussfaktoren** in der Neunfelder-Matrix nicht mehr sofort erkennbar sind. Darüber hinaus besteht die Gefahr, dass die Scoring-Punkte so gewählt werden, dass die Beteiligungen die vom Ersteller **gewünschte** Kreisposition einnehmen. Der Vorteil des Scoring-Modells ist, dass trotz der Vereinfachung der Realität **mehrere Einflussfaktoren** berücksichtigt werden. Darüber hinaus spielt die exakte Marktabgrenzung eine geringere Rolle als bei der BCG-Matrix. Dies ist auf Beteiligungsebene von großem Vorteil!
- Die Positionierung der Beteiligung C in der McKinsey-Matrix zeigt Desinvestitionssignale auf, da sie sich in einer der drei Quadranten unterhalb der Diagonalen befindet. Die Beteiligung A und B verbessern sich in der Positionierung im Vergleich zur BCG-Matrix. Die Verbesserungen sind auf die hohen Scoring-Werte bei der relativen Qualität zurückzuführen. Da die Beteiligungen A und B voraussichtlich ihren relativen Marktanteil erhöhen können, kann der hohe Scoring-Wert der relativen Qualität schon als Indikator dafür gewertet werden.

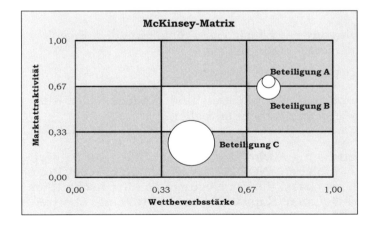

Finanzielle Analyse:

Das Beteiligungscontrolling der Hopper AG hat folgende Daten ermittelt:

		Hopper AG		
	Holding	**Beteiligung A**	**Beteiligung B**	**Beteiligung C**
Jahr	**Capital Employed**	**Capital Employed**	**Capital Employed**	**Capital Employed**
t-2	410.814,4	53.557,4	133.556,5	223.700,5
t-1	421.158,6	66.147,5	137.060,5	217.950,6
t	440.219,5	72.807,5	166.114,6	201.297,4
t+1e	468.354,7	93.658,8	179.032,2	195.663,7
t+2e	501.787,0	109.274,5	199.977,3	192.535,2
Jahr	**NOPLAT**	**NOPLAT**	**NOPLAT**	**NOPLAT**
t-1	11.949,8	1.616,4	8.115,0	2.218,4
t	15.752,4	4.330,7	14.452,0	-3.030,3
t+1e	33.247,4	12.148,8	17.099,4	3.999,1
t+2e	45.904,1	15.836,7	19.426,0	10.641,4
Jahr	**ROCE**	**ROCE**	**ROCE**	**ROCE**
t-1	2,8%	3,0%	6,1%	1,0%
t	3,6%	6,5%	10,5%	-1,4%
t+1e	7,1%	16,7%	10,3%	2,0%
t+2e	9,1%	16,9%	10,9%	5,4%
Jahr	**FCF**	**FCF**	**FCF**	**FCF**
t-1	1.605,6	-10.973,7	4.611,0	7.968,3
t	-3.308,5	-2.329,3	-14.602,1	13.622,9
t+1e	5.112,1	-8.702,5	4.181,8	9.632,8
t+2e	12.471,7	221,0	-1.519,2	13.769,9

Überprüfen Sie die strategischen Entscheidungen, die Sie aus der BCG-Matrix und der McKinsey-Matrix abgeleitet haben! Der WACC der Holding beträgt 7,9%. Gehen Sie davon aus, dass sich das Risiko in den Beteiligungen nur unwesentlich unterscheidet, so dass der WACC der Holding einfachheitshalber als Benchmark für die Beteiligungen herangezogen werden kann.

Anmerkung:

Capital Employed = verzinsliches Fremdkapital + Eigenkapital − Liquide Mittel − Wertpapiere − Finanzanlagen

NOPLAT = EBIT × (1-s)

Die Erträge aus den Wertpapieren und Finanzanlagen sind in der EBIT-Definition der Hopper AG nicht enthalten.

- Die Beteiligung A wird sich voraussichtlich gut entwickeln und einen immer größeren NOPLAT erwirtschaften. Gleichzeitig steigt der ROCE, so dass die Beteiligung die durchschnittlich gewichteten risikoadäquaten Kapitalkosten der Holding übertreffen wird. Der FCF ist negativ, wird aber in den folgenden Perioden positiv.

2.1 Akquisitionsstrategien

- Die Beteiligung B erwirtschaftet einen relativ konstanten ROCE, der die durchschnittlich gewichteten risikoadäquaten Kapitalkosten übertrifft. Der Umsatz steigt stark, obwohl das Marktwachstum gering ist. Dies kommt durch die Verbesserung des relativen Marktanteils, welcher wahrscheinlich auch der Grund für den zeitweise negativen FCF ist.
- Der ROCE der Beteiligung C ist sehr niedrig. Der FCF übertrifft den NOPLAT, was darauf schließen lässt, dass keine Erweiterungsinvestitionen getätigt und Ersatzinvestitionen reduziert werden. Die Zahlen des Beteiligungscontrollings der Hopper AG unterstreichen die schon aufgezeigte Problematik in der BCG-Matrix: Die Beteiligung C ist ein Poor Dog!

Rentabilität:

Das Management der Hopper AG stellt Ihnen die aktuelle Gewinn- und Verlustrechnung der Beteiligung B und die Daten der Bilanz aus der Periode t-1 zur Verfügung:[3]

GuV der Beteiligung B	
Umsatzlöse	89.956,8
- Aufwendungen	-65.870,2
EBIT	**24.086,6**
+ Zinsertrag	1.000,0
EBIT + Zinsertrag	25.086,6
- fiktive Steuern	-10.034,7
NOPLAT mit Zinsertrag	**15.052,0**

Bilanz der Beteiligung B t-1					
Aktiva				Passiva	
immaterielle VW	24.000,0	AV	EK	89.060,5	Eigenkapital
Sachanlagen	84.415,1				
Finanzanlagen	**10.000,0**				
Vorräte	19.097,0	UV	FK	70.000,0	verzinsliches Fremdkapital
Ford. aus LuL	19.097,0				
Wertpapiere	**10.000,0**				
Liquide Mittel	**2.000,0**			9.548,5	unverz. FK
Bilanzsumme	**168.609,0**			**168.609,0**	**Bilanzsumme**

Berechnen Sie noch einmal den Return on Capital Employed (ROCE), den Return on Invested Capital (ROIC) und den Return on Investment (ROI) der Beteiligung B!

---

[3] Durch die Berechnung mit Excel kommen hier Rundungsdifferenzen zustande.

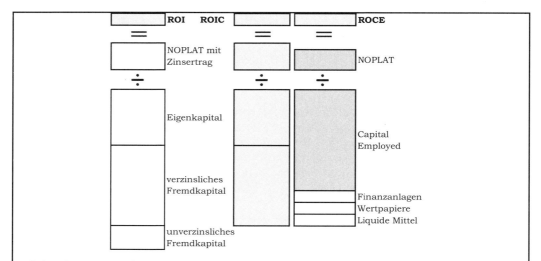

Diskutieren Sie kurz, ob das Beteiligungscontrolling für die Prognose der Rentabilität der Beteiligung B die Finanzanlagen, die Wertpapiere, die Liquiden Mittel und das unverzinsliche Fremdkapital abziehen sollte? Die prognostizierte Rentabilität soll die Basis für strategische Entscheidungen bilden!

Anmerkung: Die Liquiden Mittel werfen bei der Hopper AG keine Verzinsung ab!

- Die Finanzanlagen und die Wertpapiere haben eine durchschnittliche Verzinsung von 5 % (1.000/20.000 = 0,05). Die Liquiden Mittel werden nicht verzinst. Da die Verzinsung auf das operativ gebunden Kapital die durchschnittliche Verzinsung der Wertpapiere, Finanzanlagen und Liquiden Mittel übertrifft, übersteigt der ROCE in diesem Beispiel den ROIC:

2.1 Akquisitionsstrategien

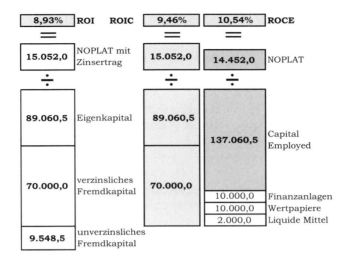

- Die Finanzanlagen, die Wertpapiere und die Liquiden Mittel können abgezogen werden, um die Rentabilität des **operativen Geschäfts** besser beurteilen zu können. **Überschüssige Liquide Mittel** und **Wertpapiere** können beispielsweise gehalten werden, um in der nächsten Periode größere Investitionen zu tätigen und verzerren dadurch die Rentabilität des operativen Geschäfts. Problematisch ist, dass **Liquide Mittel**, die für das operative Geschäft durchschnittlich benötigt werden, auch abgezogen werden. Eine andere Beteiligung könnte beispielsweise weniger durchschnittlich gebundene Liquide Mittel benötigen, so dass die Rentabilität durch den Abzug der Liquiden Mittel in der Beteiligung B verbessert wird.
- Sind die **Finanzanlagen** notwendig, um langfristige Geschäftsbeziehungen zu verbessern, kann für strategische Entscheidungen auf eine Adjustierung verzichtet werden, weil die Rentabilität in der Beteiligung sich durch ein Verkauf der Finanzanlagen verändern würde. Da das Beteiligungscontrolling die Wertpapiere, die Finanzanlagen und die Liquiden Mittel abzieht, sollten die Wertpapiere und die Finanzanlagen verkauft und die Liquiden Mittel abgezogen werden können, ohne dass sich die Prognose der betrieblichen Rentabilität verändert.
- Das **unverzinsliche Fremdkapital** sollte auf alle Fälle abgezogen werden, um keine Verzinsungsanforderung auf dieses Kapital zu bekommen.
- Der ROIC, der ROCE und der ROI wurde hier unter der Fiktion eines **rein eigenfinanzierten Unternehmens** berechnet. Dies hat den Vorteil, dass Steuerschwankungen wie sie beispielsweise aufgrund eines Verlustvortrags entstehen können, zwischen den Beteiligungen eliminiert werden und die **Steuerersparnis** herausgerechnet wird, die aufgrund einer unterschiedlichen Verschuldung in den einzelnen

Beteiligungen entstehen kann. Letzteres ist positiv zu beurteilen, da der Verschuldungsgrad in den Beteiligungen oftmals durch die Holding festgelegt wird.

Umsatzrendite:

Welche Komponenten der Umsatzrendite werden nach dem Gesamtkostenverfahren (HGB) bzw. nach dem Umsatzkostenverfahren (HGB) ausgewiesen?

- Nach dem **Gesamtkostenverfahren** werden folgende Komponenten der Umsatzrendite ausgewiesen:

Umsatzerlöse
+/− Erhöhung oder Verminderung an fertigen und unfertigen Erzeugnissen und andere aktivierte Eigenleistungen
− Materialaufwand
− Personalaufwand
− Abschreibungen
+ sonstige betriebliche Erträge
− sonstige betriebliche Aufwendungen
= ordentliches Betriebsergebnis (EBIT)

$$\dfrac{EBIT}{Umsatzerlöse}$$

- Nach dem **Umsatzkostenverfahren** werden folgende Komponenten der Umsatzrendite ausgewiesen:

Umsatzerlöse
− Herstellungskosten der zur Erzielung der Umsatzerlöse erbrachten Leistungen
− Vertriebskosten
− Allgemeine Verwaltungskosten
− Forschungs- und Entwicklungskosten
+ sonstige betriebliche Erträge
− sonstige betriebliche Aufwendungen
= ordentliches Betriebsergebnis (EBIT)

$$\dfrac{EBIT}{Umsatzerlöse}$$

2.1 Akquisitionsstrategien

Net Operating Profit Less Adjusted Taxes (NOPLAT):

Berechnen Sie bitte den prognostizierten NOPLAT der Beteiligung A! Es stehen Ihnen folgende Daten zur Verfügung:

	t-1	t	t+1e (Prognose)	t+2e
Umsatzwachstumsrate			79,20%	43,33%
Umsatz	26.146,9	50.222,9	Bitte berechnen Sie:	
EBIT-Marge	10,30%	14,37%	22,50%	20,46%
Steuersatz	40%	40%	-40%	-40%
			Bitte berechnen Sie:	
EBIT		2.694,0	7.217,9	
NOPLAT		1.616,4	4.330,7	

Die Beteiligung A muss ihren Einzelabschluss nach HGB erstellen. Earnings Before Interest and Taxes ist eine Pro-forma Kennzahl und kann mit und ohne Zinserträge abgegrenzt werden. Die Hopper AG verwendet das EBIT synonym mit dem ordentlichen Betriebsergebnis.

- In den vorherigen Aufgaben haben Sie herausgefunden, dass die Beteiligung A die Preise in den nächsten zwei Perioden voraussichtlich um 2% senken wird. Trotz der Inflation in Höhe von 2% wird die EBIT-Marge voraussichtlich stark ansteigen. Dies deutet darauf hin, dass die Stückkosten aufgrund der höheren Absatzmenge stark reduziert werden können:

	t-1	t	t+1e (Prognose)	t+2e
Umsatzwachstumsrate			79,20%	43,33%
Umsatz	26.146,9	50.222,9	89.999,5	128.991,8
EBIT-Marge	10,30%	14,37%	22,50%	20,46%
Steuersatz	-40%	-40%	-40%	-40%
EBIT		2.694,0	7.217,9	20.248,1	26.394,5
NOPLAT		1.616,4	4.330,7	12.148,8	15.836,7

- Der Net Operating Profit Less Adjusted Taxes (NOPLAT) ergibt sich, indem Sie das EBIT mit (1-s) multiplizieren. Sie nehmen demzufolge an, dass der Steueraufwand der Beteiligung A 40% vom EBIT beträgt. Dies entspräche dem Steueraufwand, den die Beteiligung A ausweisen müsste, wenn sie kein Fremdkapital aufgenommen hätte.

Man spricht auch von einem fiktiven Steueraufwand oder von „Adjusted Taxes". Der NOPLAT wird oftmals synonym zu dem Begriff Net Operating Profit After Taxes verwendet.

Free Cashflow nach Rappaport:

Zeigen Sie auf, wie Rappaport den FCF als zukünftige Rückflüsse an Eigenkapital- und Fremdkapitalgeber bestimmt (siehe Lehrbuch S. 199–200)?

Rappaport empfiehlt die Schätzung mit Hilfe von ausgewählten Wertgeneratoren:

```
operativer FCF =
Vorjahresumsatz × (1 + Umsatzwachstum)
× Umsatzrendite × (1 – Steuersatz)
– Erweiterungsinvestitionen in das Anlagevermögen
– Erweiterungsinvestitionen in das Net Working Capital
```

bzw.

```
operativer FCF =
Vorjahresumsatz × (1 + Umsatzwachstum)
× Umsatzrendite × (1 – Steuersatz)
– Vorjahresumsatz × Umsatzwachstum
× Erweiterungsinvestitionsrate für das Anlagevermögen
– Vorjahresumsatz × Umsatzwachstum
× Erweiterungsinvestitionsrate für das Net Working Capital
```

2.1 Akquisitionsstrategien

Operativer FCF:

Wie wird indirekt aus dem EBIT der operative FCF des Entity-Ansatzes hergeleitet?

---

ordentliches Betriebsergebnis (EBIT)
- fiktive Steuerzahlung
= Net Operating Profit Less Adjusted Taxes (NOPLAT)
+ Abschreibungen / – Zuschreibungen
+ Zuführung / – Auflösung von langfristigen Rückstellungen
= Cashflow auf Basis des Nettoumlaufvermögens
⎛ + Abnahme / – Zunahme der Vorräte (z.B. Roh-, Hilfs-, Betriebsstoffe und Fertige Erzeugnisse) ⎞
⎜ = Cashflow auf der Basis des Nettogeldvermögens ⎟
⎜ + Abnahme / – Zunahme der kurzfristigen Forderungen (z.B. Forderungen aus L & L) ⎟
⎝ + Zunahme / – Abnahme des kurzfristigen Fremdkapitals (z.B. Verbindlichkeiten aus L & L) ⎠
                    + Abnahme / – Zunahme Net Working Capital
= Cashflow auf der Basis der liquiden Mittel ersten Grades
– Investitionen / + Desinvestitionen des Anlagevermögens
= operativer Free Cashflow (Entity - Ansatz)

Operativer FCF:

Berechnen Sie auf der Grundlage der angegebenen Daten den operativen FCF!

	t-1	t	t+1e (Prognose)	t+2e (Prognose)
NOPLAT	1.616,4	4.330,7	12.148,8	15.836,7
+ Abschreibungen / -Zuschreibungen	5.000,0	8.979,5	9.185,6	14.706,0
+ Zuführung / - Auflösung von langfristigen Rückstellungen	0,0	0,0	0,0	0,0
= Cashflow auf Basis des Nettoumlaufvermögens	6.616,4	13.310,2	Bitte berechnen Sie:	
Umsatzwachstum (absolut)		24.076,1		
Erweiterungsinvestitionsrate (Vorräte, kurz. Ford., kurz. FK)		-20,00%	-20,00%	-20,00%
- Erweiterungsinvestitionen (Vorräte, kurz. Ford., kurz. FK)	-1.672,0	-4.815,2	Bitte berechnen Sie:	
= Cashflow auf Basis der liquiden Mittel ersten Grades	4.944,4	8.495,0		
- Erweiterungsinvestitionen AV	-15.918,1	0,0	-22.081,6	-22.523,2
- Ersatzinvestitionen AV	0,0	-10.824,3	0,0	0,0
operativer FCF	-10.973,7	-2.329,3	Bitte berechnen Sie:	

- Das absolute Umsatzwachstum der Beteiligung A wird folgendermaßen berechnet:

$$\text{Umsatz}_t - \text{Umsatz}_{t-1} = \text{absolutes Umsatzwachstum}$$
$$89.999{,}5 - 50.222{,}9 = 39.776{,}6$$

- Zwischen Net Working Capital und Umsatzerlösen wird in diesem Beispiel für die Prognose des FCF ein lineares Verhältnis angenommen:

Net Working Capital	t-1	t	t+1e (Prognose)	t+2e
Net Working Capital/Umsatzerlöse	20,00%	20,00%	20,00%	20,00%
Umsatzerlöse	26.146,9	50.222,9	89.999,5	128.991,8
Net Working Capital (NWC)	5.229,4	10.044,6	17.999,9	25.798,4
Zunahme NWC		4.815,2	7.955,3	7.798,5
Net Working Capital/absolutes Umsatzwachstum		20,00%	20,00%	20,00%
Umsatzwachstum (absolut)		24.076,1	39.776,6	38.992,3
Zunahme NWC		4.815,2	7.955,3	7.798,5

- Die Erweiterungsinvestitionen ergeben sich daher durch die Multiplikation des absoluten Umsatzwachstums mit der Erweiterungsinvestitionsrate in das Net Working Capital:

$$\text{Erweiterungsinvestitionen in das Net Working Capital} =$$
$$\text{absolutes Umsatzwachstum} \times \text{Erweiterungsinvestitionsrate}$$
$$39.776{,}6 \times -0{,}2 = -7.955{,}32$$

- Der operativen FCF wird folgendermaßen indirekt aus dem EBIT (ohne Erträge aus Finanzanlagen und Wertpapieren) berechnet:

2.1 Akquisitionsstrategien

	t-1	t	t+1e (Prognose)	t+2e
NOPLAT	1.616,4	4.330,7	12.148,8	15.836,7
+ Abschreibungen/ -Zuschreibungen	5.000,0	8.979,5	9.185,6	14.706,0
+ Zuführung/ - Auflösung von langfristigen Rückstellungen	0,0	0,0	0,0	0,0
			Bitte berechnen Sie:	
= Cashflow auf Basis des Nettoumlaufvermögens	6.616,4	13.310,2	21.334,5	30.542,7
Umsatzwachstum (absolut)		24.076,1	39.776,6	38.992,3
Erweiterungsinvestitionsrate (Vorräte, kurz. Ford., kurz. FK)		-20,00%	-20,00%	-20,00%
			Bitte berechnen Sie:	
- Erweiterungsinvestitionen (Vorräte, kurz. Ford., kurz. FK)	-1.672,0	-4.815,2	-7.955,3	-7.798,5
= Cashflow auf Basis der liquiden Mittel ersten Grades	4.944,4	8.495,0	13.379,1	22.744,3
- Erweiterungsinvestitionen AV	-15.918,1	0,0	-22.081,6	-22.523,2
- Ersatzinvestitionen AV	0,0	-10.824,3	0,0	0,0
			Bitte berechnen Sie:	
operativer FCF	-10.973,7	-2.329,3	-8.702,5	221,0

- Wenn die Beteiligung A keine Investitionen in das Anlagevermögen tätigt, stünde der Cashflow auf Basis der liquiden Mittel ersten Grades für Ausschüttungen an die Eigen- und Fremdkapitalgeber zur Verfügung. Die Substanz des Unternehmens würde dann aber sehr schnell verzehrt, weil auch keine Ersatzinvestitionen mehr vorgenommen würden.
- Ein gutes Forderungs- und Vorratsmanagements versucht bei einer Erhöhung der Umsatzerlöse eine möglichst geringe Steigerung der Forderungen und Vorräte zu erreichen. Wird die zusätzliche Kapitalbindung in den Vorräten und Forderungen durch eine Erhöhung der Verbindlichkeiten aus L&L finanziert, muss diese erhöhte Kapitalbindung nicht durch Eigen- oder verzinsliches Fremdkapital finanziert werden. Allerdings verlangen die Lieferanten bei einer Erhöhung des Zahlungsziels oft höhere Preise.

Plan-Gewinn- und Verlustrechnung:

Um den operativen FCF der Beteiligung A detaillierter herleiten zu können, ist es notwendig, eine Plan-Gewinn- und Verlustrechnung (Plan-GuV) aufzustellen. Eine einfache Möglichkeit der Aufstellung einer Plan-GuV besteht darin, die Umsatzerlöse zu prognostizieren und die restlichen Aufwendungen in ein prozentuales Verhältnis zu den Umsatzerlösen zu setzen:

		Prognose		
Wertgeneratoren:	t-1	t	t+1e	t+2e
Umsatzwachstumsrate zum Vorjahr		92,08%	79,20%	43,33%
Umsatzerlöse	26.146,9			
Abschreibungen		-8.979,5	-9.185,6	-14.706,0
Sonstige Aufwendungen/Umsatzerlöse		-67,75%	-67,30%	-68,14%
Steuersatz		-40,00%	-40,00%	-40,00%

Da die Erweiterungsinvestitionen in das Anlagevermögen oftmals sprunghaft erfolgen (sprungfixe Kosten), werden die Abschreibungen in dem folgenden Beispiel absolut geschätzt:

		Prognose		
Anlagevermögen	t-1	t	t+1e	t+2e
Investition (31.12.)	-60.918,1			
Buchwert	60.918,1	51.938,6	45.459,1	38.979,5
Abschreibungen in den folgenden Perioden	-8.979,5	-6.479,5	-6.479,5	-6.479,5
Investition (31.12.)		-10.824,3		
Buchwert		10.824,3	8.118,2	5.412,2
Abschreibungen in den folgenden Perioden		-2.706,1	-2.706,1	-2.706,1
Investition (31.12.)			-22.081,6	
Buchwert			22.081,6	16.561,2
Abschreibungen in den folgenden Perioden			-5.520,4	-5.520,4
Investition (31.12.)				-22.523,2
Buchwert				22.523,2
Abschreibungen in den folgenden Perioden				-5.630,8

Für die Prognose des Zinsaufwands und des Zinsertrags stehen Ihnen folgende Daten zur Verfügung:

		Prognose		
Finanzkredite	t-1	t	t+1e	t+2e
Nettokreditaufnahme	40.000,0	10.000,0	10.000,0	0,0
Zinsaufwand		-5,00%	-5,00%	-5,00%
Nicht betriebsnotwendiges Vermögen				
Bestand an Liquiden Mitteln		0,0		
- Investitionen in Finanzanlagen und Wertpapiere	-11.000,0	0,0	0,0	0,0
Zinsertrag		5,00%	5,00%	5,00%

Bitte füllen Sie die folgenden Tabellen aus:

2.1 Akquisitionsstrategien

Nebenrechnung	t-1	t	t+1e	t+2e
		Bitte berechnen Sie:		
verzinsliches Fremdkapital				
Zinsaufwand				
Wertpapiere + Finanzanlagen				
Zinsertrag				

Plan-GuV	t-1	t	t+1e	t+2e
		Bitte berechnen Sie:		
Umsatzerlöse				
- Abschreibungen				
- Sonstige Aufwendungen/Erträge				
Operatives Ergebnis (EBIT)				
- Zinsaufwand				
+ Zinsertrag				
Jahresüberschuss vor Steuern				
- Steueraufwand				
Jahresüberschuss				

(Prognose: ab t)

- Am Ende der Periode t-1 beträgt der **Fremdkapitalbestand** 40.000 Einheiten. In der Periode t und in der Periode t+1e werden jeweils 10.000 Einheiten Fremdkapital zusätzlich aufgenommen:

Nebenrechnung	t-1	t	t+1e	t+2e
		Bitte berechnen Sie:		
verzinsliches Fremdkapital	40.000,0	50.000,0	60.000,0	60.000,0
Zinsaufwand		-2.000,0	-2.500,0	-3.000,0

In der Periode t fallen 2.000 Einheiten als Zinsaufwand an. Durch die zusätzliche Fremdkapitalaufnahme erhöht sich der Zinsaufwand um jeweils 500 Einheiten in der Periode t+1e und in der Periode t+2e.

- Der Bestand an **Wertpapieren** und **Finanzanlagen** beträgt in der Periode t 11.000 Einheiten:

Nebenrechnung	t-1	t	t+1e	t+2e
Wertpapiere + Finanzanlagen	11.000,0	11.000,0	11.000,0	11.000,0
Zinsertrag		550,0	550,0	550,0

Die Wertpapiere und die Finanzanlagen werden durchschnittlich in Höhe von 5% verzinst, so dass ein Zinsertrag in Höhe von 550 Einheiten entsteht.

- Die Abschreibungen, der Zinsaufwand und der Zinsertrag werden in die Plan-Gewinn- und Verlustrechnung übertragen:

		Prognose	
Plan-GuV	t-1	t	t+1e	t+2e
		Bitte berechnen Sie:		
Umsatzerlöse				
- Abschreibungen		-8.979,5	-9.185,6	-14.706,0
- Sonstige Aufwendungen/Erträge				
Operatives Ergebnis (EBIT)				
- Zinsaufwand		-2.000,0	-2.500,0	-3.000,0
+ Zinsertrag		550,0	550,0	550,0
Jahresüberschuss vor Steuern				
- Steueraufwand				
Jahresüberschuss				

- Die prognostizierten Umsatzerlöse werden über die Umsatzwachstumsrate bestimmt; die sonstigen betrieblichen Aufwendungen und Erträge entwickeln sich gemäß der Aufgabenstellung in Abhängigkeit der Umsatzerlöse:

		Prognose	
Plan-GuV	t-1	t	t+1e	t+2e
		Bitte berechnen Sie:		
Umsatzerlöse	26.146,9	50.222,9	89.999,5	128.991,8
- Abschreibungen		-8.979,5	-9.185,6	-14.706,0
- Sonstige Aufwendungen/Erträge		-34.025,6	-60.565,8	-87.891,3
Operatives Ergebnis (EBIT)		7.217,9	20.248,1	26.394,5
- Zinsaufwand		-2.000,0	-2.500,0	-3.000,0
+ Zinsertrag		550,0	550,0	550,0
Jahresüberschuss vor Steuern		5.767,9	18.298,1	23.944,5
- Steueraufwand		-2.307,1	-7.319,2	-9.577,8
Jahresüberschuss		3.460,7	10.978,8	14.366,7

Plan-Bilanz:

Der operative FCF wird indirekt aus der Plan-GuV und der Plan-Bilanz abgeleitet. Erstellen Sie die Plan-Bilanz für die Beteiligung A! Nehmen Sie vereinfachend an, dass sich das Net Working Capital in Abhängigkeit der Umsatzerlöse entwickelt:

		Prognose	
Netto-Umlaufvermögen	t-1	t	t+1e	t+2e
Net Working Capital (NWC)/Umsatzerlöse	20,00%	20,00%	20,00%	20,00%

Es sollen keine Liquiden Mittel vorhanden sein, um auf Basis einer fiktiven Vollausschüttung die Planung vorzunehmen:

2.1 Akquisitionsstrategien

	Prognose		
Plan-Bilanz	t-1	t	t+1e	t+2e
		Bitte berechnen Sie:		
Anlagevermögen				
Nicht betriebsnotwendigs Vermögen				
Net Working Capital (NWC)				
Liquide Mittel		0,0	0,0	0,0
Summe Aktiva				
Eigenkapital Stand 31.12				
Kredite Stand 31.12.				
Summe Passiva				

Der **Flow to Equity** ist in voller Höhe auszuschütten und wird in der Plan-Kapitalflussrechnung in der folgenden Aufgabe bestimmt:

Nebenrechnung	t-1	t	t+1e	t+2e
		Bitte berechnen Sie:		
Eigenkapital Stand 1.1				
Jahresüberschuss				
-/+ Ausschüttungen/Kapitalerhöhung		-6.800,7	-127,5	1.249,0
Stand 31.12				

- Auf der Aktiva Seite der Bilanz ist das Anlagevermögen und das Nicht betriebsnotwendige Vermögen aus der Aufgabenstellung zu übernehmen:

		Prognose		
Plan-Bilanz	t-1	t	t+1e	t+2e
Anlagevermögen	60.918,1	62.762,9	75.658,9	83.476,2
Nicht betriebsnotwendiges Vermögen	11.000,0	11.000,0	11.000,0	11.000,0

- Der Bestand des NWC entwickelt sich in Abhängigkeit des Umsatzes. Aufgrund der Annahme der Vollausschüttung gibt es keinen Bestand an Liquiden Mitteln:

Plan-Bilanz	t-1	t	t+1e	t+2e
Net Working Capital (NWC)	5.229,4	10.044,6	17.999,9	25.798,4
Liquide Mittel	0,0	-0,0	-0,0	-0,0

- Der Anfangsbestand des Eigenkapitals ergibt sich aus der Differenz zwischen der Bilanzsumme und dem verzinslichen Fremdkapital:

Plan-Bilanz	t-1
Anlagevermögen	60.918,1
Nicht betriebsnotwendiges Vermögen	11.000,0
Net Working Capital (NWC)	5.229,4
Liquide Mittel	0,0
Summe Aktiva	77.147,5
Eigenkapital Stand 31.12	**37.147,5**
Kredite Stand 31.12.	40.000,0
Summe Passiva	77.147,5

- Übersichtshalber wird die Anfangsbilanz in Kontoform noch einmal abgebildet:

Aktiva			t-1		Passiva
Anlagevermögen	60.918,1	AV	EK	37.147,5	Eigenkapital
NBV	11.000,0				
NWC	5.229,4	UV	FK	40.000,0	verzinsliches Fremdkapital
Liquide Mittel	0,0				
Bilanzsumme	**77.147,5**			**77.147,5**	**Bilanzsumme**

- Dies ist eine vereinfachte Bilanz, die detaillierter aufgeschlüsselt wie folgt aussehen würde:

Aktiva			t-1		Passiva
immaterielle VW	24.000,0				
Sachanlagen	36.918,1	AV	EK	37.147,5	Eigenkapital
Finanzanlagen	10.000,0				
Vorräte	5.229,4				
Ford. aus LuL	3.922,0	UV	FK	40.000,0	verzinsliches Fremdkapital
Wertpapiere	1.000,0				
Liquide Mittel	0,0			3.922,0	unverz. FK
Bilanzsumme	**81.069,5**			**81.069,5**	**Bilanzsumme**

Für das Beispiel wurden die Positionen zusammengefasst, um eine bessere Übersichtlichkeit zu erlangen.

- In den folgenden Perioden reduziert sich das Eigenkapital, wenn die Ausschüttungen (ohne Kapitalerhöhungen) höher sind als der erwirtschaftete Jahresüberschuss und vice versa. Sind die Ausschüttungen höher als der Jahresüberschuss spricht man auch von einem Substanzverzehr. Dies ist dann problematisch, wenn durch eine Unterinvestition das Erfolgspotential des Unternehmens gemindert wird. Aus der Verrechnung des Jahresüberschusses und der in der Aufgabenstellung angegebenen Ausschüttungen, ergibt sich:

Nebenrechnung	t-1	t	t+1e	t+2e
		Bitte berechnen Sie:		
Eigenkapital Stand 1.1		37.147,5	33.807,5	44.658,8
Jahresüberschuss		3.460,7	10.978,8	14.366,7
-/+ Ausschüttungen/Kapitalerhöhung		**-6.800,7**	**-127,5**	**1.249,0**
Stand 31.12	37.147,5	33.807,5	44.658,8	60.274,5

- Die einzelnen Positionen zusammengefasst ergibt die Plan-Bilanz der Beteiligung A:

2.1 Akquisitionsstrategien

Plan-Bilanz	t-1	t	t+1e	t+2e
		Bitte berechnen Sie:		
Anlagevermögen	60.918,1	62.762,9	75.658,9	83.476,2
Nicht betriebsnotwendigs Vermögen	11.000,0	11.000,0	11.000,0	11.000,0
Net Working Capital (NWC)	5.229,4	10.044,6	17.999,9	25.798,4
Liquide Mittel	0,0	-0,0	-0,0	-0,0
Summe Aktiva	**77.147,5**	**83.807,5**	**104.658,8**	**120.274,5**
Eigenkapital Stand 31.12	37.147,5	33.807,5	44.658,8	60.274,5
Kredite Stand 31.12.	40.000,0	50.000,0	60.000,0	60.000,0
Summe Passiva	**77.147,5**	**83.807,5**	**104.658,8**	**120.274,5**

Plan-Kapitalflussrechnung:

Leiten Sie nun indirekt die Plan-Kapitalflussrechnung der Beteiligung A her:

Plan-Kapitalflussrechnung	t	t+1e	t+2e
	Bitte berechnen Sie:		
Jahresüberschuss			
+ Zinsaufwand			
+ Abschreibungen/ -Zuschreibungen			
+ Zuführung/ - Auflösung von langfristigen Rückstellungen	0,0	0,0	0,0
Cashflow auf Basis des Nettoumlaufvermögens			
- Zunahme NWC/ + Abnahme NWC			
Cashflow auf Basis der Liquiden Mittel ersten Grades			
- Investitionen/ + Desinvestitionen			
- Investitionen/ + Desinvestitionen in Finanzanlagen und Wertpapiere			
Cashflow aus Investitionstätigkeit			
FCF (TCF)			
- Zinszahlungen			
+ Aufnahme/ - Tilgung Fremdkapital			
NCF (FTE)			
- Ausschüttungen/+ Kapitalerhöhungen			
Veränderung Liquide Mittel			

- Auf Basis der Plan-Gewinn- und Verlustrechnung und der Planbilanz kann ausgehend vom Jahresüberschuss indirekt die Plan-Kapitalflussrechnung aufgestellt werden. Zinsaufwendungen sind zum Jahresüberschuss wieder hinzuzuaddieren, um diese getrennt im Fremdfinanzierungsbereich darstellen zu können. Abschreibungen sind unbare Aufwendungen und müssen in der Plan-Kapitalflussrechnung wieder hinzugerechnet werden. Dies gilt auch für die Bildung von Rückstellungen, die in dem Beispiel nicht vorkommen.

- Nimmt das Net Working Capital zu, wird Eigen- und Fremdkapital gebunden, so dass ein geringerer frei ausschüttbarer FCF (TCF) zur Verfügung steht. Eine Zunahme des Net Working Capital ist daher in der Plan-Kapitalflussrechnung vom Cashflow auf Basis des Nettoumlaufvermögens abzuziehen. Eine Erhöhung des Net Working Capital kann aus der Differenz zweier aufeinanderfolgender Bilanzen abgelesen werden:

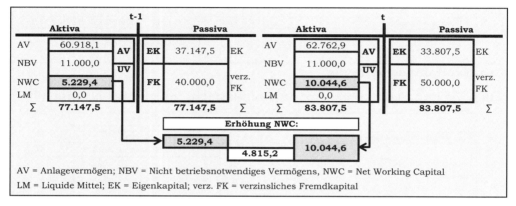

AV = Anlagevermögen; NBV = Nicht betriebsnotwendiges Vermögens, NWC = Net Working Capital
LM = Liquide Mittel; EK = Eigenkapital; verz. FK = verzinsliches Fremdkapital

- Die folgende Tabelle gibt die Berechnung des Cashflow auf Basis der Liquiden Mittel ersten Grades der Beteiligung A wieder:

Plan-Kapitalflussrechnung	t	t+1e	t+2e
		Bitte berechnen Sie:	
Jahresüberschuss	3.460,7	10.978,8	14.366,7
+ Zinsaufwand	2.000,0	2.500,0	3.000,0
+ Abschreibungen/ -Zuschreibungen	8.979,5	9.185,6	14.706,0
+ Zuführung/ - Auflösung von langfristigen Rückstellungen	0,0	0,0	0,0
Cashflow auf Basis des Nettoumlaufvermögens	14.440,2	22.664,5	32.072,7
- Zunahme NWC/ + Abnahme NWC	-4.815,2	-7.955,3	-7.798,5
Cashflow auf Basis der Liquiden Mittel ersten Grades	9.625,0	14.709,1	24.274,3

- Der Cashflow auf Basis der Liquiden Mittel ersten Grades ist schwer manipulierbar und kann deswegen im Beteiligungscontrolling zusätzlich zu anderen Steuerungskennzahlen herangezogen werden, um Trendentwicklungen zu analysieren. Allerdings kann das Beteiligungscontrolling nicht von der Höhe des Cashflow auf Basis der Liquiden Mittel auf die Höhe des Erfolgs einer Periode schließen. Um zum Free Cashflow (FCF) zu gelangen, müssen noch die Investitionen in das Anlagevermögen abgezogen und eventuelle Desinvestitionen hinzugerechnet werden:

Cashflow auf Basis der Liquiden Mittel ersten Grades	9.625,0	14.709,1	24.274,3
- Investitionen/ + Desinvestitionen	-10.824,3	-22.081,6	-22.523,2
- Investitionen/ + Desinvestitionen in Finanzanlagen und Wertpapiere	0,0	0,0	0,0
Cashflow aus Investitionstätigkeit	-10.824,3	-22.081,6	-22.523,2
FCF (TCF)	-1.199,3	-7.372,5	1.751,0

Der FCF enthält in diesem Beispiel auch die Erträge aus Finanzanlagen und aus Wertpapieren, weil diese nicht zum Jahresüberschuss wieder hinzugerechnet wurden. Deswegen müssen auch die Investitionen in die Finanzanlagen und in die Wertpapiere abgezogen werden. Für die Unternehmensbewertung wird oft nur der operative FCF prognostiziert und die Finanzanlagen und die Wertpapiere getrennt berechnet. Darüber hinaus wird für die Unternehmensbewertung meistens der FCF herangezogen, der um fiktive Steuerzahlungen adjustiert wird (EBIT × (1-s)). Dadurch dass in der Plankapitalflussrechnung die Steuern auf den Jahresüberschuss vor Steuern berechnet wurden, mindert der Zinsaufwand den Steueraufwand (EBIT + Zinsertrag – Zinsaufwand). Der Steuervorteil aus der Fremdkapitalfinanzierung wird dementsprechend in der Plan-Kapitalflussrechnung berücksichtigt, weshalb dieser auch als TCF bezeichnet wird. Auf die Problematik der Bildung von latenten Steuern wird hier nicht näher eingegangen.

- Wenn das Kongruenzprinzip erfüllt ist, stimmt die Summe der FCF (TCF) über die Totalperiode der Beteiligung mit der Summe der Jahresüberschüsse einschließlich Zinsaufwendungen überein. Daher hat der FCF (TCF) einen erfolgswirtschaftlichen Aussagegehalt, da sich Jahresüberschuss + Zinsaufwendungen nur aufgrund von zeitlichen Verschiebungen vom FCF (TCF) unterscheiden. Für Steuerungszwecke ist der FCF (TCF) dennoch nicht geeignet, da dieser aufgrund von unterschiedlichen periodischen Investitionsauszahlungen erheblich schwanken kann, während die Abschreibungen den Jahresüberschuss einschließlich Zinsaufwendungen glätten.

- Die folgende Tabelle fasst die Ableitung des FCF (TCF) aus dem Jahresüberschuss zusammen:

	Prognose		
Plan-Kapitalflussrechnung	t	t+1e	t+2e
	Bitte berechnen Sie:		
Jahresüberschuss	3.460,7	10.978,8	14.366,7
+ Zinsaufwand	2.000,0	2.500,0	3.000,0
+ Abschreibungen/ -Zuschreibungen	8.979,5	9.185,6	14.706,0
+ Zuführung/ - Auflösung von langfristigen Rückstellungen	0,0	0,0	0,0
Cashflow auf Basis des Nettoumlaufvermögens	**14.440,2**	**22.664,5**	**32.072,7**
- Zunahme NWC/ + Abnahme NWC	-4.815,2	-7.955,3	-7.798,5
Cashflow auf Basis der Liquiden Mittel ersten Grades	**9.625,0**	**14.709,1**	**24.274,3**
- Investitionen/ + Desinvestitionen	-10.824,3	-22.081,6	-22.523,2
- Investitionen/ + Desinvestitionen in Finanzanlagen und Wertpapiere	0,0	0,0	0,0
Cashflow aus Investitionstätigkeit	**-10.824,3**	**-22.081,6**	**-22.523,2**
FCF (TCF)	**-1.199,3**	**-7.372,5**	**1.751,0**
- Zinszahlungen	-2.000,0	-2.500,0	-3.000,0
+ Aufnahme/ - Tilgung Fremdkapital	10.000,0	10.000,0	0,0
NCF (FTE)	**6.800,7**	**127,5**	**-1.249,0**
- Ausschüttungen/+ Kapitalerhöhungen	-6.800,7	-127,5	1.249,0
Veränderung Liquide Mittel	**-0,0**	**-0,0**	**0,0**

- Wird der FCF (TCF) um die Zinszahlungen und die Aufnahme sowie Tilgung von Fremdkapital korrigiert, ergibt sich der Netto Cashflow, der theoretisch an die Eigenkapitalgeber ausschüttbar ist. Wird der NCF nicht ausgeschüttet, erhöhen sich die Liquiden Mittel. Wenn die Liquiden Mittel sich erhöhen, deutet dies darauf hin, dass das Unternehmen in der nächsten Periode höhere Auszahlungen erwartet bzw. Investitionen tätigen wird.

2.1 Akquisitionsstrategien

Operativer FCF:

Leiten Sie nun aus der Plan-Kapitalflussrechnung bzw. aus der Plan-Gewinn- und Verlustrechnung und aus der Plan-Bilanz den FCF aus der operativen Tätigkeit ab (operativer FCF)! Es stehen Ihnen zwei Möglichkeiten der indirekten Berechnung zur Verfügung:

Möglichkeit 1:

		Prognose	
Plan-Kapitalflussrechnung	t	t+1e	t+2e
	Bitte berechnen Sie:		
Jahresüberschuss			
+ Steuern			
+ Zinsaufwand			
− Zinsertrag			
Operatives Ergebnis (EBIT)			
− fiktive Steuern			
Net Operating Profit Less Adjusted Taxes (NOPLAT)			
+ Abschreibungen/ − Zuschreibungen			
+ Zuführung/ − Auflösung von langfristigen Rückstellungen			
Cashflow auf Basis des Nettoumlaufvermögens			
− Zunahme NWC/ + Abnahme NWC			
Cashflow auf Basis der liquiden Mittel ersten Grades			
− Investitionen/ + Desinvestitionen			
operativer FCF			

Möglichkeit 2:

		Prognose	
Plan-Kapitalflussrechnung	t	t+1e	t+2e
Umsatzwachstum	92,08%	79,20%	43,33%
	Bitte berechnen Sie:		
Umsatzerlöse 26.146,9			
− Abschreibungen			
− Sonstige Aufwendungen/Erträge			
Operatives Ergebnis (EBIT)			
− fiktive Steuern			
Net Operating Profit Less Adjusted Taxes (NOPLAT)			
+ Abschreibungen/ − Zuschreibungen			
+ Zuführung/ − Auflösung von langfristigen Rückstellungen			
Cashflow auf Basis des Nettoumlaufvermögens			
− Zunahme NWC/ + Abnahme NWC			
Cashflow auf Basis der liquiden Mittel ersten Grades			
− Investitionen/ + Desinvestitionen			
operativer FCF			

- Der operative FCF enthält nicht die Zinserträge aus den Finanzanlagen und den Wertpapieren:

Lösung: Möglichkeit 1:

Plan-Kapitalflussrechnung	t	t+1e (Prognose)	t+2e (Prognose)
		Bitte berechnen Sie:	
Jahresüberschuss	3.460,7	10.978,8	14.366,7
+ Steuern	2.307,1	7.319,2	9.577,8
+ Zinsaufwand	2.000,0	2.500,0	3.000,0
- Zinsertrag	-550,0	-550,0	-550,0
Operatives Ergebnis (EBIT)	**7.217,9**	**20.248,1**	**26.394,5**
- fiktive Steuern	-2.887,1	-8.099,2	-10.557,8
Net Operating Profit Less Adjusted Taxes (NOPLAT)	**4.330,7**	**12.148,8**	**15.836,7**
+ Abschreibungen/ - Zuschreibungen	8.979,5	9.185,6	14.706,0
+ Zuführung/ - Auflösung von langfristigen Rückstellungen	0,0	0,0	0,0
Cashflow auf Basis des Nettoumlaufvermögens	**13.310,2**	**21.334,5**	**30.542,7**
- Zunahme NWC/ + Abnahme NWC	-4.815,2	-7.955,3	-7.798,5
Cashflow auf Basis der liquiden Mittel ersten Grades	**8.495,0**	**13.379,1**	**22.744,3**
- Investitionen/ + Desinvestitionen	-10.824,3	-22.081,6	-22.523,2
operativer FCF	**-2.329,3**	**-8.702,5**	**221,0**

Lösung: Möglichkeit 2:

Plan-Kapitalflussrechnung	t	t+1e (Prognose)	t+2e (Prognose)
Umsatzwachstum		92,08%	79,20% / 43,33%
		Bitte berechnen Sie:	
Umsatzerlöse	26.146,9	50.222,9	89.999,5 / 128.991,8
- Abschreibungen		-8.979,5	-9.185,6 / -14.706,0
- Sonstige Aufwendungen/Erträge		-34.025,6	-60.565,8 / -87.891,3
Operatives Ergebnis (EBIT)		**7.217,9**	**20.248,1** / **26.394,5**
- fiktive Steuern		-2.887,1	-8.099,2 / -10.557,8
Net Operating Profit Less Adjusted Taxes (NOPLAT)		**4.330,7**	**12.148,8** / **15.836,7**
+ Abschreibungen/ - Zuschreibungen		8.979,5	9.185,6 / 14.706,0
+ Zuführung/ - Auflösung von langfristigen Rückstellungen		0,0	0,0 / 0,0
Cashflow auf Basis des Nettoumlaufvermögens		**13.310,2**	**21.334,5** / **30.542,7**
- Zunahme NWC/ + Abnahme NWC		-4.815,2	-7.955,3 / -7.798,5
Cashflow auf Basis der liquiden Mittel ersten Grades		**8.495,0**	**13.379,1** / **22.744,3**
- Investitionen/ + Desinvestitionen		-10.824,3	-22.081,6 / -22.523,2
operativer FCF		**-2.329,3**	**-8.702,5** / **221,0**

Anmerkung: Wenn Sie bei der Unternehmensbewertung den operativen FCF mit dem WACC des Gesamtunternehmens diskontieren, werden Zähler und Nenner uneinheitlich abgegrenzt. Theoretisch müssten Sie daher den WACC bestimmen, den die Beteiligung A hätte, wenn sie keine Wertpapiere und Finanzanlagen halten würde.

2.1 Akquisitionsstrategien

Überleitung Operativer FCF – TCF:

Leiten Sie den operativen FCF wieder auf den TCF über!

	t	t+1e	t+2e
Überleitung operativer FCF auf FCF (TCF)		Prognose	
operativer FCF	-2.329,3	-8.702,5	221,0
	Bitte berechnen Sie:		
Zinserträge			
- fiktive Steuern auf Zinserträge			
- Investitionen in Finanzanlagen und Wertpapiere			
FCF aus Finanzanlagen (FA) und Wertpapiere (WP)			
FCF			
	Bitte berechnen Sie:		
Zinsaufwand			
- Steuerersparnisse wegen Abzugsfähigkeit des Zinsaufwands			
FCF (TCF)			

- Um zum FCF (TCF) zu gelangen, müssen der FCF aus Finanzanlagen und Wertpapieren sowie die Steuerersparnisse aus der Fremdkapitalaufnahme wieder hinzuaddiert werden:

	t	t+1e	t+2e
Überleitung operativer FCF auf FCF (TCF)		Prognose	
operativer FCF	-2.329,3	-8.702,5	221,0
	Bitte berechnen Sie:		
Zinserträge	550,0	550,0	550,0
- fiktive Steuern auf Zinserträge	-220,0	-220,0	-220,0
- Investitionen in Finanzanlagen und Wertpapiere	0,0	0,0	0,0
FCF aus Finanzanlagen (FA) und Wertpapiere (WP)	330,0	330,0	330,0
FCF	-1.999,3	-8.372,5	551,0
	Bitte berechnen Sie:		
Zinsaufwand	-2.000,0	-2.500,0	-3.000,0
- Steuerersparnisse wegen Abzugsfähigkeit des Zinsaufwands	800,0	1.000,0	1.200,0
FCF (TCF)	-1.199,3	-7.372,5	1.751,0

Anmerkung: Es wird hier der Übersicht halber auf eine detaillierte Steuerberechnung verzichtet!

FCF – Finanzanlagen und Wertpapiere:

Was halten Sie davon, in der Prognose des bewertungsrelevanten FCF die Erträge aus Finanzanlagen und Wertpapiere auf folgende Art und Weise zu bestimmen:

Plan-Kapitalflussrechnung	t	Prognose t+1e	t+2e
		Bitte berechnen Sie:	
Jahresüberschuss			
+ Steuern			
+ Zinsaufwand			
− Zinsertrag			
Operatives Ergebnis (EBIT)			
+ Zinsertrag			
Operatives Ergebnis (EBIT) + Zinsertrag			
− fiktive Steuern			
Net Operating Profit Less Adjusted Taxes (NOPLAT)			
+ Nettozinserträge			
+ Abschreibungen/ − Zuschreibungen			
− Zunahme NWC/ + Abnahme NWC			
− Investitionen/ + Desinvestitionen			
− Investitionen in Finanzanlagen und Wertpapiere			
FCF			

Überleitung FCF auf TCF	t	Prognose t+1e	t+2e
FCF	−1.999,3	−8.372,5	551,0
		Bitte berechnen Sie:	
Zinsaufwand			
− Steuerersparnisse wegen Abzugsfähigkeit des Zinsaufwands			
FCF (TCF)			

- Der Vorteil ist, dass für die Diskontierung der FCF der WACC des Gesamtunternehmens herangezogen werden kann. Es stellt sich aber die Frage, inwieweit die Wertpapiere und die Finanzanlagen verkauft werden können, ohne die Prognose des operativen FCF zu beeinflussen. Ist dies zu bejahen, sollte der Wert des operativen Geschäfts für Akquisitions- und Desinvestitionsentscheidungen getrennt bewertet werden.

2.1 Akquisitionsstrategien

Plan-Kapitalflussrechnung	t	t+1e (Prognose)	t+2e
		Bitte berechnen Sie:	
Jahresüberschuss	3.460,7	10.978,8	14.366,7
+ Steuern	2.307,1	7.319,2	9.577,8
+ Zinsaufwand	2.000,0	2.500,0	3.000,0
- Zinsertrag	-550,0	-550,0	-550,0
Operatives Ergebnis (EBIT)	7.217,9	20.248,1	26.394,5
+ Zinsertrag	550,0	550,0	550,0
Operatives Ergebnis (EBIT) + Zinsertrag	7.767,9	20.798,1	26.944,5
- fiktive Steuern	-3.107,1	-8.319,2	-10.777,8
Net Operating Profit Less Adjusted Taxes (NOPLAT) + Nettozinserträge	4.660,7	12.478,8	16.166,7
+ Abschreibungen/ - Zuschreibungen	8.979,5	9.185,6	14.706,0
- Zunahme NWC/ + Abnahme NWC	-4.815,2	-7.955,3	-7.798,5
- Investitionen/ + Desinvestitionen	-10.824,3	-22.081,6	-22.523,2
- Investitionen in Finanzanlagen und Wertpapiere	0,0	0,0	0,0
FCF	-1.999,3	-8.372,5	551,0

Überleitung FCF auf TCF	t	t+1e (Prognose)	t+2e
FCF	-1.999,3	-8.372,5	551,0
		Bitte berechnen Sie:	
Zinsaufwand	-2.000,0	-2.500,0	-3.000,0
- Steuerersparnisse wegen Abzugsfähigkeit des Zinsaufwands	800,0	1.000,0	1.200,0
FCF (TCF)	-1.199,3	-7.372,5	1.751,0

Capital Asset Pricing Model:

Ihnen stehen folgende Daten zur Verfügung (siehe Lehrbuch S. 521–524):

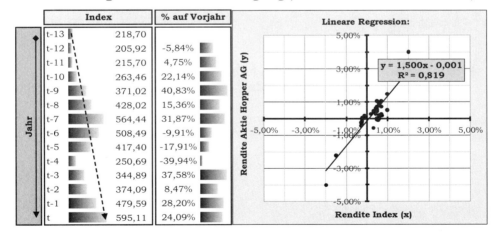

Berechnen Sie den risikoadjustierten Eigenkapitalkostensatz für die Beteiligung A nach dem Capital Asset Pricing Model (CAPM)! Nehmen Sie an, dass sich der risikoadjustierte Eigenkapitalkostensatz der Beteiligung A nicht von dem der Hopper AG unterscheidet. Die aktuelle Verzinsung eines 10-jährigen Bundesschatzbriefes beträgt 4%:

risikoadjustierter Eigenkapitalkostensatz (systematisches Risiko)		t	t+1e	t+2e
	Bitte berechnen Sie:			
erwartete durchschnittliche Rendite des Marktportefeuilles (z.B. DAX)	r(M)			
risikoloser Zinssatz (z.B. Bundesschatzbrief)	r(f)			
erwartete höhere Rendite zur Entlohnung des Risikos einer Investition in r(M)	r(M)-r(f) = Risiko-aufschlag			
erwartete Korrelation zwischen der Aktie des Unternehmens und dem Marktportefeuille (systematisches Risiko)	Beta			
risikoadäquater Eigenkapitalkostensatz (r(EK))				

(Prognose →, Markierung bei t+2e)

- Zuerst müssen Sie die erwartete durchschnittliche Rendite des Marktportefeuilles schätzen. Das **Marktportefeuille** kann durch einen sehr breit gestreuten Performance-Index (z.B. HDAX, CDAX, DAX) approximiert werden. Da Sie nicht wissen, wie sich der Performance-Index in der Zukunft entwickeln wird, können Sie vereinfachend die durchschnittliche Rendite des Indexes aus der Vergangenheit als besten Schätzer für die zukünftige Rendite heranziehen. Das **arithmetische Mittel** beträgt in diesem Beispiel:

$$\text{arithmethisches Mittel} = \frac{1}{n}\sum_{i=1}^{n} a_i = \frac{-5{,}84\% + 4{,}75\% + \ldots + 28{,}20\% + 24{,}09\%}{13} = 10{,}74\%$$

a = Rendite
n = Größe der Stichprobe

- Das arithmetische Mittel gleicht einem Erwartungswert, bei dem jede Rendite gleich gewichtet wird, gibt aber nicht die tatsächliche Wertentwicklung des Indexes wieder. Aufgrund dessen wird nun das **geometrische Mittel** berechnet, welches wir hier vereinfachend als besten Schätzer für die erwartete Marktrendite heranziehen:

$$\text{geometrisches Mittel} = \sqrt[13]{(1+a_1) \times (1+a_2) \times \ldots \times (1+a_n)} - 1$$

$$= \sqrt[13]{94{,}16\% \times 104{,}75\% \times \ldots \times 124{,}09\%} - 1 = \sqrt[13]{\frac{595{,}11}{218{,}70}} - 1 = 8\%$$

a = Rendite
n = Größe der Stichprobe

2.1 Akquisitionsstrategien

- Nun können Sie die erwartete höhere Rendite bestimmen, die ein Investor voraussichtlich bekommt, wenn er statt eines Bundesschatzbriefes in das Marktportefeuille investiert:

risikoadjustierter Eigenkapitalkostensatz (systematisches Risiko)			t	t+1e	t+2e
	Bitte berechnen Sie:		Prognose →		
erwartete durchschnittliche Rendite des Marktportefeuilles (z.B. DAX)	r(M)	8,00%			
risikoloser Zinssatz (z.B. Bundesschatzbrief)	r(f)	4,00%			
erwartete höhere Rendite zur Entlohnung des Risikos einer Investition in r(M)	r(M)-r(f) = Risikoaufschlag	4,00%			

- Folgende Parameter der CAPM-Formel haben Sie bereits errechnet:

$$r(EK) = r(f) + (r(M) - r(f)) \times Beta$$
$$r(EK) = 4\% + (8\% - 4\%) \times Beta$$
$$r(EK) = 4\% + 4\% \times Beta$$

- Wenn sich die Aktie der Hopper AG im gleichem Maße wie das Marktportefeuille verändern würde, ergäbe sich folgende **Regressionsgerade**:

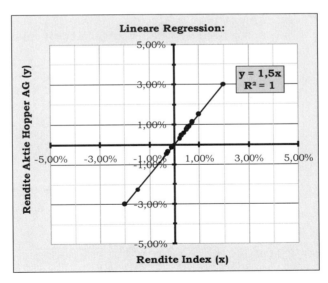

- Steigt der Index um 1%, so steigt auch die Aktie um 1%. Verliert der Index 1%, so verliert auch die Aktie 1%. Das Risiko der Aktie entspräche demzufolge dem Risiko des Indexes. Die Aktie der Hopper AG reagiert aber durchschnittlich 1,5 Mal stärker als der Index:

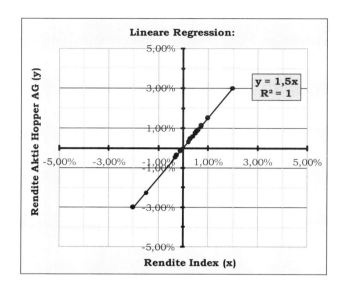

- Steigt der Index um 1%, so steigt die Aktie um 1,5%. Verliert der Index 1%, so verliert die Aktie 1,5%. Das Risiko der Hopper AG ist demzufolge 1,5 Mal höher als das Risiko des Indexes.
- Da die Aktie der Hopper AG manchmal stärker und manchmal schwächer auf eine Änderung des Indexes reagiert, kann die Regressionsgerade nicht jede Änderung erklären. Umso höher der Erklärungsgrad, desto höher ist das **Bestimmtheitsmaß** (R^2).

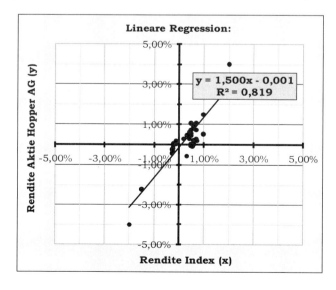

2.1 Akquisitionsstrategien

- Es ist allerdings schwierig abzuschätzen, wie die Aktie der Hopper AG in der Zukunft auf eine Änderung des Indexes reagieren wird. Beispielsweise könnte die Aktie der Hopper AG in den letzten Jahren sehr stark auf eine Änderung des Indexes reagiert haben, weil der Umsatz der Hopper AG in den letzten Jahren stark gestiegen ist und die Hopper AG daher die Aufmerksamkeit vieler Investoren bekommen hat. Stagniert in der Zukunft der Umsatz, könnte der Aktienkurs auch geringer schwanken, weil weniger Zukunftserwartungen in der Aktie eingepreist werden und weniger Investoren sich für die Aktie interessieren. Daher ist der Betafaktor nur ein grober Schätzer für das systematische Risiko der Hopper AG in der Zukunft.
- Aus Sicht eines diversifizierten Investors beträgt der risikoadjustierte Eigenkapitalkostensatz:

			Prognose	
risikoadjustierter Eigenkapitalkostensatz (systematisches Risiko)		t	t+1e	t+2e
erwartete Korrelation zwischen der Aktie des Unternehmens und dem Marktportefeuille (systematisches Risiko)	Beta	1,5		
risikoadäquater Eigenkapitalkostensatz (r(EK))		10,00%		

Weighted Average Cost of Capital:

Berechnen Sie nun den durchschnittlich gewichteten Kapitalkostensatz der Hopper AG (siehe Lehrbuch S. 525):

durchschnittlich gewichteter Kapitalkostensatz:		
		Bitte berechnen Sie:
risikoadäquater Eigenkapitalkostensatz	r(EK)	
Fremdkapitalzinssatz	r(FK)	5,00%
Steuersatz	s	-40,00%
Fremdkapitalzinssatz mit Steuervorteil	**r(FKs)**	
Zielkapitalstruktur (MWFK/(MWEK+MWFK))		30,00%
Weighted Average Cost of Capital mit Steuervorteil (Zielkapitalstruktur)	**WACC(s)**	

- Der durchschnittlich gewichtete Kapitalkostensatz wird folgendermaßen berechnet:

$$WACC = r(EK) \times \frac{MWEK}{MWEK + MWFK} + r(FK) \times (1-s) \times \frac{MWFK}{MWEK + MWFK}$$
$$WACC = 10\% \times 0{,}7 + 5\% \times (1 - 0{,}4) \times 0{,}3$$
$$WACC = 7{,}9\%$$

MWEK = Marktwert Eigenkapital; MWFK = Marktwert des verzinslichen Fremdkapitals

Berechnung des Marktwerts des Eigenkapitals – FCF:

Berechnen Sie den Marktwert des Eigenkapitals der Beteiligung A. Den operativen FCF haben Sie schon in den vorherigen Aufgaben bestimmt. Zur Wiederholung können Sie ihn mit Hilfe der folgenden Tabelle noch einmal herleiten (siehe Lehrbuch S. 524–530):

Rappaport-Werttreiber	t-1	t	t+1e	t+2e
			Prognose	
Umsatz	26.146,9	50.222,9	89.999,5	128.991,8
EBIT-Marge		14,37%	22,50%	20,46%
Steuersatz		-40,00%	-40,00%	-40,00%
EBIT				
NOPLAT				
+ Abschreibungen / - Zuschreibungen		8.979,5	9.185,6	14.706,0
+ Zuführung/ - Auflösung von langfristigen Rückstellungen		0,0	0,0	0,0
Cashflow auf Basis des Nettoumlaufvermögens				
Umsatzwachstum (absolut)				
Erweiterungsinvestitionsrate (WC)				
- Erweiterungsinvestitionen (WC)		-4.815,2		
Cashflow auf Basis der liquiden Mittel ersten Grades				
- Investitionen in Kapazitätserhaltung		-10.824,3	0,0	0,0
- Investitionen in Kapazitätserweiterung		0,0	-22.081,6	-22.523,2
Kapazitätsauslastung		85,38%	86,73%	87,82%
operativer FCF				

Nehmen Sie als Diskontierungsfaktor approximativ den WACC der Hopper AG an:

2.1 Akquisitionsstrategien

		Prognose →	
DCF-Bewertung	t	t+1e	t+2e
NOPLAT		12.148,8	15.836,7
FCF		-8.702,5	221,0
FCF ab t+3e			
Restwert			
= operativer FCF + Restwert			
Annahme: Diskontierungsfaktor 7,90%		0,9268	0,8589
Barwert			
Unternehmenswert (EK+FK) des betriebsnotwendigen Vermögens (Bestandteile des EBIT)			
+ nicht betriebsnotwendiges Vermögen			
+ Liquide Mittel			
Unternehmenswert (EK+FK)			
- MWFK (=Annahme BWFK)			
= MWEK			

Das nicht betriebsnotwendige Vermögen und die Liquiden Mittel können Sie einfachheitshalber zu Buchwerten aus der Bilanz übernehmen:

Aktiva				Passiva	
immaterielle VW	22.000,0		EK	33.807,5	Eigenkapital
Sachanlagen	40.762,9	AV			
Finanzanlagen	10.000,0				
Vorräte	10.044,6		FK	50.000,0	verzinsliches Fremdkapital
Ford. aus LuL	7.533,4	UV			
Wertpapiere	1.000,0				
Liquide Mittel	0,0			7.533,4	unverz. FK
Bilanzsumme	**91.340,9**			**91.340,9**	**Bilanzsumme**

Ab der Periode t+2e fällt kein Umsatzwachstum mehr an. Die EBIT-Marge und der Steuersatz bleiben ab der Periode t+2e konstant. Die Abschreibungen werden als konstant angenommen und sollen den Investitionen in die Kapazitätserhaltung entsprechen. Berechnen Sie für die Periode t+2e den Restwert als eine ewige Rente.

- In der Aufgabenstellung wird angenommen, dass die Beteiligung A ab der Periode t+3e einen ewig gleich bleibenden FCF erzielen wird. Dieser entspricht dem NOPLAT der Periode t+2e, da ab der Periode t+2e die Höhe der Investitionen in die Kapazitätserweiterung den Abschreibungen gleicht und kein Umsatzwachstum mehr angenommen wird, so dass keine Erweiterungsinvestitionen in das Net Working Capital entstehen. Der Wert des ewig gleichbleibenden FCF in der Periode t+2e beträgt:

$$\text{Ewige Rente} = \text{Restwert}_{t+2} = \frac{FCF_{t+3e}}{WACC} = \frac{NOPLAT_{t+2e}}{WACC}$$

Periode	FCF	Diskontierungs-faktor	Wert FCF in t+2e	Restwert
t+2e				200.464,9
t+3e	15.836,7	0,9268	14.677,2	
t+4e	15.836,7	0,8589	13.602,6	
t+5e	15.836,7	0,7960	12.606,7	
t+6e	15.836,7	0,7378	11.683,7	
t+7e	15.836,7	0,6837	10.828,2	
t+8e	15.836,7	0,6337	10.035,4	
t+9e	15.836,7	0,5873	9.300,7	
t+10e	15.836,7	0,5443	8.619,7	
t+11e	15.836,7	0,5044	7.988,6	
t+12e	15.836,7	0,4675	7.403,7	
t+13e	15.836,7	0,4333	6.861,7	
t+14e	15.836,7	0,4016	6.359,3	
t+15e	15.836,7	0,3722	5.893,7	
t+16e	15.836,7	0,3449	5.462,2	
t+17e	15.836,7	0,3197	5.062,3	
t+18e	15.836,7	0,2962	4.691,6	
t+19e	15.836,7	0,2746	4.348,1	
t+20e	...	...	...	

- Der Restwert in der Periode t+2e entspricht dem erwarteten Marktwert des Eigen- und verzinslichen Fremdkapitals in t+2e. Um den Zukunftserfolgswert aus Sicht der Periode t zu erhalten, müssen der Restwert und der erwartete FCF in t+1e und t+2e noch auf t diskontiert werden:

Jahr	Ewige Rente ab t+2e	FCF	DCF-Wert
t			164.309,6
t+1e		-8.702,5	
t+2e		200.464,9 + 221,0	

- Um zum Marktwert des Eigenkapitals zu gelangen, müssen zu den diskontierten FCF noch der Wert des nicht betriebsnotwendigen Vermögens und der Liquiden Mittel addiert und der Marktwert des Fremdkapitals subtrahiert werden.
- Das nicht betriebsnotwendige Vermögen wird hinzuaddiert, weil ein Verkauf des Vermögens die Prognose des FCF nicht verändern würde. Die Liquiden Mittel müssen hinzugerechnet werden, weil der FCF unter der Hypothese der Vollausschüttung ermittelt wurde. Da in der FCF-Abgrenzung die prognostizierten Erträge aus den Wertpapieren und den Finanzanlagen nicht enthalten sind, sind diese vereinfachend zum Buchwert aus der Bilanz zu addieren.

2.1 Akquisitionsstrategien

		Prognose	
	t	t+1e	t+2e
NOPLAT		12.148,8	15.836,7
FCF		-8.702,5	221,0
FCF ab t+3e			15.836,7
Restwert			200.464,9
= operativer FCF + Restwert		-8.702,5	200.685,9
Annahme: Diskontierungsfaktor 7,90%		0,9268	0,8589
Barwert		-8.065,3	172.374,9
Unternehmenswert (EK+FK) des betriebsnotwendigen Vermögens (Bestandteile des EBIT)	164.309,6		
+ nicht betriebsnotwendiges Vermögen	11.000,0		
+ Liquide Mittel	0,0		
Unternehmenswert (EK+FK)	175.309,6		
- MWFK (=Annahme BWFK)	-50.000,0		
= MWEK	125.309,6		

FCF – Ewige Rente:

Was ist zu beachten, wenn man den FCF für die ewige Rente berechnet (ewig gleichbleibender FCF)?

- Der FCF sollte **normalisierte Werte** enthalten. Bei der Rappaport-Formel sind folgende Besonderheiten zu beachten:

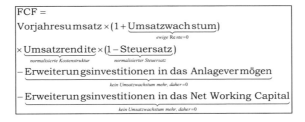

- Die Umsatzrendite ist näher zu untersuchen und zu **normalisieren**:

```
Umsatzerlöse
+ Erhöhung oder Verminderung an fertigen und unfertigen Erzeugnissen
  und andere aktivierte Eigenleistungen
       ewige Rente=keineVeränderung=0
– Materialaufwand
       konstant
– Personalaufwand
       konstant
–         Abschreibungen
   normalisierte Abschreibungen=Ersatzinvestitionen
+/– sonstige betriebliche Erträge/Aufwendungen                    EBIT
              normalisierte Werte                              ―――――――
                                                               Umsatzerlöse
= ordentliches Betriebsergebnis (EBIT)
```

- Darüber hinaus ist es sinnvoll zu überprüfen, ob der normalisierte FCF für die ewige Rente einen **Wertbeitrag** enthält. Es gilt nämlich:

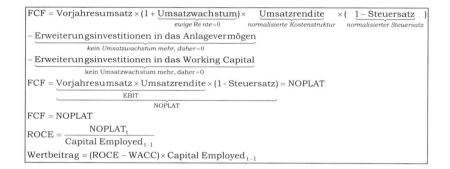

- Ist der ROCE größer als der kalkulatorische Zinssatz (Opportunitätskostensatz ausgedrückt als WACC), besteht die Wahrscheinlichkeit, dass Wettbewerber – angelockt durch die Möglichkeit mehr als den Opportunitätskostensatz zu verdienen – in den Markt eintreten und ein **Preiskampf** unter den Anbietern langfristig zu einer **geringeren Marge** führt.
- Ein ewig gleich bleibender Wertbeitrag kann durch das Vorhandensein von **intellektuellem Kapital** argumentativ gerechtfertigt sein. Das intellektuelle Kapital spiegelt dabei die **nicht bilanzierungsfähigen Ressourcen** wider, die dem Unternehmen **langfristig Wettbewerbsvorteile sichern**.

Berechnung des Marktwerts des Eigenkapitals – EVA:

Das Beteiligungscontrolling stellt Ihnen die Plan-Bilanz aus der Zweijahresplanung der Beteiligung A zur Verfügung:

Bilanz der Beteiligung A	t-1	t	t+1e (Prognose)	t+2e
Passiva				
Eigenkapital	**37.147**	**33.808**	**44.659**	**60.275**
verz. Fremdkapital	**40.000**	**50.000**	**60.000**	**60.000**
unverz. Fremdkapital	3.922	7.533	13.500	19.349
Aktiva				
immaterielle Vermögenswerte (VW)	24.000	22.000	20.000	18.000
Sachanlagen	36.918	40.763	55.659	65.476
Finanzanlagen	**10.000**	**10.000**	**10.000**	**10.000**
Vorräte	5.229	10.045	18.000	25.798
Ford. aus L&L	3.922	7.533	13.500	19.349
Wertpapiere	**1.000**	**1.000**	**1.000**	**1.000**
Liquide Mittel	**0**	**0**	**0**	**0**

Berechnen Sie den Marktwert des Eigenkapitals auf Basis des EVA-Konzeptes! Die Hopper AG definiert die Berechnung des EVA folgendermaßen:

$$EVA = NOPLAT_t - Capital\ Employed_{t-1} \times WACC$$
$$NOPLAT = EBIT \times (1-s)$$

Die folgende Tabelle soll Ihnen die Berechnung erleichtern:

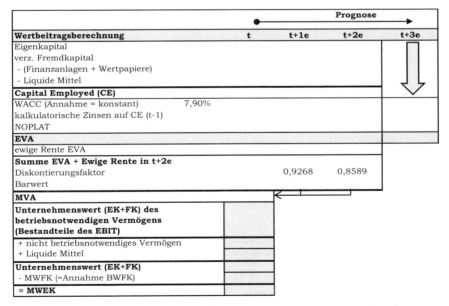

Wie hoch ist das M/B-Verhältnis auf Basis des berechneten Marktwerts des Eigenkapitals?

- In der EBIT-Abgrenzung der Hopper AG sind die Erträge aus Finanzanlagen und Wertpapiere nicht enthalten:

Umsatzerlöse
– Herstellungskosten
– Vertriebs - und Verwaltungskosten sowie F & E - Kosten
+ /– sonstige betriebliche Erträge/ Aufwendungen
= ordentliches Betriebsergebnis (EBIT)
+ Erträge aus Finanzanlagen und Wertpapieren
– Zinsaufwand
= Jahresüberschuss vor Steuern

- Der WACC, den Sie vorher berechnet haben, enthält nur das verzinsliche Fremdkapital:

$$WACC = r(EK) \times \frac{MWEK}{MWEK + MWFK} + r(FK) \times (1-s) \times \frac{MWFK}{MWEK + MWFK}$$

  Daher darf das unverzinsliche Fremdkapital (z.B. Verbindlichkeiten aus L&L) nicht im Capital Employed enthalten sein. Da die Hopper AG den EBIT mit (1-Steuersatz) multipliziert, enthält der NOPLAT die Steuerzahlung, die die Hopper AG zahlen würde, wenn Sie kein Fremdkapital aufgenommen hätte. Um die zu viel gezahlten Steuern zu korrigieren, wird der Steuervorteil im WACC berücksichtigt.

- Das Capital Employed beträgt für die einzelnen Perioden:

Wertbeitragsberechnung		t	Prognose t+1e	t+2e
Eigenkapital		37.147,5	33.807,5	44.658,8	60.274,5
verz. Fremdkapital		40.000,0	50.000,0	60.000,0	60.000,0
- (Finanzanlagen + Wertpapiere)		-11.000,0	-11.000,0	-11.000,0	-11.000,0
- Liquide Mittel		0,0	0,0	0,0	0,0
Capital Employed		**66.147,5**	**72.807,5**	**93.658,8**	**109.274,5**

- Der WACC multipliziert mit dem Capital Employed der Vorperiode ergibt die kalkulatorischen Kapitalkosten. Übertrifft der NOPLAT die kalkulatorischen Zinsen auf das Capital Employed, erwirtschaftet die Hopper AG einen positiven EVA:

Wertbeitragsberechnung		t	Prognose t+1e	t+2e	t+3e
Capital Employed	66.147,5	72.807,5	93.658,8	109.274,5	-
WACC (Annahme = konstant)	7,90%				
kalkulatorische Zinsen auf CE (t-1)		-5.225,7	-5.751,8	-7.399,0	-8.632,7
NOPLAT		4.330,7	12.148,8	15.836,7	15.836,7
EVA		**-894,9**	**6.397,0**	**8.437,7**	**7.204,04**

2.1 Akquisitionsstrategien

- In der vorherigen Aufgabe wurde angenommen, dass der NOPLAT ab der Periode t+2e konstant bleibt. Die ewige Rente eines gleichbleibenden EVA ab der Periode t+3e beträgt:

$$\text{Ewige Rente} = \frac{EVA_{t+3e}}{WACC} = \frac{NOPLAT_{t+3e} - \text{Capital Employed}_{t+2e} \times WACC}{WACC}$$

$$NOPLAT_{t+2e} = NOPLAT_{t+3e}$$

$$\text{Ewige Rente} = \frac{7.204,04}{0,079} = 91.190,4$$

- Die Ewige Rente des EVA ab t+3e entspricht dem erwarteten MVA in t+2e. Der MVA der Periode t ergibt sich aus den diskontierten EVA der Periode t+1e und der Periode t+2e einschließlich dem diskontierten MVA der Periode t+2e:

$$MVA_t = \sum_{t=1}^{n} \frac{EVA_t}{(1+WACC)^t}$$

$$DCF_t = MVA_t + \text{Capital Employed}_t$$

Wertbeitragsberechnung	t	t+1e	t+2e	t+3e
		Prognose		
EVA	-894,9	6.397,0	8.437,7	7.204,0
ewige Rente EVA			91.190,4	
Summe EVA + Ewige Rente in t+2e	-894,9	6.397,0	99.628,1	
Diskontierungsfaktor		0,9268	0,8589	
Barwert		5.928,7	85.573,4	
MVA	91.502			

- Der MVA zuzüglich des Capital Employed in der Periode t ergibt den Unternehmenswert des betriebsnotwendigen Vermögens der Hopper AG. Dieser stimmt mit dem DCF-Wert überein. Der Marktwert des Eigenkapitals ergibt sich, wenn zu dem Wert des betriebsnotwendigen Vermögens das nicht betriebsnotwendige Vermögen und die Liquiden Mittel hinzuaddiert sowie der Marktwert des verzinslichen Fremdkapitals abgezogen werden:

Wertbeitragsberechnung	t
MVA	91.502
Unternehmenswert (EK+FK) des betriebsnotwendigen Vermögens (Bestandteile des EBIT)	164.309,6
+ nicht betriebsnotwendiges Vermögen	11.000,0
+ Liquide Mittel	0,0
Unternehmenswert (EK+FK)	175.309,6
- MWFK (=Annahme BWFK)	-50.000,0
= MWEK	125.309,6

- Das M/B-Verhältnis auf Basis des berechneten Marktwerts des Eigenkapitals beträgt:

$$M/B-\text{Verhältnis} = \frac{125.309,6}{33.808} = 3,7$$

Idealtypischer Lebenszyklus:

Die folgende Tabelle gibt die idealtypische Entwicklung des Umsatzes, des EBIT, des NOPLAT und des operativen FCF für den Lebenszyklus der Beteiligung A wieder:

	t-1	t	t+1e	t+2e	t+3e	t+4e
				Prognose		
Umsatzwachstum		92,08%	79,20%	43,33%	-18,33%	-51,00%
Umsatz	26.146,9	50.222,9	89.999,5	128.991,8	105.343,3	51.618,2
EBIT-Marge	10,30%	14,37%	22,50%	20,46%	6,81%	-5,25%
EBIT	2.694,0	7.217,9	20.248,1	26.394,5	7.172,8	-2.711,4
Steuersatz	-40%	-40%	-40%	-40%	-40%	-40%
NOPLAT	1.616,4	4.330,7	12.148,8	15.836,7	4.303,7	-1.626,9
+ Abschreibungen	5.000,0	8.979,5	9.185,6	14.706,0	20.336,8	16.357,3
+ Rückstellungen	0,0	0,0	0,0	0,0	0,0	0,0
- Erweiterungsinvestitionen (Vorräte, kurz. Ford., kurz. FK)	-1.672,0	-4.815,2	-7.955,3	-7.798,5	4.729,7	2.730,5
- Ersatzinvestitionen AV	0	-10.824	0	0	0	0
- Erweiterungsinvestitionen AV	-15.918,1	0,0	-22.081,6	-22.523,2	0,0	0,0
operativer FCF	-10.973,7	-2.329,3	-8.702,5	221,0	29.370,2	17.460,9

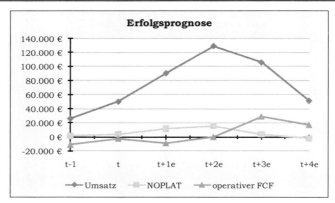

Erörtern Sie kurz, wie sich die Ergebnisgrößen der Beteiligung A im Lebenszyklus entwickeln?

- Die Beteiligung A wird voraussichtlich in den nächsten zwei Perioden den Umsatz aufgrund des **Marktvolumenwachstums** und des **Marktanteilswachstums** signifikant steigern können. Trotz der **starken Preissenkungen** kann die Beteiligung eine hohe betriebli-

che Gewinnmarge halten. Dies deutet darauf hin, dass der **höhere Absatz zu Kostensenkungen** führen wird, die die Preissenkungen kompensieren.
- Ab t+2e wird der Umsatz voraussichtlich aufgrund der Marktvolumenschrumpfung und geringen Marktanteilsverlusten sinken. Die Kosten können nicht in gleichem Maße abgebaut werden **(Kostenremanenz)**. Da die Preise nicht erhöht werden, kommt es zu Ergebniseinbußen, die sich erst wieder aufheben, wenn die Kapazitäten an die neue Marktsituation angepasst werden bzw. der Preisdruck unter den Konkurrenten sinkt (z.B. Branchenkonsolidierung).
- Der **FCF übertrifft in den letzten Perioden den NOPLAT**, da keine Erweiterungsinvestitionen und nur geringe Ersatzinvestitionen getätigt werden. Über die gesamte Laufzeit sollten sich die Anfangsauszahlungen durch die Barwerte der FCF **amortisieren**.
- Am Ende des Lebenszyklus:
    - kann durch eine **Produktdifferenzierung** versucht werden, den Absatzmarkt in Teilmärkte aufzuspalten, um eine geringere Wettbewerbsintensität zu erlangen und höhere Renditen zu erwirtschaften.
    - kann ein geringer Kapazitätsüberhang ein geeignetes Mittel sein, um **Markteintrittsbarrieren** aufzubauen.
    - sollten **Erweiterungsinvestitionen** frühzeitig unterlassen und **Ersatzinvestitionen** zurückgefahren werden.

Idealtypischer Lebenszyklus – FCF:

Berechnen Sie den Marktwert des Eigenkapitals auf Basis der neuen Informationen über den idealtypischen Lebenszyklus:

DCF-Bewertung		t	t+1e	t+2e	t+3e	t+4e
operativer FCF		-2.329,3	-8.702,5	221,0	29.370,2	17.460,9
Liquidation zu Buchwerten						
= FCF + Liquidationswert						
Annahme: Diskontierungsfaktor	7,90%		0,9268	0,8589	0,7960	0,7378
Barwert						
Unternehmenswert (EK+FK) des betriebsnotwendigen Vermögens (Bestandteile des EBIT)						
+ nicht betriebsnotwendiges Vermögen						
+ Liquide Mittel						
Unternehmenswert (EK+FK)						
- MWFK (=Annahme BWFK)						
= MWEK						

Nehmen Sie an, dass die Beteiligung A am Ende der Periode t+4e zu Buchwerten liquidiert wird:

			Prognose			
Bilanz	t-1	t	t+1e	t+2e	t+3e	t+4e
Passiva						
Eigenkapital	37.147,5	33.807,5	44.658,8	60.274,5	35.208,0	16.120,2
verz. Fremdkapital	40.000,0	50.000,0	60.000,0	60.000,0	60.000,0	60.000,0
unverz. Fremdkapital	3.922,0	7.533,4	13.499,9	19.348,8	15.801,5	7.742,7
Aktiva						
immaterielle Vermögenswerte	24.000,0	22.000,0	20.000,0	18.000,0	16.000,0	14.000,0
Sachanlagen	36.918,1	40.762,9	55.658,9	65.476,2	47.139,3	32.782,0
Finanzanlagen	10.000,0	10.000,0	10.000,0	10.000,0	10.000,0	10.000,0
Vorräte	5.229,4	10.044,6	17.999,9	25.798,4	21.068,7	18.338,2
Ford. aus LuL	3.922,0	7.533,4	13.499,9	19.348,8	15.801,5	7.742,7
Wertpapiere	1.000,0	1.000,0	1.000,0	1.000,0	1.000,0	1.000,0
Liquide Mittel	0,0	0,0	0,0	0,0	0,0	0,0

- Da Sie den **operativen** FCF bei **fiktiver Vollausschüttung** prognostizieren, müssen Sie bei der Liquidation die Finanzanlagen, die Wertpapiere und die Liquiden Mittel von der Summe des verzinslichen Fremdkapitals und des Eigenkapitals abziehen, was dem Wert des prognostizierten Capital Employed in der Periode t+4e entspricht:

Liquidation zu Buchwerten in t+4e:	
Eigenkapital	16.120,2
verz. Fremdkapital	60.000,0
- Finanzanlagen und Wertpapiere	-11.000,0
- Liquide Mittel	0,0
= Capital Employed	**65.120,2**

		Prognose			
DCF-Bewertung	t	t+1e	t+2e	t+3e	t+4e
operativer FCF	-2.329,3	-8.702,5	221,0	29.370,2	17.460,9
Liquidation zu Buchwerten					65.120,2
= FCF + Liquidationswert	-2.329,3	-8.702,5	221,0	29.370,2	82.581,1
Annahme: Diskontierungsfaktor 7,90%		0,9268	0,8589	0,7960	0,7378
Barwert	-2.158,7	-8.065,3	189,9	23.379,9	60.924,9
Unternehmenswert (EK+FK) des betriebsnotwendigen Vermögens (Bestandteile des EBIT)	76.429,4				
+ nicht betriebsnotwendiges Vermögen	11.000,0				
+ Liquide Mittel	0,0				
Unternehmenswert (EK+FK)	87.429,4				
- MWFK (=Annahme BWFK)	-50.000,0				
= MWEK	**37.429,4**				

- Obwohl der FCF in der Periode t+3e und t+4e höher ausfällt als bei der Annahme einer Ewigen Rente ab t+2e, verringert sich aufgrund des schrumpfenden Marktes der Marktwert des Eigenkapitals erheblich:

2.1 Akquisitionsstrategien

Jahr	Ewige Rente ab t+2e	FCF	DCF-Wert
t			164.309,6
t+1e		-8.702,5	
t+2e		200.464,9 + 221,0	

Jahr	Liquidation in t+4e	FCF	DCF-Wert
t			76.429,4
t+1e		-8.702,5	
t+2e		221,0	
t+3e		29.370,2	
t+4e		17.460,9 + 65.120,2	

Idealtypischer Lebenszyklus – Value Spread:

Ihnen steht wieder die folgende Plan-Bilanz der Beteiligung A zur Verfügung:

Bilanz	t-1	t	t+1e	t+2e	t+3e	t+4e
Passiva				Prognose		
Eigenkapital	37.147,5	33.807,5	44.658,8	60.274,5	35.208,0	16.120,2
verz. Fremdkapital	40.000,0	50.000,0	60.000,0	60.000,0	60.000,0	60.000,0
unverz. Fremdkapital	3.922,0	7.533,4	13.499,9	19.348,8	15.801,5	7.742,7
Aktiva						
immaterielle Vermögenswerte	24.000,0	22.000,0	20.000,0	18.000,0	16.000,0	14.000,0
Sachanlagen	36.918,1	40.762,9	55.658,9	65.476,2	47.139,3	32.782,0
Finanzanlagen	10.000,0	10.000,0	10.000,0	10.000,0	10.000,0	10.000,0
Vorräte	5.229,4	10.044,6	17.999,9	25.798,4	21.068,7	18.338,2
Ford. aus LuL	3.922,0	7.533,4	13.499,9	19.348,8	15.801,5	7.742,7
Wertpapiere	1.000,0	1.000,0	1.000,0	1.000,0	1.000,0	1.000,0
Liquide Mittel	0,0	0,0	0,0	0,0	0,0	0,0

Der EVA wird folgendermaßen berechnet:

$$EVA = NOPLAT_t - \text{Capital Employed}_{t-1} \times WACC$$

Wird die Gleichung um das Capital Employed erweitert, ergibt sich:

$$EVA = \left(\frac{NOPLAT_t}{\text{Capital Employed}_{t-1}} - WACC \right) \times \text{Capital Employed}_{t-1}$$

$$EVA = \underbrace{(ROCE - WACC)}_{\text{Value Spread}} \times \text{Capital Employed}_{t-1}$$

Berechnen Sie den ROCE, den Value Spread und den EVA für die einzelnen Perioden:

		Beteiligung A		
Jahr		Capital Employed	NOPLAT	ROCE
	t-1			
	t			
	t+1e			
	t+2e			
	t+3e			
	t+4e			

		Beteiligung A		
Jahr		ROCE	WACC	Value-Sread
	t-1			
	t			
	t+1e			
	t+2e			
	t+3e			
	t+4e			

		Beteiligung A		
Jahr		Capital Employed	Value Spread	EVA
	t-1			
	t			
	t+1e			
	t+2e			
	t+3e			
	t+4e			

- Bei der Berechnung des Capital Employed ist darauf zu achten, das Capital Employed der letzten Periode zur Berechnung heranzuziehen. Noch besser wäre es, einen Durchschnittswert aus der aktuellen Periode und der Vorperiode zu bilden. Dies wird hier aber unterlassen, um eine bessere Überführbarkeit der Größen in das DCF-Modell zu erhalten. Bei der Beteiligung A ist zu erkennen, dass das Capital Employed aufgrund der Marktschrumpfung ab der Periode t+2e wieder abnimmt. Analog dazu bricht der ROCE ein:

		Beteiligung A		
Jahr		Capital Employed	NOPLAT	ROCE
	t-1	66.147,5		
	t	72.807,5	4.330,7	6,55%
	t+1e	93.658,8	12.148,8	16,69%
	t+2e	109.274,5	15.836,7	16,91%
	t+3e	84.208,0	4.303,7	3,94%
	t+4e		-1.626,9	-1,93%

- Der WACC stellt die Hürde (Hurdle Rate) dar, die der ROCE übertreffen muss, um einen positiven Value-Spread und dadurch auch EVA zu erwirtschaften:

2.1 Akquisitionsstrategien

Jahr		Beteiligung A		
		ROCE	WACC	Value-Sread
	t-1			
	t	6,55%	7,90%	-1,35%
	t+1e	16,69%	7,90%	8,79%
	t+2e	16,91%	7,90%	9,01%
	t+3e	3,94%	7,90%	-3,96%
	t+4e	-1,93%	7,90%	-9,83%

- Wird der Value Spread mit dem Capital Employed der Vorperiode multipliziert, erhält man den EVA:

Jahr		Beteiligung A		
		Capital Employed	Value Spread	EVA
	t-1	66.147,5		
	t	72.807,5	-1,35%	-894,9
	t+1e	93.658,8	8,79%	6.397,0
	t+2e	109.274,5	9,01%	8.437,7
	t+3e	84.208,0	-3,96%	-4.329,0
	t+4e		-9,83%	-8.279,3

Idealtypischer Lebenszyklus – EVA:

Berechnen Sie nun noch einmal den Marktwert des Eigenkapitals über die Diskontierung der EVA! Wie hoch ist das M/B-Verhältnis auf Basis des berechneten Marktwerts des Eigenkapitals? Hat sich das M/B-Verhältnis im Vergleich zur Annahme der Ewigen Rente ab der Periode t+2e verändert?

			Prognose			
	t-1	t	t+1e	t+2e	t+3e	t+4e
= Capital Employed	66.147	72.808	93.659	109.275	84.208	65.120
Kapitalkosten			-5.751,8	-7.399,0	-8.632,7	-6.652,4
NOPLAT			12.148,8	15.836,7	4.303,7	-1.626,9
EVA			**6.397,0**	**8.437,7**	**-4.329,0**	**-8.279,3**
Liquidation zu Buchwerten						
MVA + EVA						
Annahme: Diskontierungsfaktor	7,90%		0,9268	0,8589	0,7960	0,7378
Barwert						
MVA						
+ Capital Employed						
+ nicht betriebsnotwendiges Vermögen						
+ Liquide Mittel						
Unternehmenswert (EK+FK)						
- MWFK (=Annahme BWFK)						
= MWEK						

- Bei der Berechnung des Marktwerts des Eigenkapitals ist darauf zu achten, dass ab der Periode t+4e kein EVA mehr anfällt. Da das Unternehmen zu Buchwerten liquidiert wird, wird der Verkauf nur durch ein Wegfallen der EVA im Bewertungsmodell berücksichtigt.

			Prognose			
	t-1	t	t+1e	t+2e	t+3e	t+4e
= Capital Employed	66.147	72.808	93.659	109.275	84.208	65.120
Kapitalkosten			-5.751,8	-7.399,0	-8.632,7	-6.652,4
NOPLAT			12.148,8	15.836,7	4.303,7	-1.626,9
EVA			6.397,0	8.437,7	-4.329,0	-8.279,3
Liquidation zu Buchwerten						0,0
MVA + EVA			6.397,0	8.437,7	-4.329,0	-8.279,3
Annahme: Diskontierungsfaktor	7,90%		0,9268	0,8589	0,7960	0,7378
Barwert			5.928,7	7.247,4	-3.446,1	-6.108,1
MVA		3.621,9				
+ Capital Employed		72.807,5				
+ nicht betriebsnotwendiges Vermögen		11.000,0				
+ Liquide Mittel		0,0				
Unternehmenswert (EK+FK)		87.429,4				
- MWFK (=Annahme BWFK)		-50.000,0				
= MWEK		37.429,4				

- Der Marktwert des Eigenkapitals entspricht dem Marktwert des Eigenkapitals, der sich nach dem DCF-Modell ergibt.
- Das M/B-Verhältnis auf Basis des berechneten Marktwerts des Eigenkapitals sinkt durch die Erweiterung der Prognose um zwei Perioden und der Annahme der Liquidation am Ende der Periode t+4e.

	M/B-Wert ewige Rente ab t+2e	M/B-Wert Liquidation in t+4e
DCF-Wert	164.309,6	76.429,4
+ nicht betriebsnotwendige Vermögen	11.000,0	11.000,0
+ Liquide Mittel	0,0	0,0
- Marktwert Fremdkapital	-50.000,0	-50.000,0
Marktwert Eigenkapital	125.309,6	37.429,4
Buchwert Eigenkapital in t	33.807,5	33.807,5
M/B-Wert	3,71	1,11

- Beim EVA-Modell ist dies sofort aufgrund der negativen Wertbeiträge zu erkennen. Beim DCF-Modell steigt hingegen der FCF in den letzten zwei Perioden stark an, so dass die Verschlechterung erst durch die Diskontierung deutlich wird.

2.1 Akquisitionsstrategien

Liquidation:

Wann würden Sie die Beteiligung A verkaufen, wenn Sie in jeder Periode die Beteiligung zu Buchwerten liquidieren könnten? Berechnen Sie unter dieser Prämisse den Marktwert des Eigenkapitals in der Periode t?

- Wenn die Beteiligung A ab der Periode t+3e nur noch negative Wertbeiträge erwirtschaften würde, ist es am besten die Beteiligung in der Periode t+2e zu Buchwerten zu liquidieren. Der Marktwert des Eigenkapitals würde unter dieser Prämisse in der Periode t 46.983,6 Einheiten betragen:

			Prognose	
	t-1	t	t+1e	t+2e
= Capital Employed	66.147	72.808	93.659	109.275
Kapitalkosten			-5.751,8	-7.399,0
NOPLAT			12.148,8	15.836,7
EVA			6.397,0	8.437,7
Liquidation zu Buchwerten				0,0
MVA + EVA			6.397,0	8.437,7
Annahme: Diskontierungsfaktor	7,90%		0,9268	0,8589
Barwert			5.928,7	7.247,4
MVA		13.176,0		
+ Capital Employed		72.807,5		
+ nicht betriebsnotwendiges Vermögen		11.000,0		
+ Liquide Mittel		0,0		
Unternehmenswert (EK+FK)		96.983,6		
- MWFK (=Annahme BWFK)		-50.000,0		
= MWEK		46.983,6		

- Das errechnete M/B-Verhältnis würde von 1,11 auf 1,39 steigen:

	M/B-Wert Liquidation in t+2e
DCF-Wert	85.983,6
+ nicht betriebsnotwendige Vermögen	11.000,0
+ Liquide Mittel	0,0
- Marktwert Fremdkapital	-50.000,0
Marktwert Eigenkapital	46.983,6
Buchwert Eigenkapital in t	33.807,5
M/B-Wert	1,39

Idealtypisches Beteiligungsportfolio:

Die Hopper AG hat die Beteiligung A in der Periode t-2 zu Buchwerten gekauft:

Gründung

Aktiva				Passiva	
immaterielle VW	26.000,0		EK	24.557,4	Eigenkapital
Sachanlagen	24.000,0	AV			
Finanzanlagen	10.000,0				
Vorräte	3.557,4		FK	40.000,0	verzinsliches Fremdkapital
Ford. aus LuL	2.668,1	UV			
Wertpapiere	1.000,0				
Liquide Mittel	0,0			2.668,1	unverz. FK
Bilanzsumme	**67.225,5**			**67.225,5**	**Bilanzsumme**

Das Management plant, die Beteiligung A am Ende der Periode t+4e zu Buchwerten zu liquidieren:

t+4e

Aktiva				Passiva	
immaterielle VW	14.000,0		EK	16.120,2	Eigenkapital
Sachanlagen	32.782,0	AV			
Finanzanlagen	10.000,0				
Vorräte	18.338,2		FK	60.000,0	verzinsliches Fremdkapital
Ford. aus LuL	7.742,7	UV			
Wertpapiere	1.000,0				
Liquide Mittel	0,0			7.742,7	unverz. FK
Bilanzsumme	**83.863,0**			**83.863,0**	**Bilanzsumme**

Der gesamte Zahlungsstrom während des Lebenszyklus sieht folgendermaßen aus:

				Prognose			
	Gründung	t-1	t	t+1e	t+2e	t+3e	t+4e
FCF	-53.557,4	-10.973,7	-2.329,3	-8.702,5	221,0	29.370,2	17.460,9
Liquidation zu Buchwerten (Eigenkapital + verz. Fremdkapital - Liquide Mittel - Wertpapiere - Finanzanlagen)							65.120,2
Summe	-53.557,4	-10.973,7	-2.329,3	-8.702,5	221,0	29.370,2	82.581,1
FCF über die Totalperiode	**36.609,5**						
NOPLAT		1.616,4	4.330,7	12.148,8	15.836,7	4.303,7	-1.626,9
NOPLAT über die Totalperiode	**36.609,5**						

Das Management bittet Sie für die nächste Vorstandssitzung ein fiktives Portfolio aus Beteiligungen für die Periode t zu entwerfen, das aufzeigt, wie ein Beteiligungsportfolio idealtypisch aussehen sollte! Nach ein paar Überlegungen haben Sie die Aufgabe folgendermaßen gelöst:

2.1 Akquisitionsstrategien

Jahr	Gründung	t-1	t	t+1e	t+2e	t+3e	t+4e
				Prognose →			
Umsatz Beteiligung A		26.147	50.223	90.000	128.992	105.343	51.618
Umsatz stärkster Konkurrent		62.210	73.827	109.152	129.984	88.364	45.899
relativer Marktanteil		0,42	0,68	0,82	0,99	1,19	1,12
Marktvolumen (Wert)		109.884	153.173	244.039	314.996	233.884	116.641
Marktwachstum (Wert)	20,00%	30,00%	39,40%	59,32%	29,08%	-25,75%	-50,13%
Inflationsrate	2%	2%	2%	2%	2%	2%	2%
reales Marktwachstum	18,00%	28,00%	37,40%	57,32%	27,08%	-27,75%	-52,13%

Beteiligung	A	B	C	D	E	F	G
				Holding			
Umsatz		26.147	50.223	90.000	128.992	105.343	51.618
Umsatz des stärksten Konkurrenten		62.210	73.827	109.152	129.984	88.364	45.899
relativer Marktanteil		0,42	0,68	0,82	0,99	1,19	1,12
Marktvolumen (Wert)		109.884	153.173	244.039	314.996	233.884	116.641
Marktwachstum (Wert)	20,00%	30,00%	39,40%	59,32%	29,08%	-25,75%	-50,13%
Inflationsrate	2%	2%	2%	2%	2%	2%	2%
reales Marktwachstum		28,00%	37,40%	57,32%	27,08%	-27,75%	-52,13%
operativer FCF		-53.557,4	-10.973,7	-2.329,3	-8.702,5	221,0	29.370,2	82.581,1
NOPLAT		0,0	1.616,4	4.330,7	12.148,8	15.836,7	4.303,7	-1.626,9

Bitte tragen Sie in der BCG-Matrix den FCF anstatt des Umsatzes als Kreisgröße ein und begründen Sie, warum dies beispielsweise ein idealtypisches Portfolio ist!

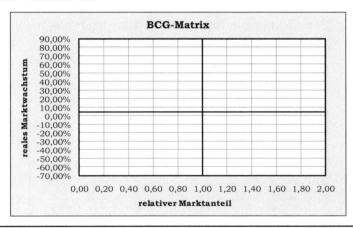

- Wenn die Holding jedes Jahr eine idealtypische Beteiligung zu Buchwerten hinzukauft und diese nach sechs Perioden wieder zu Buchwerten liquidiert, ergäbe sich langfristig folgender Zahlungsstrom an die Eigen- und Fremdkapitalgeber:

				Prognose			
operativer FCF	Gründung	t-1	t	t+1e	t+2e	t+3e	t+4e
Beteiligung A	-53.557,4	-10.973,7	-2.329,3	-8.702,5	221,0	29.370,2	82.581,1
Beteiligung B	-10.973,7	-2.329,3	-8.702,5	221,0	29.370,2	82.581,1	-53.557,4
Beteiligung C	-2.329,3	-8.702,5	221,0	29.370,2	82.581,1	-53.557,4	-10.973,7
Beteiligung D	-8.702,5	221,0	29.370,2	82.581,1	-53.557,4	-10.973,7	-2.329,3
Beteiligung E	221,0	29.370,2	82.581,1	-53.557,4	-10.973,7	-2.329,3	-8.702,5
Beteiligung F	29.370,2	82.581,1	-53.557,4	-10.973,7	-2.329,3	-8.702,5	221,0
Beteiligung G	82.581,1	-53.557,4	-10.973,7	-2.329,3	-8.702,5	221,0	29.370,2
Summe	36.609,5	36.609,5	36.609,5	36.609,5	36.609,5	36.609,5	36.609,5

- Aufgrund der idealtypischen (sicheren) Entwicklung treten keine Schwankungen mehr im FCF auf. Da aufgrund des Kongruenzprinzips über die Totalperiode die Summe der FCF der Summe der NOPLAT entspricht, stimmt in jeder Periode der FCF und der NOPLAT überein:

				Prognose			
NOPLAT	Gründung	t-1	t	t+1e	t+2e	t+3e	t+4e
Beteiligung A	0,0	1.616,4	4.330,7	12.148,8	15.836,7	4.303,7	-1.626,9
Beteiligung B	-1.626,9	0,0	1.616,4	4.330,7	12.148,8	15.836,7	4.303,7
Beteiligung C	4.303,7	-1.626,9	0,0	1.616,4	4.330,7	12.148,8	15.836,7
Beteiligung D	15.836,7	4.303,7	-1.626,9	0,0	1.616,4	4.330,7	12.148,8
Beteiligung E	12.148,8	15.836,7	4.303,7	-1.626,9	0,0	1.616,4	4.330,7
Beteiligung F	4.330,7	12.148,8	15.836,7	4.303,7	-1.626,9	0,0	1.616,4
Beteiligung G	1.616,4	4.330,7	12.148,8	15.836,7	4.303,7	-1.626,9	0,0
Summe	36.609,5	36.609,5	36.609,5	36.609,5	36.609,5	36.609,5	36.609,5

- In der Periode t sieht die BCG-Matrix idealtypisch folgendermaßen aus:

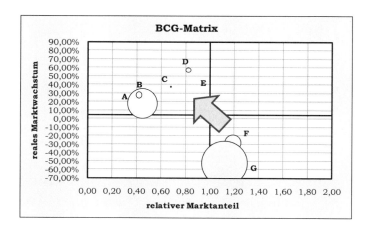

- Dadurch dass der FCF die Kreisgröße determiniert, wird in der BCG-Matrix der Cash-Ausgleich deutlich:
  - Durch das idealtypische Portfolio können alle Investitionen aus der Innenfinanzierungskraft getätigt werden.
  - Darüber hinaus können die Kosten aus der Aufnahme von externem Kapital eingespart und konstante Dividenden gezahlt werden.

Anmerkung: Da von einer idealtypischen Planung unter Sicherheit ausgegangen wird, wird keine Aussage darüber getroffen inwieweit das Portfolio auf systematische Risiken reagiert!

Kapitalwert:

Der Vorstand ist von Ihrem Beispiel sehr angetan und fragt Sie, ob im Zeitpunkt der Akquisition das operative Geschäft der Beteiligung A einen positiven Kapitalwert hat. Der DCF-Wert des operativen Geschäfts und der Kapitalwert weisen folgende Verbindung auf:

$$\text{Kapitalwert}_{t=0} = -\text{Investition des verz. FK und EK ins Capital Employed}_{t=0} + \underbrace{\sum_{t=1}^{T} \frac{\text{operativer FCF}_t}{(1+\text{WACC})^t}}_{DCF-Wert}$$

$$\text{Capital Employed (CE)} = \text{Eigenkapital} + \text{verz. FK} - \text{Liquide Mittel} - \text{Wertpapiere} - \text{Finanzanlagen}$$

Darüber hinaus möchte er wissen, wie hoch der ROCE und der Value Spread der Holding ohne Konsolidierungen wäre!

		Prognose					
	Gründung	t+1e	t+2e	t+3e	t+4e	t+5e	t+6e
operativer FCF	-53.557,4	-10.973,7	-2.329,3	-8.702,5	221,0	29.370,2	17.460,9
Liquidation zu Buchwerten (Eigenkapital + verz. Fremdkapital - Liquide Mittel - Wertpapiere - Finanzanlagen)							65.120,2
Summe	-53.557,4	-10.973,7	-2.329,3	-8.702,5	221,0	29.370,2	82.581,1
Annahme: Diskontierungsfaktor	7,90%	0,9268	0,8589	0,7960	0,7378	0,6837	0,6337
Barwert							
DCF-Wert							
Investitionsauszahlung							
Kapitalwert							

- Wie die folgende Rechnung zeigt, ist der Kapitalwert leicht negativ:

	Prognose						
	Gründung	t+1e	t+2e	t+3e	t+4e	t+5e	t+6e
operativer FCF	-53.557,4	-10.973,7	-2.329,3	-8.702,5	221,0	29.370,2	17.460,9
Liquidation zu Buchwerten (Eigenkapital + verz. Fremdkapital - Liquide Mittel - Wertpapiere - Finanzanlagen)							65.120,2
Summe	-53.557,4	-10.973,7	-2.329,3	-8.702,5	221,0	29.370,2	82.581,1
Annahme: Diskontierungsfaktor	7,90%	0,9268	0,8589	0,7960	0,7378	0,6837	0,6337
Barwert		-10.170,2	-2.000,7	-6.927,5	163,1	20.081,7	52.330,2
DCF-Wert	**53.476,4**						
Investitionsauszahlung	-53.557,4						
Kapitalwert	**-81,0**						

- Der Kapitalwert kann auch durch die Diskontierung der EVA berechnet werden:

	Prognose						
	Gründung	t+1e	t+2e	t+3e	t+4e	t+5e	t+6e
EK + verz. FK - Liquide Mittel - Wertpapiere - Finanzanlagen	53.557,4	66.147,5	72.807,5	93.658,8	109.274,5	84.208,0	65.120,2
Kapitalkosten		-4.231,0	-5.225,7	-5.751,8	-7.399,0	-8.632,7	-6.652,4
NOPLAT		1.616,4	4.330,7	12.148,8	15.836,7	4.303,7	-1.626,9
EVA		**-2.614,6**	**-894,9**	**6.397,0**	**8.437,7**	**-4.329,0**	**-8.279,3**
Annahme: Diskontierungsfaktor	7,90%	0,9268	0,8589	0,7960	0,7378	0,6837	0,6337
Barwert		-2.423,2	-768,7	5.092,3	6.225,0	-2.959,9	-5.246,4
MVA=Kapitalwert	**-81,0**						

- Durch die Berechnung der Wertbeiträge wird sichtbar, dass nur die Perioden t+3e und t+4e einen positiven Wertbeitrag leisten. Der Kapitalwert wäre positiv, wenn Sie die Beteiligung in der Periode t+2e zu Buchwerten liquidieren würden, obwohl in den Perioden t+3e und t+4e hohe FCF erwirtschaftet werden:

	Prognose				
	Gründung	t+1e	t+2e	t+3e	t+4e
EK + verz. FK - Liquide Mittel - Wertpapiere - Finanzanlagen	53.557,4	66.147,5	72.807,5	93.658,8	109.274,5
Kapitalkosten		-4.231,0	-5.225,7	-5.751,8	-7.399,0
NOPLAT		1.616,4	4.330,7	12.148,8	15.836,7
EVA		**-2.614,6**	**-894,9**	**6.397,0**	**8.437,7**
Annahme: Diskontierungsfaktor	7,90%	0,9268	0,8589	0,7960	0,7378
Barwert		-2.423,2	-768,7	5.092,3	6.225,0
MVA=Kapitalwert	**8.125,4**				

- Der ROCE und der Value-Spread der Holding (ohne Konsolidierungen) betrüge:

	Holding
EK + verz. FK - Liquide Mittel	479.653,7
Kapitalkosten	-37.892,6
NOPLAT	**36.609,5**
EVA	-1.283,1
ROCE	**7,63%**
Value-Spread	**-0,27%**

2.1 Akquisitionsstrategien

Beteiligung B – FCF:

Berechnen Sie den Unternehmenswert des operativen Geschäfts der Beteiligung B! Ihnen stehen folgende Daten zur Verfügung:

	t-1	t	t+1e (Prognose)	t+2e
Marktpotential (Menge)	13.000	13.000	13.000	13.000
Marktsättigungsgrad				
Marktvolumen (Menge)	10.605	10.923	11.142	11.699
Absatz	2.651	3.823	4.457	5.264
Umsatz	63.656,5	89.956,8	104.864,0	123.870,6
EBIT-Marge	21,25%	26,78%	27,18%	26,14%
Steuersatz	-40,00%	-40,00%	-40,00%	-40,00%
			Bitte berechnen Sie:	
EBIT	13.525,0	24.086,6		
NOPLAT	8.115,0	14.452,0		

	t-1	t	t+1e (Prognose)	t+2e
NOPLAT	8.115,0	14.452,0		
+ Abschreibungen/ -Zuschreibungen	12.601,0	15.254,0	15.872,3	21.392,7
+ Zuführung/ - Auflösung von langfristigen Rückstellungen	0,0	0,0	0,0	0,0
Cashflow auf Basis des Nettoumlaufvermögens	20.716,0	29.706,0		
			Bitte berechnen Sie:	
Umsatzwachstum (absolut)				
Zunahme der Vorräte/Umsatzwachstum				
Zunahme kurz. Forderungen/Umsatzwachstum				
Zunahme kurz. Fremdkapital/Umsatzwachstum				
			Bitte berechnen Sie:	
- Zunahme der Vorräte	-3.662,0	-7.890,1		
- Zunahme kurz. Forderungen	-3.662,0	-7.890,1		
+ Zunahme kurz. Fremdkapital	1.831,0	3.945,0		
= Cashflow auf Basis der liquiden Mittel ersten Grades	15.223,1	17.870,9		
- Ersatzinvestitionen	0,0	-32.473,0	0,0	-11.261,6
- Erweiterungsinvestitionen	-10.612,1	0,0	-22.081,6	-22.523,2
Produktionskapazität	5.000	5.000	7.000	9.000
			Bitte berechnen Sie:	
Kapazitätsauslastung	53,03%			
operativer FCF	4.611,0			

Nehmen Sie an, dass sich die Vorräte, die kurzfristigen Forderungen und das kurzfristige Fremdkapital in der Zukunft in dem gleichen Abhängigkeitsverhältnis zum Umsatzwachstum verändert wie in der Periode t! Der WACC soll dem WACC der Hopper AG entsprechen.

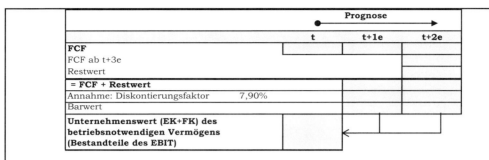

Nehmen Sie konservativ an, dass das Unternehmen ab der Periode t+2e einen konstanten FCF sowie konstante Umsatzerlöse erwirtschaftet!

Wie hoch ist das berechnete M/B-Verhältnis der Beteiligung B?

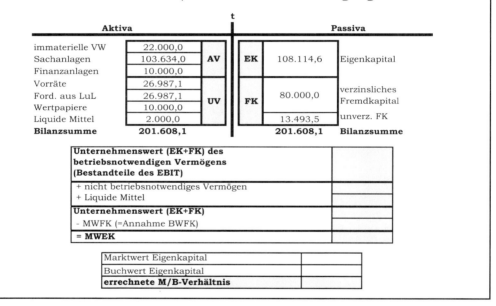

- Die Beteiligung B operiert in einem nahezu gesättigten Markt. Der Absatz, das EBIT und der NOPLAT der Beteiligung B werden voraussichtlich in den nächsten zwei Perioden ansteigen:

2.1 Akquisitionsstrategien

	t-1	t	t+1e (Prognose)	t+2e
Marktpotential (Menge)	13.000	13.000	13.000	13.000
Marktsättigungsgrad	84,02%	84,02%	85,70%	89,99%
Marktvolumen (Menge)	10.605	10.923	11.142	11.699
Absatz	2.651	3.823	4.457	5.264
Umsatz	63.656,5	89.956,8	104.864,0	123.870,6
EBIT-Marge	21,25%	26,78%	27,18%	26,14%
Steuersatz	-40,00%	-40,00%	-40,00%	-40,00%
			Bitte berechnen Sie:	
EBIT	13.525,0	24.086,6	28.499,0	32.376,6
NOPLAT	8.115,0	14.452,0	17.099,4	19.426,0

- Wenn die Beteiligung B Abschreibungen und Rückstellungen eingesetzt hat, um Ergebnisse auf andere Perioden zu verschieben, kann der Cashflow auf Basis des Nettoumlaufvermögens Trends besser erfassen. Hier sind aber keine Auffälligkeiten zu erkennen:

	t-1	t	t+1e (Prognose)	t+2e
NOPLAT	8.115,0	14.452,0	17.099,4	19.426,0
+ Abschreibungen/ -Zuschreibungen	12.601,0	15.254,0	15.872,3	21.392,7
+ Zuführung/ - Auflösung von langfristigen Rückstellungen	0,0	0,0	0,0	0,0
Cashflow auf Basis des Nettoumlaufvermögens	20.716,0	29.706,0	32.971,7	40.818,6

- In der Periode t haben sich die Vorräte, die kurzfristigen Forderungen und das kurzfristige Fremdkapital zum Umsatzwachstum folgendermaßen entwickelt:

Cashflow auf Basis des Nettoumlaufvermögens	20.716,0	29.706,0
Umsatzwachstum (absolut)		26.300,3
Zunahme der Vorräte/Umsatzwachstum		-30,00%
Zunahme kurz. Forderungen/Umsatzwachstum		-30,00%
Zunahme kurz. Fremdkapital/Umsatzwachstum		15,00%
- Zunahme der Vorräte	-3.662,0	-7.890,1
- Zunahme kurz. Forderungen	-3.662,0	-7.890,1
+ Zunahme kurz. Fremdkapital	1.831,0	3.945,0
= Cashflow auf Basis der liquiden Mittel ersten Grades	15.223,1	17.870,9

- Werden die Verhältnisse zum Umsatzwachstum für die nächsten Perioden als konstant angenommen, lässt sich der Cashflow auf Basis der liquiden Mittel ersten Grades bestimmen:

Cashflow auf Basis des Nettoumlaufvermögens	20.716,0	29.706,0	32.971,7	40.818,6
		Bitte berechnen Sie:		
Umsatzwachstum (absolut)		26.300,3	14.907,1	19.006,6
Zunahme der Vorräte/Umsatzwachstum		-30,00%	-30,00%	-30,00%
Zunahme kurz. Forderungen/Umsatzwachstum		-30,00%	-30,00%	-30,00%
Zunahme kurz. Fremdkapital/Umsatzwachstum		15,00%	15,00%	15,00%
		Bitte berechnen Sie:		
- Zunahme der Vorräte	-3.662,0	-7.890,1	-4.472,1	-5.702,0
- Zunahme kurz. Forderungen	-3.662,0	-7.890,1	-4.472,1	-5.702,0
+ Zunahme kurz. Fremdkapital	1.831,0	3.945,0	2.236,1	2.851,0
Cashflow auf Basis der liquiden Mittel ersten Grades	15.223,1	17.870,9	26.263,4	32.265,7

- Um den prognostizierten höheren Absatz finanzieren zu können, werden Investitionen in die Kapazitätserweiterung getätigt. Darüber hinaus fallen sporadisch Erhaltungsinvestitionen an:

Cashflow auf Basis der liquiden Mittel ersten Grades	15.223,1	17.870,9	26.263,4	32.265,7
- Ersatzinvestitionen	0,0	-32.473,0	0,0	-11.261,6
- Erweiterungsinvestitionen	-10.612,1	0,0	-22.081,6	-22.523,2
Produktionskapazität	5.000	5.000	7.000	9.000
		Bitte berechnen Sie:		
Kapazitätsauslastung	53,03%	76,46%	63,67%	58,49%
operativer FCF	4.611,0	-14.602,1	4.181,8	-1.519,2

- In der folgenden Grafik wird ersichtlich, dass der operative FCF sehr stark schwankt. Der NOPLAT steigt hingegen konstant an, weil die Investitionen durch die Abschreibungen geglättet werden. Aufgrund der geringen Kapazitätsauslastung, könnte das Unternehmen sogar einen höheren Absatz ohne Erweiterungsinvestitionen tätigen.

			Prognose	
	t-1	t	t+1e	t+2e
NOPLAT	8.115,0	14.452,0	17.099,4	19.426,0
operative FCF	4.611,0	-14.602,1	4.181,8	-1.519,2
Ersatzinvestitionen	0,0	-32.473,0	0,0	-11.261,6
Erweiterungsinvestitionen	-10.612,1	0,0	-22.081,6	-22.523,2
Kapazitätsauslastung	53,03%	76,46%	63,67%	58,49%

Für die Berechnung des operativen FCF, der ab der Periode t+2e als konstant angenommen werden soll, müssen durchschnittliche Erhaltungsinvestitionen einfließen. Erweiterungsinvestitionen müssten nur bei einem konstant steigenden operativen FCF berücksichtigt werden. Da die Erhaltungsinvestitionen schwanken, wird angenommen, dass die Abschreibungen den Erhaltungsinvestitionen entsprechen. Da kein Umsatzwachstum mehr angenommen wird,

2.1 Akquisitionsstrategien

entstehen keine Erweiterungsinvestitionen in das Net Working Capital. Der FCF ab t+3e soll daher dem NOPLAT in t+2e entsprechen.

- Unter diesen Annahmen beträgt der Unternehmenswert des operativen Geschäfts 213.780,0 Einheiten:

		Prognose		
	t-1	t	t+1e	t+2e
FCF		-14.602,1	4.181,8	-1.519,2
FCF ab t+3e				19.426,0
Restwert				245.898,5
= FCF + Restwert			4.181,8	244.379,3
Annahme: Diskontierungsfaktor 7,90%			0,9268	0,8589
Barwert			3.875,7	209.904,4
Unternehmenswert (EK+FK) des betriebsnotwendigen Vermögens (Bestandteile des EBIT)		213.780,0		

- Der Marktwert der Beteiligung B lässt sich folgendermaßen berechnen:

Unternehmenswert (EK+FK) des betriebsnotwendigen Vermögens (Bestandteile des EBIT)	213.780,0
+ nicht betriebsnotwendiges Vermögen	20.000,0
+ Liquide Mittel	2.000,0
Unternehmenswert (EK+FK)	**235.780,0**
- MWFK (=Annahme BWFK)	-80.000,0
= MWEK	**155.780,0**

Das errechnete M/B-Verhältnis beträgt:

Marktwert Eigenkapital	155.780,0
Buchwert Eigenkapital	108.114,6
errechnete M/B-Verhältnis	**1,44**

Beteiligung B – EVA:

Berechnen Sie den Marktwert des Eigenkapitals der Beteiligung B über die Diskontierung der EVA!

			Prognose	
Bilanz	t-1	t	t+1e	t+2e
Passiva				
Eigenkapital	**89.061**	**108.115**	**91.032**	**111.977**
verz. Fremdkapital	**70.000**	**80.000**	**90.000**	**90.000**
unverz. Fremdkapital	9.548	13.494	15.730	18.581
Aktiva				
immaterielle Vermögenswerte	24.000	22.000	20.000	18.000
Sachanlagen	84.415	103.634	111.843	126.236
Finanzanlagen	**10.000**	**10.000**	**0**	**0**
Vorräte	19.097	26.987	31.459	37.161
Ford. aus LuL	19.097	26.987	31.459	37.161
Wertpapiere	**10.000**	**10.000**	**0**	**0**
Liquide Mittel	**2.000**	**2.000**	**2.000**	**2.000**

Für die Berechnung des EVA wird das Capital Employed als Kapitalbasis herangezogen. Finanzanlagen und Wertpapiere werde abgezogen, weil die korrespondierenden Erträge nicht in der Abgrenzung des NOPLAT enthalten sind. Folgende Tabelle soll Ihnen die Berechnung erleichtern:

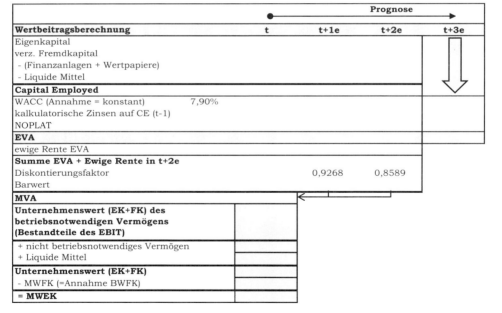

		Prognose		
Wertbeitragsberechnung	t	t+1e	t+2e	t+3e
Eigenkapital				
verz. Fremdkapital				
- (Finanzanlagen + Wertpapiere)				
- Liquide Mittel				
Capital Employed				
WACC (Annahme = konstant) 7,90%				
kalkulatorische Zinsen auf CE (t-1)				
NOPLAT				
EVA				
ewige Rente EVA				
Summe EVA + Ewige Rente in t+2e				
Diskontierungsfaktor		0,9268	0,8589	
Barwert				
MVA				
Unternehmenswert (EK+FK) des betriebsnotwendigen Vermögens (Bestandteile des EBIT)				
+ nicht betriebsnotwendiges Vermögen				
+ Liquide Mittel				
Unternehmenswert (EK+FK)				
- MWFK (=Annahme BWFK)				
= MWEK				

Erläutern Sie auch, warum die Liquiden Mittel vom Capital Employed abgezogen werden!

2.1 Akquisitionsstrategien

- Das Capital Employed wird folgendermaßen berechnet:

Wertbeitragsberechnung		Prognose		
	t	t+1e	t+2e	
Eigenkapital	89.060,5	108.114,6	91.032,2	111.977,3
verz. Fremdkapital	70.000,0	80.000,0	90.000,0	90.000,0
- (Finanzanlagen + Wertpapiere)	-20.000,0	-20.000,0	0,0	0,0
- Liquide Mittel	-2.000,0	-2.000,0	-2.000,0	-2.000,0
Capital Employed	**137.060,5**	**166.114,6**	**179.032,2**	**199.977,3**

Die Liquiden Mittel werden abgezogen, um eine Vergleichbarkeit mit der fiktiven Vollausschüttung des DCF-Modells zu erreichen. Für die periodische Wertbeitragsberechnung könnten betriebsnotwendige Liquide Mittel mit im Capital Employed berücksichtigt werden, um das komplette betriebliche gebundene Eigen- und verzinsliche Fremdkapital zu erfassen. Es ist dann darauf zu achten, dass die Zinserträge aus den Liquiden Mitteln (z.B. Giroguthaben) mit im NOPLAT berücksichtigt werden.

- Wird das Capital Employed mit dem durchschnittlich gewichteten Kapitalkostensatz (WACC) verzinst und mit dem NOPLAT verrechnet, ergeben sich die periodischen EVA:

Wertbeitragsberechnung		Prognose			
		t	t+1e	t+2e	t+3e
Capital Employed	137.060,5	166.114,6	179.032,2	199.977,3	
WACC (Annahme = konstant)	7,90%				
kalkulatorische Zinsen auf CE (t-1)		-10.827,8	-13.123,1	-14.143,5	-15.798,2
NOPLAT		14.452,0	17.099,4	19.426,0	19.426,0
EVA		**3.624,2**	**3.976,3**	**5.282,4**	**3.627,8**

- Der MVA ergibt sich aus den diskontierten EVA. Der erwartete MVA der Periode t+2e entspricht den diskontierten EVA ab der Periode t+3e. Da ab der Periode t+3e die EVA annahmegemäß konstant bleiben, wird der MVA als ewige Rente folgendermaßen berechnet:

$$\boxed{MVA_{t=2} = \frac{3627,8}{0,079} = 45.921,1}$$

- Wie die folgende Rechnung zeigt, stimmt der Marktwert des Eigenkapitals wieder mit dem DCF-Wert überein:

Wertbeitragsberechnung	Prognose		
	t	t+1e	t+2e
EVA	**3.624,2**	**3.976,3**	**5.282,4**
ewige Rente EVA			45.921,1
Summe EVA + Ewige Rente in t+2e	3.624,2	3.976,3	51.203,6
Diskontierungsfaktor		0,9268	0,8589
Barwert		3.685,2	43.980,2
MVA	47.665		
Unternehmenswert (EK+FK) des betriebsnotwendigen Vermögens (Bestandteile des EBIT)	213.780,0		
+ nicht betriebsnotwendiges Vermögen	20.000,0		
+ Liquide Mittel	2.000,0		
Unternehmenswert (EK+FK)	235.780,0		
- MWFK (=Annahme BWFK)	-80.000,0		
= MWEK	**155.780,0**		

Beteiligung B – 4 Perioden:

Berechnen Sie nach dem gleichen Schema den Marktwert des Eigenkapitals der Beteiligung B. Diesmal stellt Ihnen das Beteiligungscontrolling die folgende Plan-GuV und Plan-Bilanz zur Verfügung:

	t-1	t	Prognose			
			t+1e	t+2e	t+3e	t+4e
Umsatzwachstum		41,32%	16,57%	18,13%	12,22%	2,00%
Umsatz	63.656,5	89.956,8	104.864,0	123.870,6	139.010,3	141.790,5
EBIT-Marge	21,25%	26,78%	27,18%	26,14%	23,04%	19,72%
EBIT	13.525,0	24.086,6	28.499,0	32.376,6	32.030,8	27.967,8
Steuersatz		-40%	-40%	-40%	-40%	-40%
NOPLAT	**8.115,0**	**14.452,0**	**17.099,4**	**19.426,0**	**19.218,5**	**16.780,7**
+ Abschreibungen	12.601,0	15.254,0	15.872,3	21.392,7	27.237,9	30.328,3
+ Rückstellungen	0,0	0,0	0,0	0,0	0,0	0,0
- Erweiterungsinvestitionen (Vorräte, kurz. Ford., kurz. FK)	-5.492,9	-11.835,1	-6.708,2	-8.553,0	-6.812,9	-1.363,2
- Ersatzinvestitionen AV	0	-32.473	0	-11.262	-11.487	-23.433
- Erweiterungsinvestitionen AV	-10.612,1	0,0	-22.081,6	-22.523,2	-11.486,9	0,0
operativer FCF	**4.611,0**	**-14.602,1**	**4.181,8**	**-1.519,2**	**16.669,8**	**22.312,6**

2.1 Akquisitionsstrategien

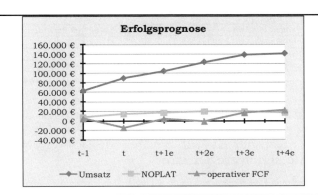

Bilanz	t-1	t	t+1e	t+2e	t+3e	t+4e
Passiva						
Eigenkapital	89.060,5	108.114,6	91.032,2	111.977,3	114.526,1	108.994,
verz. Fremdkapital	70.000,0	80.000,0	90.000,0	90.000,0	90.000,0	90.000,0
unverz. Fremdkapital	9.548,5	13.493,5	15.729,6	18.580,6	20.851,5	21.268,6
Aktiva						
immaterielle Vermögenswerte	24.000,0	22.000,0	20.000,0	18.000,0	16.000,0	14.000,0
Sachanlagen	84.415,1	103.634,0	111.843,4	126.235,6	123.971,4	119.076,
Finanzanlagen	10.000,0	10.000,0	0,0	0,0	0,0	0,0
Vorräte	19.097,0	26.987,1	31.459,2	37.161,2	41.703,1	42.649,2
Ford. aus LuL	19.097,0	26.987,1	31.459,2	37.161,2	41.703,1	42.537,2
Wertpapiere	10.000,0	10.000,0	0,0	0,0	0,0	0,0
Liquide Mittel	2.000,0	2.000,0	2.000,0	2.000,0	2.000,0	2.000,0

	t-1	t	t+1e	t+2e	t+3e	t+4e
= Capital Employed	137.061	166.115	179.032	199.977	202.526	196.994
Kapitalkosten			-13.123,1	-14.143,5	-15.798,2	-15.999,6
NOPLAT			17.099,4	19.426,0	19.218,5	16.780,7
EVA						
erwartete Kapitalkosten in t+5e						
erwarteter NOPLAT in t+5e						
erwarteter EVA ab t+5e						
Ewige Rente EVA						
MVA + EVA						
Annahme: Diskontierungsfaktor	7,90%		0,9268	0,8589	0,7960	0,7378
Barwert						
MVA						
+ Capital Employed						
+ nicht betriebsnotwendiges Vermögen						
+ Liquide Mittel						
Unternehmenswert (EK+FK)						
- MWFK (=Annahme BWFK)						
= MWEK						

Hat sich das berechnete M/B-Verhältnis durch den längeren Prognose-Zeitraum verbessert?

Prognosezeitraum	2 Perioden	4 Perioden
Marktwert Eigenkapital		
Buchwert Eigenkapital		
errechnete M/B-Verhältnis		

- Der Marktwert des Eigenkapitals fällt geringer aus, da sich der prognostizierte NOPLAT in der Periode t+4e verringert hat. Dies führt dazu, dass sich der EVA ab der Periode t+5e verringert, der für die ewige Rente herangezogen wird.

			Prognose			
	t-1	t	t+1e	t+2e	t+3e	t+4e
= Capital Employed	137.061	166.115	179.032	199.977	202.526	196.994
Kapitalkosten			-13.123,1	-14.143,5	-15.798,2	-15.999,6
NOPLAT			17.099,4	19.426,0	19.218,5	16.780,7
EVA			**3.976,3**	**5.282,4**	**3.420,3**	**781,1**
erwartete Kapitalkosten in t+5e						-15.562,5
erwarteter NOPLAT in t+5e						16.780,7
erwarteter EVA ab t+5e						1.218,1
Ewige Rente EVA						15.419,4
MVA + EVA			**3.976,3**	**5.282,4**	**3.420,3**	**16.200,5**
Annahme: Diskontierungsfaktor 7,90%			0,9268	0,8589	0,7960	0,7378
Barwert			3.685,2	4.537,2	2.722,7	11.952,1
MVA		22.897,2				
+ Capital Employed		166.114,6				
+ nicht betriebsnotwendiges Vermögen		20.000,0				
+ Liquide Mittel		2.000,0				
Unternehmenswert (EK+FK)		211.011,8				
- MWFK (=Annahme BWFK)		-80.000,0				
= MWEK		131.011,8				

- Das berechnete M/B-Verhältnis hat sich ebenfalls von 1,44 auf 1,21 verringert:

Prognosezeitraum	2 Perioden	4 Perioden
Marktwert Eigenkapital	155.780,0	131.011,8
Buchwert Eigenkapital	108.114,6	108.114,6
errechnete M/B-Verhältnis	**1,44**	**1,21**

2.1 Akquisitionsstrategien

Beteiligung C – 4 Perioden:

Berechnen und interpretieren Sie kurz die folgenden Daten für die Beteiligung C:

Beteiligung C	t-1	t	t+1e	t+2e	t+3e	t+4e
			\<--	Prognose		--\>
Inflation	2%	2%	2%	2%	2%	2%
Marktsättigungsgrad	85,68%	83,11%	84,77%	86,47%	84,74%	86,43%
Markvolumen (Menge)	42.840	41.555	42.386	43.234	42.369	43.216
Marktanteil (Menge)	28,00%	27,00%	26,00%	26,00%	26,00%	26,00%
			Bitte berechnen Sie:			
Absatz	11.995,2	11.219,8				
Produktionskapazität (t)	19.500,0	16.000,0				
produzierte Menge	11.995,2	11.219,8	11.020,3	11.240,7	11.015,9	11.236,2
			Bitte berechnen Sie:			
Kapazitätsauslastung	61,51%	70,12%				
Kapazitätserweiterung (31.12. des Vorjahres)	3.500	-3.500	-2.500	0	0	0
			Bitte berechnen Sie:			
Preis (t)	15,61	15,92				
Preisveränderung auf t+1	2,00%	2,00%	2,00%	2,00%	2,00%	2,00%
			Bitte berechnen Sie:			
Umsatz	**187.197**	**178.598**				

- Die Beteiligung C ist in einem weitgehend gesättigten Markt tätig. Die Produktionskapazitäten wurden in den letzten zwei Jahren zurückgefahren, so dass für die nächsten vier Perioden eine Kapazitätsauslastung von knapp über 80% prognostiziert wird. Der Preis kann voraussichtlich mit der Inflation erhöht werden. Obwohl das Unternehmen Marktanteile verliert, kann die Beteiligung C den Umsatz leicht steigern, weil ein geringes Marktvolumenwachstum und Preissteigerungen in Höhe der Inflation prognostiziert werden.

Beteiligung C	t-1	t	t+1e	t+2e	t+3e	t+4e
			\<--	Prognose		--\>
Inflation	2%	2%	2%	2%	2%	2%
Marktsättigungsgrad	85,68%	83,11%	84,77%	86,47%	84,74%	86,43%
Markvolumen (Menge)	42.840	41.555	42.386	43.234	42.369	43.216
Marktanteil (Menge)	28,00%	27,00%	26,00%	26,00%	26,00%	26,00%
			Bitte berechnen Sie:			
Absatz	11.995,2	11.219,8	11.020,3	11.240,7	11.015,9	11.236,2
Produktionskapazität (t)	19.500,0	16.000,0	13.500,0	13.500,0	13.500,0	13.500,0
produzierte Menge	11.995,2	11.219,8	11.020,3	11.240,7	11.015,9	11.236,2
			Bitte berechnen Sie:			
Kapazitätsauslastung	61,51%	70,12%	81,63%	83,26%	81,60%	83,23%
Kapazitätserweiterung (31.12. des Vorjahres)	3.500	-3.500	-2.500	0	0	0
			Bitte berechnen Sie:			
Preis (t)	15,61	15,92	16,24	16,56	16,89	17,23
Preisveränderung auf t+1	2,00%	2,00%	2,00%	2,00%	2,00%	2,00%
			Bitte berechnen Sie:			
Umsatz	**187.197**	**178.598**	**178.931**	**186.160**	**186.086**	**193.604**

Beteiligung C – 4 Perioden:

Berechnen Sie den EBIT, den NOPLAT und leiten Sie den operativen FCF her:

	t-1	t	t+1e	t+2e	t+3e	t+4e
			Prognose			
			Bitte berechnen Sie:			
Umsatz	187.197,1	178.598,1				
EBIT-Marge	1,98%	-2,83%	3,73%	9,53%	9,28%	10,86%
Steuersatz	40%	40%	-40%	-40%	-40%	-40%
			Bitte berechnen Sie:			
EBIT	3.697,3	-5.050,5				
NOPLAT	2.218,4	-3.030,3				

	t-1	t	t+1e	t+2e	t+3e	t+4e
			Prognose			
NOPLAT	2.218,4	-3.030,3				
+ Abschreibungen	43.103,0	52.388,6	44.359,9	38.720,6	39.363,8	40.129,2
+ Rückstellungen	0,0	0,0	0,0	0,0	0,0	0,0
			Bitte berechnen Sie:			
Umsatzwachstum (absolut)		-8.599,0				
Erweiterungsinvestitionsrate (Vorräte, kurz. Ford., kurz. FK)		-25,00%	-25,00%	-25,00%	-25,00%	-25,00%
			Bitte berechnen Sie:			
- Erweiterungsinvestitionen (Vorräte, kurz. Ford., kurz. FK)	-210,8	2.149,8				
- Erweiterungsinvestitionen AV	0,0	0,0	0,0	0,0	0,0	0,0
- Ersatzinvestitionen AV	-37.142,3	-37.885,1	-38.642,8	-33.784,9	-40.204,0	-41.008,1
			Bitte berechnen Sie:			
operativer FCF	7.968,3	13.622,9				

Berechnen Sie bitte danach mit Hilfe der folgenden Plan-Bilanz den Marktwert des Eigenkapitals der Beteiligung C!

Bilanz	t-1	t	t+1e	t+2e	t+3e	t+4e
			Prognose			
Passiva						
Eigenkapital	127.951	81.297	45.664	32.535	33.357	36.115
verz. Fremdkapital	120.000	150.000	160.000	170.000	170.000	170.000
unverz. Fremdkapital	28.080	26.790	26.840	27.924	27.913	29.041
Aktiva						
immaterielle Vermögenswerte	24.000	22.000	20.000	18.000	16.000	14.000
Sachanlagen	147.151	134.648	130.931	127.995	130.835	133.714
Finanzanlagen	10.000	10.000	0	0	0	0
Vorräte	37.439	35.720	35.786	37.232	37.217	38.721
Ford. aus L&L	37.439	35.720	35.786	37.232	37.217	38.721
Wertpapiere	10.000	10.000	0	0	0	0
Liquide Mittel	10.000	10.000	10.000	10.000	10.000	10.000

Nehmen Sie an, dass die Beteiligung C ab der Periode t+5e einen EVA in Höhe von 500 Einheiten erreichen wird.

2.1 Akquisitionsstrategien

	t-1	t	t+1e	t+2e	t+3e	t+4e
			Prognose			
= Capital Employed	217.951	201.297	195.664	192.535	193.357	196.115
Kapitalkosten			-15.902,5	-15.457,4	-15.210,3	-15.275,2
NOPLAT			3.999,1	10.641,4	10.359,4	12.614,3
EVA						
erwarteter EVA ab t+5e					500,0	
Ewige Rente EVA						
MVA + EVA						
Annahme: Diskontierungsfaktor	7,90%		0,9268	0,8589	0,7960	0,7378
Barwert						
MVA						
+ Capital Employed						
+ nicht betriebsnotwendiges Vermögen						
+ Liquide Mittel						
Unternehmenswert (EK+FK)						
- MWFK (=Annahme BWFK)						
= MWEK						

- Das EBIT wird über die Multiplikation der EBIT-Marge mit den Umsatzerlösen berechnet. Der NOPLAT ergibt sich, wenn auf das EBIT fiktive Steuern in Höhe von 40% abgezogen werden. Der NOPLAT der Beteiligung C steigt voraussichtlich in den nächsten 4 Perioden an. Die starke Verbesserung des NOPLAT auf die Periode t+2e sind zu einem großen Teil auf die Kapazitätsanpassungen zurückzuführen, die Sie in der vorherigen Aufgabe berechnet haben. Der Ergebnisrückgang auf die Periode t wurde wahrscheinlich durch den Marktanteilsverlust verursacht:

	t-1	t	t+1e	t+2e	t+3e	t+4e
			Prognose			
			Bitte berechnen Sie:			
Umsatz	187.197,1	178.598,1	178.931,4	186.160,3	186.085,8	193.603,7
EBIT-Marge	1,98%	-2,83%	3,73%	9,53%	9,28%	10,86%
Steuersatz	-40%	-40%	-40%	-40%	-40%	-40%
			Bitte berechnen Sie:			
EBIT	3.697,3	-5.050,5	6.665,2	17.735,7	17.265,7	21.023,9
NOPLAT	2.218,4	-3.030,3	3.999,1	10.641,4	10.359,4	12.614,3

- Der FCF der Beteiligung C steigt voraussichtlich leicht an. Starke Schwankungen sind nicht zu erwarten, weil lediglich Ersatzinvestitionen getätigt werden. Aufgrund der Inflation steigen die prognostizierten Ersatzinvestitionsauszahlungen an:

			Prognose			
	t-1	t	t+1e	t+2e	t+3e	t+4e
NOPLAT	**2.218,4**	**-3.030,3**	**3.999,1**	**10.641,4**	**10.359,4**	**12.614,3**
+ Abschreibungen	43.103,0	52.388,6	44.359,9	38.720,6	39.363,8	40.129,2
+ Rückstellungen	0,0	0,0	0,0	0,0	0,0	0,0
Umsatzwachstum (absolut)		-8.599,0	**Bitte berechnen Sie:**			
			333,4	7.228,8	-74,5	7.517,9
Erweiterungsinvestitionsrate (Vorräte, kurz. Ford., kurz. FK)		-25,00%	-25,00%	-25,00%	-25,00%	-25,00%
- Erweiterungsinvestitionen (Vorräte, kurz. Ford., kurz. FK)	-210,8	2.149,8	**Bitte berechnen Sie:**			
			-83,3	-1.807,2	18,6	-1.879,5
- Erweiterungsinvestitionen AV	0,0	0,0	0,0	0,0	0,0	0,0
- Ersatzinvestitionen AV	-37.142,3	-37.885,1	-38.642,8	-33.784,9	-40.204,0	-41.008,1
operativer FCF	**7.968,3**	**13.622,9**	**Bitte berechnen Sie:**			
			9.632,8	**13.769,9**	**9.537,8**	**9.856,0**

- Die folgende Grafik verdeutlich noch einmal den Zusammenhang zwischen dem operativen FCF und den NOPLAT:

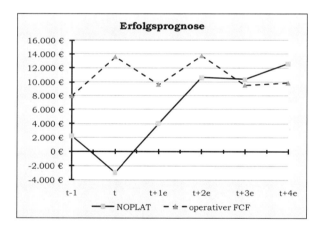

Wegen der Kapazitätsreduktion übertrifft der FCF in den Perioden t-1, t und t+1e den NOPLAT.

- Wird ab der Periode t+5e ein ewig gleich bleibender EVA in Höhe von 500 angenommen, beträgt der Marktwert des Eigenkapitals 64.973,7 Einheiten:

2.1 Akquisitionsstrategien

			Prognose			
	t-1	t	t+1e	t+2e	t+3e	t+4e
= Capital Employed	217.951	201.297	195.664	192.535	193.357	196.115
Kapitalkosten			-15.902,5	-15.457,4	-15.210,3	-15.275,2
NOPLAT			3.999,1	10.641,4	10.359,4	12.614,3
EVA			-11.903,4	-4.816,0	-4.850,8	-2.660,9
erwartete Kapitalkosten in t+5e						-15.493,1
erwarteter NOPLAT in t+5e						12.614,3
erwarteter EVA ab t+5e						500,0
Ewige Rente EVA						6.329,1
MVA + EVA			-11.903,4	-4.816,0	-4.850,8	3.668,3
Annahme: Diskontierungsfaktor 7,90%			0,9268	0,8589	0,7960	0,7378
Barwert			-11.031,9	-4.136,6	-3.861,5	2.706,5
MVA		-16.323,7				
+ Capital Employed		201.297,4				
+ nicht betriebsnotwendiges Vermögen		20.000,0				
+ Liquide Mittel		10.000,0				
Unternehmenswert (EK+FK)		214.973,7				
- MWFK (=Annahme BWFK)		-150.000,0				
= MWEK		64.973,7				

Das gleiche Ergebnis würde auch beim DCF-Verfahren heraus kommen:

			Prognose			
DCF-Bewertung	t-1	t	t+1e	t+2e	t+3e	t+4e
FCF		13.622,9	9.632,8	13.769,9	9.537,8	9.856,0
FCF ab t+3e						15.993,1
Restwert						202.444,3
= FCF + Restwert		13.622,9	9.632,8	13.769,9	9.537,8	212.300,2
Annahme: Diskontierungsfaktor 7,90%			0,9268	0,8589	0,7960	0,7378
Barwert		12.625,5	8.927,5	11.827,3	7.592,5	156.626,3
Unternehmenswert (EK+FK) des betriebsnotwendigen Vermögens (Bestandteile des EBIT)		184.973,7				
+ nicht betriebsnotwendiges Vermögen		20.000,0				
+ Liquide Mittel		10.000,0				
Unternehmenswert (EK+FK)		214.973,7				
- MWFK (=Annahme BWFK)		-150.000,0				
= MWEK		64.973,7				

Der operative FCF entspricht dem prognostizierten NOPLAT ab der Periode t+5e:

operativer FCF für die Ewige Rente:	
Capital Employed in t+4e	196.115,1
- WACC × Capital Employed in t+4e	-15.493,1
erwarteter NOPLAT in t+5e	15.993,1
EVA in t+5e	500,0

- Das errechnete M/B-Verhältnis beträgt:

Prognosezeitraum	4 Perioden
Marktwert Eigenkapital	64.973,7
Buchwert Eigenkapital	81.297,4
errechnete M/B-Verhältnis	**0,80**

Holding Hopper AG:

Die Plan-Bilanzen der Beteiligungen A, B und C werden nun zusammengefasst, um die Holding näher zu analysieren. Konsolidierungen werden in diesem Beispiel nicht angenommen. Es wird keine Zentrale angenommen!

Holding			Prognose			
Bilanz	t-1	t	t+1e	t+2e	t+3e	t+4e
Passiva						
Eigenkapital	254.159	223.219	181.355	204.787	183.091	161.229
verz. Fremdkapital	230.000	280.000	310.000	320.000	320.000	320.000
unverz. Fremdkapital	41.550	47.817	56.069	65.853	64.566	58.052
Aktiva						
immaterielle Vermögenswerte	72.000	66.000	60.000	54.000	48.000	42.000
Sachanlagen	268.484	279.045	298.433	319.707	301.946	285.573
Finanzanlagen	30.000	30.000	10.000	10.000	10.000	10.000
Vorräte	61.766	72.751	85.245	100.192	99.989	99.708
Ford. aus LuL	60.458	70.240	80.745	93.742	94.722	89.001
Wertpapiere	21.000	21.000	1.000	1.000	1.000	1.000
Liquide Mittel	12.000	12.000	12.000	12.000	12.000	12.000

Holding			Prognose			
	t-1	t	t+1e	t+2e	t+3e	t+4e
Umsatzwachstum		15,08%	17,26%	17,45%	-1,96%	-10,09%
Umsatz	277.000,5	318.777,8	373.794,9	439.022,6	430.439,4	387.012,4
EBIT-Marge	7,19%	8,24%	14,82%	17,43%	13,12%	11,96%
EBIT	19.916,3	26.254,0	55.412,1	76.506,8	56.469,4	46.280,2
Steuersatz	-40%	-40%	-40%	-40%	-40%	-40%
NOPLAT	11.949,8	15.752,4	33.247,4	45.904,1	33.881,6	27.768,1
+ Abschreibungen	60.704,0	76.622,1	69.417,7	74.819,2	86.938,5	86.814,8
+ Rückstellungen	0,0	0,0	0,0	0,0	0,0	0,0
- Erweiterungsinvestitionen (Vorräte, kurz. Ford., kurz. FK)	-7.375,7	-14.500,6	-14.746,9	-18.158,6	-2.064,6	-512,1
- Ersatzinvestitionen AV	-37.142	-81.182	-38.643	-45.046	-51.691	-64.441
- Erweiterungsinvestitionen AV	-26.530,2	0,0	-44.163,2	-45.046,5	-11.486,9	0,0
operativer FCF	1.605,6	-3.308,5	5.112,1	12.471,7	55.577,8	49.629,5

Berechnen Sie den Marktwert des Eigenkapitals der Holding:

2.1 Akquisitionsstrategien

Bilanz	t-1	t	t+1e	t+2e	t+3e	t+4e
= Capital Employed						
Kapitalkosten						
NOPLAT						
EVA						
erwarteter EVA ab t+5e Beteiligung A = Liquidation zu Buchwerten Ende t+4e						0,0
erwarteter EVA ab t+5e Beteiligung B						1.218,1
erwarteter EVA ab t+5e Beteiligung C						500,0
Summe EVA						1.718,1
Ewige Rente EVA						
MVA + EVA						
Annahme: Diskontierungsfaktor 7,90%			0,9268	0,8589	0,7960	0,7378
Barwert						
MVA						
+ Capital Employed						
+ nicht betriebsnotwendiges Vermögen						
+ Liquide Mittel						
Unternehmenswert (EK+FK)						
- MWFK (=Annahme BWFK)						
= MWEK						

Prognose →

Wie hoch ist das berechneten M/B-Verhältnis der Holding:

Prognosezeitraum	Holding 4 Perioden	Beteiligung A 4 Perioden	Beteiligung B 4 Perioden	Beteiligung C 4 Perioden
Marktwert Eigenkapital		37.429,4	131.011,8	64.973,7
Buchwert Eigenkapital		33.807,5	108.114,6	81.297,4
errechnete M/B-Verhältnis		**1,11**	**1,21**	**0,80**

- Der berechnete Marktwert des Eigenkapitals ergibt sich aus der Summe der berechneten Marktwerte des Eigenkapitals der Beteiligungen A, B und C:

MWEK der Beteiligung A	37.429,4
MWEK der Beteiligung B	131.011,8
MWEK der Beteiligung C	64.973,7
MWEK der Holding	**233.414,9**

- Der Marktwert des Eigenkapitals der Holding kann auch über die Diskontierung der EVA berechnet werden.

			Prognose			
Bilanz	t-1	t	t+1e	t+2e	t+3e	t+4e
= Capital Employed		440.219	468.355	501.787	480.091	458.229
Kapitalkosten			-34.777,3	-37.000,0	-39.641,2	-37.927,2
NOPLAT			33.247,4	45.904,1	33.881,6	27.768,1
EVA			**-1.530,0**	**8.904,1**	**-5.759,6**	**-10.159,0**
erwarteter EVA ab t+5e Beteiligung A = Liquidation zu Buchwerten Ende t+4e						0,0
erwarteter EVA ab t+5e Beteiligung B						1.218,1
erwarteter EVA ab t+5e Beteiligung C						500,0
Summe EVA						1.718,1
Ewige Rente EVA						21.748,5
MVA + EVA			**-1.530,0**	**8.904,1**	**-5.759,6**	**11.589,5**
Annahme: Diskontierungsfaktor 7,90%			0,9268	0,8589	0,7960	0,7378
Barwert			-1.418,0	7.648,0	-4.584,8	8.550,2
MVA		10.195,4				
+ Capital Employed		440.219,5				
+ nicht betriebsnotwendiges Vermögen		51.000,0				
+ Liquide Mittel		12.000,0				
Unternehmenswert (EK+FK)		**513.414,9**				
- MWFK (=Annahme BWFK)		-280.000,0				
= MWEK		**233.414,9**				

- DCF-Verfahren und EVA-Verfahren sind wiederum ineinander überführbar:

			Prognose			
DCF-Bewertung	t-1	t	t+1e	t+2e	t+3e	t+4e
operativer FCF		**-3.308,5**	**5.112,1**	**12.471,7**	**55.577,8**	**49.629,5**
erwarteter FCF ab t+5e Beteiligung A = Liquidation zu Buchwerten Ende t+4e						65.120,2
erwarteter FCF ab t+5e Beteiligung B						16.780,7
erwarteter FCF ab t+5e Beteiligung C						15.993,1
Summe FCF						32.773,8
Ewige Rente FCF						414.857,8
= FCF + RW + Liquidationswert		**-3.308,5**	**5.112,1**	**12.471,7**	**55.577,8**	**529.607,5**
Annahme: Diskontierungsfaktor 7,90%			0,9268	0,8589	0,7960	0,7378
Barwert		-3.066,3	4.737,9	10.712,3	44.242,3	390.722,4
Unternehmenswert (EK+FK) des betriebsnotwendigen Vermögens (Bestandteile des EBIT)		**450.414,9**				
+ nicht betriebsnotwendiges Vermögen		51.000,0				
+ Liquide Mittel		12.000,0				
Unternehmenswert (EK+FK)		**513.414,9**				
- MWFK (=Annahme BWFK)		-280.000,0				
= MWEK		**233.414,9**				

2.1 Akquisitionsstrategien

Das berechneten M/B-Verhältnis der Holding beträgt:

	Holding	Beteiligung A	Beteiligung B	Beteiligung C
Prognosezeitraum	4 Perioden	4 Perioden	4 Perioden	4 Perioden
Marktwert Eigenkapital	233.414,9	37.429,4	131.011,8	64.973,7
Buchwert Eigenkapital	223.219,5	33.807,5	108.114,6	81.297,4
errechnete M/B-Verhältnis	1,05	1,11	1,21	0,80

Risikoadjustierung:

Die folgende Tabelle gibt Ihnen einen Überblick über die prognostizierten EVA der Hopper AG (siehe Lehrbuch S. 556–558):

Hopper AG

Jahr	Holding Capital Employed	Beteiligung A Capital Employed	Beteiligung B Capital Employed	Beteiligung C Capital Employed
t-2	410.814,4	53.557,4	133.556,5	223.700,5
t-1	421.158,6	66.147,5	137.060,5	217.950,6
t	440.219,5	72.807,5	166.114,6	201.297,4
t+1e	468.354,7	93.658,8	179.032,2	195.663,7
t+2e	501.787,0	109.274,5	199.977,3	192.535,2
t+3e	480.090,8	84.208,0	202.526,1	193.356,8
t+4e	458.229,5	65.120,2	196.994,1	196.115,1

Jahr	Holding NOPLAT	Beteiligung A NOPLAT	Beteiligung B NOPLAT	Beteiligung C NOPLAT
t-1	11.949,8	1.616,4	8.115,0	2.218,4
t	15.752,4	4.330,7	14.452,0	-3.030,3
t+1e	33.247,4	12.148,8	17.099,4	3.999,1
t+2e	45.904,1	15.836,7	19.426,0	10.641,4
t+3e	33.881,6	4.303,7	19.218,5	10.359,4
t+4e	27.768,1	-1.626,9	16.780,7	12.614,3

Jahr	Kapitalkosten (Holding)		Kapitalkosten (Bet. A)		Kapitalkosten (Bet. B)		Kapitalkosten (Bet. C)	
t-1	7,9%	-32.454,3	7,90%	-4.231,0	7,90%	-10.551,0	7,90%	-17.672,3
t	7,9%	-33.271,5	7,90%	-5.225,7	7,90%	-10.827,8	7,90%	-17.218,1
t+1e	7,9%	-34.777,3	7,90%	-5.751,8	7,90%	-13.123,1	7,90%	-15.902,5
t+2e	7,9%	-37.000,0	7,90%	-7.399,0	7,90%	-14.143,5	7,90%	-15.457,4
t+3e	7,9%	-39.641,2	7,90%	-8.632,7	7,90%	-15.798,2	7,90%	-15.210,3
t+4e	7,9%	-37.927,2	7,90%	-6.652,4	7,90%	-15.999,6	7,90%	-15.275,2

Jahr	Holding EVA	Beteiligung A EVA	Beteiligung B EVA	Beteiligung C EVA
t-1	-20.504,5	-2.614,6	-2.436,0	-15.453,9
t	-17.519,1	-894,9	3.624,2	-20.248,4
t+1e	-1.530,0	6.397,0	3.976,3	-11.903,4
t+2e	8.904,1	8.437,7	5.282,4	-4.816,0
t+3e	-5.759,6	-4.329,0	3.420,3	-4.850,8
t+4e	-10.159,0	-8.279,3	781,1	-2.660,9

Dem Vorstand fällt auf, dass Sie für alle Beteiligungen den gleichen WACC als Hürde herangezogen haben. Er bittet Sie risikoangepasste WACC für die einzelnen Beteiligungen zu bilden.

In einer Umfrage finden Sie folgendes Risikoprofil für die Beteiligungen A, B und C heraus:

	Skala	niedriges Risiko 1 - 2 - 3 - 4 - 5 hohes Risiko		
		Holding		
		Beteiligung A	Beteiligung B	Beteiligung C
externe Renditeeinflüsse	niedrig / hoch	2	5	2
Marktzyklus	stabil / dynamisch	4	3	2
Marktanteile	konstant / volatil	4	3	2
Lebenszyklus	lang / kurz	5	3	1
Markteintrittsbarrieren	niedrig / hoch	1	5	3
Fixkosten	gering / hoch	2	4	3
zusätzliches Kriterium	-	-	-	-
Summe Skalenpunkte				
Mittlere Skalenpunktzahl (3*6)				
Risikoadjustierung				
WACC (Holding)	7,90%			
WACC (Beteiligung)				

Passen Sie auf Basis dieses Scoring-Modells die einzelnen WACC an und beurteilen Sie das Modell kritisch! Was müssen Sie beachten, wenn Sie ein zusätzliches Risikokriterium in das Scoring-Modell aufnehmen?

- Ziel des Scoring-Modells ist es den WACC der Holding um das beteiligungsspezifische Risiko zu adjustieren, um den WACC der Beteiligungen zu erhalten.
- Die Skala zur Bewertung des Risikos anhand des Scoring-Modells reicht von 1 bis 5. Wird die mittlere Skalenpunktzahl in Höhe von 3 mit der Anzahl der Kriterien multipliziert (3*6), ergibt sich ein mittlerer Risikowert in Höhe von 18. Fügt man ein weiteres Kriterium hinzu, muss die mittlere Skalenpunktzahl in Höhe von 3 mit der neuen Anzahl der Kriterien multipliziert werden (3*7). Die Skalenpunkte der einzelnen Beteiligungen werden addiert und in ein Verhältnis zu dem mittleren Risikowert gesetzt. Übertrifft die Summe der Skalenpunkte die durchschnittlichen Skalenpunkte, wird den Beteiligungen ein höheres Risiko zugewiesen:

2.1 Akquisitionsstrategien

Periode t	Skala	niedriges Risiko ← 1 - 2 - 3 - 4 - 5 → hohes Risiko		
		Holding		
		Beteiligung A	Beteiligung B	Beteiligung C
externe Renditeeinflüsse	niedrig / hoch	2	5	2
Marktzyklus	stabil / dynamisch	4	3	2
Marktanteile	konstant / volatil	4	3	2
Lebenszyklus	lang / kurz	5	3	1
Markteintrittsbarrieren	hoch / niedrig	1	5	3
Fixkosten	gering / hoch	2	4	3
zusätzliches Kriterium	-	-	-	-
Summe Skalenpunkte		18	23	13
Mittlere Skalenpunktzahl (3*6)		18	18	18
Risikoadjustierung		**1,0000**	**1,2778**	**0,7222**
WACC (Holding)	7,90%	7,90%	7,90%	7,90%
WACC (Beteiligung)		**7,90%**	**10,09%**	**5,71%**

- Das Scoring-Modell ist einfach anzuwenden, den Beteiligungen leicht zu vermitteln und erfordert nur einen geringen Aufwand der Erstellung.
- Problematisch ist, dass die Auswahl der Kriterien und deren Bewertung subjektiv sind. Nach dem CAPM-Modell spiegelt sich das systematische Risiko im Beta wider. Anstatt eine Risikoadjustierung am Betafaktor vorzunehmen, wird in diesem Beispiel vereinfachend eine Risikoadjustierung direkt am WACC vorgenommen. Dadurch werden unterschiedliche Verschuldungsgrade (FK/EK) und deren Auswirkung auf das Risiko nicht in dem Scoring-Modell erfasst. Das Beta der Holding besteht theoretisch aus dem zu Marktwerten (Eigenkapital) gewichteten Beta der Beteiligungen A, B und C:

$$\text{Beta}^{\text{Holding}} = \frac{\text{MWEK}_{\text{Beteiligung A}}}{\text{MWEK}_{\text{Beteiligung A}} + \text{MWEK}_{\text{Beteiligung B}} + \text{MWEK}_{\text{Beteiligung C}}} \times \text{Beta}_{\text{Beteiligung A}} +$$
$$\frac{\text{MWEK}_{\text{Beteiligung B}}}{\text{MWEK}_{\text{Beteiligung A}} + \text{MWEK}_{\text{Beteiligung B}} + \text{MWEK}_{\text{Beteiligung C}}} \times \text{Beta}_{\text{Beteiligung B}} +$$
$$\frac{\text{MWEK}_{\text{Beteiligung C}}}{\text{MWEK}_{\text{Beteiligung A}} + \text{MWEK}_{\text{Beteiligung B}} + \text{MWEK}_{\text{Beteiligung C}}} \times \text{Beta}_{\text{Beteiligung C}}$$

- Durch Vernachlässigung dieses Zusammenhanges ist eine Überführung der WACC der Beteiligungen A, B und C nach der Risikoadjustierung nicht mehr in den WACC der Holding möglich.

Überprüfung der Risikoadjustierung:

Berechnen Sie den EVA der Beteiligungen A, B und C unter Verwendung der risikoadjustierten WACC aus dem Scoring-Modell und zeigen Sie den rechnerischen Fehler auf, der durch das vereinfachte Vorgehen des Scoring-Modells entsteht:

	Holding	Beteiligung A	Beteiligung B	Beteiligung C
Capital Employed t-1	421.158,6	66.147,5	137.060,5	217.950,6
WACC (Holding)	7,90%	7,90%	7,90%	7,90%
Kapitalkosten	-33.271,5	-5.225,7	-10.827,8	-17.218,1
NOPLAT t	15.752,4	4.330,7	14.452,0	-3.030,3
EVA t	**-17.519,1**	**-894,9**	**3.624,2**	**-20.248,4**
	Holding	**Beteiligung A**	**Beteiligung B**	**Beteiligung C**
Capital Employed t-1	421.158,6	66.147,5	137.060,5	217.950,6
WACC (Holding)	7,90%			
Kapitalkosten	-33.271,5			
NOPLAT t	15.752,4	4.330,7	14.452,0	-3.030,3
EVA t	**-17.519,1**			
Differenz zu den Beteiligungen				
Differenz zur Holding				

- Der EVA der Beteiligung B fällt aufgrund der höheren Kapitalkosten geringer aus. Der EVA der Beteiligung C verbessert sich hingegen deutlich:

2.1 Akquisitionsstrategien

	Holding	Beteiligung A	Beteiligung B	Beteiligung C
Capital Employed t-1	421.158,6	66.147,5	137.060,5	217.950,6
WACC (Holding)	7,90%	7,90%	7,90%	7,90%
Kapitalkosten	-33.271,5	-5.225,7	-10.827,8	-17.218,1
NOPLAT t	15.752,4	4.330,7	14.452,0	-3.030,3
EVA t	**-17.519,1**	**-894,9**	**3.624,2**	**-20.248,4**

	Holding	Beteiligung A	Beteiligung B	Beteiligung C
Capital Employed t-1	421.158,6	66.147,5	137.060,5	217.950,6
WACC (Holding)	7,90%	7,90%	10,09%	5,71%
Kapitalkosten	-33.271,5	-5.225,7	-13.835,5	-12.435,3
NOPLAT t	15.752,4	4.330,7	14.452,0	-3.030,3
EVA t	**-17.519,1**	**-894,9**	**616,5**	**-15.465,6**
Differenz zu den Beteiligungen		0,0	-3.007,7	4.782,8
Differenz zur Holding	1.775,1			

- Da der EVA der Beteiligung A gleich bleibt, wird erkennbar, dass der EVA der Beteiligung C sich absolut stärker verbessert (1.775,1 Einheiten) als die absolute Verschlechterung des EVA der Beteiligung C.

Beteiligungsspezifische EVA:

Auf Basis der risikoadjustierten WACC werden für die Beteiligungen A, B und C die EVA folgendermaßen prognostiziert:

	Holding		Beteiligung A	Beteiligung B	Beteiligung C
	Capital Employed		**Capital Employed**	**Capital Employed**	**Capital Employed**
t-2	410.814,4		53.557,4	133.556,5	223.700,5
t-1	421.158,6		66.147,5	137.060,5	217.950,6
t	440.219,5		72.807,5	166.114,6	201.297,4
t+1e	468.354,7		93.658,8	179.032,2	195.663,7
t+2e	501.787,0		109.274,5	199.977,3	192.535,2
t+3e	480.090,8		84.208,0	202.526,1	193.356,8
t+4e	458.229,5		65.120,2	196.994,1	196.115,1
	NOPLAT		**NOPLAT**	**NOPLAT**	**NOPLAT**
t-1	11.949,8		1.616,4	8.115,0	2.218,4
t	15.752,4		4.330,7	14.452,0	-3.030,3
t+1e	33.247,4		12.148,8	17.099,4	3.999,1
t+2e	45.904,1		15.836,7	19.426,0	10.641,4
t+3e	33.881,6		4.303,7	19.218,5	10.359,4
t+4e	27.768,1		-1.626,9	16.780,7	12.614,3

Jahr	Kapitalkosten		Kapitalkosten		Kapitalkosten		Kapitalkosten	
t-1	7,9%	-32.454,3	7,90%	-4.231,0	10,09%	-13.481,8	5,71%	-12.763,4
t	7,9%	-33.271,5	7,90%	-5.225,7	10,09%	-13.835,5	5,71%	-12.435,3
t+1e	7,9%	-34.777,3	7,90%	-5.751,8	10,09%	-16.768,3	5,71%	-11.485,1
t+2e	7,9%	-37.000,0	7,90%	-7.399,0	10,09%	-18.072,3	5,71%	-11.163,7
t+3e	7,9%	-39.641,2	7,90%	-8.632,7	10,09%	-20.186,6	5,71%	-10.985,2
t+4e	7,9%	-37.927,2	7,90%	-6.652,4	10,09%	-20.443,9	5,71%	-11.032,1

Jahr	EVA	EVA	EVA	EVA
t-1	-20.504,5	-2.614,6	-5.366,8	-10.545,0
t	-17.519,1	-894,9	616,5	-15.465,6
t+1e	-1.530,0	6.397,0	331,0	-7.486,0
t+2e	8.904,1	8.437,7	1.353,7	-522,3
t+3e	-5.759,6	-4.329,0	-968,1	-625,8
t+4e	-10.159,0	-8.279,3	-3.663,2	1.582,3

Interpretieren Sie die Veränderungen!

- Durch die Risikoadjustierung wird der EVA der Beteiligung B voraussichtlich ab der Periode t+3e negativ, während der EVA der Beteiligung C schon in der Periode t+4e positiv wird. Diese Prognose stellt die strategische Entscheidung in Frage, die Beteiligung C zu desinvestieren. Die Prognose zeigt auch, dass es bei der Anwendung von Rechenmodellen zu einer Scheingenauigkeit kommen kann, weil die zukünftigen Cashflows nur schwer prognostizierbar sind. Darüber hinaus ist zu beachten, dass rein theoretisch der Erwartungswert der EVA gebildet werden müsste, weil die Verteilung der möglichen EVA das Risiko determiniert, welches sich im WACC als Hurdle Rate widerspiegeln sollte.

Analogieansatz:

Was für eine andere Möglichkeit gibt es, das beteiligungsspezifische Risiko zu ermitteln, wenn die Beteiligungen A, B und C nicht börsennotiert sind (siehe Lehrbuch S. 551–556)?

- Das beteiligungsspezifische Risiko spiegelt sich im Betafaktor der Beteiligung wider, der zur Berechnung des WACC benötigt wird:

$$r(EK) = r(f) + (r(M) \times r(f)) \times Beta$$

- Der Betafaktor besteht aus dem Beta eines fiktiv unverschuldeten Unternehmens zuzüglich der Risikoerhöhung (Leverage) aus der Fremdkapitalaufnahme:

$$Beta\ verschuldet = Beta\ unverschuldet + Beta\ unverschuldet \times \frac{FK}{EK} \times (1-s)$$

2.1 Akquisitionsstrategien

- Über einen Analogieschluss kann die Beteiligung das Beta eines vergleichbaren Unternehmens, das gewichtete Beta mehrerer vergleichbarer Unternehmen oder ein Branchenbeta zur Berechnung des risikoadjustierten WACC heranziehen.
- Eine unterschiedliche Kapitalstruktur kann bei der Berechnung berücksichtigt werden, indem zuerst das unverschuldete Beta des Vergleichsunternehmens berechnet wird, welches dann auf die beteiligungsspezifische Kapitalstruktur angepasst wird.

Technologieportfolio:

Das Management der Hopper AG ist der Meinung, dass die Portfolio-Positionierungen die Interdependenzen in der Holding unzureichend erfasst haben. Durch die Anwendung des Technologieportfolios möchte das Management erfahren, ob es durch Akquisitionen die Beteiligung C stärken sollte. Folgende Daten stehen Ihnen zur Verfügung:

Skala	sehr gut — gut — schlecht 10 - 9 - 8 - 7 - 6 - 5 - 4 - 3 - 2 - 1 - 0		
	Holding		
Periode t	**Beteiligung A**	**Beteiligung B**	**Beteiligung C**
Beherrschungsgrad	3	6	6
Potentiale	4	7	6
Reaktionsgeschwindigkeit	6	7	7
Summe Skalenpunkte			
Maximal erreichbare Skalenpunkte			
Technologieattraktivität			
Weiterentwicklungspotential	3	5	7
Anwendungsbreite	4	7	8
Summe Skalenpunkte			
Maximal erreichbare Skalenpunkte			
relative Stärke			
Investitionsanteil	0,20	0,50	0,30

Positionieren Sie die Beteiligungen im Technologieportfolio! Welche neuen Erkenntnisse erlangen Sie dadurch? Würden Sie die Strategie der Stärkung der Beteiligung befürworten?

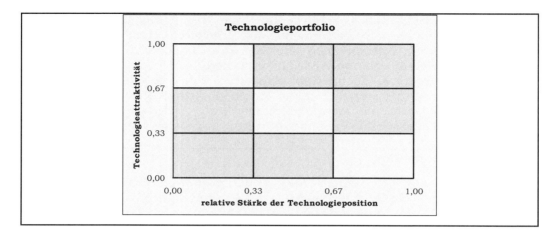

- Der Investitionsanteil der Beteiligung A ist trotz des starken Umsatzwachstums am geringsten. Da die Beteiligung A voraussichtlich einen sehr kurzen Lebenszyklus hat, scheint dies gerechtfertigt zu sein. Dies wird auch durch die **geringe Technologieattraktivität** deutlich.
- Ein **Großteil der Investitionen** wird in die Beteiligung B investiert. Die hohe Rentabilität in Verbindung mit den angestrebten Marktanteilssteigerungen lassen dies sinnvoll erscheinen. Besonders wichtig ist, dass die Beteiligung hier eine **hohe Reaktionsgeschwindigkeit** hat. Die hohe Reaktionsgeschwindigkeit kann es der Beteiligung B ermöglichen, die Rückstände zum stärksten Konkurrenten aufzuholen und dadurch den Marktanteil wie geplant zu steigern.
- Besonders interessant ist, dass die Beteiligung C ein **hohes Weiterentwicklungspotential** und eine **hohe Anwendungsbreite** hat. Dies deutet darauf hin, dass die Beteiligung C in der Zukunft unter Umständen wieder eine höhere Rentabilität erwirtschaften kann und darüber hinaus Synergien im Unternehmensverbund auftreten könnten. Eine Desinvestitionsentscheidung ist daher eine **kurzfristig orientierte Entscheidung**, die zu Lasten des Erfolgspotentials gehen könnte. Daher erscheint die Strategie der Stärkung der Beteiligung C trotz des geringen relativen Marktanteils durchaus gerechtfertigt.

2.1 Akquisitionsstrategien

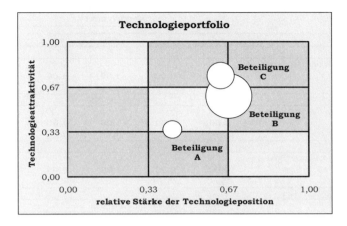

BCG-Matrix – Wettbewerbsintensität:

Nach drei Perioden stellt sich heraus, dass sich der relative Marktanteil der Beteiligung A besser als prognostiziert entwickelt hat. Das EBIT und die Gesamtkapitalrentabilität sind aber deutlich geringer ausgefallen. Der Vorstand bittet Sie beispielhaft aufzuzeigen, warum die Verbesserung der Positionierung der Beteiligung A in der BCG-Matrix nicht zu den erwarteten Ergebnisverbesserungen geführt hat. Ihnen stehen folgende Daten zur Verfügung:

	Vergangenheit				Prognose	
	t-4	t-3	t-2	t-1	t	t+1e
Beteiligung A						
ursprünglich prognostizierter Marktanteil	25,0%	35,0%	40,0%	45,0%	50,0%	50,0%
Marktanteilsverlust	**0,0%**	**0,0%**	**-1,0%**	**-2,0%**	**-3,0%**	**-3,0%**
Marktanteil	25,0%	35,0%	39,0%	43,0%	47,0%	47,0%
Konkurrent 1						
ursprünglich prognostizierter Marktanteil	19,0%	18,0%	17,0%	16,0%	15,0%	14,0%
Marktanteilsverlust	**0,0%**	**-1,0%**	**-3,0%**	**-6,0%**	**-7,0%**	**-7,0%**
Marktanteil	19,0%	17,0%	14,0%	10,0%	8,0%	7,0%
Konkurrent 2						
ursprünglich prognostizierter Marktanteil	56,0%	47,0%	43,0%	39,0%	35,0%	36,0%
Marktanteilsverlust	**0,0%**	**-1,0%**	**-3,0%**	**-6,0%**	**-7,0%**	**-7,0%**
Marktanteil	56,0%	46,0%	40,0%	33,0%	28,0%	29,0%
neuer Konkurrent 3						
Marktanteilsgewinn		**2,0%**	**6,0%**	**12,0%**	**16,0%**	**16,0%**
Marktanteil		2,0%	4,0%	8,0%	8,0%	8,0%
neuer Konkurrent 4						
Marktanteilsgewinn			**3,0%**	**3,0%**	**3,0%**	**0,0%**
Marktanteil			3,0%	6,0%	9,0%	9,0%

	Vergangenheit				Prognose	
	t-4	t-3	t-2	t-1	t	t+1e
Beteiligung A						
ursprünglich prognostizierter Preis	24,01	23,53	23,06	22,60	22,15	21,70
Preissenkung	**0,00**	**0,00**	**-1,00**	**-1,00**	**0,00**	**0,00**
Preis	24,01	23,53	22,06	21,60	22,15	21,70
Konkurrent 1						
ursprünglich prognostizierter Preis	26,01	26,53	27,06	27,60	28,15	28,72
Preissenkung	**0,00**	**0,00**	**-1,00**	**-1,00**	**-1,00**	**-1,00**
Preis	26,01	26,53	26,06	26,60	27,15	27,72
Konkurrent 2						
ursprünglich prognostizierter Preis	25,50	25,76	26,02	26,28	26,54	26,80
Preissenkung	**0,00**	**0,00**	**-1,00**	**-1,00**	**-1,00**	**-1,00**
Preis	25,50	25,76	25,02	25,28	25,54	25,80
neuer Konkurrent 3						
Preis		23,00	23,46	23,93	24,41	24,90
neuer Konkurrent 4						
Preis			27,00	27,54	28,09	28,65

	Vergangenheit				Prognose	
	t-4	t-3	t-2	t-1	t	t+1e
Inflation	2%	2%	2%	2%	2%	2%
Marktpotential pro Jahr (Menge)	13.000	13.000	13.000	13.000	13.000	13.000
Marktvolumen (Menge)	4.356,0	6.098,4	9.757,4	12.684,7	9.513,5	4.756,8
Marktvolumen (Wert)	109.883,6	152.789,5	234.237,5	302.591,8	230.344,8	115.085,2
Beteiligung A						
Produktionskapazität	2.500,0	2.500,0	4.500,0	6.500,0	5.000,0	4.000,0
Absatz	1.089,0	2.134,4	3.805,4	5.454,4	4.471,3	2.235,7
Preis (t)	24,01	23,53	22,06	21,60	22,15	21,70
Umsatz	26.146,9	50.222,9	83.944,1	117.804,4	99.022,7	48.521,1
Konkurrent 1						
Produktionskapazität	2.000,0	1.500,0	2.000,0	2.500,0	1.500,0	1.500,0
Absatz	827,6	1.036,7	1.366,0	1.268,5	761,1	333,0
Preis (t)	26,01	26,53	26,06	26,60	27,15	27,72
Umsatz	21.526,9	27.504,6	35.600,1	33.743,8	20.666,4	9.229,0
Konkurrent 2						
Produktionskapazität	3.500,0	3.500,0	4.500,0	5.500,0	5.500,0	3.000,0
Absatz	2.439,4	2.805,3	3.903,5	4.185,9	2.663,8	1.379,5
Preis (t)	25,50	25,76	25,02	25,28	25,54	25,80
Umsatz	62.209,8	72.256,7	97.633,3	105.800,7	68.027,7	35.594,7
Konkurrent 3						
Produktionskapazität		200,0	700,0	1.100,0	1.000,0	900,0
Absatz		122,0	390,3	1.014,8	761,1	380,5
Preis (t)		23,00	23,46	23,93	24,41	24,90
Umsatz		2.805,3	9.156,4	24.282,7	18.576,3	9.473,9
Konkurrent 4						
Produktionskapazität			800,0	800,0	1.000,0	800,0
Absatz			292,7	761,1	856,2	428,1
Preis (t)			27,00	27,54	28,09	28,65
Umsatz			7.903,5	20.960,2	24.051,8	12.266,4

Die **Produktionskapazitäten** der Beteiligung A, des Konkurrenten 1 und des Konkurrenten 2 haben sich wie prognostiziert entwickelt. Durch den Markteintritt des Konkurrenten 3 und des Konkurrenten 4 nahm aber die

2.1 Akquisitionsstrategien

Kapazitätsauslastung ab. Aufgrund dessen senkten die Unternehmen schneller die **Preise**, um eine höhere Absatzmenge zu erreichen.

Positionieren Sie die Beteiligung in der folgenden Matrix, in der schon die Kreise eingetragen sind, die sich bei der Positionierung auf Wertbasis bei der Beteiligung A vor drei Perioden ergeben haben! Beurteilen Sie die Veränderung kurz und zeigen Sie Handlungsmöglichkeiten auf, die die Holding zur Verbesserung der Situation hat!

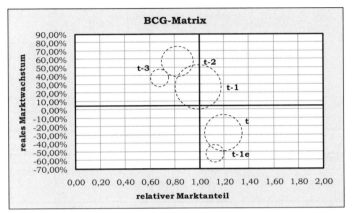

		t-4	t-3	t-2	t-1	t	t+1e
Umsatz Beteiligung A							
Umsatz stärkster Konkurrent							
relativer Marktanteil							
Marktvolumen (Wert)							
Marktwachstum (Wert)							
Inflationsrate							
reales Marktwachstum							

- Obwohl die Beteiligung A aufgrund des Markteintritts die Preise stärker senkte und weniger Produkte am Markt absetzte, stieg der relative Marktanteil, weil der Konkurrent 2 stärker unter dem Markteintritt litt:

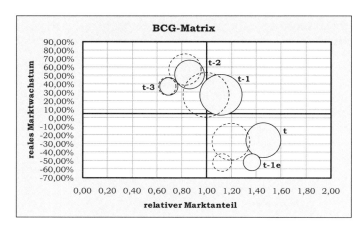

	Vergangenheit				Prognose	
	t-4	t-3	t-2	t-1	t	t+1e
Umsatz Beteiligung A	26.147	50.223	83.944	117.804	99.023	48.521
Umsatz stärkster Konkurrent	62.210	72.257	97.633	105.801	68.028	35.595
relativer Marktanteil	0,42	0,70	0,86	1,11	1,46	1,36
Marktvolumen (Wert)	109.884	152.789	234.238	302.592	230.345	115.085
Marktwachstum (Wert)		39,05%	53,31%	29,18%	-23,88%	-50,04%
Inflationsrate		2%	2%	2%	2%	2%
reales Marktwachstum		37,05%	51,31%	27,18%	-25,88%	-52,04%

- Das Beispiel zeigt, dass eine Verbesserung des relativen Marktanteils nicht unbedingt mit einer Verbesserung des Unternehmens in der Branche einhergehen muss. In diesem Fall erhöht sich die Wettbewerbsintensität und **verringert** dadurch die **Rentabilität** der Beteiligung A, obwohl diese ihren **relativen Marktanteil steigern** kann. Werden die anderen Konkurrenten quersubventioniert kann sich eine Branchenkonsolidierung hinauszögern. Aufgrund der Überkapazität in der Branche wird die Rentabilität leiden.
    - Besitzt die Holding andere Beteiligungen, die eine höhere Rentabilität erwirtschaften und gehört die Beteiligung nicht zum Kerngeschäft, könnte die Holding mit einem **Verkauf** die Konsolidierung in der Branche frühzeitig initiieren und den Verkaufserlös in Beteiligungen investieren, deren erwartete Rentabilität höher ist.
    - Gehört die Beteiligung zum Kerngeschäft, kann sie versuchen **Konkurrenten aufzukaufen**, um die Wettbewerbsintensität zu verringern oder einen **Preiskampf** initiieren, der einige Konkurrenten zum Marktaustritt zwingt.
- Kritisch zu beurteilen ist, dass die Preisunterschiede innerhalb der Marktabgrenzung immer weiter auseinanderfallen, was auf eine Zersplitterung des Marktes und der Angebotssituation hindeutet.

2.1 Akquisitionsstrategien

> **Arten von Akquisitionen:**
>
> Was der Akquisiteur primär erwirbt, wird in der Art der Akquisition wiedergegeben. Um was für Arten von Akquisitionen handelt es sich wahrscheinlich in den folgenden Beispielen (siehe Lehrbuch S. 114–116)?

1. Ein **deutscher Energiekonzern** kauft eine einfache Mehrheitsbeteiligung an einem russischen Öl- und Gaskonzern. Danach bezieht der deutsche Energiekonzern vermehrt Öl- und Gas für seine Kraftwerke aus diesem russischen Konzern.
2. Ein **deutsches Maschinenbauunternehmen** übernimmt 50% der Anteile an einem chinesischen Maschinenbauunternehmen. Danach produziert das deutsche Unternehmen die einfachen Maschinenvarianten in China.
3. Ein **Versicherungskonzern** kauft eine einfache Mehrheitsbeteiligung an einer Bank. Danach werden Versicherungsprodukte über die Bank vertrieben.
4. Ein **Automobilkonzern** kauft eine qualifizierte Mehrheitsbeteiligung an einem anderen Automobilkonzern. Danach werden vermehrt Gleichteile in den Fahrzeugmodellen verwendet.
5. Ein **indischer Automobilkonzern** kauft 100% der Anteile an einem englischen Automobilkonzern. Danach wird eine stärkere Zusammenarbeit in der Entwicklung und Produktion forciert. Indische Ingenieure werden für eine Zeit nach Großbritannien versetzt.
6. Ein **amerikanischer Handelskonzern** kauft einen deutschen Süßwarenhersteller.
7. Eine **Privatbank** kauft eine einfache Mehrheitsbeteiligung an einem Solarkonzern. Es ist nicht geplant die Beteiligung wieder zu verkaufen.

Lösung:
1. Der deutsche Energiekonzern versucht sich durch die Beteiligung an dem russischen Öl- und Gaskonzern einen Zugang zu den Öl- und Gasressourcen für seine Kraftwerke zu sichern. Es handelt sich um eine **ressourcenorientierte Akquisition** in ein **vorgelagertes Geschäftsfeld**.
2. Das deutsche Maschinenbauunternehmen übernimmt 50% der Anteile des chinesischen Maschinenbauunternehmens, um entweder in China mehr zu verkaufen oder in China günstiger produzieren zu können. Es handelt sich um eine **marktorientierte Akquisition** (Joint Venture) auf **horizontaler Ebene**.
3. Der Versicherungskonzern beteiligt sich an der Bank, um Versicherungsprodukte über die Distributionskanäle der Bank zu vertreiben. Es handelt sich um eine **marktorientierte Akquisition**.

4. Wenn ein Automobilkonzern sich an einem anderen Automobilkonzern beteiligt, um vermehrt Gleichteile in den Fahrzeugmodellen zu verwenden, handelt es sich um eine **effizienzorientierte Akquisition**, da vorrangig Kostenvorteile realisiert werden sollen.
5. Der indische Automobilkonzern strebt eine Zusammenarbeit in der Entwicklung an und schickt Ingenieure nach Großbritannien, um wahrscheinlich Entwicklungsergebnisse und besondere Produktionsfähigkeiten auf den indischen Konzern übertragen zu können. Da indische Automobilkonzerne noch nicht das gleiche Know-how haben, handelt es sich hier um einen Kauf von besonderen Fähigkeiten (**Know-how orientierte Akquisition**).
6. Kauft ein amerikanischer Handelskonzern einen deutschen Süßwarenhersteller, handelt es sich um einen Zukauf eines vorgelagerten Geschäftsfeldes, um eine **Diversifikation** anzustreben. Es handelt sich nicht um eine Sicherung von Ressourcen, weil der Umsatz eines amerikanischen Handelskonzerns mit einem deutschen Süßwarenhersteller minimal sein wird.
7. Kauft eine Privatbank eine Beteiligung an einem Solarkonzern, hat der Zukauf keinen Bezug zum Tätigkeitsfeld der Bank. Es handelt sich daher um eine **Diversifikation**. Die Erfolge der Bank und die Erfolge des Solarkonzerns reagieren unterschiedlich auf konjunkturelle Entwicklungen und andere externe Einflüsse, wodurch bei gleichen Erfolgschancen das Gesamtrisiko abnehmen kann. Allerdings kann ein Privatanleger eine Diversifikation umfangreicher und günstiger vornehmen.

Teilziele von Akquisitionen:

Was für verschiedene Teilziele können durch Akquisitionen verfolgt werden, um das Oberziel „Steigerung des Gesamtunternehmenswertes" zu erreichen (siehe Lehrbuch S. 116)?

- Die Steigerung des Gesamtunternehmenswertes kann durch die Schaffung von **monopolistischen und unternehmensspezifischen Vorteilen**, die **Erzielung von Synergien**, die **Ausnutzung asymmetrischer Informationen**, die **Gewinnung von Flexibilität** durch die örtliche Präsenz aber auch durch die **Verteidigung der eigenen Position** erreicht werden.

2.1 Akquisitionsstrategien

> **Anderweitige Zielsetzungen:**
> Was kann der Erreichung des Oberziels der Steigerung des Gesamtunternehmenswertes entgegenstehen (siehe Lehrbuch S. 116)?

- Sowohl **individuelle Zielsetzungen** als auch **irrationale Verhaltensmuster** des Managements können zu Wertminderungen des Unternehmensverbundes führen.

> **Monopolistische Vorteile:**
> Was versteht man unter Ausschöpfung monopolistischer oder unternehmensspezifischer Vorteile (siehe Lehrbuch S. 117–119)?

- Monopolistische oder unternehmensspezifische Vorteile entstehen, wenn der Akquisiteur vor der Akquisition über **Fähigkeiten oder Geschäftsbeziehungen** verfügt, die er werterhöhend auf das Akquisitionsobjekt übertragen kann. Dies können beispielsweise bessere Finanzierungskonditionen, Vorteile in den Unternehmensfunktionen, Übertragung von Management-Know-how oder Vorteile beim Marktzugang sein.

> **Leistungswirtschaftlichen Synergien:**
> Was versteht man unter leistungswirtschaftlichen Synergien (siehe Lehrbuch S. 120–121)?

- Bei den leistungswirtschaftlichen Synergien geht es um eine Reduktion der Kosten im leistungswirtschaftlichen Bereich, die durch den Unternehmensverbund entstehen.
    - **Leistungswirtschaftliche Synergien** können durch eine Fixkostendegression in den Funktionsbereichen F&E, Beschaffung, Produktion, Marketing, Vertrieb und den Verwaltung erreicht werden (**Economies of Scale**),
    - bisher getrennt erbrachte Leistungen können durch die Akquisition kostensparender im Verbund erbracht werden (**Economies of Scope**),
    - die örtliche Präsenz kann aufgrund geringerer Transportkosten und flacheren Strukturen zu Kostenvorteilen aus dem Verbund führen (**Multiplant Economies**)

- o und durch eine bessere Koordination von unterschiedlichen Wertschöpfungsstufen aufgrund von geringeren Transport- und Lagerkosten sowie einer reduzierten Unsicherheit können Verbundvorteile aus der Akquisition resultieren (**Multiplant of Scheduling**).

Finanzwirtschaftliche Synergien:

Was versteht man unter finanzwirtschaftlichen Synergien (siehe Lehrbuch S. 121–124)?

- **Finanzwirtschaftliche Synergien** spiegeln sich in den Fremdkapitalkosten, den Eigenkapitalkosten, dem Verschuldungsgrad und den Steuerzahlungen wider.
    - o Volumenmäßig größere Kapitalbeschaffungen führen zu **geringeren Emissionskosten** pro Geldeinheit und zum Zugang zu internationalen Kapitalmärkten.
    - o Ein gutes Image, eine starke **Verhandlungsmacht** und die Möglichkeit der Umgehung von Kapitalmarktreglementierungen sowie das Ausnutzen von Zinsdifferenzen haben Einfluss auf die Höhe der Kapitalkosten.
    - o Der Risikoausgleich innerhalb eines Unternehmensverbundes kann zu einer Reduzierung der Kreditzinsen aufgrund eines geringeren Insolvenzrisikos führen (**Risikodiversifikation**),
    - o was ebenfalls die **Verschuldungskapazität** aufgrund einer geringeren Cashflow-Schwankung steigert.
    - o **Steuerzahlungen** können durch Nutzung von Verlustvorträgen, Bildung von Organschaften und Gestaltung von Verrechnungspreisen gesenkt werden.

Marktliche Synergien:

Was versteht man unter marktlichen Synergien (siehe Lehrbuch S. 124–125)?

- **Marktliche Synergien** kommen durch eine Erhöhung der Verhandlungsmacht zustande.
    - o Die Verhandlungsmacht gegenüber den Kunden ist im Falle eines **Monopols** am höchsten. Bei wenigen Anbietern kann es durch ein „**kollusives Verhalten**" zu einem Gewinn maximierenden Verhalten kommen (Oligopol).

2.1 Akquisitionsstrategien

- o Große Beschaffungsvolumina erhöhen die Verhandlungsmacht (Nachfragemacht) und führen zu **niedrigeren Beschaffungspreisen**.
- o Im Rahmen der **Über-Kreuz-Subventionierung** von ertragsstarken Unternehmensbereichen in förderwürdige Geschäftsfelder (Cross-Subsidizing) kann eine dominante Wettbewerbssituation durch eine aggressive Preispolitik angestrebt werden. Bei Erreichen einer dominanten Wettbewerbsposition können dann überdurchschnittliche Renditen erzielt werden.
- o **Multi-Markt-Konstellationen** ergeben sich, wenn Unternehmen eines Unternehmensverbundes auf mehreren Märkten einander als Konkurrenten gegenüberstehen. Es können Strategien auf Ebene des Unternehmensverbundes für die einzelnen Unternehmen festgelegt werden, mit dem Ziel, den Wert des Gesamtunternehmensverbundes zu steigern.

Asymmetrische Informationen:

Was versteht man unter Ausnutzung asymmetrischer Informationen im Rahmen einer Akquisition (siehe Lehrbuch S. 126–127)?

- Asymmetrische Informationen liegen im Rahmen einer Akquisition vor, wenn der Akquisiteur einen Informationsvorsprung gegenüber anderen Marktteilnehmern hat.
    - o Hat der Akquisiteur als einziger bessere Informationen bezüglich der Verwertung und den Möglichkeiten der Effizienzsteigerung, so können dadurch Überrenditen erzielt werden **(Information Hypothesis)**.
    - o Auch bessere Informationen zur Bewertung des Akquisitionsobjektes (im Besonderen der Möglichkeiten der Synergieerzielung aus Erfahrungen mit anderen Beteiligungen) können zu Überrenditen führen **(Valuation Hypothesis)**.

Flexibilität:

Was versteht man unter der Schaffung von Flexibilität durch eine rein strategische Investition (siehe Lehrbuch S. 127–128)?

- Eine Akquisition kann als rein strategische Investition aufgefasst werden, um im Rahmen einer kleineren Akquisition **Erfahrungen** und **Informationen** über einen neuen Markt zu gewinnen und im Falle eines Marktwachstums weitere strategische Schritte vornehmen zu können ("**Brückenkopf**"). Hat das Akquisitionsobjekt wertvolle Ressourcen, deren Nutzung von weiteren Umweltfaktoren abhängt, schafft sich das Unternehmen eine **strategische Option** auf Wettbewerbsvorteile. Die Option kann ausgeübt werden, wenn die weiteren Umweltfaktoren eintreten.

> **Defension:**
> Wie kann die eigene Wettbewerbssituation im Rahmen einer Akquisition verteidigt (Defension) und verbessert werden (siehe Lehrbuch S. 128–132)?

- Durch eine Akquisition
  - auf gleicher Wertschöpfungsstufe können Größenvorteile angestrebt werden (**horizontale Akquisition**).
  - Die Akquisition eines Distributionskanals (**vertikale Vorwärtsintegration**)
  - oder eines Lieferanten (**vertikale Rückwärtsintegration**), kann neben dem Transfer von Know-how zu einer Beendigung der Geschäftsbeziehungen mit Konkurrenten führen.
- Auch **geografische oder laterale Diversifikationsstrategien** können durch die Mehrfachnutzung von Funktionen defensive Wirkung entfalten.
- Erschließt der Konkurrent neue profitable Wachstumsmärkte im Ausland,
  - kann ein schnelles Nachziehen sinnvoll sein (**Follow the Leader**), um daran ebenfalls zu profitieren.
  - Zieht ein Firmenkunde ins Ausland, so kann das Unternehmen gezwungen sein, nachzuziehen, um die Kundenbeziehung aufrecht zu erhalten (**Follow the Customer**).
  - Greift ein ausländischer Konkurrent den heimischen Markt an (**Cross Investment**), kann es sinnvoll sein, den ausländischen Markt ebenfalls anzugreifen, um die heimische Wettbewerbsposition des Konkurrenten zu schwächen.
- Eine Verschlechterung der Marktattraktivität durch den Eintritt neuer Wettbewerber oder einer Neupositionierung der bestehenden Wettbewerber führt zu einer Verschlechterung der Wettbewerbssituation.
  - Um dies zu vermeiden, können gezielt Markteintrittsbarrieren aufgebaut werden (**Abschreckung**)
  - oder es kann eine gezielte Wettbewerbsattacke erfolgen (**Vergeltung**).

> **Eigeninteressen:**
>
> Nennen Sie beispielhaft einige Vorteile für Mitarbeiter, die aus Akquisitionen resultieren und Einfluss auf Akquisitionsbestrebungen haben können (siehe Lehrbuch S. 132–133)!

- Ein größeres Unternehmen führt oftmals zu einer höheren **Entlohnung** und zu mehr **Macht** und **Prestige** des Managements.
- Wenn das Unternehmen durch eine Diversifikation weniger anfällig für Ergebnisschwankungen wird, verringert sich die Insolvenzwahrscheinlichkeit. Gleichzeitig erhöht sich dadurch die **Arbeitsplatzsicherheit** der Mitarbeiter.

> **Irrationale Entscheidungen:**
>
> Warum kann es im Laufe eines Akquisitionsprozesses zu irrationalen Entscheidungen durch das Management kommen (siehe Lehrbuch S. 133–134)?

- Das Management kann die Komplexität durch **vereinfachte Analogieschlüsse** reduzieren, die zu falschen Entscheidungen führen.
- Um die Ziele doch noch zwanghaft zu erreichen, kommt es zu einem verstärkten Einsatz von Ressourcen (**eskalierende Selbstverpflichtung**). Oft geht eine Selbstüberschätzung des Managements damit einher (**Hybris**), die zu überhöhten Akquisitionsprämien oder zu späten Desinvestitionsentscheidungen führt. Gleichzeitig kommt es auch zu der Illusion, dass die gesetzten Planungen noch realisiert werden können (**Illusion der Kontrolle**).

2.2 Phasen der Akquisition

> **Subphasen:**
>
> Unterteilen Sie die Akquisitionsphase in einzelne Subphasen, die der Akquisiteur beim Kauf eines Unternehmens typischerweise durchläuft (siehe Lehrbuch S. 134–135)?

- Die Akquisitionsphase setzt sich aus der **Analyse und Vorbereitung**, der **Suche und Vorauswahl**, der **Kontaktaufnahme**, der **Beurteilung und Auswahl** sowie der abschließenden **Transaktion** zusammen.

Vorbereitung:

Wie wird eine Akquisition analysiert und strukturiert vorbereitet (siehe Lehrbuch S. 136–138)?

- Bei der Analyse und Vorbereitung einer Akquisition werden **strategieabhängige und strategieunabhängige Faktoren** im Akquisitions-Suchprofil abgebildet. Diese können als „**K.O.-Kriterien**" oder als „**Soll-Kriterien**" definiert werden. Qualitative Kriterien lassen sich über Scoring-Modelle erfassen.

Strategieabhängige Faktoren:

Welche der folgenden Kriterien sind strategieabhängige Faktoren bei der Analyse und Vorbereitung einer Akquisition?

---

1. Der **FCF** des Akquisitionsobjektes sollte in den letzten fünf Jahren positiv gewesen sein!
2. Die **Eigenkapitalrentabilität** des Akquisitionsobjektes sollte in den letzten fünf Jahren über 10% gelegen haben!
3. Es sollten keine weiteren **Kaufinteressenten** vorhanden sein!
4. Der Jahresüberschuss des Akquisitionsobjektes sollte mindestens **50 Millionen Euro** betragen!
5. Die Manager des Akquisitionsobjektes sollten einer Akquisition **freundlich** gegenüberstehen!
6. Der **relative Marktanteil** des Akquisitionsobjektes sollte über 0,8 liegen!
7. Die **Kapazitätsauslastung** des Akquisitionsobjektes sollte nicht weniger als 70% betragen!
8. Das **reale Marktwachstum** sollte in den nächsten Jahren über 10% liegen!

Lösung:

Strategieabhängige Faktoren sind Soll-Werte beim FCF, bei der Eigenkapitalrentabilität, beim Jahresüberschuss, beim relativen Marktanteil, bei der Kapazitätsauslastung und beim Marktwachstum. Ein **positiver FCF** in den letzten fünf Jahren kann beispielsweise darüber

2.2 Phasen der Akquisition

Auskunft geben, ob das Akquisitionsobjekt einen höheren Verschuldungsgrad verkraften kann. Eine **hohe Eigenkapitalrentabilität** über die letzten fünf Jahre kann beispielsweise Rückschlüsse auf die Güte des Managements und die Profitabilität der Branche geben. Ein **hoher Jahresüberschuss** als Soll-Wert kann notwendig sein, um eine gewisse Relevanz im Beteiligungsportfolio des Akquisiteurs zu erlangen. Ein **hoher relativer Marktanteil** gibt Rückschlüsse auf die Kostenposition (aufgrund von Mengeneffekten) gegenüber dem stärksten Konkurrenten. Die Entwicklung des **Marktwachstums** gibt Rückschlüsse auf die Position eines Produktes im Lebenszyklus.

Die Vorgaben, dass keine weiteren **Kaufinteressenten** vorhanden sein sollten und dass das Management der Akquisition **freundlich** gegenüberstehen sollte sind **strategieunabhängig Faktoren**, die die Verhandlungsposition stärken und zu einem besseren Kaufpreis führen können.

Suche:

Wie erfolgt die Suche nach potentiellen Akquisitionsobjekten (siehe Lehrbuch S. 138–139)?

- Durch die aktive oder passive Suche entsteht eine Auswahl von potentiellen Akquisitionsobjekten. Die **aktive Suche** kann durch Vorschläge von involvierten Personen (**empirisch-induktiv**) oder anhand einer Auflistung aller potentiellen Kandidaten, die anhand von K.O.-Kriterien überprüft werden (**analytisch-deduktiv**), erfolgen. Bei der **passiven Suche** handelt es sich um ein Warten auf Akquisitionsmöglichkeiten.

Vorauswahl:

Wie findet nach der Suche von potentiellen Akquisitionsobjekten eine Vorauswahl statt (siehe Lehrbuch S. 139–141)?

- Im Rahmen des „**Screening**" werden die Unternehmen mit Hilfe von Checklisten und Scoring-Modellen in eine Rangordnung gebracht. Durch einen Vergleich mit dem Akquisitions-Suchprofil reduziert sich in der Vorauswahl die „**Long List**" zur „**Short List**".

Auswahl:

Eine Holding möchte eines der folgenden Unternehmen erwerben:

Marktvolumen	130.908.750	132.537.825	131.542.034
Akquisitionsobjekt 1	t-2	t-1	t
Umsatzerlöse	19.293.750	19.467.000	19.252.052
Umsatzwachstum		0,90%	-1,10%
relativer Marktanteil	0,31	0,31	0,31
Jahresüberschuss	1.296.126	1.259.796	1.089.675
Eigenkapitalrentabilität	21,29%	21,38%	19,22%
Cashflow auf Basis der LM ersten Grades	1.691.115	1.684.700	1.570.019
Akquisitionsobjekt 2	t-2	t-1	t
Umsatzerlöse	61.687.500	62.267.363	61.606.566
Umsatzwachstum		0,94%	-1,06%
relativer Marktanteil	2,30	2,30	2,30
Jahresüberschuss	5.678.235	5.359.831	4.696.348
Eigenkapitalrentabilität	43,27%	47,46%	52,27%
Cashflow auf Basis der LM ersten Grades	9.736.361	9.942.292	9.813.791
Akquisitionsobjekt 3	t-2	t-1	t
Umsatzerlöse	26.775.000	27.037.500	26.761.718
Umsatzwachstum		0,98%	-1,02%
relativer Marktanteil	0,43	0,43	0,43
Jahresüberschuss	929.700	597.420	289.913
Eigenkapitalrentabilität	17,33%	10,31%	6,18%
Cashflow auf Basis der LM ersten Grades	2.728.950	2.917.148	2.875.253
Akquisitionsobjekt 4	t-2	t-1	t
Umsatzerlöse	9.292.500	10.977.225	12.452.391
Umsatzwachstum		18,13%	13,44%
relativer Marktanteil	0,15	0,18	0,20
Jahresüberschuss	166.519	318.055	718.260
Eigenkapitalrentabilität	6,95%	8,29%	26,83%
Cashflow auf Basis der LM ersten Grades	955.700	1.628.057	2.029.496
Akquisitionsobjekt 5	t-2	t-1	t
Umsatzerlöse	13.860.000	12.788.738	11.469.308
Umsatzwachstum		-7,73%	-10,32%
relativer Marktanteil	0,22	0,21	0,19
Jahresüberschuss	135.330	-434.684	-930.748
Eigenkapitalrentabilität	2,87%	-9,99%	-34,69%
Cashflow auf Basis der LM ersten Grades	1.691.293	1.383.846	889.795

Die Mehrheit der Anteile des Akquisitionsobjektes 2 befindet sich in Privatbesitz einer Familie. Die Familie ist nicht bereit ihre Anteile zu verkaufen. Die anderen Akquisitionsobjekte stehen einer Akquisition positiv gegenüber. Die Höhe der Umsatzerlöse, die Jahresüberschüsse, der Trend des Cashflows (Cashflow der Liquiden Mittel ersten Grades) und der Trend des Umsatzes sind dem Unternehmen gleich wichtig. Die Eigenkapitalrenditen und die relativen Marktanteile sind dem Akquisiteur doppelt so wichtig und deren Trends dreimal so wichtig wie die anderen Kriterien. Zeigen Sie

2.2 Phasen der Akquisition

mit dem folgenden Scoring-Modell auf, welche Akquisitionsobjekte für den Akquisiteur besonders in Frage kommen!

	Gewichtungsfaktor	Punktbewertung											
		Akquisitions-objekt 1			Akquisitions-objekt 3			Akquisitions-objekt 4			Akquisitions-objekt 5		
		gut = 4	mittel = 2	schlecht = 0	gut = 4	mittel = 2	schlecht = 0	gut = 4	mittel = 2	schlecht = 0	gut = 4	mittel = 2	schlecht = 0
Umsatzerlöse t													
Tend Umsatzerlöse													
relativer Marktanteil t													
Trend relativer Marktanteil													
Jahresüberschuss t													
Eigenkapitalrentabilität t													
Trend Eigenkapitalrentabilität													
Trend Cashflow auf Basis der LM ersten Grades													
Summe													

Lösung:

	Gewichtungs-faktor	Punktbewertung											
		Akquisitions-objekt 1			Akquisitions-objekt 3			Akquisitions-objekt 4			Akquisitions-objekt 5		
		gut = 4	mittel = 2	schlecht = 0	gut = 4	mittel = 2	schlecht = 0	gut = 4	mittel = 2	schlecht = 0	gut = 4	mittel = 2	schlecht = 0
Umsatzerlöse t	1		2			2				0			0
Tend Umsatzerlöse	1		2			2		4					0
relativer Marktanteil t	2		2			2				0			0
Trend relativer Marktanteil	3		2			2		4					0
Jahresüberschuss t	1		2				0		2				0
Eigenkapitalrentabilität t	2	4				2		4					0
Trend Eigenkapitalrentabilität	3		2				0	4					0
Trend Cashflow auf Basis der LM ersten Grades	1		2			2		4					0
Summe		32			20			42			0		

Das Akquisitionsobjekt 4 und 1 hat die höchsten Scoring-Werte. Beide Unternehmen könnten nun detaillierter auf Wertsteigerungspotentiale untersucht werden.

Auswahl:

Das Akquisitionsobjekt 4 (= Unternehmen 4) möchte das Akquisitionsobjekt 1, 2 oder 5 akquirieren, um eine Branchenkonsolidierung voranzutreiben und zum stärksten Konkurrenten aufzuschließen. Diskutieren Sie kurz, welches Akquisitionsobjekt am geeignetsten sein könnte?

- Der **Umsatz** des Akquisitionsobjektes 1 **stagnierte** in den letzten drei Perioden. Trotz des sinkenden Jahresüberschusses konnte die **Eigenkapitalrentabilität weitestgehend stabil** gehalten werden. Dies deutet darauf hin, dass hohe Ausschüttungen an die Eigenkapitalgeber vorgenommen wurden. Da auch der Cashflow abgenommen hat, scheint sich die **betriebliche Gewinnmarge leicht verschlechtert** zu haben. Im Vergleich zu den anderen Konkurrenten kann sich das Unternehmen gut behaupten. Die relativ **stabile Entwicklung** in den letzten Jahren reduziert das Risiko eines Misserfolgs bei einer Akquisition.
- Der **Umsatz** des Akquisitionsobjektes 3 **stagnierte** ebenfalls in den letzten drei Perioden. Im Gegensatz zum Akquisitionsobjekt 1 **brach der Jahresüberschuss geradezu ein**. Die **Eigenkapitalrentabilität verschlechterte sich ebenfalls beträchtlich**. Der **Cashflow** konnte allerdings leicht **gesteigert** werden. Dies deutet darauf hin, dass

unbare Aufwendungen wie beispielsweise Abschreibungen oder Rückstellungen den Jahresüberschuss belastet haben. Vielleicht wurden Investitionen in den letzten Jahren getätigt, deren Abschreibungen nicht in den darauffolgenden Jahren erwirtschaftet wurden. Dieses Unternehmen könnte ein sehr guter Kauf sein, da der sinkende Jahresüberschuss, wegen des leicht steigenden Cashflows und den fast konstanten Umsatzerlösen, aufgrund von **aperiodischen Effekten** zustande gekommen sein könnte. Die ambivalenten Kennzahlen könnten zu einem geringeren Kaufpreis führen. Darüber hinaus hat das Unternehmen den **zweitgrößten relativen Marktanteil**.

- Das Akquisitionsobjekt 5 hat in den letzten zwei Jahren **Verluste** gemacht und dadurch die Eigenkapitalbasis verringert. Schafft es das Unternehmen nicht, diesen **negativen Trend** zu stoppen, könnte es bald Insolvenz anmelden müssen. Der Kauf des Akquisitionsobjektes 5 ist sehr **riskant**, weil ein negativer Trend erst eliminiert werden muss, dessen Ursachen oftmals tief im Unternehmen verankert sind. Allerdings wird das Akquisitionsobjekt 5 aufgrund des abnehmenden Absatzes freistehende Produktionskapazitäten haben, die für das Umsatzwachstum des Unternehmens 4 genutzt werden könnten. Dem ist entgegenzuhalten, dass das Umsatzwachstum des Unternehmens 4 hauptsächlich auf die Umsatzverluste des Akquisitionsobjektes 5 zurückzuführen ist. Das Unternehmen könnte daher durch einen Kauf des Akquisitionsobjektes 3 oder 1 wahrscheinlich schneller zum stärksten Konkurrenten aufschließen, während es weiterhin versucht dem Akquisitionsobjekt 5 Marktanteile abzunehmen.

Wertsteigerungsüberprüfung:

Der Vorstand der Hopper AG hat entschlossen, die Beteiligung C durch eine Akquisition zu stärken. Die folgende Grafik zeigt die geplanten Umsatzerlöse der Holding vor der Akquisition:

			Hopper AG		
	Holding		Beteiligung A	Beteiligung B	Beteiligung C
Jahr		Umsatz	Umsatz	Umsatz	Umsatz
	t-2	255.591,0	17.787,0	51.450,0	186.354,0
	t-1	277.000,5	26.146,9	63.656,5	187.197,1
	t	318.777,8	50.222,9	89.956,8	178.598,1
	t+1e	373.794,9	89.999,5	104.864,0	178.931,4
	t+2e	439.022,6	128.991,8	123.870,6	186.160,3
	t+3e	430.439,4	105.343,3	139.010,3	186.085,8
	t+4e	387.012,4	51.618,2	141.790,5	193.603,7

Die Beteiligung C hat drei direkte Konkurrenten:

Wettbewerbsstruktur vor der Akquisition:

Jahr	Beteiligung C Umsatz	Konkurrent 1 = Proto AG Umsatz	Konkurrent 2 Umsatz	Konkurrent 3 Umsatz
t-2	186.354,0	126.000,0	258.300,0	63.000,0
t-1	187.197,1	122.094,0	276.318,0	64.260,0
t	178.598,1	113.319,9	280.494,9	62.332,2
t+1e	178.931,4	117.898,1	292.462,7	63.578,8
t+2e	186.160,3	115.846,6	304.797,0	64.850,4
t+3e	186.085,8	122.612,1	292.345,7	63.553,4
t+4e	193.603,7	127.565,6	298.192,6	64.824,5

Um zum stärksten Konkurrenten aufzuschließen, entscheidet sich der Vorstand der Hopper AG die Proto AG (Konkurrent 1) zu akquirieren. Die Wettbewerbsstruktur wird sich folgendermaßen ändern:

Wettbewerbsstruktur nach der Akquisition:

Jahr	Beteiligung C Umsatz	Konkurrent 2 Umsatz	Konkurrent 3 Umsatz
t-2	312.354,0	258.300,0	63.000,0
t-1	309.291,1	276.318,0	64.260,0
t	291.918,0	280.494,9	62.332,2
t+1e	296.829,5	292.462,7	63.578,8
t+2e	302.006,9	304.797,0	64.850,4
t+3e	308.697,9	292.345,7	63.553,4
t+4e	321.169,3	298.192,6	64.824,5

Für die Hopper AG ergibt sich nach der Akquisition folgende vereinfachte Planung (ohne Konsolidierungen):

Jahr	Holding Umsatz	Hopper AG Beteiligung A Umsatz	Beteiligung B Umsatz	Beteiligung C Umsatz
t-2	255.591,0	17.787,0	51.450,0	186.354,0
t-1	277.000,5	26.146,9	63.656,5	187.197,1
t	318.777,8	50.222,9	89.956,8	178.598,1
	strategischer Bruch			Akquisition
t+1e	491.693,0	89.999,5	104.864,0	296.829,5
t+2e	554.869,3	128.991,8	123.870,6	302.006,9
t+3e	553.051,5	105.343,3	139.010,3	308.697,9
t+4e	514.578,0	51.618,2	141.790,5	321.169,3

Erörtern Sie kurz, welche Ansätze die Hopper AG zur Überprüfung der Wertsteigerung durch die Akquisition der Proto AG hat (siehe Lehrbuch S. 141)?

- Im **„Attractiveness-Test"** wird die Attraktivität der Branche untersucht, in der das Akquisitionsobjekt tätig ist. Hierbei interessiert, inwieweit **nachhaltig hohe Renditen** innerhalb der Branche erwartet werden können. Je höher die erwarteten Renditen in der

2.2 Phasen der Akquisition

Branche, umso mehr wird die Hopper AG für die Proto AG bereit sein zu zahlen.
- Im **„Cost-of-entry-Test"** erfolgt ein Vergleich der Möglichkeit des externen Wachstums durch eine Akquisition mit der Möglichkeit des internen Wachstums durch die eigenständige Entwicklung des Geschäftsfeldes. Erweist sich das interne Wachstum als günstiger, sollte man die Akquisition nicht durchführen. Da die Beteiligung C in einem weitestgehend gesättigten Markt tätig ist, kann durch eine Akquisition der Proto AG ein kostenintensiver **Preiskampf** zur Gewinnung von Marktanteilen verhindert werden.
- Im **„Better-off-Test"** werden die Auswirkungen betrachtet, die das Akquisitionsobjekt auf den Unternehmensverbund im Falle einer Akquisition hat. Der Akquisiteur wird bereit sein mehr zu zahlen, wenn das Akquisitionsobjekt hohe **Nutzenpotentiale** für den Unternehmensverbund mitbringt. Dieses Nutzenpotential könnte sich beispielsweise in einem größeren Kundenstamm manifestieren, der für Cross-Selling-Aktionen vom Unternehmensverbund genutzt werden kann.
- Ein **„Kulturschock-Test"** kann darüber hinaus Aufschluss über die Vereinbarung der Unternehmenskulturen geben.

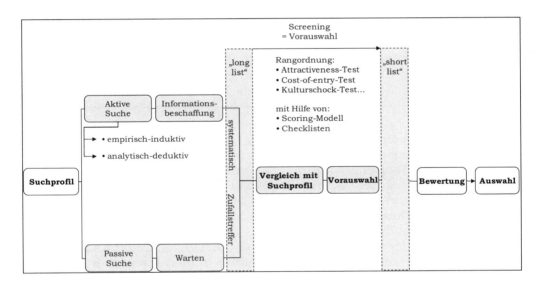

> **Kontaktaufnahme:**
>
> Wie hat die Hopper AG nach der Vorauswahl die Kontaktaufnahme mit der Proto AG vorzubereiten (siehe Lehrbuch S. 142–143)?

- Die Kontaktaufnahme mit der Proto AG ist durch eine umfangreiche Informationsbeschaffung bezüglich des **Akquisitionsobjektes** und Informationen des **externen Umfelds** vorzubereiten. Ziel ist es, ein Konzept über die **Vorteilhaftigkeit der Akquisition** für beide Unternehmen herauszuarbeiten und **externe Risiken** zu antizipieren (z.B. Reaktion der Kartellbehörde).
- Die Kontaktaufnahme kann **direkt**, z.B. durch den Vorstandsvorsitzenden, oder **indirekt** durch einen Vermittler erfolgen. Die indirekte Kontaktaufnahme ermöglicht es, die Anonymität des potentiellen Akquisiteurs zu wahren.
- Bei der Wahl der Verhandlungstaktik sind unter anderem der **Kontaktzeitpunkt**, die **anzusprechenden Personen**, das **Vorgehen bei verschiedenen Szenarien** und die **Verhandlungsziele** zu bestimmen.

> **Freigabe von internen Informationen:**
>
> Zur besseren Beurteilung des Akquisitionsobjektes braucht der Akquisiteur interne Informationen über das Zielobjekt. Was für eine weitere Möglichkeit gibt es, Vertrauen für die Freigabe von internen Informationen zu schaffen und diese zu regeln (siehe Lehrbuch S. 144–145)?

- Eine **Kaufabsichtserklärung** („Letter of Intent") fasst Verhandlungsergebnisse zusammen und legt das weitere Vorgehen fest, ohne dabei rechtliche Bindungswirkung zu entfalten. Im Rahmen der **Due Diligence** wird das Akquisitionsobjekt dann vor Ort mit gebührender Sorgfalt untersucht. Die Kaufabsichtserklärung stellt eine **„moralische Verpflichtung"** zur Beibehaltung der Kaufabsichten für das Akquisitionsobjekt dar.
- Der Verkäufer kann darüber hinaus durch eine **Geheimhaltungserklärung** („Confidentiality Agreement") in seinen Interessen geschützt werden. In der Geheimhaltungserklärung wird festgelegt, wann welche Informationen an wen weitergeben werden dürfen. Verstöße können meist nur schwer nachgewiesen werden, so dass die Geheimhaltungserklärung einen **psychologischen Charakter** besitzt.

2.2 Phasen der Akquisition

> **Aufklärungspflicht:**
>
> Der Verkäufer muss das Akquisitionsobjekt frei von Sach- oder Rechtsmängeln übergeben, um nicht in Konflikt mit den Regeln des allgemeinen Leistungsstörungsrechts zu gelangen. Bei **fahrlässiger oder vorsätzlicher Fehlinformation** sowie **fahrlässigem oder vorsätzlichem Unterlassen** einer gebotenen Aufklärung durch den Verkäufer hat der Akquisiteur einen Anspruch auf Schadensersatz.
> Führt die Due Diligence zu einer geringeren oder höheren Aufklärungspflicht des Verkäufers (siehe Lehrbuch S. 147–149)?

- Weder noch, da die **Aufklärungspflicht** des Verkäufers durch die Due Diligence **nicht berührt** wird.

> **Reduzierung von Rechtsunsicherheiten:**
>
> Wie kann die Hopper AG vertraglich eventuelle Rechtsunsicherheiten reduzieren (siehe Lehrbuch S. 149, S. 226)?

- Die Hopper AG kann sich das Vorhandensein positiver Sachverhalte oder das Fehlen negativer Sachverhalte im Rahmen von Garantieverträgen sichern lassen. Garantien können beispielsweise auf die Richtigkeit von Bilanzpositionen oder auf das nicht Vorhandensein von Altlasten gerichtet sein.

> **Due Diligence-Team:**
>
> Welche Möglichkeiten der Organisation von Akquisitionsprozessen und der Zusammenstellung eines Due Diligence-Teams gibt es (siehe Lehrbuch S. 141, S. 149–151)?

- Die Unternehmensführung ist für die Akquisition zuständig. Sie wird von Experten interner Bereiche und externen Beratern unterstützt (**Experten-Ansatz**). Die Experten der internen und externen Bereiche führen auch die Due Diligence durch.
- Für jede Akquisition ist ein spezifisch gebildetes Team verantwortlich, das sich regelmäßig mit der Unternehmensführung abstimmt. Das Due Diligence-Team wird aus Mitarbeitern des Akquisitions-Teams gebildet und gegebenenfalls um externe Berater ergänzt (**Teamansatz**).

- Für die Akquisition ist eine M&A-Abteilung zuständig, die sich regelmäßig mit der Unternehmensführung abstimmt. Das Due Diligence-Team wird aus Mitarbeitern der M&A-Abteilung gebildet (**Abteilungsansatz**).

Ziel der Due Diligence:

Was ist das Ziel der Due Diligence (siehe Lehrbuch S. 146–147)?

- Ziel der sorgfältigen Untersuchung des Akquisitionsobjektes vor Ort (Due Diligence) ist es, das **Rendite- und Risikopotential** detailliert zu untersuchen. Dies beinhaltet auch die Analyse von potentiellen Integrationsrisiken und Wertsteigerungspotentialen aus der Integration.

Due Diligence:

Was ist der Unterschied zwischen einer Due Diligence im weiteren Sinn und einer Due Diligence im engeren Sinn (siehe Lehrbuch S. 145–146)?

- Eine Due Diligence im weiteren Sinn bezieht sich allgemein auf die sorgfältige detaillierte Untersuchung des Akquisitionsobjektes und schließt die Analyse von **öffentlich verfügbaren Informationen** mit ein.
- Eine Due Diligence im engeren Sinn bezieht sich hingegen ausschließlich auf die Analyse des Akquisitionsobjektes vor Ort. Der Fokus liegt auf der Analyse **nicht öffentlich zugänglicher Informationen**.

Ablauf der Due Diligence:

Was sind die ablauforganisatorischen Phasen der Due Diligence (siehe Lehrbuch S. 152–153)?

- Im Rahmen einer Management-Präsentation, einer Befragung des Managements und der Mitarbeiter, einer Betriebsbesichtigung und der eingehenden Analyse von bereitgestellten Unterlagen im „Data Room" werden Informationen **gesammelt**.
- Die Informationen werden danach mit Hilfe von Checklisten, die gegebenenfalls um akquisitionsspezifische Besonderheiten zu ergänzen und zu kürzen sind, **verarbeitet**.

2.2 Phasen der Akquisition

- Auf Basis der gesammelten und verarbeiteten Informationen wird das Unternehmen schließlich **analysiert**, um den Unternehmenswert unter Berücksichtigung von Wertsteigerungen zu bestimmen.

> **Audits einer Due Diligence:**
>
> Erläutern Sie die Ablaufstruktur einer Due Diligence (siehe Lehrbuch S. 155–169)?

- Die Analyse erfolgt in verschiedenen **Audits**:
    - Beim **Basic Audit** werden grundlegende, allgemein zugängliche Informationen analysiert (z.B. Geschäftsberichte).
    - Der **External Audit** bezieht sich auf unbeeinflussbare Faktoren, die in politische, ökonomische, soziale, technologische, rechtliche und ökologische Einflussfaktoren untergliedert werden können. Der External Audit gibt die globalen Prämissen vor, auf denen die Bewertung des Gesamtunternehmens beruht.
    - Beim **Financial Audit** befasst sich das Due Diligence Team mit der aktuellen und zu prognostizierenden Vermögens-, Finanz- und Ertragslage. Der Financial Audit bildet den Kern der Due Diligence.
    - Beim **Marketing Audit** werden die Chancen und Risiken der einzelnen Produkte untersucht. Dabei werden die Anteile der Produkte am Umsatz bestimmt und die zukünftige Entwicklung des Umsatzes und des Gewinns bzw. der Deckungsbeiträge prognostiziert. Der Marketing Audit spezifiziert den Financial Audit in Bezug auf die Umsatzprognose und das Plausibilisieren von betrieblichen Gewinnspannen im Gesamtunternehmensbewertungsmodell.
    - Beim **Human Resources Audit** beschäftigt sich das Due Diligence-Team mit Informationen zu Management und Mitarbeitern. Dabei geht es sowohl um **Soft Facts** wie Motivation als auch um rechtliche und betriebliche Verpflichtungen sowie Vereinbarungen. Der Human Resources Audit spezifiziert die Gesamtunternehmensbewertung sowohl in Bezug auf zukünftig anfallende Personalkosten als auch auf das Risiko einer Ertragsverschlechterung durch Motivationsveränderungen nach der Akquisition. Motivationsveränderungen können sowohl Auswirkungen auf den zukünftigen Umsatz als auch auf die zukünftigen Kosten haben.
    - Beim **Legal Audit** und beim **Tax Audit** werden rechtliche Verhältnisse und eine steuerlich optimale Gestaltung im Falle einer Akquisition analysiert. Die Ergebnisse der Analyse

fließen hauptsächlich in die Prognose der zukünftigen sonstigen Aufwendungen, sonstigen Erträge und prognostizierten Steuerzahlungen ein.
- Der **Technical Audit** betrifft das betriebliche Leistungsvermögen. Die Ergebnisse der Analyse fließen in die prognostizierten Ersatz- und Erweiterungsinvestitionen oder in das veräußerbare, nicht betriebsnotwendige Vermögen des Gesamtunternehmensbewertungsmodells mit ein. Darüber hinaus können Ansatzpunkte für Restrukturierungsmöglichkeiten oder die Hebung von Synergien gefunden werden, die sich beispielsweise in einer Verringerung der Herstellungskosten im Gesamtbewertungsmodell niederschlagen können.
- Der **Environment Audit** soll Umweltrisiken aufzeigen. Aperiodische Auswirkungen werden in der Prognose der sonstigen betrieblichen Aufwendungen berücksichtigt. Durch eine Umstellung oder eine Neuanschaffung von Produktionsanlagen, können sich Umweltrisiken auch in den Ersatz-, Erweiterungsinvestitionen oder den Fremdbezugskosten widerspiegeln und erhöhen in den Folgeperioden die Herstellungskosten.
- Beim **Organizational and IT Audit** geht es um die zweckmäßige und wirtschaftliche Aufbau- und Ablauforganisation, die verwendete Hard- und Software und um deren Vernetzung. Es können Ansatzpunkte für Effizienz- und Effektivitätssteigerungen gefunden werden, die zu geringeren Verwaltungs- oder Vertriebskosten führen. Im Gesamtbewertungsmodell verbessern sich die prognostizierten betrieblichen Gewinnmargen durch die Kosteneinsparungsmöglichkeiten. Die Kosten der Integration wirken den Einsparungen aber zeitweise entgegen.
- Beim **Strategic Audit** werden der Status Quo und die Veränderungen der Unternehmens-, Geschäftsfeld- und Wettbewerbsstrategie analysiert. Im Gesamtbewertungsmodell werden die Änderungen vorwiegend im Umsatzwachstum und in der betrieblichen Gewinnmarge berücksichtigt.

Dokumentation der Due Diligence:

Was für eine Funktion hat die Dokumentation der Due Diligence (siehe Lehrbuch S. 169–170)?

- Es wird eine **Informationsbasis für die Be- und Verarbeitung** geschaffen. Vorwiegend dient die Informationsbasis zur Bewertung des Akquisitionsobjektes einschließlich der Synergiepotentiale.

2.2 Phasen der Akquisition

- Darüber hinaus **belegt** die Informationsbasis die **sorgfältige Unternehmensprüfung** und die **Mängel** im Zeitpunkt der Vertragsunterzeichnung.

Zweck der Due Diligence:

Wozu dient eine Berichterstattung über die Due Diligence (siehe Lehrbuch S. 170)?

- Die Berichterstattung dient der **ablauforganisatorischen Darstellung** der Due Diligence und der **strukturierten und verständlichen Zusammenfassung** der Ergebnisse der einzelnen Audits.

Transaktion:

Was kennzeichnet die Phase der Transaktion (siehe Lehrbuch S. 222)?

- Die **Vorbereitung der Kaufverhandlungen**, der **Verhandlungsablauf** und die **Kaufvertragsgestaltung** kennzeichnen die Phase der Transaktion.

Einigung:

Wie kann eine Einigung erreicht werden, wenn die Wertsteigerungspotentiale und deren Risiken nicht fundiert beurteilt werden können (siehe Lehrbuch S. 224–225)?

Eine Einigung kann erreicht werden, indem die Aufteilung der Chancen und Risiken auf die Vertragsparteien neu verhandelt werden.
- Die Vertragsparteien könnten sich beispielsweise auf einen Kaufpreis einigen, von dem der Käufer einen Teil erst nach der erfolgreichen Realisierung von Wertsteigerungspotentialen zahlen muss (**Preisrückbehalt**). Die Festlegung der Zahlungsmodalität erfolgt dann in einem sogenannten „Earn-out-Agreement".
- Eine andere Möglichkeit eine Einigung zu erzielen besteht in einem **Synergie-Split**. Der Käufer wird beim Synergie-Split an der zukünftigen Realisierung von Wertsteigerungspotentialen beteiligt.
- Auch durch die Zahlungsmodalität eines **Aktientausches** können die Risiken und die Chancen auf den Käufer und den Verkäufer verteilt werden.

> **Transaktionsphase:**
>
> Wann endet die Transaktionsphase (siehe Lehrbuch S. 228)?

- Mit dem **Übergangsstichtag** schließt die Transaktionsphase (**Closing**).

2.3 Unternehmensbewertung im Rahmen der Akquisitionsphase

> **Bedeutung des Publikumshandels:**
>
> Die Hopper AG möchte die Kontrolle der Proto AG übernehmen. Was für eine Bedeutung hat der Publikumshandel (Markt für börsennotierte Eigenkapitalanteile) bei der Akquisition (siehe Lehrbuch S. 171)?

- Die Hopper AG kann über den Publikumshandel **sukzessiv** Anteile an der Proto AG erwerben. Erreicht oder überschreitet die Hopper AG die Schwelle von 3 %, 5 %, 10 %, 15 %, 20 %, 25 %, 30 %, 50 % oder 75 % der Stimmrechte, muss sie dies der Proto AG und gleichzeitig der Bundesanstalt für Finanzdienstleistungsaufsicht innerhalb von vier Handelstagen mitteilen (§§ 21ff. WpHG). Hat die Hopper AG mehr als 30 % der Stimmrechte an der Proto AG erworben, ist sie dazu verpflichtet, ein Angebot abzugeben, das sich auf alle Aktien der Proto AG erstreckt (§§ 35 ff. WpÜG).
- Eine andere Möglichkeit zur Übernahme der Kontrolle besteht in der Abgabe eines **öffentlichen Übernahmeangebots**. Der Börsenpreis dient dabei als Orientierungsgröße für weitere Bewertungen und für die Ermittlung der Höhe des Übernahmeangebots an die Aktionäre.

> **Objektivierter Marktpreis:**
>
> Die Aktien der Proto AG notierten in den letzten Handelstagen um die 30 Euro. Beurteilen Sie, ob es einen „objektivierten Marktpreis" für die Aktien der börsennotierten Proto AG gibt (siehe Lehrbuch S. 171–172)!

- Am Markt für börsennotierte Eigenkapitalanteile (Publikumshandel) entsteht ein „objektivierter Marktpreis" aus dem **Gleichgewicht von Angebot und Nachfrage**.
- Es gibt in der Praxis keinen **perfekten Markt**, weil für den Erwerb von Anteilen an der Proto AG **Transaktionskosten** anfallen, die

2.3 Unternehmensbewertung im Rahmen der Akquisitionsphase

Informationsbeschaffung zeit- und ressourcenintensiv ist, die Proto AG nicht völlig transparent[4] ist und verschiedene Investoren **unterschiedliche Erwartungen auf Basis derselben Informationen** haben.

- Der „objektivierte Marktpreis" spiegelt somit lediglich den Preis aus Angebot und Nachfrage zu einem bestimmten Zeitpunkt wider, der sich auf Basis von unterschiedlichen Zukunftserwartungen bildet. Der Käufer hat dabei grundsätzlich eine optimistischere Zukunftserwartung als der Verkäufer. Besteht eine **hohe Fungibilität** der börsennotierten Eigenkapitalanteile, spiegelt sich in den Aktienkursbewegungen die **Zukunftseinschätzungen von vielen Marktteilnehmern** wider.

Informationsvorsprung:

Kann ein Informationsvorsprung eher bei börsennotierten oder bei nicht börsennotierten Akquisitionsobjekten eintreten (siehe Lehrbuch S. 172)?

- Die Informationstransparenz ist bei **börsennotierten Unternehmen** höher. Es liegt eine **mittlere bis starke Markteffizienz** vor.
- Bei **nicht börsennotierten Unternehmen** liegt eine **schwache bis mittlere Markteffizienz** vor. Ein Informationsvorsprung kann hier eher zu vorteilhaften Akquisitionsentscheidungen führen.

Preisgrenze:

Die Hopper AG ist maximal bereit 40 Euro je Aktie für die Übernahme der Kontrolle zu zahlen. Warum unterscheidet sich der Preis, den die Hopper AG bereit ist aufzubringen von dem „objektivierten Marktpreis" von um die 30 Euro (siehe Lehrbuch S. 173)?

- Die Hopper AG hat durch die Übernahme der Kontrolle die Möglichkeit **Veränderungen** bei der Proto AG vorzunehmen. Das Akquisitionsobjekt wird aus einem **neuen strategischen und operativen Kontext** betrachtet.
- Der **Wert der Kontrolle** über die Proto AG kann je nach Verwertungsmöglichkeiten variieren. Der Akquisiteur und der Verkäufer müssen sich auf einen subjektiven Wert für die Proto AG einigen.

---

[4] Im Falle einer Börsennotierung sind im Allgemeinen mehr Informationen öffentlich verfügbar.

> **Ermittlung der Preisgrenze:**
>
> Erklären Sie, wie es zu einer Preisfindung zwischen der Hopper AG als Käufer und den Anteilseignern der Proto AG als Verkäufer kommt (siehe Lehrbuch S. 173–176)?

Hopper AG als Käufer:

- Der **Marktpreis** der börsennotierten Proto AG stellt für die Hopper AG die erste Orientierungsgröße dar. Diese gibt die Zukunftserwartungen der Marktteilnehmer an die Proto AG wieder; kann aber durch spekulative Erwartungen verzerrt sein. Bei nicht börsennotierten Unternehmen könnte die Hopper AG auf Basis von vergleichbaren börsennotierten Unternehmen über Analogieschlüsse zu einem Marktwert gelangen.
- Durch den Erwerb der Kontrolle kann die Hopper AG Einfluss auf die Geschäftsentwicklung nehmen, um dadurch **Wertsteigerungen** zu realisieren (z.B. Restrukturierung oder Realisierung von Synergiepotentialen). Sind diese Möglichkeiten der Wertsteigerung noch nicht in der Marktkapitalisierung (Erwartungen der Aktionäre) eingepreist, erhöhen die Wertsteigerungsmöglichkeiten den Wert des Akquisitionsobjektes. Es sind allerdings noch die **erwarteten Kosten der Realisation der Wertsteigerung** (Integrationskosten), die Dyssynergien und die **Transaktionskosten** wertmindernd zu berücksichtigen.

Aktionäre der Proto AG als Verkäufer:

- Der **Marktpreis** bildet auch für die Aktionäre der Proto AG eine erste Orientierungsgröße. Da die Aktionäre unterschiedliche Zukunftserwartungen an das Unternehmen haben können, hat jeder Aktionär einen anderen Preis, zu dem er bereit ist, seine Anteile an die Hopper AG zu verkaufen. Darüber hinaus wissen die Aktionäre, dass die Proto AG aus Sicht der Hopper AG einen höheren Wert hat. Die Aktionäre stellen sich daher am besten, wenn sie den höchsten Preis verlangen, den die Hopper AG gerade noch bereit ist zu zahlen. Da dieser Preis aber nicht bekannt ist, können sich die Aktionäre nur hilfsweise an **Preisaufschlägen** für vergleichbare Transaktionen aus der Vergangenheit orientieren oder selbst versuchen die wertsteigernden Effekte der Hopper AG zu antizipieren. Dabei ist aber zu beachten, dass die wertsteigernden Effekte nicht mit Sicherheit realisierbar sind, so dass die Aktionäre der Proto AG sich nicht sicher sein können, wie die Hopper AG auf Basis ihrer Risikoaversion das Wertpotential in einer Preisobergrenze quantifiziert.

2.3 Unternehmensbewertung im Rahmen der Akquisitionsphase

Einigungsbereich:

- Ein Einigungsbereich entsteht, wenn die Preisobergrenze der Hopper AG höher ist als die Preisuntergrenze der Aktionäre der Proto AG.

> **Verhandlungssituationen:**
> Erörtern Sie verschiedene Verhandlungssituationen, die bei der Übernahme der Proto AG eintreten könnten (siehe Lehrbuch S. 176–179)?

1. Die Hopper AG macht den anonymen Aktionären der Proto AG ein öffentliches Übernahmeangebot:
   Jeder der Aktionäre der Proto AG hat einen **unterschiedlich hohen Grenzpreis**, zu dem er bereit ist seine Anteile zu verkaufen. Verkaufen genügend Aktionäre ihre Anteile, kann die Hopper AG die Kontrolle über die Proto AG übernehmen. Ein **zweites Übernahmeangebot** an die restlichen Aktionäre kann erfolgen, um eine vollständige Beherrschung zu erlangen. Das zweite Übernahmeangebot muss nicht unbedingt höher ausfallen, da die Hopper AG bereits die Kontrolle erworben hat.
2. Ein Aktionär hält an der Proto AG eine Sperrminderheitsbeteiligung. Die Hopper AG tritt in **private Verhandlungen** mit dem Aktionär:
   Der Akquisiteur kann im Rahmen von privaten Verhandlungen direkt vom Eigentümer die Anteile am Akquisitionsobjekt erwerben. Hierbei kommt es zu einem **Preisverhandlungsprozess** zwischen der Hopper AG und dem privaten Investor.
3. Das Management der Proto AG lehnt eine Akquisition grundsätzlich ab. Über die Medien versucht das Management die Aktionäre davon **abzuhalten**, das **Angebot** der Hopper AG **anzunehmen**:
   Das Management der Proto AG kann der Akquisition offen oder ablehnend gegenüberstehen. Bei einer ablehnenden Haltung kann das Management durch **Interessenkampagnen** versuchen, den Preis in die Höhe zu treiben, um eine **Übernahme zu verhindern**. Um die Kontrolle über das Akquisitionsobjekt dennoch zu erlangen, muss der Akquisiteur oft einen **höheren Börsenpreis** zahlen. Dazu kommen unter Umständen Kosten für gegenläufige Interessenkampagnen und hohe Abfindungszahlungen für das vorzeitige Ausscheiden des Managements.
4. **Andere Unternehmen** sind auch an einer Akquisition interessiert. Verhandlungen mit dem Management der Proto AG laufen:
   Sind mehrere Unternehmen an einer Übernahme interessiert, kann der Preis aufgrund **unterschiedlicher erwarteter Wertsteigerungen** und der **Konkurrenzsituation** in die Höhe getrieben werden.

Verfahren der Unternehmensbewertung:

Was für drei konzeptionell verschieden Verfahren kann die Hopper AG zur Berechnung des Marktwerts des Eigenkapitals der Proto AG anwenden (siehe Lehrbuch S. 181)?

- Die Hopper AG kann den Marktwert des Eigenkapitals (**Marktkapitalisierung**) der Proto AG bestimmen, indem sie die ausgegebenen Aktien mit dem aktuellen Börsenkurs multipliziert. Kauft die Hopper AG größere Anteile an der Proto AG, beeinflusst sie Angebot und Nachfrage, so dass sich die Marktkapitalisierung ändert.
- Die Hopper AG kann den Wert des Eigenkapitals der Proto AG ebenfalls aus der alternativen Errichtung eines vergleichbaren Unternehmens herleiten (**Substanzwert**).
- Darüber hinaus kann die Hopper AG den Wert der Proto AG aus dem heutigen Wert der erwarteten künftigen Rückflüsse bestimmen (**Zukunftserfolgswert**).

Zukunftserfolgswert:

Erläutern Sie den Zukunftserfolgswert als Methode der Unternehmenswertbestimmung (siehe Lehrbuch S. 181–187)!

- Der Zukunftserfolgswert wird über die **diskontierten prognostizierten Rückflüsse** bestimmt. Diesem Bewertungskonzept liegt die Idee zugrunde, dass sich der Wert einer Investition heute aus den daraus resultierenden künftigen Rückflüssen ableitet. Durch die Diskontierung soll der heutige Wert der prognostizierten Rückflüsse abgebildet werden (Barwert):

$$\text{Zukunftserfolswert}_{t=0} = \sum_{t=1}^{\infty} \frac{\text{Rückfluss}_t}{(1 + \text{Zinssatz})^t}$$

- Der Diskontierungsfaktor spiegelt den Opportunitätskostensatz einer risikoadäquaten Alternativanlage wider.
- Zähler und Nenner bedingen einander. Werden als Rückflüsse die Zahlungsströme an Fremd- und Eigenkapitalgeber zugrunde gelegt, sind diese mit dem durchschnittlichen Zinssatz der Fremd- und Eigenkapitalgeber zu diskontieren (**Entity-Ansatz**). Dementsprechend erhält man den Unternehmenswert aus Sicht der Eigen- und Fremdkapitalgeber. Um den Wert aus Sicht der Eigenkapitalgeber zu erhalten, ist der Marktwert des Fremdkapitals zu subtrahieren. Werden nur die Zahlungsströme an die Eigenkapitalgeber prognosti-

ziert, sind diese mit den Eigenkapitalkosten zu diskontieren (**Equity-Ansatz**) und man gelangt direkt zum Unternehmenswert aus Sicht der Eigenkapitalgeber.

- Da sich Zähler und Nenner bedingen, kann im Entity-Ansatz der Steuervorteil entweder im Zähler (Zahlungsstrom an die Eigen- und Fremdkapitalgeber) oder im Nenner (durchschnittlich gewichteter Kapitalkostensatz) berücksichtigt werden. Wird der Steuervorteil weder im Zähler noch im Nenner berücksichtigt, muss er getrennt hinzugerechnet werden.

Plan-Gewinn- und Verlustrechnung:

Das Due-Diligence Team der Hopper AG leitet folgende Wertgeneratoren für die Proto AG ab:

			Prognose	
Wertgeneratoren:	t-1	t	t+1e	t+2e
Umsatzwachstumsrate zum Vorjahr		-7,19%	4,04%	-1,74%
Umsatzerlöse	122.094,0			
Sonstiger Ertrag/Umsatzerlöse		3,00%	3,00%	3,00%
Personalaufwand/Umsatzerlöse		-35,00%	-35,00%	-35,00%
Materialaufwand/Umsatzerlöse		-34,90%	-33,90%	-32,38%
Abschreibungen		-25.682,2	-27.341,7	-27.562,9
Sonstiger Aufwand/Umsatzerlöse		-2,00%	-2,00%	-2,00%
Steuersatz		-40,00%	-40,00%	-40,00%

			Prognose	
Netto-Umlaufvermögen	t-1	t	t+1e	t+2e
Roh-, Hilfs-, Betriebsstoffe/Umsatz	10,00%	10,00%	10,00%	10,00%
fertige Erzeugnisse/Umsatz	0,00%	0,00%	0,00%	0,00%
Forderungen aus L&L/Umsatz	15,00%	15,00%	15,00%	15,00%
Verbindlickeiten aus L&L/Umsatz	15,00%	15,00%	15,00%	15,00%

Die notwendigen Investitionen und die prognostizierten Abschreibungen sind der Berichterstattung zur Due Diligence zu entnehmen:

			Prognose →	
Anlagevermögen	t-1	t	t+1e	t+2e
Investitionen in immaterielle VG (31.12.)	-8.393,5			
Buchwert	8.393,5	7.962,3	7.531,1	7.099,9
Abschreibungen in den folgenden Perioden	-431,2	-431,2	-431,2	-431,2
Investitionen in Sachanlagen (31.12.)	-40.603,0			
Buchwert	40.603,0	15.352,0	10.101,0	7.400,0
Abschreibungen in den folgenden Perioden	-25.251,0	-5.251,0	-2.701,0	-100,0
Investitionen in immaterielle VG (31.12.)		-216,5		
Buchwert		216,5	205,7	194,8
Abschreibungen in den folgenden Perioden		-10,8	-10,8	-10,8
Investitionen in Sachanlagen (31.12.)		-86.594,6		
Buchwert		86.594,6	64.945,9	43.297,3
Abschreibungen in den folgenden Perioden		-21.648,6	-21.648,6	-21.648,6
Investitionen in immaterielle VG (31.12.)			-220,8	
Buchwert			220,8	209,8
Abschreibungen in den folgenden Perioden			-11,0	-11,0
Investitionen in Sachanlagen (31.12.)			-11.040,8	
Buchwert			11.040,8	8.280,6
Abschreibungen in den folgenden Perioden			-2.760,2	-2.760,2
Investitionen in immaterielle VG (31.12.)				-225,2
Buchwert				225,2
Abschreibungen in den folgenden Perioden				-11,3
Investitionen in Sachanlagen (31.12.)				0,0
Buchwert				0,0
Abschreibungen in den folgenden Perioden				0,0

Für die Prognose des Zinsaufwands und des Zinsertrags stehen Ihnen folgende Daten zur Verfügung:

Finanzkredite				
Nettokreditaufnahme	40.000,0	0,0	0,0	0,0
Zinsaufwand		-5,00%	-5,00%	-5,00%
Nicht operativ genutztes Vermögen				
Bestand an Liquiden Mitteln	2.000,0			
- Investitionen in Finanzanlagen	-1.000,0	0,0	0,0	0,0
Zinsertrag		5,00%	5,00%	5,00%
- Investitionen in Wertpapiere	-1.000,0	0,0	0,0	0,0
Zinsertrag		5,00%	5,00%	5,00%

Erstellen Sie die Plan-GuV der Proto-AG!

Nebenrechnung	t-1	t	t+1e	t+2e
Roh-, Hilfs-, Betriebsstoffe (RHB)				
Fertige Erzeugnisse (FE)				
Bestandsveränderungen				
Finanzanlagen				
Wertpapiere				
Zinsertrag				
Nettokreditaufnahme				
Zinsaufwand				

2.3 Unternehmensbewertung im Rahmen der Akquisitionsphase

GuV	t-1	t	t+1e	t+2e
Umsatzerlöse				
+ Bestandsänderungen				
Gesamtleistung				
+ Sonstiger Ertrag				
- Materialaufwand				
- Personalaufwand				
- Abschreibungen				
- Sonstiger Aufwand				
Operatives Ergebnis (EBIT)				
- Zinsaufwand				
+ Zinsertrag				
Jahresüberschuss vor Steuern				
- Steueraufwand				
Jahresüberschuss				

(Prognose: t, t+1e, t+2e)

- Zuerst werden der Bestand an Roh-, Hilfs- und Betriebsstoffen (RHB) sowie der Bestand an Fertigen Erzeugnissen (FE) berechnet, um die Bestandsveränderungen für die Plan-GuV zu erhalten:

Nebenrechnung	t-1	t	t+1e	t+2e
Roh-, Hilfs-, Betriebsstoffe (RHB)	12.209,4	11.332,0	11.789,8	11.584,7
Fertige Erzeugnisse (FE)	0,0	0,0	0,0	0,0
Bestandsveränderungen		-877	458	-205

Der Bestand an Roh-, Hilfs- und Betriebsstoffen und an Fertigen Erzeugnissen entwickelt sich gemäß den Angaben prozentual in Abhängigkeit von den Umsatzerlösen.

- In einer weiteren Nebenrechnung werden der Zinsaufwand und der Zinsertrag prognostiziert:

Nebenrechnung	t-1	t	t+1e	t+2e
Finanzanlagen	1.000,0	1.000,0	1.000,0	1.000,0
Wertpapiere	1.000,0	1.000,0	1.000,0	1.000,0
Zinsertrag		100,0	100,0	100,0
Nettokreditaufnahme	40.000,0	40.000,0	40.000,0	40.000,0
Zinsaufwand		-2.000,0	-2.000,0	-2.000,0

Der Fremdkapitalzinssatz beträgt 5%. Die Wertpapiere und die Finanzanlagen sollen ebenfalls eine erwartete Verzinsung in Höhe von 5% erbringen.

- Die restlichen Positionen der Plan-GuV können prozentual vom Umsatz geschätzt werden:

		Prognose		
GuV	t-1	t	t+1e	t+2e
		Bitte berechnen Sie:		
Umsatzerlöse	122.094,0	113.319,9	117.898,1	115.846,6
+ Bestandsänderungen		-877,4	457,8	-205,1
Gesamtleistung		112.442,5	118.355,9	115.641,5
+ Sonstiger Ertrag		3.399,6	3.536,9	3.475,4
- Materialaufwand		-39.552,8	-39.967,0	-37.514,4
- Personalaufwand		-39.662,0	-41.264,3	-40.546,3
- Abschreibungen		-25.682,2	-27.341,7	-27.562,9
- Sonstiger Aufwand		-2.266,4	-2.358,0	-2.316,9
Operatives Ergebnis (EBIT)		**8.678,7**	**10.961,8**	**11.176,4**
- Zinsaufwand		-2.000,0	-2.000,0	-2.000,0
+ Zinsertrag		100,0	100,0	100,0
Jahresüberschuss vor Steuern		**6.778,7**	**9.061,8**	**9.276,4**
- Steueraufwand		-2.711,5	-3.624,7	-3.710,5
Jahresüberschuss		**4.067,2**	**5.437,1**	**5.565,8**

Plan-Bilanz:

Erstellen Sie nun die Plan-Bilanz der Proto AG! Die Bilanz der Proto AG am Ende der Periode t-1 beträgt:

t-1

Aktiva			Passiva		
immaterielle VW	8.393,5				
Sachanlagen	40.603,0	**AV**	**EK**	25.205,9	Eigenkapital
Finanzanlagen	1.000,0				
Vorräte	12.209,4				verzinsliches
Ford. aus LuL	18.314,1	**UV**	**FK**	40.000,0	Fremdkapital
Wertpapiere	1.000,0				
Liquide Mittel	2.000,0			18.314,1	unverz. FK
Bilanzsumme	**83.520,0**			**83.520,0**	**Bilanzsumme**

Nebenrechnung	t-1	t	t+1e	t+2e
		Bitte berechnen Sie:		
Eigenkapital Stand 1.1		25.205,9		
Jahresüberschuss				
-/+ Ausschüttungen/Kapitalerhöhung		56.184,2	-21.059,4	-33.108,7
Stand 31.12	25.205,9			

Die Ausschüttungen werden so vorgenommen, dass in jeder Periode Liquide Mittel in Höhe von 2.000,0 Einheiten vorhanden sind und werden in der nächsten Aufgabe rechnerisch ermittelt!

2.3 Unternehmensbewertung im Rahmen der Akquisitionsphase

Bilanz	t-1	t	t+1e	t+2e
			Prognose →	
Immaterielles Vermögen				
Sachanlagen				
Finanzanlagen				
Roh-, Hilfs-, Betriebsstoffe				
Fertige Erzeugnisse				
Forderungen aus L&L				
Wertpapiere				
Liquide Mittel		2.000,0	2.000,0	2.000,0
Summe Aktiva				
Eigenkapital Stand 31.12	25.205,9			
Kredite Stand 31.12.				
Verbindlichkeiten aus L&L				
Summe Passiva				

- In der vorherigen Aufgabe haben Sie den Jahresüberschuss prognostiziert. In der folgenden Nebenrechnung wird der prognostizierte Jahresüberschuss mit den Ausschüttungen und Kapitalerhöhungen verrechnet, um die Eigenkapitalveränderungen zu ermitteln:

Nebenrechnung	t-1	t	t+1e	t+2e
		Bitte berechnen Sie:		
Eigenkapital Stand 1.1		25.205,9	85.457,4	69.835,1
Jahresüberschuss		4.067,2	5.437,1	5.565,8
-/+ Ausschüttungen/Kapitalerhöhung		**56.184,2**	**-21.059,4**	**-33.108,7**
Stand 31.12	25.205,9	85.457,4	69.835,1	42.292,3

In der Periode t hat die Proto AG 56.184,2 Einheiten an Eigenkapital neu aufgenommen, um die hohen Investitionen in Höhe von 86.594,6 Einheiten tätigen zu können. Es wird prognostiziert, dass die Proto AG in der Periode t+1e und t+2e wieder Ausschüttungen vornehmen kann.

- Investitionen in das immaterielle Vermögen und in das Sachanlagevermögen sowie deren zugehörige Abschreibungen werden in der Aufgabenstellung vorgegeben. Ebenso ist der Bestand an Wertpapieren, Finanzanlagen, Fremdkapital und Liquiden Mitteln vorgegeben. Die restlichen Werte entwickeln sich in Abhängigkeit des Umsatzes:

Bilanz	t-1	t	t+1e (Prognose)	t+2e
		Bitte berechnen Sie:		
Immaterielles Vermögen	8.393,5	8.178,8	7.957,6	7.729,7
Sachanlagen	40.603,0	101.946,6	86.087,7	58.977,9
Finanzanlagen	1.000,0	1.000,0	1.000,0	1.000,0
Roh-, Hilfs-, Betriebsstoffe	12.209,4	11.332,0	11.789,8	11.584,7
Fertige Erzeugnisse	0,0	0,0	0,0	0,0
Forderungen aus L&L	18.314,1	16.998,0	17.684,7	17.377,0
Wertpapiere	1.000,0	1.000,0	1.000,0	1.000,0
Liquide Mittel	2.000,0	2.000,0	2.000,0	2.000,0
Summe Aktiva	**83.520,0**	**142.455,3**	**127.519,8**	**99.669,3**
Eigenkapital Stand 31.12	25.205,9	85.457,4	69.835,1	42.292,3
Kredite Stand 31.12.	40.000,0	40.000,0	40.000,0	40.000,0
Verbindlichkeiten aus L&L	18.314,1	16.998,0	17.684,7	17.377,0
Summe Passiva	**83.520,0**	**142.455,3**	**127.519,8**	**99.669,3**

Durch die Kapitalaufnahme in t hat sich der Verschuldungsgrad (FK/EK) stark verbessert. Es wird prognostiziert, dass durch die Ausschüttungen die Eigenkapitalbasis wieder reduziert werden soll, um einen höheren Leverage-Effekt zu bekommen.

Erstellen Sie die Plan-Kapitalflussrechnung der Proto AG! Nehmen Sie die Prognose unter der Annahme der fiktiven Vollausschüttung vor!

Plan-Kapitalflussrechnung	t	t+1e (Prognose)	t+2e
		Bitte berechnen Sie:	
Jahresüberschuss			
+ Zinsaufwand			
+ Abschreibungen/ - Zuschreibungen			
+ Zuführung/- Auflösung von langfristigen Rückstellungen	0,0	0,0	0,0
Cashflow auf Basis des Nettoumlaufvermögens			
- Zunahme RHB			
- Zunahme Fertige Erzeugnisse			
- Zunahme Forderungen aus L&L			
+ Zunahme Verb. aus L&L			
Cashflow auf Basis der Liquiden Mittel ersten Grades			
- Investitionen/ + Desinvestitionen			
- Investitionen/ + Desinvestitionen in Finanzanlagen und Wertpapiere			
Cash Flow aus Investitionstätigkeit			
FCF (TCF)			
- Zinszahlungen			
+ Aufnahme/ - Tilgung Fremdkapital			
NCF (FTE)			
- Ausschüttungen/ + Kapitalerhöhung			
Veränderung Liquide Mittel			

2.3 Unternehmensbewertung im Rahmen der Akquisitionsphase

- In der Kapitalflussrechnung wird ersichtlich, dass die Proto AG in der Periode t außerordentlich hohe Investitionen getätigt hat. Aufgrund der hohen Investitionen muss die Proto AG in den nächsten Perioden weniger investieren, so dass unter der Annahme der fiktiven Vollausschüttung in der Periode t+1e 21.059,4 Einheiten und in der Periode in t+2e 33.108,7 Einheiten an die Eigenkapitalgeber ausgeschüttet werden können. Da die Proto AG in der Periode t 2.000 Einheiten an Liquiden Mitteln hat und diese nicht ausgeschüttet werden, bleibt der Bestand an Liquiden Mitteln gleich.

Plan-Kapitalflussrechnung	t	t+1e	t+2e
		Bitte berechnen Sie:	
Jahresüberschuss	4.067,2	5.437,1	5.565,8
+ Zinsaufwand	2.000,0	2.000,0	2.000,0
+ Abschreibungen/ - Zuschreibungen	25.682,2	27.341,7	27.562,9
+ Zuführung/- Auflösung von langfristigen Rückstellungen	0,0	0,0	0,0
Cashflow auf Basis des Nettoumlaufvermögens	**31.749,5**	**34.778,8**	**35.128,7**
- Zunahme RHB	877,4	-457,8	205,1
- Zunahme Fertige Erzeugnisse	0,0	0,0	0,0
- Zunahme Forderungen aus L&L	1.316,1	-686,7	307,7
+ Zunahme Verb. aus L&L	-1.316,1	686,7	-307,7
Cashflow auf Basis der Liquiden Mittel ersten Grades	**32.626,9**	**34.321,0**	**35.333,9**
- Investitionen/ + Desinvestitionen	-86.811,1	-11.261,6	-225,2
- Investitionen/ + Desinvestitionen in Finanzanlagen und Wertpapiere	0,0	0,0	0,0
Cash Flow aus Investitionstätigkeit	**-86.811,1**	**-11.261,6**	**-225,2**
FCF (TCF)	**-54.184,2**	**23.059,4**	**35.108,7**
- Zinszahlungen	-2.000,0	-2.000,0	-2.000,0
+ Aufnahme/ - Tilgung Fremdkapital	0,0	0,0	0,0
NCF (FTE)	**-56.184,2**	**21.059,4**	**33.108,7**
- Ausschüttungen/ + Kapitalerhöhung	56.184,2	-21.059,4	-33.108,7
Veränderung Liquide Mittel	**0,0**	**0,0**	**0,0**

Trotz der hohen Investitionen in der Periode t erhöhen sich die prognostizierten Abschreibungen in der GuV nur minimal. Dies deutet darauf hin, dass die Proto AG vorwiegend Ersatzinvestitionen vorgenommen hat und sporadisch Investitionen tätigt.

Eigenkapitalkostensatz:

Berechnen Sie den Risikoaufschlag (r(M)-r(f)) und den risikoadäquaten Eigenkapitalkostensatz der Proto AG:

risikoadjustierte Eigenkapitalkosten (systematisches Risiko)			t	t+1e	t+2e
		Bitte berechnen Sie:		Prognose →	
erwartete durchschnittliche Rendite des Marktportefeuilles (z.B. DAX)	r(M)	8,00%			
risikoloser Zinssatz (z.B. Bundesschatzbrief)	r(f)	4,00%			
erwartete höhere Rendite zur Entlohnung des Risikos einer Investition in r(M)	r(M)-r(f) = Risiko- aufschlag				
erwartete Korrelation zwischen der Aktie des Unternehmens und dem Marktportefeuille (systematisches Risiko)	Beta	0,75			
risikoadäquater Eigenkapitalkostensatz (r(EK))					

- Der risikoadäquate Eigenkapitalkostensatz der Proto AG beträgt 7%:

$$r(EK) = r(f) + (r(M) \times r(f)) \times Beta$$
$$r(EK) = 4\% + (8\% - 4\%) \times 0{,}75$$
$$Risikoaufschlag = 4\%$$
$$r(EK) = 7\%$$

Equity-Ansatz:

Der Netto Cashflow (bzw. Flow to Equity) wurde in der Plankapitalflussrechnung folgendermaßen berechnet:

Plan-Kapitalflussrechnung	t	t+1e	t+2e
		Prognose →	
FCF (TCF)	-54.184,2	23.059,4	35.108,7
- Zinszahlungen	-2.000,0	-2.000,0	-2.000,0
+ Aufnahme/ - Tilgung Fremdkapital	0,0	0,0	0,0
NCF (FTE)	**-56.184,2**	**21.059,4**	**33.108,7**
- Ausschüttungen/ + Kapitalerhöhung	56.184,2	-21.059,4	-33.108,7
Veränderung Liquide Mittel	**0,0**	**0,0**	**0,0**

Berechnen Sie den Marktwert des Eigenkapitals der Proto AG nach dem Equity-Ansatz:

2.3 Unternehmensbewertung im Rahmen der Akquisitionsphase

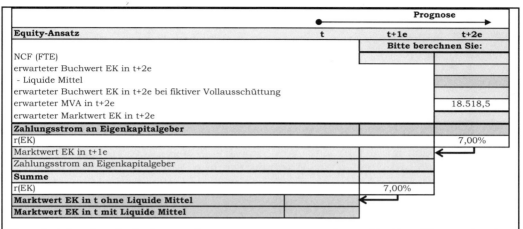

Es wird in der Aufgabenstellung angenommen, dass die Beteiligung in der Periode t+2e einen MVA in Höhe von 18.518,5 Einheiten haben wird. Nimmt man an, dass ab der Periode t+3e ein konstanter FTE erwirtschaftet wird, so prognostiziert der Akquiseur diesen in Höhe von 4.116,755[5] Einheiten:

$$MWEK_{t+2} = \text{ewige Rente} = \frac{FTE_{t+3e}}{r(EK)} = \frac{4.116,755}{0,07} = 58.810,8$$

- Zuerst müssen Sie den Zahlungsstrom an die Eigenkapitalgeber bestimmen. Normalerweise sind dies die prognostizierten Ausschüttungen, die mit den prognostizierten Kapitalerhöhungen verrechnet werden. Der NCF (FTE) beinhaltet ebenfalls die Veränderung der Liquiden Mittel. Wenn die **Liquiden Mittel** sich in der Zukunft nicht verändern und **keine Kapitalerhöhungen** stattfinden, stimmt der NCF (FTE) mit den Ausschüttungen überein. Bewertet man das Unternehmen durch die Diskontierung der NCF (FTE), spricht man auch von der **Hypothese der Vollausschüttung**.

- Der Zahlungsstrom wird hier für zwei Perioden prognostiziert. Das Unternehmen wird aber auch nach der zweiten Periode einen Zahlungsstrom generieren. Umso weiter der Zahlungsstrom in die Zukunft prognostizieren wird, desto ungenauerer wird die Prognose. In diesem Beispiel wird erwartet, dass zusätzlich zu dem NCF (FTE) in der Periode t+2e den Eigenkapitalgebern 58.810,8 Einheiten (MWEK) zu fließen:

---

[5] Die Nachkommastellen werden angegeben, um die Ewige Rente genauer bestimmen zu können!

		t	t+1e	t+2e
Equity-Ansatz			\multicolumn{2}{c}{Prognose →}	
			\multicolumn{2}{c}{**Bitte berechnen Sie:**}
NCF (FTE)			21.059,4	33.108,7
erwarteter Buchwert EK in t+2e				42.292,3
- Liquide Mittel				**-2.000,0**
erwarteter Buchwert EK in t+2e bei fiktiver Vollausschüttung				40.292,3
erwarteter MVA in t+2e				18.518,5
erwarteter Marktwert EK in t+2e				58.810,8
Zahlungsstrom an Eigenkapitalgeber			21.059,4	91.919,4

- Da der Equity-Ansatz von der Hypothese der Vollausschüttung ausgeht, dürfen in der Planbilanz in der Periode t+2e keine Liquiden Mittel vorhanden sein. Sind in der Periode t Liquide Mittel vorhanden, sind diese getrennt zum Marktwert des Eigenkapitals hinzuzurechnen.

- Der Marktwert des Eigenkapitals ergibt sich aus dem heutigen Wert der erwarteten prognostizierten Zahlungsströme an die Eigenkapitalgeber:

Zahlungsstrom an Eigenkapitalgeber		21.059,4	91.919,4
r(EK)			7,00%
Marktwert EK in t+1e		85.906,0	←
Zahlungsstrom an Eigenkapitalgeber		21.059,4	
Summe		106.965,4	
r(EK)		7,00%	
Marktwert EK in t ohne Liquide Mittel	99.967,6	←	
Marktwert EK in t mit Liquide Mittel	101.967,6		

- Die Eigenkapitalgeber haben die Möglichkeit, ihr Geld in eine vergleichbare Anlage zu investieren, die eine erwartete Rendite von 7% erbringt. Da die Anlage das gleiche Risiko hat wie eine Investition in die Beteiligung, ist der Eigenkapitalgeber zwischen diesen beiden Anlagen indifferent. Um den heutigen Wert einer Investition in die Beteiligung zu berechnen, ist daher der NCF (FTE) mit dem risikoadäquaten Opportunitätskostensatz von 7% zu diskontieren.

Kongruenzprinzip:

Wann ist das Kongruenzprinzip erfüllt (siehe Lehrbuch S. 184)?

- Die zeitliche Realisation von Erträgen und Aufwendungen, Einnahmen und Ausgaben, Einzahlungen und Auszahlungen sowie Entnahmen und Einlagen unterscheiden sich. Sind über die **Totalperiode** die Überschüsse aus Erträgen und Aufwendungen, die Überschüsse aus Einnahmen und Ausgaben, die Überschüsse aus Einzahlungen und Auszahlungen sowie die Überschüsse aus Ent-

2.3 Unternehmensbewertung im Rahmen der Akquisitionsphase

nahmen und Einlagen gleich, so ist das **Kongruenzprinzip** erfüllt. Der Unterschied liegt lediglich in der zeitlichen Realisation.

Kongruenzprinzip:

Ein Unternehmen wird in der Periode t-1 gegründet. Es erwirtschaftet über vier Perioden Umsatzerlöse in Höhe von 1.000 Einheiten. 50% von den Umsatzerlösen fallen jährlich als Personal- und Materialaufwand an. Es wird eine Investition am Ende der Periode t-1 getätigt und über vier Jahre abgeschrieben. Der Steuersatz beträgt 40%:

GuV	t-1	t	t+1e	t+2e	t+3e
Umsatzerlöse		1.000,0	1.000,0	1.000,0	1.000,0
- Personal- und Materialaufwand		-500,0	-500,0	-500,0	-500,0
- Abschreibung Maschine		-250,0	-250,0	-250,0	-250,0
- Bildung von Rückstellungen		-200,0			
Gewinn vor Steuern		50,0	250,0	250,0	250,0
- Steueraufwand		-20,0	-100,0	-100,0	-100,0
Gewinn		30,0	150,0	150,0	150,0

Auf der Aktiva Seite der Bilanz wird lediglich der Buchwert der Maschine und Liquide Mittel in Höhe von 100 Einheiten ausgewiesen. Das Unternehmen finanziert sich ausschließlich über Eigenkapital. In der Periode t wird eine Rückstellung eigenkapitalmindernd gebildet, die in der Periode t+2e wieder ausgebucht wird:

Bilanz	t-1	t	t+1e	t+2e	t+3e
Aktiva					
Maschine	1.000,0	750,0	500,0	250,0	0,0
Liquide Mittel	100,0	100,0	100,0	100,0	0,0
Passiva					
Eigenkapital	1.100,0	650,0	400,0	350,0	0,0
Rückstellung	0,0	200,0	200,0	0,0	0,0

Auf Basis der vereinfachten Plan-Bilanz und der Plan-Gewinn- und Verlustrechnung, kann nun indirekt eine Kapitalflussrechnung abgeleitet werden:

			Prognose		
Kapitalflussrechnung	t-1	t	t+1e	t+2e	t+3e
Gewinn		30,0	150,0	150,0	150,0
+ Abschreibungen		250,0	250,0	250,0	250,0
+ Bildung von Rückstellungen		200,0			
- Auflösung von Rückstellungen				-200,0	
- Investition in Maschine	-1.000,0				
= Total Cashflow	-1.000,0	480,0	400,0	200,0	400,0
+ Eigenkapitalerhöhung	1.100,0				
- Rückzahlung von Eigenkapital		-480,0	-400,0	-200,0	-500,0
= Veränderung der Liquiden Mittel	100,0	0,0	0,0	0,0	-100,0

Die Abschreibungen und die Bildung von Rückstellungen werden als unbare Aufwendungen zum Gewinn hinzuaddiert. In der Periode t+2e wird die Rückstellung in voller Höhe aufgelöst. Das heißt, dass es zu einem Geldabfluss in Höhe von 200 Einheiten kommt, der in der Gewinn- und Verlustrechnung nicht mehr sichtbar wird, weil die 200 Einheiten in t schon den Gewinn und damit das Eigenkapital gemindert haben. Um den Total Cashflow zu bekommen, sind noch die Investitionen abzuziehen. Der Total Cashflow steht den Eigen- und Fremdkapitalgebern zur Verfügung. Der Total Cashflow zuzüglich des Steuervorteils ergibt den Free Cashflow. Da hier von einer reinen Eigenfinanzierung ausgegangen wird, entspricht der Total Cashflow dem Free Cashflow und dem Flow to Equity.

Berechnen Sie auf Grundlage der Daten das Kongruenzprinzip aus:

			Prognose			
Kongruenzprinzip:	t-1	t	t+1e	t+2e	t+3e	Summe:
Gewinn						
Eigenkapitalerhöhung und Rückzahlung von Eigenkapital						

- In dem Beispiel wird das Unternehmen am Ende der Periode t-1 gegründet und am Ende der Periode t+3e aufgelöst. Damit das Kongruenzprinzip erfüllt ist, muss der Gewinn über die Totalperiode mit dem Zahlungsstrom an die Eigenkapitalgeber übereinstimmen:

			Prognose			
Kongruenzprinzip:	t-1	t	t+1e	t+2e	t+3e	Summe:
Gewinn	0	30,0	150	150	150	**480**
Eigenkapitalerhöhung und Rückzahlung von Eigenkapital	-1.100,0	480,0	400,0	200,0	500,0	**480**

2.3 Unternehmensbewertung im Rahmen der Akquisitionsphase

Preinreich-Lücke-Theorem:

Was sagt das Preinreich-Lücke-Theorem aus (siehe Lehrbuch S. 184–186)?

- Der Zukunftserfolgswert auf Basis von Erträgen und Aufwendungen Einnahmen und Ausgaben, Einzahlungen und Auszahlungen sowie Entnahmen und Einlagen ist identisch, wenn die zeitlich unterschiedliche Verteilung durch **Zinsen auf das gebundene Kapital** ausgeglichen wird (**Preinreich-Lücke-Theorem**). Nebenbedingung ist, dass das Kongruenzprinzip erfüllt ist.

$$\text{z.B. Zukunftserfolgswert}_{t=0} = \sum_{t=1}^{T} \frac{FCF_t}{(1+WACC)^t}$$

$$= \sum_{t=1}^{T} \frac{NOPLAT_t - WACC \times Capital\,Employed_{t-1}}{(1+WACC)^t} + Capital\,Employed_0$$

$$\text{Nebenbedingung}: \sum_{t=1}^{T}(NOPLAT_t) = \sum_{t=1}^{T}(FCF_t)$$

Preinreich-Lücke-Theorem:

Zeigen Sie das Preinreich-Lücke-Theorem anhand des Beispiels auf:

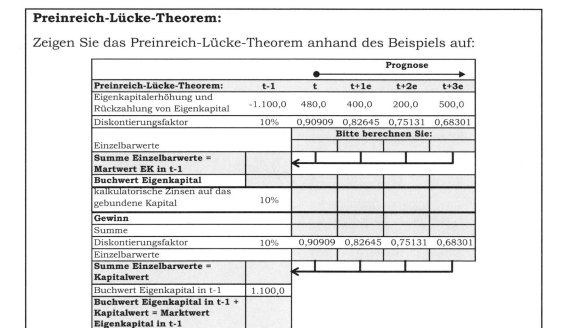

Preinreich-Lücke-Theorem:	t-1	t	t+1e	t+2e	t+3e
				Prognose	
Eigenkapitalerhöhung und Rückzahlung von Eigenkapital	-1.100,0	480,0	400,0	200,0	500,0
Diskontierungsfaktor	10%	0,90909	0,82645	0,75131	0,68301
Einzelbarwerte		Bitte berechnen Sie:			
Summe Einzelbarwerte = Martwert EK in t-1					
Buchwert Eigenkapital					
kalkulatorische Zinsen auf das gebundene Kapital	10%				
Gewinn					
Summe					
Diskontierungsfaktor	10%	0,90909	0,82645	0,75131	0,68301
Einzelbarwerte					
Summe Einzelbarwerte = Kapitalwert					
Buchwert Eigenkapital in t-1	1.100,0				
Buchwert Eigenkapital in t-1 + Kapitalwert = Marktwert Eigenkapital in t-1					

- Da das Kongruenzprinzip erfüllt ist, muss der diskontierte Zahlungsüberschuss an die Eigenkapitalgeber mit den diskontierten Gewinnen übereinstimmen, wenn die zeitlich unterschiedliche Verteilung durch kalkulatorische Zinsen auf das gebundene Kapital ausgeglichen wird.

- Durch die Diskontierung des Zahlungsstroms an die Eigenkapitalgeber auf den Zeitpunkt t-1, ergibt sich ein Marktwert des Eigenkapitals in Höhe von 1.258,7 Einheiten:

Preinreich-Lücke-Theorem:	t-1	t	t+1e	t+2e	t+3e
			Prognose		
Eigenkapitalerhöhung und Rückzahlung von Eigenkapital	-1.100,0	480,0	400,0	200,0	500,0
Diskontierungsfaktor	10%		0,90909	0,82645	0,75131	0,68301
			Bitte berechnen Sie:			
Einzelbarwerte			436,4	330,6	150,3	341,5
Summe Einzelbarwerte = Martwert EK in t-1	1.258,7				

- Das gebundene Kapital wird nun mit dem gleichen Opportunitätskostensatz kalkulatorisch verzinst:

Buchwert Eigenkapital		1.100,0	650,0	400,0	350,0	0,0
kalkulatorische Zinsen auf das gebundene Kapital	10%		-110,0	-65,0	-40,0	-35,0

- Durch die Diskontierung der kalkulatorischen Zinsen und durch die Diskontierung der Gewinne erhält man den Kapitalwert der Investition. Der Kapitalwert zuzüglich des gebundenen Kapitals ergibt in diesem Fall den Marktwert des Eigenkapitals. Dieser stimmt mit dem Marktwert des Eigenkapitals über ein, der durch die Diskontierung der Zahlungsströme an die Eigenkapitalgeber zustande kommt.

Gewinn			30,0	150,0	150,0	150,0
Summe			-80,0	85,0	110,0	115,0
Diskontierungsfaktor	10%		0,90909	0,82645	0,75131	0,68301
Einzelbarwerte			-72,7	70,2	82,6	78,5
Summe Einzelbarwerte = Kapitalwert	158,7					
Buchwert Eigenkapital in t-1	1.100,0					
Buchwert Eigenkapital in t-1 + Kapitalwert = Marktwert Eigenkapital in t-1	1.258,7					

2.3 Unternehmensbewertung im Rahmen der Akquisitionsphase

Equity-Ansatz – Kongruenzprinzip:

Überprüfen Sie auf Grundlage der Daten aus der Plan-Gewinn- und Verlustrechnung, der Plan-Bilanz und der Plan-Kapitalflussrechnung der Proto AG das Kongruenzprinzip auf Basis des Jahresüberschusses!

		Prognose	
Kongruenzprinzip	t	t+1e	t+2e
		Bitte berechnen Sie:	
Buchwert EK in t	85.457,4		
- Liquide Mittel	**-2.000,0**		
erwarteter Buchwert EK in t+2e bei fiktiver Vollausschüttung			
erwarteter Jahresüberschuss			
erwarteter MVA in t+2e			18.518,5
Summe			
Ausschüttungen			
erwarteter Marktwert EK in t+2e			
Summe			
Kongruenzprinzip			

Analog zu der Berechnung des Unternehmenswerts auf Basis des Equity-Ansatzes wird davon ausgegangen, dass der Marktwert des Eigenkapitals der Beteiligung A im Jahr t+2e den Buchwert des Eigenkapitals um 18.518,5 Einheiten übersteigt.

- Da aufgrund der Vollausschüttungshypothese keine Liquiden Mittel angenommen werden, müssen diese vom Buchwert des Eigenkapitals abgezogen werden. Der Buchwert des Eigenkapitals in t zuzüglich der erwarteten Jahresüberschüsse und dem MVA entspricht den Ausschüttungen zuzüglich des fiktiven Verkaufs des Unternehmens in t+2e zum erwarteten Marktwert des Eigenkapitals:

			Prognose	
Kongruenzprinzip		t	t+1e	t+2e
			Bitte berechnen Sie:	
Buchwert EK in t		85.457,4		
- Liquide Mittel		**-2.000,0**		
erwarteter Buchwert EK in t+2e bei fiktiver Vollausschüttung		83.457,4		
erwarteter Jahresüberschuss			5.437,1	5.565,8
erwarteter MVA in t+2e				18.518,5
Summe	112.978,8	83.457,4	5.437,1	24.084,3
Ausschüttungen			21.059,4	33.108,7
erwarteter Marktwert EK in t+2e				58.810,8
Summe	112.978,8		21.059,4	91.919,4
Kongruenzprinzip	✓ 0,0			

Equity-Ansatz – Preinreich-Lücke-Theorem:

Berechnen Sie nun den Marktwert des Eigenkapitals der Proto AG, indem Sie die Jahresüberschüsse diskontieren und die zeitlich unterschiedliche Verteilung zwischen den Jahresüberschüssen und den Ausschüttungen durch kalkulatorische Zinsen auf das gebundene Kapital ausgleichen!

		Prognose	
Preinreich-Lücke-Theorem	t	t+1e	t+2e
		Bitte berechnen Sie:	
Eigenkapital	85.457,4	69.835,1	42.292,3
- Liquide Mittel	-2.000,0	-2.000,0	-2.000,0
erwarteter Buchwert EK in t+2e bei fiktiver Vollausschüttung			
r(EK)		7,00%	7,00%
kalkulatorische EK-Kosten			
Jahresüberschuss			
Wertbeitrag			
erwarteter MVA in t+2e			18.518,5
erwarteter Marktwert EK in t+2e (BW+MVA)			
erwarteter MVA in t+2e			
Wertbeitrag			
Summe			
r(EK)			7,00%
erwarteter MVA in t+1e			
erwarteter Marktwert EK in t+1e (BW+MVA)			
erwarteter MVA in t+1e			
Wertbeitrag			
Summe			
r(EK)		7,00%	
erwarteter MVA in t			
Marktwert EK in t ohne Liquide Mittel			
Marktwert EK in t mit Liquide Mittel			

- Das gebundene Kapital ist in diesem Fall der Buchwert des Eigenkapitals, den Sie aus der Plan-Bilanz entnehmen können.

		Prognose	
Preinreich-Lücke-Theorem	t	t+1e	t+2e
		Bitte berechnen Sie:	
Eigenkapital	85.457,4	69.835,1	42.292,3
- Liquide Mittel	-2.000,0	-2.000,0	-2.000,0
erwarteter Buchwert EK in t+2e bei fiktiver Vollausschüttung	**83.457,4**	**67.835,1**	**40.292,3**
r(EK)		7,00%	7,00%
kalkulatorische EK-Kosten		-5.842,0	-4.748,5
Jahresüberschuss		5.437,1	5.565,8
Wertbeitrag		**-404,9**	**817,4**

2.3 Unternehmensbewertung im Rahmen der Akquisitionsphase

erwarteter MVA in t+2e		18.518,5
erwarteter Marktwert EK in t+2e (BW+MVA)		**58.810,8**
erwarteter MVA in t+2e		18.518,5
Wertbeitrag		817,4
Summe		**19.335,9**
r(EK)		7,00%
erwarteter MVA in t+1e	18.070,9	
erwarteter Marktwert EK in t+1e (BW+MVA)		**85.906,0**
erwarteter MVA in t+1e	18.070,9	
Wertbeitrag	-404,9	
Summe		**17.666,0**
r(EK)	7,00%	
erwarteter MVA in t	16.510,3	
Marktwert EK in t ohne Liquide Mittel	**99.967,6**	
Marktwert EK in t mit Liquide Mittel	**101.967,6**	

- Der erwartete MVA in der Periode t+1e besteht aus dem diskontierten Wertbeitrag der Periode t+2e und dem MVA in der Periode t+2e. Der MVA gibt die diskontierten Wertbeiträge ab der Periode t+3e wieder. Wird von einer ewigen Rente ausgegangen, wird ab der Periode t+3e ein konstanter Wertbeitrag von 1296,296 Einheiten erwirtschaftet.

$$\text{MVA}_{t+2} = \text{ewige Rente} = \frac{\text{Wertbeitrag}_{t+3e}}{r(EK)} = \frac{1296,296}{0,07} = 18.518,5$$

WACC zu Marktwerten:

In der vorherigen Aufgabe haben Sie die periodischen Marktwerte des Eigenkapitals (EK) der Proto AG ermittelt. Aus der Plan-Bilanz ergeben sich die Buchwerte des verzinslichen Fremdkapitals (FK). Berechnen Sie nun den prognostizierten WACC zu Marktwerten der Proto AG:

			Prognose	
durchschnittlich gewichteter Kapitalkostensatz		t	t+1e	t+2e
		Bitte berechnen Sie:		
risikoadäquater Eigenkapitalkostensatz	r(EK)			
Fremdkapitalzinssatz	r(FK)	5,00%	5,00%	5,00%
Steuersatz	s	-40,00%	-40,00%	-40,00%
Fremdkapitalzinssatz nach Steuervorteil	**r(FKs)**			
erwarteter Marktwert EK	MWEK			
Buchwert FK = Marktwert FK	MWFK			
Weighted Average Cost of Capital mit Steuervorteil	**WACC(s)**			

- Der WACC der Proto AG wird sich leicht verringern, weil der Verschuldungsgrad (FK/EK) im Zeitablauf zunimmt:

durchschnittlich gewichteter Kapitalkostensatz		t	t+1e	t+2e
			Bitte berechnen Sie:	
risikoadäquater Eigenkapitalkostensatz	r(EK)	7,00%	7,00%	7,00%
Fremdkapitalzinssatz	r(FK)	5,00%	5,00%	5,00%
Steuersatz	s	-40,00%	-40,00%	-40,00%
Fremdkapitalzinssatz mit Steuervorteil	**r(FKs)**	**3,00%**	**3,00%**	**3,00%**
erwarteter Marktwert EK	MWEK	99.967,6	85.906,0	58.810,8
Buchwert FK = Marktwert FK	MWFK	40.000,0	40.000,0	40.000,0
Weighted Average Cost of Capital mit Steuervorteil	**WACC(s)**	**5,86%**	**5,73%**	**5,38%**

Entity-Ansatz:

Der FCF (TCF) wurde in der Plankapitalflussrechnung folgendermaßen berechnet:

Plan-Kapitalflussrechnung	t	t+1e	t+2e
FCF (TCF)	-54.184,2	23.059,4	35.108,7
- Zinszahlungen	-2.000,0	-2.000,0	-2.000,0
+ Aufnahme/ - Tilgung Fremdkapital	0,0	0,0	0,0
NCF (FTE)	**-56.184,2**	**21.059,4**	**33.108,7**
- Ausschüttungen/ + Kapitalerhöhung	56.184,2	-21.059,4	-33.108,7
Veränderung Liquide Mittel	**0,0**	**0,0**	**0,0**

Berechnen Sie nun den Marktwert des Eigenkapitals der Proto AG auf Basis des Entity-Ansatzes! Da Sie den Steuervorteil im WACC berücksichtigt haben, müssen Sie zuerst den Steuervorteil aus dem FCF (TCF) herausrechnen:

Nebenrechnung	t+1e	t+2e
	Bitte berechnen Sie:	
Zinszahlungen		
Steuersatz		
Steuervorteil		
TCF		
FCF		

Danach können Sie die prognostizierten FCF diskontieren und kommen nach Abzug des Marktwerts des Fremdkapitals (=Buchwert) zum Marktwert des Eigenkapitals:

2.3 Unternehmensbewertung im Rahmen der Akquisitionsphase

WACC-Ansatz		t	t+1e	t+2e
			Prognose →	
			Bitte berechnen Sie:	
FCF				
erwarteter Buchwert EK in t+2e				42.292,3
- Liquide Mittel				-2.000,0
erwarteter Buchwert EK in t+2e bei fiktiver Vollausschüttung				40.292,3
erwarteter MVA in t+2e				18.518,5
erwarteter Marktwert EK in t+2e				
erwarteter Marktwert (=BW) des zu verzinsenden Fremdkapitals in t+2e				
FCF + Restwert (=MWEK in t+2e + MWFK in t+2e)				
WACC(s)				5,73%
MWEK in t+1e + MWFK in t+1e				
FCF				
Summe				
WACC(s)			5,86%	
MWEK in t + MWFK in t				
MWFK in t				
MWEK in t				
Marktwert EK in t mit Liquide Mittel				

- In der Plan-Gewinn- und Verlustrechnung haben Sie den Steueraufwand durch die Multiplikation des Steuersatzes mit dem Jahresüberschuss vor Steuern ausgerechnet. Ein höherer Zinsaufwand reduziert den Jahresüberschuss vor Steuern und damit die Bemessungsgrundlage zur Berechnung der Steuer. Der Steuervorteil berechnet sich aus der Multiplikation des Zinsaufwands mit dem Steuersatz.

- Der FCF enthält die fiktiven Steuern, die das Unternehmen zahlen müsste, wenn es kein Fremdkapital aufgenommen hätte. Daher ist der Steuervorteil wieder vom TCF abzuziehen:

Nebenrechnung	t+1e	t+2e
	Bitte berechnen Sie:	
Zinszahlungen	-2.000,0	-2.000,0
Steuersatz	-40,00%	-40,00%
Steuervorteil	**800,0**	**800,0**
TCF	23.059,4	35.108,7
FCF	**22.259,4**	**34.308,7**

- Der erwartete FCF wird mit dem WACC diskontiert. Zähler und Nenner stimmen überein, da beide auf die Eigen- und Fremdkapitalgeber abzielen und der Steuervorteil lediglich im Nenner (WACC) berücksichtigt worden ist. Da auf die Eigen- und Fremdkapitalgeber abgestellt wird, ist der Restwert ebenfalls aus Sicht der Eigen- und Fremdkapitalgeber zu bestimmen. Es wird wieder angenommen, dass der MVA gleich hoch ist wie im Equity-Verfahren. Der Restwert besteht aus dem erwarteten Buchwert des Eigenkapitals zuzüglich des MVA und des verzinslichen Fremdkapitals.

		Prognose	
WACC-Ansatz	t	t+1e	t+2e
			Bitte berechnen Sie:
FCF		22.259,4	34.308,7
erwarteter Buchwert EK in t+2e			42.292,3
- Liquide Mittel			-2.000,0
erwarteter Buchwert EK in t+2e bei fiktiver Vollausschüttung			40.292,3
erwarteter MVA in t+2e			18.518,5
erwarteter Marktwert EK in t+2e			58.810,8
erwarteter Marktwert (=BW) des zu verzinsenden Fremdkapitals in t+2e			40.000,0
FCF + Restwert (=MWEK in t+2e + MWFK in t+2e)		22.259,4	133.119,4
WACC(s)			5,73%
MWEK in t+1e + MWFK in t+1e		125.906,0	
FCF		22.259,4	
Summe		148.165,4	
WACC(s)		5,86%	
MWEK in t + MWFK in t	139.967,6		
MWFK in t	40.000,0		
MWEK in t	99.967,6		
Marktwert EK in t mit Liquide Mittel	101.967,6		

Entity-Ansatz – Kongruenzprinzip:

Überprüfen Sie auf Grundlage der Daten aus der Plan-Gewinn- und Verlustrechnung, der Plan-Bilanz und der Plan-Kapitalflussrechnung bei der Proto AG das Kongruenzprinzip auf Basis des FCF!

		Prognose	
Kongruenzprinzip	t	t+1e	t+2e
			Bitte berechnen Sie:
EBIT			
+ Zinsertrag			
Operatives Ergebnis (EBIT) + Zinsertrag			
- fiktive Steuern			
Net Operating Profit Less Adjusted Taxes (NOPLAT) + Nettozinserträge			
Buchwert EK in t			
- Liquide Mittel			
Buchwert EK in t bei fiktiver Vollausschüttung			
erwarteter MVA in t+2e			
Buchwert FK in t			
NOPLAT + Nettozinserträge Summe			
Summe			
FCF			
erwarteter Marktwert EK in t+2e			
erwarteter Buchwert des zu verzinsenden Fremdkapitals in t+2e Summe			
Summe			
Kongruenzprinzip			

Analog zu der Berechnung des Unternehmenswerts auf Basis des Equity-Ansatzes, wird davon ausgegangen, dass der Marktwert des Eigenkapitals der Beteiligung A im Jahr t+2e den Buchwert des Eigenkapitals um 80.190,4 Einheiten übersteigt.

2.3 Unternehmensbewertung im Rahmen der Akquisitionsphase

- Der Buchwert des Eigen- und Fremdkapitals in t zuzüglich der erwarteten NOPLAT einschließlich Zinserträge und dem MVA entspricht den diskontierten FCF zuzüglich des fiktiven Verkaufs des Unternehmens in t+2e (erwartete Marktwert des Eigenkapitals zuzüglich des erwarteten Buchwerts des Fremdkapitals):

			Prognose	
Kongruenzprinzip		t	t+1e	t+2e
			Bitte berechnen Sie:	
EBIT			10.961,8	11.176,4
+ Zinsertrag			100,0	100,0
Operatives Ergebnis (EBIT) + Zinsertrag			**11.061,8**	**11.276,4**
- fiktive Steuern			-4.424,7	-4.510,5
Net Operating Profit Less Adjusted Taxes (NOPLAT) + Nettozinserträge			**6.637,1**	**6.765,8**
Buchwert EK in t		85.457,4		
- Liquide Mittel		-2.000,0		
Buchwert EK in t bei fiktiver Vollausschüttung		83.457,4		
erwarteter MVA in t+2e				18.518,5
Buchwert FK in t		40.000,0		
NOPLAT + Nettozinserträge	Summe		6.637,1	6.765,8
Summe		155.378,8	123.457,4	6.637,1	25.284,3
FCF			22.259,4	34.308,7
erwarteter Marktwert EK in t+2e				58.810,8
erwarteter Buchwert des zu verzinsenden Fremdkapitals in t+2e	Summe			40.000,0
Summe		155.378,8		22.259,4	133.119,4
Kongruenzprinzip		✓ 0		

Entity-Ansatz – Preinreich-Lücke-Theorem:

Berechnen Sie nun den Marktwert des Eigenkapitals der Proto AG, indem Sie den NOPLAT einschließlich Nettozinserträge diskontieren und die zeitlich unterschiedliche Verteilung zwischen den NOPLAT und den FCF durch kalkulatorische Zinsen auf das gebundene Kapital ausgleichen!

Preinreich-Lücke-Theorem	t	Prognose t+1e	t+2e
		Bitte berechnen Sie:	
Eigenkapital	85.457,4	69.835,1	42.292,3
verzinsliches Fremdkapital	40.000,0	40.000,0	40.000,0
- Liquide Mittel	-2.000,0	-2.000,0	-2.000,0
Invested Capital (Bilanzsumme - unverz. FK)			
WACC(s)	5,86%	5,73%	5,38%
kalkulatorische Kosten			
NOPLAT + Nettozinserträge			
Wertbeitrag			
erwarteter Buchwert EK in t+2e			
- Liquide Mittel			
erwarteter Buchwert EK in t+2e bei fiktiver Vollausschüttung			
erwarteter MVA in t+2e			18.518,5
erwarteter Marktwert EK in t+2e			
erwarteter MVA in t+2e			
Wertbeitrag			
Summe			
WACC(s)			5,73%
erwarteter MVA in t+1e			
Marktwert EK in t+1e + Marktwert FK in t+1e			
erwarteter MVA in t+1e			
Wertbeitrag			
Summe			
WACC(s)		5,86%	
erwarteter MVA in t			
Marktwert EK in t + Marktwert FK in t			
MWFK in t			
MWEK in t			
Marktwert EK in t mit Liquide Mittel			

- Dieses Verfahren entspricht dem EVA-Verfahren, bei dem aber unter Umständen noch weitere Anpassungen vorgenommen werden. Das gebundene Kapital ist in diesem Fall der Buchwert des Eigenkapitals vermindert um die Liquiden Mittel zuzüglich des Buchwerts des verzinslichen Fremdkapitals. Damit das DCF-Verfahren und das EVA-Verfahren auf dasselbe Ergebnis kommen, dürfen in der Prognose des investierten Kapitals keine Liquiden Mittel vorhanden sein, da beim DCF-Verfahren von einer Vollausschüttung ausgegangen wird.

2.3 Unternehmensbewertung im Rahmen der Akquisitionsphase

		Prognose	
Preinreich-Lücke-Theorem	t	t+1e	t+2e
		Bitte berechnen Sie:	
Eigenkapital	85.457,4	69.835,1	42.292,3
verzinsliches Fremdkapital	40.000,0	40.000,0	40.000,0
- Liquide Mittel	-2.000,0	-2.000,0	-2.000,0
Capital Employed (Bilanzsumme - unverz. FK)	123.457,4	107.835,1	80.292,3
WACC(s)	5,86%	5,73%	5,38%
kalkulatorische Kosten		-7.230,7	-6.178,1
NOPLAT + Nettozinserträge		6.637,1	6.765,8
Wertbeitrag		-593,6	587,7

erwarteter Buchwert EK in t+2e		42.292,3
- Liquide Mittel		-2.000,0
erwarteter Buchwert EK in t+2e bei fiktiver Vollausschüttung		40.292,3
erwarteter MVA in t+2e		18.518,5
erwarteter Marktwert EK in t+2e		**58.810,8**
erwarteter MVA in t+2e		18.518,5
Wertbeitrag		587,7
Summe		**19.106,2**
WACC(s)		5,73%
erwarteter MVA in t+1e	18.070,9	
Marktwert EK in t+1e + Marktwert FK in t+1e		**125.906,0**
erwarteter MVA in t+1e		18.070,9
Wertbeitrag		-593,6
Summe		**17.477,3**
WACC(s)		5,86%
erwarteter MVA in t	16.510,3	
Marktwert EK in t + Marktwert FK in t		**139.967,6**
MWFK in t		**40.000,0**
MWEK in t		**99.967,6**
Marktwert EK in t mit Liquide Mittel		**101.967,6**

> **Außerordentlicher Cashflow:**
>
> Wird der außerordentliche Cashflow in der Prognose des FCF berücksichtigt (siehe auch Lehrbuch S. 191)?

- Der außerordentliche Cashflow ist **nicht** in der Berechnung des FCF für die Unternehmenswertberechnung enthalten, da dieser nicht prognostizierbar ist. Der FCF für die Unternehmenswertberechnung beginnt ab der **Periode t=1**. Außerordentliche Einzahlungen/Auszahlungen in t=0 erhöhen/mindern den Bestand an **Liquiden Mitteln**. Die Liquiden Mittel müssen in der Unternehmensbewertung zusätzlich zum Zukunftserfolgswert berücksichtigt werden.
- Die Folgen eines außerordentlichen Ergebnisses in t=0 können sich auch in den prognostizierten **Ersatzinvestitionen** in das Anlage-

und Umlaufvermögen widerspiegeln und somit über Umwege in den prognostizierten FCF Eingang finden.

> **Ewige Rente – Ersatzinvestitionen:**
>
> Wie beurteilen Sie, dass die Ersatzinvestitionen bei der Berechnung der ewigen Rente in Höhe der Abschreibungen angenommen werden?

- Abschreibungen verteilen die Ersatzinvestitionsauszahlungen für einen Vermögensgegenstand als Aufwand auf die voraussichtliche Nutzungsdauer. Ein Vermögensgegenstand hat beispielsweise eine Nutzungsdauer von 3 Jahren. Am Ende der Periode 0 kauft das Unternehmen den Vermögensgegenstand für 3000 Euro. Der Vermögensgegenstand wird 3 Jahre lang im Unternehmen eingesetzt. Am Ende des dritten Jahres tätigt das Unternehmen eine Ersatzinvestition in Höhe von 3000 Euro (Annahme: Keine Inflation). Es kommt in der **Periode 0** und in der **Periode 3** zu einer **Minderung des FCF**. Bei einer **linearen Abschreibung** wird hingegen der Gewinn **jedes Jahr** um 1000 Euro **gemindert**. Die folgende Tabelle gibt die Unterschiede zwischen Investitionen und Abschreibungen nochmals wieder:

Periode	0	1	2	3	4	5	6
Investition (31.12.)	-3000			-3000			
Abschreibung (3 Jahre)		-1000	-1000	-1000	-1000	-1000	-1000

- In einem großen Unternehmen fallen hingegen jedes Jahr Ersatzinvestitionen an. Durch die Vielzahl von Investitionen kommt es zu einer **Angleichung von Abschreibungen und Ersatzinvestitionen**. Dies wird in der folgenden Tabelle idealtypisch verdeutlicht:

Periode	0	1	2	3	4	5	6
Investition (31.12.)	-3000			-3000			-3000
Abschreibung (3 Jahre)		-1000	-1000	-1000	-1000	-1000	-1000
Investition (31.12.)		-3000			-3000		
Abschreibung (3 Jahre)			-1000	-1000	-1000	-1000	-1000
Investition (31.12.)			-3000			-3000	
Abschreibung (3 Jahre)				-1000	-1000	-1000	-1000
Summe Investitionen	-3000	-3000	-3000	-3000	-3000	-3000	-3000
Summe Abschreibungen	0	-1000	-2000	-3000	-3000	-3000	-3000

- Die Annahme, dass die Höhe der Ersatzinvestitionen der Höhe der Abschreibungen entspricht, ist unternehmensindividuell kritisch zu

2.3 Unternehmensbewertung im Rahmen der Akquisitionsphase

überprüfen. Grundsätzlich ist beim **FCF** aufgrund der Investitionen, die nur alle paar Jahre erfolgen, eine **stärkere Schwankung** als beim **Gewinn vor Zinsen** zu beobachten. Zwar kommt es bei großen Unternehmen zu einer Angleichung der Höhe der Abschreibungen und der Ersatzinvestitionen aufgrund der Vielzahl von Investitionen, die jedes Jahr durchgeführt werden; doch kann die Angleichung je nach Größe des Unternehmens und der Branchenzugehörigkeit sehr unterschiedlich ausfallen. Wird der FCF für eine **ewige Rente** bestimmt, können die Abschreibungen eine **gute Approximation** für die Ersatzinvestitionen sein. Eine andere Möglichkeit wäre, einen **Durchschnitt der Investitionen** der letzten Perioden zu bilden.

- Die Inflation führt darüber hinaus dazu, dass sich die **Investitionsauszahlungen nominal erhöhen**. **Technische Fortschritte** führen hingegen dazu, dass die gleiche Leistungsfähigkeit zu einem geringeren Preis erworben werden kann. Da im Diskontierungssatz die Inflation berücksichtigt wird, dürfen die Investitionsauszahlungen grundsätzlich mit der Inflationsrate steigen. Schwanken die Investitionsauszahlungen stark, ist auch zu beachten, dass das **Geld für die Ersatzinvestitionen** bis zu deren Tätigung in **Wertpapiere angelegt werden könnte**.

FCF – Inflation:

Was ist bei der Berechnung des Free Cashflow zu beachten, wenn die Umsätze inflationsbedingt um 3% wachsen?

- Grundsätzlich gilt bei einer konstanten Inflationsrate folgender Zusammenhang:

$$\begin{aligned}
&FCF_t \bullet (1 + \text{Inflationsrate}) = FCF_{t+1} \\
&FCF_t \bullet (1 + \text{Inflationsrate})^2 = FCF_{t+2} \\
&\text{...usw.} \\
&FCF_t = \frac{FCF_{t+1}}{(1 + \text{Inflationsrate})} \\
&FCF_t = \frac{FCF_{t+2}}{(1 + \text{Inflationsrate})^2}
\end{aligned}$$

- Der kalkulatorische Zinssatz kann nominal oder real berechnet werden:

$$\underbrace{\text{nominaler Zinssatz}}_{z.B.\,10\%} = \underbrace{\text{realer Zinssatz}}_{z.B.\,7\%} + \underbrace{\text{Inflationsrate}}_{z.B.\,3\%}$$

- Wird der **nominale Zinssatz** als kalkulatorischer Zinssatz herangezogen, muss die **Inflationsrate in der Prognose des Free Cashflow berücksichtigt werden**:

$$\text{Umsatzerlöse}_t \times (1 + \text{Inflationsrate})$$
$$\times \text{Umsatzrendite} \times (1-s)$$
$$= \text{NOPLAT}_{t+1} = \text{FCF}_{t+1}$$

Dies wird in dem folgenden Beispiel noch einmal verdeutlicht:

Absatz	1000	1000	1000	1000	1000	1000
Preis	3,09	3,18	3,28	3,38	3,48	3,58
Inflation in t	*3,0%*	*3,0%*	*3,0%*	*3,0%*	*3,0%*	*3,0%*
Periode	**1**	**2**	**3**	**4**	**5**	**6**
Umsatzerlöse (Annahme = Umsatzeinzahlungen)	3.090,0	3.182,7	3.278,2	3.376,5	3.477,8	3.582,2
Wachstum Umsatzerlöse	*3,0%*	*3,0%*	*3,0%*	*3,0%*	*3,0%*	*3,0%*
Annahme: Erhöhung Vorräte etc./Umsatzerhöhung=0						
+/- Erhöhung/Verminderung Vorräte etc.	0,0	0,0	0,0	0,0	0,0	0,0
Gesamtleistung	3.090,0	3.182,7	3.278,2	3.376,5	3.477,8	3.582,2
Annahme: Personalaufwand/Gesamtleistung=20%; Materialaufwand/Gesamtleistung=40%; Abschreibungen/Gesamtleistung=33,3%; sonstiger Aufwand/Ertrag=0						
- 20% Personalaufwand (Annahme = Personalauszahlungen)	-618,0	-636,5	-655,6	-675,3	-695,6	-716,4
Wachstum Personalauszahlungen		*3,0%*	*3,0%*	*3,0%*	*3,0%*	*3,0%*
- 40% Materialaufwand (Annahme = Materialauszahlungen)	-1.236,0	-1.273,1	-1.311,3	-1.350,6	-1.391,1	-1.432,9
Wachstum Materialauszahlungen		*3,0%*	*3,0%*	*3,0%*	*3,0%*	*3,0%*
- 33,3% Abschreibung	-1.030,0	-1.060,9	-1.092,7	-1.125,5	-1.159,3	-1.194,1
Investitionsauszahlungen	-1.030,0	-1.060,9	-1.092,7	-1.125,5	-1.159,3	-1.194,1
Wachstum Investitionsauszahlungen		*3,0%*	*3,0%*	*3,0%*	*3,0%*	*3,0%*
-/+ sonstiger Aufwand/Ertrag (Annahme = sonstige Auszahlungen/Einzahlungen)	0,0	0,0	0,0	0,0	0,0	0,0
EBIT	**206,0**	**212,2**	**218,5**	**225,1**	**231,9**	**238,8**

2.3 Unternehmensbewertung im Rahmen der Akquisitionsphase

EBIT	206,0	212,2	218,5	225,1	231,9	238,8
Annahme: 25% Steuersatz						
- 25% fiktiver Steueraufwand (Annahme = Steuerzahlung)	-51,5	-53,0	-54,6	-56,3	-58,0	-59,7
NOPLAT	154,5	159,1	163,9	168,8	173,9	179,1
+ Abschreibungen	1.030,0	1.060,9	1.092,7	1.125,5	1.159,3	1.194,1
+/- andere zahlungsunwirksamen Aufwendungen/Erträge	0,0	0,0	0,0	0,0	0,0	0,0
- Investitionen	-1.030,0	-1.060,9	-1.092,7	-1.125,5	-1.159,3	-1.194,1
FCF	154,5	159,1	163,9	168,8	173,9	179,1
Wachstum FCF		3,0%	3,0%	3,0%	3,0%	3,0%

> **FCF – Inflation:**
>
> Was passiert, wenn die gesamtwirtschaftliche Inflationsrate 3% beträgt, aber die Materialkosten jährlich um 6% steigen?

- Die betriebliche Gewinnmarge sinkt. Um diese konstant zu halten und weiterhin die Opportunitätskosten der Kapitalgeber erwirtschaften zu können, muss das Unternehmen versuchen, die Preise der verkauften Produkte anzuheben. In dem kalkulatorischen Zinssatz wird die gesamtwirtschaftliche Inflationsrate berücksichtigt. Ist dies nicht möglich, kommt es aufgrund der sich verschlechternden betrieblichen Gewinnmarge zu einem sinkenden Unternehmenswert. Es stellt sich dann die Frage, warum die Preissteigerungen nicht an die Kunden weitergegeben werden können.
  - Dies könnte z.B. an den Konkurrenten liegen, die trotz steigender Kosten das gleiche Produkt oder ein Substitut herstellen und keine Preiserhöhungen vornehmen, um Kunden zu gewinnen. In diesem Fall wäre die Wettbewerbsintensität sehr hoch. Erst durch eine Konsolidierung in der Branche durch Akquisitionen oder einem Kapazitätsabbau kann die Wettbewerbsintensität verringert werden und wieder eine betriebliche Gewinnmarge erwirtschaftet werden, die die Opportunitätskosten deckt.
  - Es könnte aber auch sein, dass die Unternehmen, die von den Preissteigerungen betroffen sind, diese nicht an den Konsumenten weitergeben können, da es sonst zu einem Absatzeinbruch käme. Bei steigenden Preisen reduzieren einige Konsumenten den Konsum des Produktes oder greifen auf Substitute zurück. Deckt die betriebliche Gewinnmarge langfristig nicht die kalkulatorischen Kapitalkosten, muss eine Kapazitätsreduzierung mit einhergehender Angebotsver-

knappung erfolgen. Dadurch werden nur noch die Kunden bedient, deren Preissensibilität es zulässt, eine ausreichend hohe Gewinnmarge zu erwirtschaften, die die kalkulatorischen Kapitalkosten deckt.

Erweiterungsinvestition:

Welche Zusammenhänge existieren zwischen den Erweiterungsinvestitionen in das Net Working Capital und dem erzielten Umsatz?

- Plakativ gelten folgende Zusammenhänge:
    - **Umso höher der Umsatz, desto höher die Vorräte.**
    - **Umso höher der Umsatz, desto höher die kurzfristigen Forderungen.**
    - **Umso höher der Umsatz, desto höher die kurzfristigen Verbindlichkeiten.**
- In der Praxis verändern sich aber der Umsatz und die Vorräte, die kurzfristigen Forderungen und die kurzfristigen Verbindlichkeiten **nicht linear** zueinander.
- Obwohl langfristig gesehen höhere Umsätze auch höhere Vorratsbestände nach sich ziehen, kann es beispielsweise in einer schlechten Periode zu einem **Aufbau von Vorräten** kommen. Diese werden dann in einer besseren Periode wieder abgebaut. In diesem Fall kommt es bei einem Umsatzwachstum sogar zeitweilig zu einem Abbau von Vorräten.
- Die Veränderung der **kurzfristigen Forderungen aus Lieferungen und Leistungen** (ebenso: Verbindlichkeiten aus Lieferungen und Leistungen) weist in der Praxis meist kein lineares Verhältnis zur Veränderung der Umsätze auf. Gründe hierfür können beispielsweise sein:
    - Absatzförderung durch Erhöhung des Zahlungsziels.
    - Höhere Inanspruchnahme der Zahlungsziele durch eine wirtschaftliche Abschwächung.
    - Verstärkte Forderungseintreibung aufgrund von Liquiditätsproblemen.

2.3 Unternehmensbewertung im Rahmen der Akquisitionsphase

Cashflow-Einteilung:

In welche Bereiche wird der Cashflow in der Kapitalflussrechnung eingeteilt (siehe Lehrbuch S. 190–191)?

- Der Cashflow wird in der Kapitalflussrechnung in die Bereiche **Geschäftstätigkeit**, **Investitionstätigkeit** und **Finanzierungstätigkeit** eingeteilt.

Cashflow-Verwendung:

Wofür kann ein positiver **Cashflow** (nicht verwechseln mit FCF!) verwendet werden (siehe Lehrbuch S. 189–190)?

- Ein positiver Cashflow steht für **Investitionsausgaben**, für **Fremdkapitaltilgungen** und **Zinszahlungen**, für **Eigenkapitalrückführungen** und **Dividendenzahlungen** sowie für die **Erhöhung des Finanzmittelfonds der liquiden Mittel** zur Verfügung (=Investitions-, Fremdfinanzierungs-, Eigenfinanzierungsbereich und Finanzmittelfonds der liquiden Mittel).

Liquiden Mittel ersten Grades:

Aus was setzen sich die Liquiden Mittel ersten Grades zusammen (siehe Lehrbuch S. 187–188)?

- Die Liquiden Mittel ersten Grades setzen sich aus dem **Kassenbestand**, dem **Bankguthaben**, **Schecks** und **sehr kurzfristigen Wertpapieren** (< drei Monate) zusammen.

Cashflow – Finanzierungskraft:

Bildet der Cashflow die Finanzierungskraft im Unternehmen ab (siehe Lehrbuch S. 187)?

- Nein, der Cashflow gibt nur die **Innenfinanzierungskraft** eines Unternehmens wieder. Innenfinanzierungskraft und Außenfinanzierungskraft bilden zusammen die gesamte Finanzierungskraft des Unternehmens ab.

Cashflow – Innenfinanzierungspotential:

Gibt der Cashflow der letzten Periode das Innenfinanzierungspotential wieder?

- Nein, da sich das Innenfinanzierungspotential auf den **zukünftigen Cashflow** bezieht.

Erfolgswirtschaftliche Realisation:

Wann treten eine erfolgswirtschaftliche Realisation und eine finanzwirtschaftliche Realisation ein (siehe Lehrbuch S. 192)?

- Eine **erfolgswirtschaftliche Realisation** tritt ein, wenn das **Eigenkapital** sich aufgrund eines Geschäftsvorfalls verändert. Ändert sich durch einen Geschäftsvorfall ein **Finanzmittelfonds**, so erfolgt eine **finanzwirtschaftliche Realisation**.

Cashflow – erfolgswirtschaftlicher Aussagegehalt:

Hat der Cashflow einen erfolgswirtschaftlichen Aussagegehalt (siehe Lehrbuch S. 194)?

- Der Cashflow hat **keinen** erfolgswirtschaftlichen Aussagegehalt.
- Der **Cashflow nach Investitionen (FCF)** stimmt hingegen über die Totalperiode gesehen mit dem Erfolg überein. Es kommt lediglich aufgrund von unbaren Aufwendungen und Erträgen zu einer zeitlichen Verschiebung der Erfolgslage, die sich im Zeitablauf angleicht (Totalperiode). Dem FCF kann daher ein erfolgswirtschaftlicher Aussagegehalt zugesprochen werden.

2.3 Unternehmensbewertung im Rahmen der Akquisitionsphase

Ewige Rente:

Bei **gleich bleibenden Rückflüssen** kann der Zukunftserfolgswert mit der folgenden Formel bestimmt werden:

$$\text{Zukunftserfolgswert} = \frac{1}{(1+\text{Zinssatz})^T} \times \frac{(1+\text{Zinssatz})^T - 1}{(1+\text{Zinssatz}) - 1} \times \text{Rückfluss}$$

Was passiert, wenn die Totalperiode gegen unendlich konvergiert?

Bei einer höher werdenden Totalperiode, erhöht sich der Term (1+Zinssatz)^T durch den höher werdenden Exponent T. Der Exponent T konvergiert gegen unendlich:

		Zinssatz = 10%			
T =	10	(1+Zinssatz)^T =	(1,1)^10 =		2,6
T =	100	(1+Zinssatz)^T =	(1,1)^100 =		13.780,6
T =	500	(1+Zinssatz)^T =	(1,1)^500 =	496.984.196.731.244.000.000,0	

Für die Formel ergibt sich daraus die ewige Rente:

$$\text{Zukunftserfolgswert} = \frac{1}{\text{z.B. } 496.984.196.731.244.000.000} \times \frac{\text{z.B. } 496.984.196.731.244.000.000 - 1}{1 + \text{Zinssatz} - 1} \times \text{Rückfluss}$$

$$\text{Zukunftserfolgswert} = \frac{\text{z.B. } 496.984.196.731.244.000.000 - 1}{\text{z.B. } 496.984.196.731.244.000.000} \times \frac{\text{Rückfluss}}{\text{Zinssatz}}$$

$$\text{Zukunftserfolgswert} = \frac{\text{Rückfluss}}{\text{Zinssatz}}$$

Zusammenfassend ist festzuhalten:

$$\text{Zukunftserfolgswert} = \sum_{t=1}^{\infty} \frac{\overline{\text{Rückfluss}}_t}{(1+\text{Zinssatz})^t}$$

mit:
$\overline{\text{Rückfluss}}_t = \overline{\text{Rückfluss}}$

$$\text{Zukunftserfolgswert} = \sum_{t=1}^{\infty} \frac{\overline{\text{Rückfluss}}}{(1+\text{Zinssatz})^t} = \frac{\overline{\text{Rückfluss}}}{\text{Zinssatz}}$$

mit:
Zeithorizont = T
und $\overline{\text{Rückfluss}}_t = \overline{\text{Rückfluss}}$

$$\text{Zukunftserfolgswert} = \frac{1}{(1+\text{Zinssatz})^T} \times \frac{(1+\text{Zinssatz})^T - 1}{(1+\text{Zinssatz}) - 1} \times \overline{\text{Rückfluss}}$$

Ewig wachsende Rente:

Wie lässt sich ein Zukunftserfolgswert berechnen, wenn die Rückflüsse mit einer **gleich bleibenden Wachstumsrate** steigen (siehe Lehrbuch S. 205–206)?

$$\text{Zukunftserfolgswert} = \sum_{t=1}^{\infty} \overline{\text{Rückfluss}} \times (1+\text{Wachstumsrate})^t \times \frac{1}{(1+\text{Zinssatz})^t}$$

daraus folgt:

$$\text{Zukunftserfolgswert} = \sum_{t=1}^{\infty} \overline{\text{Rückflüsse}} \times \frac{1}{\left(\frac{(1+\text{Zinssatz})^t}{(1+\text{Wachstumsrate})^t}\right)}$$

mit:

$$\frac{(1+\text{Zinssatz})^t}{(1+\text{Wachstumsrate})^t} = \left(\frac{(1+\text{Zinssatz})}{(1+\text{Wachstumsrate})}\right)^t$$

$$\frac{(1+\text{Zinssatz})}{(1+\text{Wachstumsrate})} = x$$

$$\text{Zukunftserfolgswert} = \sum_{t=1}^{\infty} \frac{\overline{\text{Rückflüsse}}}{(x)^t} = \frac{\overline{\text{Rückflüsse}}}{(x) - 1}$$

2.3 Unternehmensbewertung im Rahmen der Akquisitionsphase

So dass folgt:

$$x = \frac{(1 + \text{Zinssatz})}{(1 + \text{Wachstumsrate})}$$

$$\text{Zukunftserfolgswert} = \frac{\overline{\text{Rückflüsse}}}{\left(\frac{(1 + \text{Zinssatz})}{(1 + \text{Wachstumsrate})}\right) - 1} = \frac{\overline{\text{Rückflüsse}} \times (1 + \text{Wachstumsrate})}{\text{Zinssatz} - \text{Wachstumsrate}}$$

Prognosegrundlage:

Was bildet die Grundlage zur Prognose von FCF (siehe Lehrbuch S. 197)?

- Die Grundlage bildet die **Vergangenheitsanalyse**, in der die **nachhaltigen Einflüsse** auf den Erfolg identifiziert und **Sondereinflüsse** eliminiert werden.

Prognoseprobleme:

Was für Probleme ergeben sich, wenn das interne Management die Planung der FCF vornimmt (siehe Lehrbuch S. 198, S. 325–326)?

- Es könnten Hockey-Schläger-Effekte oder Slacks (=Speckschichten) auftreten. Wenn ein negativer Trend vorliegt, bezeichnet der **Hockey-Schläger-Effekt** die Prognose äußerst optimistischer Planzahlen, obwohl aufgrund des Trends sinkende Planzahlen angenommen werden müssten. **Slacks** werden vom Management hingegen gebildet, um durch eine konservative Planung die Planergebnisse leichter übertreffen zu können.

Zu diskontierende FCF:

Handelt es sich bei den diskontierten FCF um sichere FCF (siehe Lehrbuch S. 200)?

- Nein, es wird der **Erwartungswert des FCF** diskontiert. Wenn objektive Wahrscheinlichkeiten nicht vorhanden sind, können vereinfachend subjektive Wahrscheinlichkeiten gebildet werden, um den Erwartungswert des FCF berechnen zu können. Subjektive

Wahrscheinlichkeiten bilden den individuellen, subjektiven Vertrauensgrad in das Eintreten möglicher Umweltzustände ab. Im Rahmen der Prognose kann dann ein **optimistisches**, ein **pessimistisches** und ein **wahrscheinliches** Szenario gebildet werden.

Phasenmodell:

Warum wird für die Prognose des FCF oft ein **Phasenmodell** verwendet (siehe Lehrbuch S. 200–205)?

- Detaillierte Schätzungen der FCF in der Detailplanungsphase sind aufgrund der **Unsicherheit der Zukunft** nur über kurze Zeit relativ verlässlich. Darüber hinaus liegen operative Pläne im Unternehmen nur für wenige Jahre im Voraus vor.
- Nach der Detailplanungsphase wird oft auf ein „Steady State" in Form einer ewigen Rente oder einer ewig wachsenden Rente zurückgegriffen. Dies ist darauf zurückzuführen, dass **Überrenditen**, die auf Wettbewerbsvorteilen beruhen, meist nur über **wenige Perioden** erzielt werden können. Danach pendeln sie sich aufgrund der Konkurrenz auf branchenübliche Werte ein. Eine ewige Rente würde eine konstante Wettbewerbsposition nach der Detailplanungsphase wiedergeben. Unternehmen mit starken Ressourcen können unter Umständen ihre Wettbewerbsvorteile auch über Jahrzehnte durch neue Erfindungen und Strategien erneuern und verbessern. Eine ewig wachsende Rente versucht dies zu modellieren.

Dreiphasenmodell:

Wie ist ein Dreiphasenmodell zur Prognose von FCF aufgebaut (siehe Lehrbuch S. 200–201)?

- In einem Dreiphasenmodell werden die Rückflüsse über eine Periode von **3-5 Jahren detailliert** geschätzt. Während des **Anpassungszeitraums** von 5 bis 10 Jahren erfolgt eine Annäherung der Rückflüsse auf einen branchenüblichen Wert, der in einer **ewigen Rente oder einer ewig wachsenden Rente (Restwert)** fortgeschrieben wird.

2.3 Unternehmensbewertung im Rahmen der Akquisitionsphase

Restwert-Bestimmung:

Was für Möglichkeiten gibt es, den Restwert zu bestimmen (siehe Lehrbuch S. 206)?

- Der Restwert kann mit Hilfe einer **ewigen Rente**, einer **ewig wachsenden Rente**, einem **Branchen-Multiplikator** oder einem **Substanzwert** bestimmt werden. Nach dem Umfang des Substanzwerts könnte ein Liquidationswert, ein Buchwert oder ein Reproduktionswert in Frage kommen.

Zweiphasenmodell:

Wie lautet die Formel für den Zukunftserfolgswert nach dem Zweiphasenmodell mit einer ewig wachsenden Rente (siehe Lehrbuch S. 181, S. 206)?

$$\text{Zukunftserfolgswert}_{t=0} = \sum_{t=1}^{T} \frac{\text{Rückfluss}_t}{(1+\text{Zinssatz})^t} + \frac{\frac{\text{Rückfluss}_{T+1}}{\text{Zinssatz} - \text{Wachstumsrate}}}{(1+\text{Zinssatz})^T}$$

Quantifizierung von Synergien:

Welche zwei Verfahren zur Synergiequantifizierung gibt es (siehe Lehrbuch S. 207–211)?

- Synergien können quantifiziert werden, indem der Wert des Unternehmensverbundes nach fiktiver Eingliederung der Akquisition ermittelt und der Stand-alone-Wert der beiden Unternehmen davon abgezogen wird (**synoptische Vorgehensweise**).
- Eine andere Möglichkeit ist, den Stand-alone-Wert zu berechnen und daraufhin einen Mehrwert aus der Integration zu ermitteln (**inkrementale Vorgehensweise**).

> **Realoptionsansatz:**
>
> Zusätzlich zur synoptischen oder inkrementalen Synergiequantifizierung kann der Realoptionsansatz zur Bewertung von Handlungsmöglichkeiten, die durch die Akquisition entstehen, angewandt werden. Welche Arten von Realoptionen haben Sie diesbezüglich kennengelernt (siehe Lehrbuch S. 211–212)?

- **Lernoptionen**: Im Falle des Bekanntwerdens von neuen Informationen (z.B. Ergebnisse eines F&E-Projektes) hat der Akquisiteur die Möglichkeit wertsteigernde Maßnahmen vorzunehmen.
- **Wachstumsoptionen**: Der Akquisiteur wird durch die Akquisition in die Lage versetzt, neue Geschäftsgelegenheiten wahrzunehmen und Wert durch Wachstum zu generieren.
- **Versicherungsoptionen**: Durch die Akquisition hat der Akquisiteur die Möglichkeit bei negativen Marktentwicklungen flexibel zu reagieren.

> **Substanzwertverfahren:**
>
> Was für verschiedene Möglichkeiten der Bestimmung des Unternehmenswerts über das **Substanzwertverfahren** gibt es (siehe Lehrbuch S. 212–217)?

- Vermögenswerte und Schulden werden zu **Liquidationswerten** angesetzt. Diese sind besonders für das nicht betriebsnotwendige Vermögen relevant, das nach der Akquisition veräußert werden soll. Der Liquidationswert gibt eine Preisuntergrenze (Risikogrenze) an, die sich bei Einstellung des Geschäftsbetriebs erzielen ließe.
- Vermögenswerte und Schulden werden zu **Reproduktionswerten** angesetzt. Grundsätzlich wird von einer Weiterführung der Geschäftstätigkeit ausgegangen. Es wird aber nicht das Erfolgspotential aus der Geschäftstätigkeit bewertet, sondern die Ausgaben, die der Akquisiteur tätigen müsste, um die gleiche Geschäftstätigkeit durch eine Neuerrichtung des Unternehmens (Unternehmen mit identischer Leistungsfähigkeit) durchführen zu können. Nach dem Umfang der fiktiven Ausgaben zur Nachbildung des Akquisitionsobjektes, kann unterschieden werden:
  - Alle aktivier**ten** Vermögenswerte und passivier**ten** Schulden werden zu fortgeschriebenen historischen Anschaffungskosten (Eigenkapital) oder Wiederbeschaffungskosten (Reproduktionswert) angesetzt.
  - Alle aktivier**baren** Vermögenswerte und passivier**baren** Schulden werden zu fortgeschriebenen historischen Anschaf-

2.3 Unternehmensbewertung im Rahmen der Akquisitionsphase

fungskosten (Teilrekonstruktionswert) oder Wiederbeschaffungskosten (Teilreproduktionswert) angesetzt.
o Die **gesamten Ressourcen** und die **gesamten Belastungen** werden zu fortgeschriebenen historischen Anschaffungskosten (Vollrekonstruktionswert) oder Wiederbeschaffungskosten (Vollreproduktionswert) angesetzt.

Die Unterschiede bei der Berücksichtigung der Ausgaben liegen in der Aufdeckung von **stillen Reserven** und dem **Umfang** derjenigen **Vermögensgegenstände und Ressourcen**, die in die Bewertung mit einbezogen werden (z.B. Kosten für eine selbst entwickelte Software, Kosten für den Aufbau eines Kundenstammes, Kosten für die Bildung einer Marke (Werbungskosten), Kosten für den Aufbau von Know-how im Unternehmen, Kosten der Entwicklung von Managementfähigkeiten, Kosten der Erschließung von Märkten etc.).

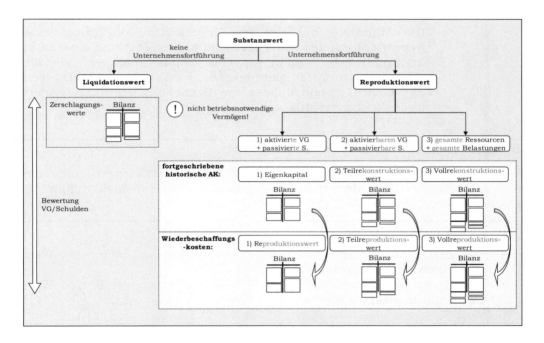

> **Zukunftserfolgswert vs. Reproduktionswert:**
>
> Diskutieren Sie kurz, ob bei erfolgreichen Unternehmen der Zukunftserfolgswert oder der Reproduktionswert höher ist (siehe Lehrbuch S. 215)?

- Der Zukunftserfolgswert wird bei erfolgreichen Unternehmen höher sein als der Substanzwert. Gründe hierfür sind:
    - Das nicht bilanzierungsfähige **intellektuelle Kapital** kann sich in Kernkompetenzen und Wettbewerbsvorteilen manifestieren und ist schwer zu duplizieren.
    - Der Markteintritt durch den (fiktiven) Selbstaufbau verändert die Wettbewerbsstruktur und damit die **Absatzmarktsituation**. Durch eine verschärfte Konkurrenz sinken die Gewinnmargen und dadurch auch das Erfolgspotential, das sich beispielsweise in zukünftigen Wertbeiträgen widerspiegelt.
    - Die Aufnahme der gleichen Geschäftstätigkeit durch eine Neuerrichtung des Unternehmens nimmt **Zeit** und **Kosten** in Anspruch (z.B. Aufbau von Geschäftsbeziehungen). Bis die gleiche Leistungsfähigkeit erreicht wird, kann sich hingegen das Geschäftsmodell oder die Branchenstruktur verändert haben (Lebenszyklus).

> **Bruttosubstanzwert vs. Nettosubstanzwert:**
>
> Was ist der Unterschied zwischen dem Bruttosubstanzwert und dem Nettosubstanzwert bzw. dem Bruttoliquidationswert und dem Nettoliquidationswert (siehe Lehrbuch S. 215)?

- Der Bruttosubstanzwert bzw. Bruttoliquidationswert bildet den Wert des **Eigen- und Fremdkapitals** ab.
- Der Nettosubstanzwert bzw. der Nettoliquidationswert gibt den Wert des **Eigenkapitals** wieder.

> **Höhe des Liquidationswertes:**
>
> Was beeinflusst die Höhe des Liquidationswertes (siehe Lehrbuch S. 216)?

- Die Notwendigkeit einer schnellen **Zerschlagungsgeschwindigkeit** beeinflusst die Höhe des Liquidationswertes. Der Zeitdruck verschlechtert generell die Verhandlungssituation. Man kann nicht aus der Position der Stärke heraus verhandeln und bessere Angebote

abwarten. Verstärkt wird dies, wenn die Verhandlungspartner antizipieren, dass der Verkäufer schnell verkaufen muss.
- Vermögensgegenstände können in Kombination einen höheren Wert entfalten (**Zerschlagungsintensität**). So kann der Liquidationswert der Gesamtheit der Vermögensgegenstände eines Teilbetriebs durch seine weitere Nutzung mehr wert sein als die Summe der Liquidationswerte der einzelnen Vermögensgegenstände. Die Veräußerung von einzelnen Vermögensgegenständen verursacht hingegen auch Kosten, so dass einem Paketkauf von Vermögensgegenständen wiederum ein Preisabschlag gewährt werden kann.

Gründe für die Anwendung des Substanzwertverfahrens:

Diskutieren Sie kurz, was für Gründe für eine zusätzliche Berechnung des Substanzwertes bei der Bewertung eines Akquisitionsobjektes sprechen (siehe Lehrbuch S. 216–217)?

- **Nicht weitergeführtes Vermögen:** Die Bewertung des nicht betriebsnotwendigen Vermögens (z.B. Liquidationswert) ist notwendig, um zu entscheiden, ob ein Verkauf nach der Akquisition in Frage kommt. Gründe für den Verkauf sind:
    o Die **Rendite** aus dem nicht betriebsnotwendigen Vermögen deckt nicht die risikoadäquaten Kapitalkosten aus der Kapitalbindung.
    o Der Akquisiteur strebt eine **Fokussierung** auf die betriebliche Tätigkeit (z.B. wegen Kernkompetenzen) an.
    o Das **Geld** aus der Veräußerung des nicht betriebsnotwendigen Vermögens wird anderweitig benötigt.
- **Weitergeführtes Vermögen:** Mit Hilfe des weitergeführten Vermögens werden die zukünftigen Erfolge erzielt. Eine kombinierte Analyse aus Substanzwert und Zukunftserfolgswert plausibilisiert den Wert des Akquisitionsobjektes. Übertrifft der Zukunftserfolgswert beispielsweise den Buchwert des Vermögens, so ist diese Differenz kritisch zu hinterfragen. Die Berechnung des Reproduktionswertes, Teilreproduktionswertes und Vollreproduktionswertes plausibilisiert die Differenz zwischen dem Zukunftserfolgswert und den Buchwerten des Vermögens.
Wird der Teilreproduktionswert des betrieblichen Vermögens als investiertes Kapital angenommen und wird erwartet, dass das Unternehmen längerfristig eine höhere Rendite auf dieses investierte Kapital erzielen kann als die risikoadäquaten Opportunitätskosten, dann ist dies durch schwer imitierbares intellektuelles Kapital (intern) oder durch anderweitige Markteintrittsbarrieren (extern) zu plausibilisieren. Kann kein schwer imitierbares intellektuelles Kapital, noch

anderweitige Markteintrittsbarrieren, identifiziert werden, ist zu hinterfragen, ob die zukünftigen Prognosen der betrieblichen Gewinnmarge zu hoch angesetzt werden. Wenn Konkurrenten in den Genuss von Überrenditen kommen können, wird sich zwangsweise die Wettbewerbsstruktur verändern und die Rendite auf das investierte Kapital gegen die risikoadäquaten Kapitalkosten konvergieren. Deswegen sind höher angenommene Renditen durch Markteintrittsbarrieren oder intellektuelles Kapital zu plausibilisieren.

- **Verbesserung der Prognose:** Eine Analyse des Vermögens im Rahmen der Ermittlung des Substanzwertes verbessert darüber hinaus die Prognose des FCF (z.B. Abschreibungen, durchzuführende Investitionen).

Multiplikator:

Erläutern Sie mit einem Beispiel wie ein Multiplikator („Multiple") als Verfahren zur Unternehmenswertberechnung funktioniert (S. 218–220)?

- Bei börsennotierten Unternehmen kann der Marktwert als Orientierungsgröße herangezogen werden. Nicht börsennotierte Unternehmen lassen sich mit den **Marktwerten und Transaktionswerten verwandter Unternehmen** vergleichen. Multiplikatoren können bei der Übertragung vergleichbarer Unternehmenswerte auf das nicht börsennotierte Akquisitionsobjekt helfen (**Multiple**).

z.B.
$$\text{Marktwert}_{\text{Unternehmen A}} = \text{EBIT}_{\text{Unternehmen A}} \times \underbrace{\frac{\text{Marktwert}_{\text{Unternehmen B}}}{\text{EBIT}_{\text{Unternehmen B}}}}_{\text{Multiple}}$$

Multiplikator:

Was ist bei diesem Multiplikator zu beachten?

$$\text{Marktwert}_{\text{Unternehmen A}} = \text{EBIT Periode 07}_{\text{Unternehmen A}} \times \underbrace{\frac{\text{Marktwert 31.09.08}_{\text{Unternehmen B}}}{\text{EBIT Periode 07}_{\text{Unternehmen B}}}}_{\text{Multiple}}$$

- Bei dem Unternehmen B muss es sich um ein **vergleichbares börsennotiertes** Unternehmen handeln. Es sollte

2.3 Unternehmensbewertung im Rahmen der Akquisitionsphase

- o die **gleichen Chancen und Risiken** aus der betrieblichen Tätigkeit aufweisen (operatives Risiko + operatives Erfolgspotential),
- o einen **vergleichbaren Verschuldungsgrad** besitzen (finanzwirtschaftliches Risiko),
- o eine **ähnliche Leistungstiefe** haben (leistungswirtschaftliches Risiko) und
- o **ähnlich groß** sein (Size-Effekt).
- Die Vermögensbestandteile des Unternehmens B, deren zugehöriges Ergebnis sich nicht im EBIT widerspiegelt (z.B. Finanzanlagen) bzw. dem **nicht betriebsnotwendigen Vermögen** zuzuordnen sind (z.B. Wertpapiere oder ungenutzte Grundstücke), können vom Marktwert des Unternehmens B abgezogen werden, um eine bessere Vergleichbarkeit mit Unternehmen A zu erreichen. Der Marktwert bezieht sich sowohl auf den Marktwert des Eigenkapitals als auch auf den Marktwert des Fremdkapitals.
- Das **EBIT** sollte sich mit den anderen Unternehmen **vergleichen** lassen (z.B. Abschreibungsmethode, außerplanmäßige Abschreibungen, Rückstellungsbildung, kein Restrukturierungsaufwand, ähnliche Verluste/Gewinne aus dem Abgang von Vermögenswerten etc.).
- Der **Marktwert und das EBIT** verändern sich nicht gleich zueinander. Beispielsweise kann das EBIT in der nächsten Periode steigen, während der Marktwert sinkt, weil die Steigerung des EBIT in dem Marktwert schon eingepreist war und die Zukunftsaussichten sich verschlechtert haben.

Multiplikator:

Was ist bei diesem Multiplikator zu beachten?

$$MW_{Unt.\,A} = EBIT_{Unt.\,A} \times \underbrace{\frac{(MW_{Unt.\,B} + MW_{Unt.\,C} + MW_{Unt.\,D} + MW_{Unt.\,E})/4}{(EBIT_{Unt.\,B} + EBIT_{Unt.\,C} + EBIT_{Unt.\,D} + EBIT_{Unt.\,E})/4}}_{\text{Multiple}}$$

MW = Marktwert
Unt. = Unternehmen

- Bei den Unternehmen B bis E muss es sich um vergleichbare börsennotierte Unternehmen einer **Branche** oder einer **Peer Group** handeln. Die Unternehmen einer Branche oder einer Peer Group weisen **ähnliche Chancen und Risiken** aus der betrieblichen Tätigkeit auf (operatives Risiko + operatives Erfolgspotential). Das Erfolgspotential (aufgrund der relativen Wettbewerbsstärke), der Verschuldungsgrad, die Leistungstiefe und die Größe können sich hingegen innerhalb der Branche oder Peer-Group unterscheiden. Das nicht betriebsnotwendige Vermögen ist gegebenenfalls von den Marktwerten der einzelnen Unternehmen abzuziehen. Es wird dann ein **Durchschnittswert** gebildet. Ein Branchen- oder Peer-Group-Multiple führt nicht zu einer genaueren Bewertung als ein einfacher Unternehmensmultiplikator, vermeidet aber durch die Durchschnittsbildung die Fehlergefahr. Der höchste und der geringste Unternehmenswert-Multiple können beim Peer-Group-Multiple ausgeschlossen werden, um Verzerrungen zu vermeiden.

Multiplikator:

Was ist bei diesem Multiplikator zu beachten?

$$TW_{Unt.\,A} = EBIT \text{ der Periode } 07_{Unt.\,A} \times \underbrace{\frac{\text{Transaktionswert am } 31.06.06_{Unt.\,B}}{EBIT \text{ der Periode } 05_{Unt.\,B}}}_{\text{Multiple}}$$

TW = Transaktionswert
Unt. = Unternehmen

- In dem **Transaktionswert** sind die Erwartungen über die **zukünftigen Erfolge vom 31.06.06** enthalten. Die Erfolgserwartungen, die Refinanzierungsaussichten und die Risikoaversion können sich stark geändert haben. Darüber hinaus sind inzwischen schon die Erfolge in der Periode 06 und 07 eingetreten.
- Problematisch ist, dass das **EBIT in 07 mit dem EBIT in 05** verglichen wird. Die Periode 05 kann beispielsweise im Vergleich zur Periode 07 ein schwaches Jahr gewesen sein. Im Transaktionswert kann eine Verbesserung schon in der Bewertung eingepreist sein, so dass das Multiple für das EBIT in Periode 07 zu hoch ist.
- Die Höhe des Transaktionswerts wird von den **spezifischen Synergiepotentialen, Restrukturierungspotentialen, den zu erwarteten Dyssynergien und den Integrations- und Transaktionskosten** beeinflusst. Es wird also angenommen, dass diese bei einer Akquisition des Unternehmens A in ähnlicher Höhe anfallen, so dass der Akquisiteur bereit sein wird einen ähnlichen prozentualen Aufschlag auf den Stand-alone-Wert (Akquisitionsprämie relativ zum Marktwert) zu zahlen.

2.3 Unternehmensbewertung im Rahmen der Akquisitionsphase

> **Multiplikator:**
>
> Wie kann die Aussagekraft des Transaktions-Multiples durch einen Marktwert-Multiple verbessert werden?

- Eine Verbesserung besteht in der Berechnung des **aktuellen Marktwert-Multiples**, der um die **Akquisitionsprämie** erhöht wird.
- Durch den Marktwert-Multiple werden die **aktuellen Erwartungen** der Marktteilnehmer bezüglich der zukünftigen Erfolge, der zukünftigen Refinanzierungskosten und die aktuelle Risikoaversion berücksichtigt.
- Durch die Akquisitionsprämien vergleichbarer Akquisitionen in der **Vergangenheit** wird berücksichtigt, wie viel Unternehmen bereit waren für die **Kontrolle der Akquisitionsobjekte** zu zahlen bzw. zu welchen Aufschlägen die Aktionäre bereit waren die Kontrolle abzugeben. Wurden die Wertsteigerungsmöglichkeiten in der Vergangenheit systematisch überschätzt, kann eine geringere Akquisitionsprämie angepeilt werden. Zu beachten ist aber, dass die Aktionäre sich oftmals an den Akquisitionsprämien der Vergangenheit orientieren und deren Bereitschaft zur Abgabe der Kontrolle gewonnen werden muss.

> **Multiplikator:**
>
> Beurteilen Sie kritisch die Verwendung von Multiplikatoren zur Bewertung von Akquisitionsobjekten (siehe Lehrbuch S. 220)!

- Ein Multiplikator auf Basis von Marktwerten berücksichtigt nicht die **spezifischen Synergiepotentiale, Restrukturierungspotentiale und die Möglichkeit eintretender Dyssynergien sowie die Integrations- und Transaktionskosten**, die durch eine Akquisition entstehen können.
- Multiplikatoren unterliegen im **Zeitablauf hohen Schwankungen**. Dies liegt daran, dass sich der Marktwert nicht auf Basis von einer Bezugsgröße (z.B. EBIT, Jahresüberschuss, Cashflow, Verkaufsfläche etc.) erklären lässt. Darüber hinaus kann es Probleme bei der Vergleichbarkeit der **Bezugsgröße** geben. Das EBIT wird z.B. durch Ansatz- und Bewertungswahlrechte beeinflusst, der Jahresüberschuss z.B. durch unterschiedlich hohe Zins- und Steuerzahlungen und der FCF z.B. durch unterschiedlich hohe Investitionen in der Periode.
- Grundsätzlich gilt: Desto umfangreicher und aktueller die **Datenbasis**, umso treffender kann ein Multiple gebildet werden. Ist

beispielsweise nur eine Akquisitionsprämie vorhanden, die von einer vergleichbaren Akquisition von vor fünf Jahren stammt, so ist deren Übertragung kritisch zu beurteilen. Wurden aber in den letzten Monaten vier vergleichbare Akquisitionen getätigt, so ist eine Übertragung der Akquisitionsprämie eher gewährleistet.

Multiplikator:

Es wird folgender Multiple gebildet:

$$\text{Multiple} = \frac{\text{Marktwert Eigenkapital}_{\text{Unternehmen B}}}{\text{Jahresüberschuss}_{\text{Unternehmen B}}}$$

$$\text{Multiple} = \frac{3.400.000.000 \text{ Euro}}{200.000.000 \text{ Euro}} = 17$$

Was für Probleme ergeben sich, wenn das Unternehmen B einen höheren Verschuldungsgrad als das Unternehmen A hat?

- Ein höherer Verschuldungsgrad führt dazu, dass der Jahresüberschuss stärker schwankt. Das Unternehmen A hat einen geringeren Verschuldungsgrad und dadurch ein **geringeres Risiko**. Wenn das Unternehmen A bei einem geringeren Risiko den gleichen Jahresüberschuss erwirtschaftet, muss der **Marktwert des Eigenkapitals größer** sein als beim Unternehmen B. Es ist aber zu beachten, dass zur Bestimmung des Marktwertes die Entwicklung der zukünftigen Jahresüberschüsse relevant ist. Der Barwert des Steuervorteils ist hingegen bei Unternehmen B höher.

2.3 Unternehmensbewertung im Rahmen der Akquisitionsphase

> **Multiplikator:**
>
> Es wird folgender Multiple gebildet:
>
> $$\text{Multiple} = \frac{\text{Marktwert Eigenkapital}_{\text{Unternehmen B}} + \text{Marktwert Fremdkapital}_{\text{Unternehmen B}}}{\text{EBIT}_{\text{Unternehmen B}}}$$
>
> $$\text{Multiple} = \frac{2.000.000.000 \text{ Euro} + 3.000.000.000 \text{ Euro}}{250.000.000 \text{ Euro}} = 20$$
>
> Wenn das Unternehmen B einen höheren Verschuldungsgrad als das Unternehmen A hat, müsste der Multiple für das Unternehmen A größer oder kleiner als 20 sein?

- Eine Veränderung des Verschuldungsgrades hat hier auf den **ersten Blick keinen Einfluss** auf den Multiple. Das EBIT unterliegt einem operativen und leistungswirtschaftlichen Risiko. Dieses Risiko wird je nach Verschuldungsgrad auf die Eigen- und Fremdkapitalgeber aufgeteilt. Es gilt:
    - Umso geringerer der Verschuldungsgrad, desto mehr kann das EBIT sinken, um die Zinsverpflichtungen noch bedienen zu können. Das heißt: Bei einem geringen Verschuldungsgrad hat das Fremdkapital nur ein geringes Risiko, weil sich Ergebnisverschlechterungen nicht sofort auf die Erfüllung der Zinsverpflichtungen auswirken.
    - Umso geringer der Verschuldungsgrad, desto mehr Haftungsmasse besteht, falls das EBIT über mehrere Perioden negativ wird, können Gewinn- und Kapitalrücklagen (Eigenkapital) aufgelöst werden, um den Zinsverpflichtungen nachzukommen. Das heißt: Bei einem geringen Verschuldungsgrad hat das Fremdkapital nur ein geringes Risiko, weil selbst bei einem negativen EBIT die Zinsverpflichtungen bedient werden können, indem z.B. Gewinnrücklagen aufgelöst werden (z.B. Liquide Mittel verringern sich, Finanzanlagen werden verkauft etc.).
    - Umso geringer der Verschuldungsgrad, desto mehr Reserven kann das Unternehmen aufbrauchen, bis es Insolvenz anmelden muss.
- Nun gilt aber: Umso höher der Verschuldungsgrad, desto schneller kann eine Insolvenz eintreten. Dies antizipieren die Fremdkapitalgeber und verlangen einen höheren Zinssatz für die Vergabe des Fremdkapitals, weil das Fremdkapital ein höheres Risiko trägt (risikoadäquate Verzinsung).

- Das operative und leistungswirtschaftliche Risiko ändert sich durch den Verschuldungsgrad nicht. Hingegen verändert sich die Verteilung des Risikos auf die Eigen- und Fremdkapitalgeber. Die Verteilung des Risikos ändert aber nicht die Summe des Marktwerts des Eigenkapitals und des Marktwerts des Fremdkapitals. Deswegen scheint sich auf den ersten Blick der Multiple nicht zu verändern.
- Da aber die Zinsaufwendungen die Bemessungsgrundlage zur Berechnung der Steuern mindern, kommt es bei einem höheren Verschuldungsgrad zu geringeren Steuerzahlungen. Der Gesamtunternehmenswert erhöht sich durch die Fremdkapitalaufnahme um den Barwert der prognostizierten geringeren Steuerzahlungen (Barwert der Steuervorteile). Daher wird der Multiple des Unternehmens A aufgrund eines geringeren Verschuldungsgrades **kleiner als 20** sein. Der geringere Verschuldungsgrad bedeutet nämlich einen geringeren Barwert der Steuervorteile. Voraussetzung dafür ist, dass der Verschuldungsgrad von Unternehmen A auch in Zukunft geringer bleibt als von Unternehmen B. Andererseits sinkt die Wahrscheinlichkeit einer Insolvenz. Daher sinkt auch die Wahrscheinlichkeit, dass zusätzliche direkte und indirekte Insolvenzkosten anfallen. Dies wirkt auf ein Multiple **größer als 20** hin. Es kann keine allgemeine Aussage getroffen werden, welcher der Effekte in diesem Beispiel überwiegt.

3 Integration

3.1 Grundlagen der Integration

> **Akquisitionsmisserfolg:**
> Warum führen Akquisitionen in der Praxis oft zu einer Verringerung des Unternehmenswerts des Akquisiteurs (siehe Lehrbuch S. 233)?

- Der Grund für eine Verringerung des Unternehmenswerts des Akquisiteurs durch die Akquisition (**Akquisitionsmisserfolg**) ist immer, dass der Akquisiteur in der Akquisitionsphase einen zu hohen Preis für die Kontrolle des Akquisitionsobjektes zahlt (**Akquisitionsprämie**).
- Eine hohe Akquisitionsprämie wird durch hohe **Wertsteigerungspotentiale** (Synergie- und Restrukturierungspotential abzüglich Dyssynergien, Akquisitions- und Integrationskosten) gerechtfertigt.
- Die veranschlagten Wertsteigerungspotentiale können aufgrund einer zu optimistischen Schätzung in der Integrationsphase oft nicht **realisiert** werden. Übersteigen die **Dyssynergien** aus dem Unternehmensverbund (Kostenerhöhungen aus der Komplexität, der Kompromisse, der Inflexibilität, Umsatzrückgänge etc.) die **Synergien** aus dem Unternehmensverbund (Kosteneinsparungen, Umsatzsteigerungen, Risikoverringerung), kommt es sogar zu einem Conglomerate Discount.

> **Zweck der Integration:**
> Wofür bedarf es der Integration einer akquirierten Beteiligung in den Unternehmensverbund (siehe Lehrbuch S. 234)?

- Der Zweck der Integration besteht in der **Realisierung** der veranschlagten **Synergiepotentiale**.

Aufgaben des Integrationscontrollings:

Was sind die prozessabhängigen und -unabhängigen Aufgaben, die das Integrationscontrolling als Teil des Beteiligungscontrollings in der Integrationsphase durchführen muss (siehe Lehrbuch S. 237)?

- Die prozessabhängigen Aufgaben des Beteiligungscontrollings sind die:
    - **Planung** der Integration (Was ist von wem wann mit maximal welchen Kosten durchzuführen?).
    - (Durchführung)
    - **Kontrolle** der Integration (Werden Termine, Kosten und die Sachfortschritte erreicht? (Fortschrittskontrollen und Endkontrollen)).
- Prozessübergreifend sind vom Beteiligungscontrolling integrationsbezogene **Informationen** zu erheben und eine sachliche und zeitliche **Koordination** der Integration sicherzustellen.

Integration – Wahl der Organisationsform:

Welche Verbindung existiert zwischen der Integration einer rechtlich selbständigen Einheit in einen Unternehmensverbund und der Wahl der Organisationsform (siehe Lehrbuch S. 234)?

- Die Organisationsform bestimmt die Rechte und Pflichten von Personen und Abteilungen (Aufbauorganisation) und regelt die Arbeitsabläufe in einem Unternehmen (Ablauforganisation). Durch die rechtliche Selbständigkeit der Beteiligungen, werden diese oft eigenverantwortlich geführt. Erst durch eine zentrale Einflussnahme findet eine Ausrichtung im Interesse des Unternehmensverbundes statt.
- Der Grad der **zentralen Einflussnahme** nimmt von der Investment-Holding, der Finanz-Holding, der Management-Holding bis hin zum Stammhauskonzern zu. Eine höhere zentrale Einflussnahme führt zu einer **stärkeren Koordination** des Gesamtunternehmensverbundes und dadurch zu einer **stärkeren Integration**.

Integrationsvorgehen:

Was ist bei jeder Integration eines Unternehmens in einen Unternehmensverbund bezüglich des Integrationsvorgehens festzulegen (siehe Lehrbuch S. 235)?

3.1 Grundlagen der Integration

Bezüglich des Integrationsvorgehens ist

- der passende **Integrationsgrad** (Autonomie vs. Fremdbestimmtheit) und
- die optimale **Integrationsgeschwindigkeit** zu bestimmen.

Integrationsphase:

Erläutern Sie, warum sich die Integrationsphase mit der Akquisitionsphase und der Phase des laufenden Beteiligungscontrollings überschneidet (siehe Lehrbuch S. 235–237)!

- In der **Akquisitionsphase** sind sowohl der Stand-alone-Wert, Synergiepotentiale, Restrukturierungspotentiale als auch die Transaktions- und Integrationskosten zu quantifizieren. Die Akquisition endet im Zeitpunkt des Übergangsstichtages **(Closing)**. Danach gehört das Akquisitionsobjekt zum Unternehmensportfolio, so dass es in das laufende Beteiligungscontrolling integriert werden muss.
- Aufgrund der Wichtigkeit der Integration, kann man die Integration als eigene Phase betrachten. Sie beginnt in der Akquisitionsphase, wo die **Synergiepotentiale geschätzt** werden, die dann in der Integrationsphase und im laufenden Beteiligungscontrolling realisiert werden sollen. Das laufende Beteiligungscontrolling beginnt, sobald eine Integration des Akquisitionsobjektes in das laufende Beteiligungscontrolling stattgefunden hat. Die Integrationsphase endet aber erst, wenn die angestrebten **Synergiepotentiale realisiert** sind.

Grenzpreis:

Aus welchen Bewertungskomponenten besteht der maximal erreichbare Wert des Akquisitionsobjektes aus Sicht des Akquisiteurs (siehe Lehrbuch S. 238)?

Der maximal erreichbare Wert des Akquisitionsobjektes aus Sicht des Akquisiteurs besteht aus folgenden Bewertungskomponenten:

- **Stand-alone-Wert**
- **Synergie- und Restrukturierungspotential**
- **Dyssynergien**
- **Transaktions- und Integrationskosten**

> **Stand-alone-Wert:**
>
> Was versteht man unter dem Begriff „Stand-alone-Wert" (siehe Lehrbuch S. 238)?

- Der Stand-alone-Wert ist der Wert eines Akquisitionsobjektes **ohne Integration** in einen Unternehmensverbund.
  - Ist das Akquisitionsobjekt an der Börse notiert, entspricht der Stand-alone-Wert dem börsennotierten Marktwert des Eigenkapitals, wenn es keine Gerüchte oder öffentlichen Informationen zu einer bevorstehenden Integration gibt.
  - Wird das Akquisitionsobjekt nach der Akquisition in einen Unternehmensverbund eingebunden, entspricht der Stand-alone-Wert nach der Akquisition dem Marktwert des Eigenkapitals, der sich voraussichtlich bilden würde, wenn das Akquisitionsobjekt nicht mehr im Unternehmensverbund eingebunden wäre.

> **Synergiepotential:**
>
> Was bezeichnet der Begriff „Synergiepotential" im Rahmen von Akquisitionen (siehe Lehrbuch S. 238)?

- Synergiepotentiale sind **positive Verbundeffekte**, die durch die Zusammenarbeit von Akquisiteur und Akquisitionsobjekt entstehen können. Der Teilbegriff **Potential** bezieht sich darauf, dass die Synergien noch nicht realisiert sind. Der Begriff **Synergie** drückt aus, dass der Verbund mehr wert ist als die Summe der Teile des Verbunds. Ansoff prägte dafür den Begriff **„2+2=5"-Effekt**.

> **Quantifizierung von Synergien:**
>
> Wie lassen sich „Synergien" im Rahmen von Akquisitionen in Geldeinheiten ausdrücken?

- **Statisch** gesehen lassen sich Synergien folgendermaßen quantifizieren:

3.1 Grundlagen der Integration

↑ = positive Veränderung durch den Unternehmensverbund
↓ = negative Veränderung durch den Unternehmensverbund

$$\underbrace{\text{Einzahlungen}_t - \text{Auszahlungen}_t}_{\text{Stand-alone (Unt. A)}} + \underbrace{\text{Einzahlungen}_t - \text{Auszahlungen}_t}_{\text{Stand-alone (Unt. B)}} < \underbrace{\uparrow \text{Einzahlungen}_t - \downarrow \text{Auszahlungen}_t}_{\text{Unternehmensverbund (Unt. A+Unt. B)}}$$

$$\underbrace{500 - 300}_{\text{Stand-alone (Unt. A)}} + \underbrace{500 - 300}_{\text{Stand-alone (Unt. B)}} < \underbrace{\uparrow 1050 - \downarrow 550}_{\text{Unternehmensverbund (Unt. A+Unt. B)}}$$

bzw.

$$\underbrace{\text{Einzahlungsüberschuss}_t}_{\text{Stand-alone (Unt. A)}} + \underbrace{\text{Einzahlungsüberschuss}_t}_{\text{Stand-alone (Unt. B)}} < \underbrace{\uparrow \text{Einzahlungsüberschuss}_t}_{\text{Unternehmensverbund (Unt. A+Unt. B)}}$$

$$\underbrace{200}_{\text{Stand-alone (Unt. A)}} + \underbrace{200}_{\text{Stand-alone (Unt. B)}} < \underbrace{\uparrow 500}_{\text{Unternehmensverbund (Unt. A+Unt. B)}}$$

Auf Basis der **synoptischen Berechnungsweise** betragen die Synergien:

Wenn die Synergien > 0, dann:

$$\text{Synergien} = \left(\underbrace{\uparrow \text{Einzahlungen}_t - \downarrow \text{Auszahlungen}_t}_{\text{Unternehmensverbund (Unt. A+Unt. B)}} \right)$$

$$- \left(\underbrace{\text{Einzahlungen}_t - \text{Auszahlungen}_t}_{\text{Stand-alone (Unt. A)}} + \underbrace{\text{Einzahlungen}_t - \text{Auszahlungen}_t}_{\text{Stand-alone (Unt. B)}} \right)$$

$$\text{Synergien} = 100 = \left(\underbrace{1050 - 550}_{\text{Unternehmensverbund (Unt. A+Unt. B)}} \right) - \left(\underbrace{500 - 300}_{\text{Stand-alone (Unt. A)}} + \underbrace{500 - 300}_{\text{Stand-alone (Unt. B)}} \right)$$

Auf Basis der **inkrementalen Berechnungsweise** betragen die Synergien:

$$\text{Synergien} = \text{Erhöhung der Einzahlungen} + \text{Verringerung der Auszahlungen}$$
$$\text{Synergien} = 100 = \underbrace{1050 - 1000}_{\text{Erhöhung der Einzahlungen}} + \underbrace{600 - 550}_{\text{Verringerung der Auszahlungen}} = 50 + 50$$

- Dynamisch betrachtet muss auf den **Gegenwartswert** (Barwert) der zukünftig **erwarteten Synergien** abgestellt werden:

$$\underbrace{\sum_{t=1}^{T}\frac{\text{Einzahlungen}_t - \text{Auszahlungen}_t}{(1+i)^t}}_{\text{Stand-alone (Unt. A)}} + \underbrace{\sum_{t=1}^{T}\frac{\text{Einzahlungen}_t - \text{Auszahlungen}_t}{(1+i)^t}}_{\text{Stand-alone (Unt. B)}}$$

$$< \underbrace{\sum_{t=1}^{T}\frac{\uparrow\text{Einzahlungen}_t - \downarrow\text{Auszahlungen}_t}{(1+\downarrow i)^t}}_{\text{Unternehmensverbund (Unt. A+Unt. B)}}$$

bzw.

$$\underbrace{\sum_{t=1}^{T}\frac{\text{Einzahlungsüberschuss}_t}{(1+i)^t}}_{\text{Stand-alone (Unt. A)}} + \underbrace{\sum_{t=1}^{T}\frac{\text{Einzahlungsüberschuss}_t}{(1+i)^t}}_{\text{Stand-alone (Unt. B)}} < \underbrace{\sum_{t=1}^{T}\frac{\uparrow\text{Einzahlungsüberschuss}_t}{(1+\downarrow i)^t}}_{\text{Unternehmensverbund (Unt. A+Unt. B)}}$$

bzw. bei einer ewigen Rente:

$$\underbrace{\frac{\text{Einzahlungsüberschuss}}{i}}_{\text{Stand-alone (Unt. A)}} + \underbrace{\frac{\text{Einzahlungsüberschuss}}{i}}_{\text{Stand-alone (Unt. B)}} < \underbrace{\frac{\uparrow\text{Einzahlungsüberschuss}}{\downarrow i}}_{\text{Unternehmensverbund (Unt. A+Unt. B)}}$$

$$\underbrace{\frac{\overline{200}}{0{,}1}}_{\text{Stand-alone (Unt. A)}} + \underbrace{\frac{\overline{200}}{0{,}1}}_{\text{Stand-alone (Unt. B)}} < \underbrace{\frac{\overline{\uparrow 450}}{\downarrow 0{,}09}}_{\text{Unternehmensverbund (Unt. A+Unt. B)}} = 2000 + 2000 < 5000$$

Auf Basis der **synoptischen** Berechnungsweise betragen die Synergien:

Wenn der Barwert der Synergien > 0, dann:

$$\text{Barwert der Synergien} = \left(\underbrace{\sum_{t=1}^{T}\frac{\uparrow\text{Einzahlungen}_t - \downarrow\text{Auszahlungen}_t}{(1+\downarrow i)^t}}_{\text{Unternehmensverbund (Unt. A+Unt. B)}}\right)$$

$$- \left(\underbrace{\sum_{t=1}^{T}\frac{\text{Einzahlungen}_t - \text{Auszahlungen}_t}{(1+i)^t}}_{\text{Stand-alone (Unt. A)}} + \underbrace{\sum_{t=1}^{T}\frac{\text{Einzahlungen}_t - \text{Auszahlungen}_t}{(1+i)^t}}_{\text{Stand-alone (Unt. B)}}\right)$$

bzw. bei einer ewigen Rente:

$$\text{Barwert der Synergien} = \left(\underbrace{\frac{\uparrow\text{Einzahlungsüberschuss}}{\downarrow i}}_{\text{Unternehmensverbund (Unt. A+Unt. B)}}\right) -$$

$$\left(\underbrace{\frac{\text{Einzahlungsüberschuss}}{i}}_{\text{Stand-alone (Unt. A)}} + \underbrace{\frac{\text{Einzahlungsüberschuss}}{i}}_{\text{Stand-alone (Unt. B)}}\right)$$

$$\text{Barwert der Synergien} = 1000 = 5000 - 2000 - 2000$$

$$= \left(\underbrace{\frac{\overline{\uparrow 450}}{\downarrow 0{,}09}}_{\text{Unternehmensverbund (Unt. A+Unt. B)}}\right) - \left(\underbrace{\frac{\overline{200}}{0{,}1}}_{\text{Stand-alone (Unt. A)}} + \underbrace{\frac{\overline{200}}{0{,}1}}_{\text{Stand-alone (Unt. B)}}\right)$$

3.1 Grundlagen der Integration

Auf Basis der **inkrementalen** Berechnungsweise betragen die Synergien:

Barwert der Synergien =
Barwert $_{\text{zu kalkulatorischen Zinsen nach der Akquisition}}$ der Erhöhung der erwarteten Einzahlungen
+ Barwert $_{\text{zu kalkulatorische Zinsen nach der Akquisition}}$ der erwarteten Verringerung der Auszahlungen

bzw.
Barwert der Synergien =
Barwert $_{\text{zu kalkulatorischen Zinsen vor der Akquisition}}$ der Erhöhung/Verringerung der erwarteten Ein-/Auszahlungen
+ Erhöhung des Barwerts aller Ein- und Auszahlungen des Unternehmesverbunds aufgrund der Verringerung der kalkulatorischen Zinsen durch die Akquisition

$$\text{Barwert der Synergien} = 1000 = \underbrace{\frac{450}{0{,}1} - \frac{400}{0{,}1}}_{500} + \underbrace{\frac{450}{0{,}09} - \frac{450}{0{,}1}}_{500}$$

Umsatzsynergien:

Nennen Sie ein paar Beispiele für „Umsatzsynergien", die im Rahmen einer Akquisition entstehen können und verdeutlichen Sie diese durch eine Formel (siehe z.B. Lehrbuch S. 268)!

- Umsatzsynergien können durch **Cross-Selling-Aktivitäten** entstehen, etwa wenn Vertriebskanäle des Akquisitionsobjektes genutzt werden, um Produkte des Akquisiteurs zu vertreiben und vice versa. In diesem Fall erhöht sich die insgesamt abgesetzte Menge an Produkten durch die Akquisition:

$$\underbrace{\overset{100}{\text{Menge}_{\text{Unt. A}}} \times \overset{3}{\text{Preis}_{\text{Unt. A}}} + \overset{50}{\text{Menge}_{\text{Unt. B}}} \times \overset{3}{\text{Preis}_{\text{Unt. B}}}}_{S\tan d\text{-}alone} < \underbrace{\uparrow \overset{110}{\text{Menge}_{\text{Unt. A}}} \times \overset{3}{\text{Preis}_{\text{Unt. A}}} + \uparrow \overset{60}{\text{Menge}_{\text{Unt. B}}} \times \overset{3}{\text{Preis}_{\text{Unt. B}}}}_{\text{Unternehmensverbund}}$$

$$\underbrace{\text{Umsatzeinzahlungen}_{\text{Unt. A}}}_{z.B.\,300} + \underbrace{\text{Umsatzeinzahlungen}_{\text{Unt. B}}}_{z.B.\,150} < \underbrace{\text{Umsatzeinzahlungen}_{\text{Unt. A+Unt. B}}}_{z.B.\,510}$$

Annahme: Einzahlungsüberschuss nach Steuern pro Produkt = 0,5
Synergien = $0{,}5 \times 20 = 10$

bzw. bei einer Ewigen Rente (i = 0,1):
Barwert Synergien = $\frac{10}{0{,}1} = 100$

Cross-Selling-Aktivitäten sind nicht sehr ergiebig, wenn die Produkte ohnehin schon miteinander konkurrieren, weil sich dadurch der Marktanteil am Absatzmarkt nicht unbedingt ändert:

$$\text{Absatzmarktvolumen}_t = \underbrace{\text{Absatz Akquisiteur}_t + \text{Absatz Akquisitionsobjekt}_t}_{\text{Unternehmensverbund}} + \text{Absatz Konkurrent A}_t$$
$$+ \text{Absatz Konkurrent B}_t + \text{Absatz Konkurrent C}_t$$

$$\underbrace{1000}_{\text{Marktvolumen}} = \underbrace{\underbrace{200}_{\text{Akquisiteur}} + \underbrace{100}_{\text{Akquisitionsobjekt}}}_{300} + \underbrace{350}_{\text{Konkurrent A}} + \underbrace{200}_{\text{Konkurrent B}} + \underbrace{150}_{\text{Konkurrent C}}$$

$$\frac{\text{Absatzmarktvolumen}_t}{\text{Absatzmarktvolumen}_t} = \underbrace{\frac{\text{Absatz Akquisiteur}_t}{\text{Absatzmarktvolumen}_t} + \frac{\text{Absatz Akquisitionsobjekt}_t}{\text{Absatzmarktvolumen}_t}}_{\text{Unternehmensverbund}} + \frac{\text{Absatz Konkurrent A}_t}{\text{Absatzmarktvolumen}_t}$$
$$+ \frac{\text{Absatz Konkurrent B}_t}{\text{Absatzmarktvolumen}_t} + \frac{\text{Absatz Konkurrent C}_t}{\text{Absatzmarktvolumen}_t}$$

$$1 = \underbrace{\underbrace{0{,}2}_{\text{Akquisiteur}} + \underbrace{0{,}1}_{\text{Akquisitionsobjekt}}}_{0{,}3} + \underbrace{0{,}35}_{\text{Konkurrent A}} + \underbrace{0{,}2}_{\text{Konkurrent B}} + \underbrace{0{,}15}_{\text{Konkurrent C}}$$

Cross-Selling-Aktivitäten sind besonders ergiebig, wenn der Markt für die Produkte noch nicht gesättigt ist und durch die hinzugewonnenen Vertriebskanäle eine Marktdurchdringung vorangetrieben werden kann:

Absatzmarktpotential = 10.000.000 verkaufte Einheiten jährlich
Absatzmarktvolumen in t = 5.000.000 verkaufte Einheiten in der Periode t

$$\text{Marktsättigung} = \frac{\text{Absatzmarktvolumen}_t}{\text{Marktpotential}_t}$$

$$\text{Absatzmarktwachstum in der letzten Periode} = \frac{\text{Absatzmarktvolumen}_t - \text{Absatzmarktvolumen}_{t-1}}{\text{Absatzmarktvolumen}_{t-1}}$$

Annahme: Zukünftiges Absatzmarktvolumenwachstum ist abhängig von der Eröffnung neuer Vertriebsfilialen

Status Quo:
$$\underbrace{10.000}_{\text{Gesamtfilialen}} = \underbrace{3500}_{\text{Konkurrent A}} + \underbrace{2000}_{\text{Konkurrent B}} + \underbrace{2500}_{\text{Konkurrent C}} + \underbrace{3000}_{\text{Akquisiteur}}$$

Akquisitionsobjekt hat 1000 Filialen, Möglichkeit der Nutzung der Filialen zur Vorantreibung der Marktdurchdringung:

$$\underbrace{10.000}_{\text{Gesamtfilialen}} = \underbrace{3500}_{\text{Konkurrent A}} + \underbrace{2000}_{\text{Konkurrent B}} + \underbrace{2500}_{\text{Konkurrent C}} + \underbrace{3000 + 1000 \text{ Cross Selling}}_{\text{Akquisiteur}}$$

3.1 Grundlagen der Integration

- Umsatzsynergien können auch entstehen, wenn der Akquiseur durch die Akquisition eine Branchenkonsolidierung vorantreibt und in Folge einer geringeren Wettbewerbsintensität höhere Preise gegenüber den Kunden durchgesetzt werden können.

$$\underbrace{\underbrace{Menge_{Unt.A}}_{100} \times \underbrace{Preis_{Unt.A}}_{10} + \underbrace{Menge_{Unt.B}}_{100} \times \underbrace{Preis_{Unt.B}}_{10}}_{Stand-alone} < \underbrace{\underbrace{Menge_{Unt.A}}_{100} \times \underbrace{\uparrow Preis_{Unt.A}}_{11} + \underbrace{Menge_{Unt.B}}_{100} \times \underbrace{\uparrow Preis_{Unt.B}}_{11}}_{Unternehmensverbund}$$

so dass folgt:

$$\underbrace{Umsatzeinzahlungen_{Unt.A}}_{z.B.1.000} + \underbrace{Umsatzeinzahlungen_{Unt.B}}_{z.B.1.000} < \underbrace{Umsatzeinzahlungen_{Unt.A+Unt.B}}_{z.B.2200}$$

Annahme: Einzahlungsüberschuss nach Steuern pro Produkt = 1 Euro
Synergien = $1 \times 200 = 200$

bzw. bei einer Ewigen Rente (i = 0,1):
Barwert Synergien = $\dfrac{200}{0,1} = 2.000$

Für folgende Wettbewerbsstruktur beispielsweise:

$Absatzmarktvolumen_t = \underbrace{Absatz\ Akquiseur_t + Absatz\ Akquisitionsobjekt_t}_{Unternehmensverbund} + Absatz\ Konkurrent\ A_t$
$+ Absatz\ Konkurrent\ B_t$

$\underbrace{10.000}_{Marktvolumen} = \underbrace{\underbrace{4.000}_{Akquiseur} + \underbrace{1.000}_{Akquisitionsobjekt}}_{5.000} + \underbrace{3.000}_{Konkurrent\ A} + \underbrace{2.000}_{Konkurrent\ B}$

$\dfrac{Absatzmarktvolumen_t}{Absatzmarktvolumen_t} = \underbrace{\dfrac{Absatz\ Akquiseur_t}{Absatzmarktvolumen_t} + \dfrac{Absatz\ Akquisitionsobjekt_t}{Absatzmarktvolumen_t}}_{Unternehmensverbund} + \dfrac{Absatz\ Konkurrent\ A_t}{Absatzmarktvolumen_t}$
$+ \dfrac{Absatz\ Konkurrent\ B_t}{Absatzmarktvolumen_t} + \dfrac{Absatz\ Konkurrent\ C_t}{Absatzmarktvolumen_t}$

$1 = \underbrace{\underbrace{0,4}_{Akquiseur} + \underbrace{0,1}_{Akquisitionsobjekt}}_{0,5} + \underbrace{0,3}_{Konkurrent\ A} + \underbrace{0,2}_{Konkurrent\ B}$

Kostensynergien:

Nennen Sie ein paar Beispiele für „Kostensynergien", die im Rahmen einer Akquisition entstehen können und verdeutlichen Sie diese durch eine Formel (siehe z.B. Lehrbuch S. 266)!

- Kostensynergien stellen **eingesparte Auszahlungen** dar, die durch die Akquisition entstehen können.
- Beispiel 1: Der Akquisiteur kann nach der Akquisition die Materialbeschaffung zentralisieren und durch höhere Abnahmemengen beim Lieferanten **Mengenrabatte** erzielen:

$$\underbrace{\underbrace{\text{Menge}_{\text{Unt.A}}}_{50} \times \underbrace{\text{Preis}_{\text{Unt.A}}}_{1}}_{\text{Stand-alone}} + \underbrace{\underbrace{\text{Menge}_{\text{Unt.B}}}_{50} \times \underbrace{\text{Preis}_{\text{Unt.B}}}_{1}}_{\text{Stand-alone}} < \underbrace{\underbrace{\text{Menge}_{\text{Unt.A+Unt.B}}}_{100} \times \underbrace{\downarrow \text{Preis}_{\text{Unt.A+Unt.B}}}_{0{,}9}}_{\text{Unternehmensverbund}}$$

$$\underbrace{\text{Auszahlungen}_{\text{Unt.A}}}_{\text{z.B. }50} + \underbrace{\text{Auszahlungen}_{\text{Unt.B}}}_{\text{z.B. }50} < \underbrace{\text{Auszahlungen}_{\text{Unt.A+Unt.B}}}_{\text{z.B. }90}$$

eingesparte Auszahlungen = 100 - 90 = 10 = höherer Einzahlungsüberschuss

fiktiver Steuersatz auf höheren Einzahlungsüberschuss = 0,25

Synergien = höherer Einzahlungsüberschuss × (1 − fiktiver Steuersatz)
= 10 × (1 − 0,25) = 7,5

bzw. bei einer Ewigen Rente (i = 0,1):
Barwert der Synergien = $\dfrac{7{,}5}{0{,}1}$ = 75

- Beispiel 2: Kostensynergien können aus einer Effizienzsteigerung im Personalbereich resultieren. Die Effizienzsteigerung tritt ein, wenn der **gleiche Absatz** mit einem **geringeren Personalbestand** durchgeführt werden kann oder mit dem **gleichen Personalbestand** ein **höherer Absatz** erzielt wird, ohne das Absatzpotential zu verändern (z.B. geringerer zukünftiger Absatz durch geringere Kundenzufriedenheit wegen Einsparungen im Servicebereich oder in der Qualitätskontrolle etc.):

3.1 Grundlagen der Integration

$$\underbrace{\overbrace{\text{Personalbestand}_{\text{Unt. A}}}^{500} \times \overbrace{\text{Lohn/Gehalt}_{\text{Unt. A}}}^{45.000}}_{\text{Stand-alone}} + \underbrace{\overbrace{\text{Personalbestand}_{\text{Unt. B}}}^{500} \times \overbrace{\text{Lohn/Gehalt}_{\text{Unt. B}}}^{45.000}}_{\text{Stand-alone}}$$

$$< \underbrace{\downarrow \overbrace{\text{Personalbestand}_{\text{Unt. A+Unt. B}}}^{900} \times \overbrace{\text{Lohn/Gehalt}_{\text{Unt. A+Unt. B}}}^{45.000}}_{\text{Unternehmensverbund}}$$

$$\underbrace{\text{Auszahlungen}_{\text{Unt. A}}}_{\text{z.B. } -22.500.000} + \underbrace{\text{Auszahlungen}_{\text{Unt. B}}}_{\text{z.B. } -22.500.000} < \underbrace{\text{Auszahlungen}_{\text{Unt. A+Unt. B}}}_{\text{z.B. } -40.500.000}$$

eingesparte Auszahlungen = 45.000.000 − 40.500.000 = 4.500.000 = höherer Einzahlungsüberschuss

fiktiver Steuersatz auf höheren Einzahlungsüberschuss = 0,25

Synergien = höherer Einzahlungsüberschuss × (1 − fiktiver Steuersatz)
= 4.500.000 × (1 − 0,25) = 3.375.000

bzw. bei einer Ewigen Rente ($i = 0,1$):

Barwert der Synergien = $\dfrac{3.375.000}{0,1}$ = 33.750.000

- Beispiel 3: Kostensynergien können aus einem **effizienteren Einsatz des gebundenen betriebsnotwendigen Kapitals** entstehen. Wird der gleiche Absatz mit einer geringeren Bindung von Kapital im Umlaufvermögen und im Anlagevermögen erbracht, kommt es zu einer Kapitalfreisetzung. Die kalkulatorischen Zinsen auf diese Kapitalfreisetzung sind die, durch die Akquisition eingesparten, fiktiven Auszahlungen. Die Synergien fallen nur in Höhe der kalkulatorischen Zinsen an, weil spätestens bei der Einstellung des Geschäftsbetriebs die Kapitalbindung zurückgezahlt worden wäre.

> **Dyssynergien:**
>
> Was sind Dyssynergien und wie können sie systematisiert werden (siehe Lehrbuch S. 238)?

Dyssynergien sind die Summe der **negativen Verbundeffekte**, die durch die Akquisition entstehen. Sie können eingeteilt werden in Dyssynergien mit:

- **Kostenwirkung** (z.B. Koordinations-, Kompromiss- und Inflexibilitätskosten)
- **Umsatzwirkung** (z.B. Kannibalisierungseffekte bei Produkten und negative Reaktionen von Kunden oder Lieferanten)
- **Risikowirkung** (z.B. Erhöhung des Risikos)

Transaktionskosten vs. Integrationskosten:

Definieren Sie den Begriff „Transaktionskosten" und grenzen Sie diesen von dem Begriff „Integrationskosten" ab. Nennen Sie für beide Begriffe ein paar Beispiele (siehe Lehrbuch S. 238)!

- Transaktionskosten sind Kosten, die im Rahmen der **Durchführung der Transaktion** anfallen (z.B. Kosten für die Due Diligence, Rechtsanwaltskosten, Wirtschaftsprüfungskosten und Beratungshonorare an Investmentbanken).
- Integrationskosten sind Kosten, die bei der **Realisierung der positiven Synergiepotentiale** anfallen (z.B. Zusammenlegung von Abteilungen, Aufbau eines neuen Informationssystems, Abfindungen für ausscheidende Mitarbeiter etc.).

Maximales Wertpotential:

Was ist das „maximale Wertpotential" einer Akquisition (siehe Lehrbuch S. 239)?

- Das „maximale Wertpotential" ergibt sich aus dem Barwert der erwarteten Synergie- und Restrukturierungspotentiale **abzüglich** des Barwerts der erwarteten Dyssynergien sowie der erwarteten Akquisitions- und Integrationskosten. Das „maximale Wertpotential" gibt die Nettowertsteigerungen (Nettobarwert) wieder, die durch die Akquisition erzielt werden können. Zieht man vom „maximalen Wertpotential" noch die Akquisitionsprämie ab, erhält man die Nettowertsteigerungen (Nettobarwert) aus der Sicht des Akquisiteurs.

Preisobergrenze:

Bildet der Stand-alone-Wert zuzüglich des Barwerts der erwarteten Synergie- und Restrukturierungspotentiale die Preisobergrenze bei den Akquisitionsverhandlungen (siehe Lehrbuch S. 239)?

- Nein, der Stand-alone-Wert zuzüglich des Barwerts der erwarteten Synergie- und Restrukturierungspotentiale ist noch um den Barwert der erwarteten **Dyssynergien, Akquisitions- und Integrationskosten** zu korrigieren.

> **Integrationserfolg:**
>
> Der Begriff Erfolg bezieht sich allgemein auf das Ausmaß einer Zielerreichung. Was kann im Beteiligungscontrolling als Maßstab für den Integrationserfolg herangezogen werden (siehe Lehrbuch S. 240)?

- Der Zweck der Integration besteht in der **Realisierung** der veranschlagten **Synergiepotentiale**.
- Als Maßstab für den Integrationserfolg können die Dyssynergien, Akquisitions- und Integrationskosten fungieren, die durch die realisierten Synergien zu übertreffen sind.
- Ein anderer Maßstab für den Integrationserfolg können auch die veranschlagten Synergiepotentiale während der Kaufpreisbestimmung oder die revidierten Synergiepotentiale nach dem Kauf sein, die durch die Realsierung der Synergiepotentiale zu übertreffen sind.

> **Akquisitionserfolg:**
>
> Wann entsteht ein Akquisitionserfolg (siehe Lehrbuch S. 240–241)?

- Wenn der **Maßstab** des Akquisitionserfolgs die **Unternehmenswertsteigerung** des Akquisiteurs ist, dann entsteht ein Akquisitionserfolg, wenn die **realisierten Synergien** sowohl die **Akquisitionsprämie** als auch die **Dyssynergien**, **Akquisitions-** und **Integrationskosten** übersteigen.

3.2 Aufgaben und Instrumente der Integration

> **Integrationsteam:**
>
> Wann sollte ein Integrationsteam im Rahmen des Integrationscontrollings gebildet werden (siehe Lehrbuch S. 243–245)?

- Im Rahmen des Integrationscontrollings sollte ein Integrationsteam schon möglichst in der **Akquisitionsphase** aufgestellt werden. In der Akquisitionsphase hilft das Integrationsteam die Synergiepotentiale, die Integrationskosten und die Risiken der Integration zu schätzen. Dadurch liegen die Verantwortung der Planung, Realisation und Kontrolle des Integrationsprozesses beim Integrationsteam.

> **Mitglieder des Integrationsteams:**
>
> Erläutern Sie, aus welchen Mitgliedern sich das Integrationsteam zusammensetzt (siehe Lehrbuch S. 243–244)?

- Das Integrationsteam setzt sich aus bedeutenden Fachkräften der **Bereiche** des Unternehmens zusammen, in denen die **höchsten Synergiepotentiale** erwartet werden.
- Ein gemeinsames Integrationsteam, das sich aus bedeutenden Fachkräften **beider Unternehmen** zusammensetzt, steigert den **Informationsaustausch** und schafft ein besseres **Integrationsklima**. Letzteres wird durch eine Atmosphäre der Gleichberechtigung gefördert.

> **Integrationsrisiken:**
>
> Wann müssen Integrationsrisiken erkannt werden (siehe Lehrbuch S. 244–246)?

- In der **Due Diligence** sind die Integrationsrisiken zu identifizieren und zu bewerten. Höhere Integrationsrisiken **mindern** dabei die **maximale Preisobergrenze**, die der Akquisiteur bereit ist zu zahlen. Wenn die Möglichkeit eines Integrationserfolgs als zu unsicher eingeschätzt wird, sollte die Akquisition nicht weiter verfolgt werden (**Deal Breaker**).

> **Berücksichtigung von Risiken im DCF-Modell:**
>
> Wie können Risiken bei der Bewertung des Akquisitionsobjektes nach dem DCF-Modell berücksichtigt werden?

- Die Risiken werden normalerweise in der Prognose der **Erwartungswerte der FCF** berücksichtigt.
- Denkbar wäre aber auch eine Risikoadjustierung des **Diskontierungszinssatzes**.

3.2 Aufgaben und Instrumente der Integration

Prämissen der Unternehmensbewertung:

Was versteht man unter Prämissen, die die Grundlage für eine Unternehmensbewertung bilden (siehe Lehrbuch S. 246)?

- Prämissen sind **Annahmen** über die zukünftige Entwicklung von **unternehmensexternen** und **unternehmensinternen Faktoren**, die Einfluss auf die Unternehmensbewertung haben.

Implementierung eines Integrationscontrolling:

Im Rahmen der Unternehmensbewertung werden der Stand-alone-Wert und das maximale Wertsteigerungspotential bestimmt. Wie ist ein Integrationscontrolling darauf aufbauend zu implementieren (siehe Lehrbuch S. 246–247)?

- Die Annahmen für die Berechnung des Unternehmenswertes und der maximalen Wertsteigerung sind in der **Prämissendokumentation** festzuhalten.
- Die Prämissen sind auf Veränderungen zu **kontrollieren** (Vergleich der Istausprägung mit der Planausprägung).
- Kommt es zu einer **Abweichung** der Planausprägung von der Istausprägung, sind diese nach den internen und externen **Ursachen** zu **analysieren**.
- Bei Abweichungen ist zu überprüfen, ob die geplanten Ziele durch **frühzeitige Gegenmaßnahmen** noch erreicht werden können oder ob eine Desinvestition aufgrund der geänderten Prämissen sinnvoll ist.
- Die **Prämissen** sind gegebenenfalls **anzupassen**, um weitere Kontrollen zu ermöglichen.

Veränderung des maximalen Wertsteigerungspotentials:

Kann sich das maximale Wertsteigerungspotential in der Integrationsphase noch verändern (siehe Lehrbuch S. 248–249)?

- Ja, es kann zu einer positiven oder negativen **Planüberholungsabweichung** des maximalen Wertsteigerungspotentials kommen. Nach der rechtlichen Übernahme des Akquisitionsobjektes können neue Informationen zu Tage kommen, so dass auch die Integrationsplanung verifiziert und verfeinert werden muss.

> **Integrationsplan:**
>
> Was ist in einem Integrationsplan festgelegt (siehe Lehrbuch S. 254)?

- Was (= **Integrationsschritte** + Zielgrößen)
- von wem (= **Verantwortliche**)
- wann (= **Zeitvorgaben**, Integrationsgeschwindigkeit)
- mit welchen Kosten (= **Kostenvorgaben**) durchzuführen ist.

> **Integrationsgrad:**
>
> Für die Integrationsplanung müssen Sie den Integrationsgrad festlegen. Welche Integrationsgrade einer Beteiligung in einen Unternehmensverbund werden grundsätzlich unterschieden (siehe Lehrbuch S. 250–252)?

- Das Akquisitionsobjekt kann in Form einer **Stand-alone-Position** weitergeführt werden. Dies bedeutet, dass die Beteiligung in das Informationsversorgungssystem des Unternehmensverbundes integriert wird und unter Umständen finanzwirtschaftliche Synergien gehoben werden.
    - Die Beteiligung ist für die Annahme und Lagerung der Inputfaktoren sowie die Verarbeitung, Vermarktung, Verteilung und Nachbetreuung der Produkte in der Leistungserstellung autonom verantwortlich.
    - Die Beteiligung ist ebenfalls für die Bestellung der Inputfaktoren, die Entwicklung von neuen Produkten und Verfahren und die Einstellung des Personals verantwortlich.
    - Die Finanzierung kann hingegen zentral erfolgen, um im Unternehmensverbund finanzwirtschaftliche Synergien zu heben.
    - Die Informationssysteme können integriert werden, um einheitliche Informationen im Unternehmensverbund sicherzustellen.

3.2 Aufgaben und Instrumente der Integration

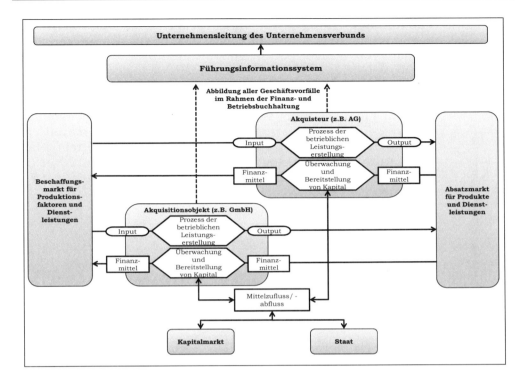

- Das Akquisitionsobjekt kann in Form einer **partiellen Integration** weitergeführt werden. Der Unternehmensverbund versucht bei der partiellen Integration einen optimalen Grad aus Interdependenzbedarf und Autonomiebedarf zu finden (**Symbiose**) und konsequent Verbundvorteile zu realisieren.
  - Die Beteiligung ist für die Annahme und Lagerung der Inputfaktoren sowie die Verarbeitung, Vermarktung, Verteilung und Nachbetreuung der Produkte in der Leistungserstellung nur dann autonom verantwortlich, wenn eine Kooperation mit anderen Beteiligungen des Unternehmensverbundes nicht vorteilhaft ist. Beispielsweise kann die Vermarktung der Produkte von einer anderen Beteiligung übernommen werden, um Kosten zu sparen oder um von dem Know-how der Beteiligung zu profitieren. Es kommt zu einem Autonomieverlust und zu stärkeren Interdependenzen im Unternehmensverbund. Dadurch entstehen ebenfalls Koordinations-, Komplexitäts- und Inflexibilitätskosten, die bei der Integrationsentscheidung zu berücksichtigen sind.

- Eine **vollständige Integration** (**Absorption**) liegt vor, wenn die Selbstbestimmung des Akquisitionsobjektes de facto verloren geht und sämtliche Aktivitäten zentral geplant werden.
    o Die Beteiligung ist für die Annahme und Lagerung der Inputfaktoren sowie die Verarbeitung, Vermarktung, Verteilung und Nachbetreuung der Produkte in der Leistungserstellung nicht mehr autonom verantwortlich. Die Leistungserstellung wird zentral im Unternehmensverbund koordiniert und einzelne Aufgaben auf verschiedene Beteiligungen verteilt. Häufig wird in diesem Fall die rechtlich selbständige Form der Beteiligung aufgelöst, wie beispielsweise im Rahmen von Fusionen.

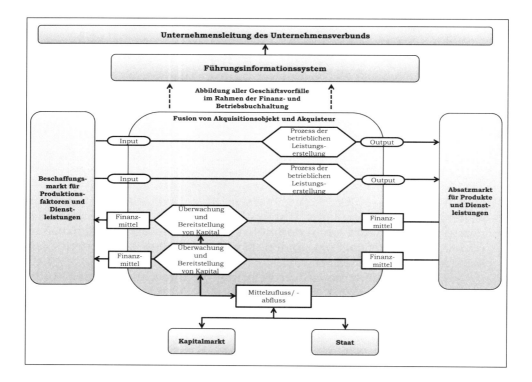

Integrationsgeschwindigkeit:

Was spricht für eine schnelle Integration oder für eine Integration in kleinen Schritten (siehe Lehrbuch S. 252–253)?

3.2 Aufgaben und Instrumente der Integration

- Schnelle Integration:
  - Kunden, Lieferanten, Mitarbeiter und das Management des Akquisitionsobjektes **erwarten** Veränderungen aufgrund der Akquisition. Umso früher Synergiepotentiale gehoben werden, desto höher ist der **Barwert** und desto schneller kommt es wieder zu einer **kontinuierlichen Zusammenarbeit**. Je kürzer der Zeitraum der Integration, desto besser ist die **Planbarkeit**. Die Beteiligten können fokussiert die Integrationsziele anstreben.
- Integration in kleinen Schritten unter Beibehaltung einer gewissen Kontinuität:
  - Die **Beziehungen** von Kunden, Lieferanten, Mitarbeitern und dem Management zum Unternehmen können sich durch abrupte Veränderungen verschlechtern und zu wirtschaftlichen Einbußen führen. An kleine Veränderungen können sich die Betroffenen besser **gewöhnen**. Bei negativen Reaktionen kann gegebenenfalls **entgegengesteuert** werden.

Festlegung der Integrationsgeschwindigkeit:

Was ist bei der Festlegung der Integrationsgeschwindigkeit eines Akquisitionsobjektes zu beachten (siehe Lehrbuch S. 253)?

- Integrationsmaßnahmen werden bei der Akquisition von den Mitarbeitern, Kunden und Lieferanten **erwartet**, ein starker **Kontinuitätsbruch** kann aber zur Beendigung von internen und externen Beziehungen führen.
- Sind viele Integrationsmaßnahmen durchzuführen, können diese sukzessive nach der festgelegten **Priorität** vorgenommen werden, da aufgrund beschränkter Ressourcen nicht immer alle Integrationsmaßnahmen gleichzeitig realisierbar sind. Kriterien zur Priorisierung können der Beitrag zur **Unternehmenswertsteigerung** (z.B. zentrale Beschaffung) oder der Beitrag zur **Komplexitätsreduktion** (z.B. Vereinheitlichung des Rechnungswesens) sein.

Zweck von Meilensteine in der Integrationsphase:

Wofür sind Meilensteine in der Integrationsphase zu bestimmen und wozu dienen sie (siehe Lehrbuch S. 255)?

- Meilensteine (Zwischenziele) werden in der Integrationsphase für die **einzelnen Integrationsschritte** festgelegt (Termine, Kosten, Sachfortschritt).

- Sie dienen dazu **Fortschrittskontrollen** zu ermöglichen. Bei absoluten oder prozentualen Überschreitungen von Schwellenwerten, können detaillierte Analysen initiiert werden und neue Zwischenziele abgeleitet werden.

Kommunikation in der Integrationsphase:

Warum nimmt die Kommunikation in der Integrationsphase eine bedeutende Rolle ein (siehe Lehrbuch S. 256–257)?

- Beim Akquisitionsobjekt kommt es durch die Akquisition zu einem **strategischen Bruch**. Der Prozess der betrieblichen Leistungserstellung kann sich aufgrund der Akquisition verändern. Um **Unsicherheiten zu vermeiden**, sind den Stakeholdern die Gründe, Vorteile und Veränderungen durch die Integration zu **kommunizieren**. Die persönlichen Auswirkungen der Integration sollen für die Stakeholder besser abschätzbar werden, um durch die Kommunikation unerwünschte Reaktionen zu vermeiden.

Kommunikation der Integration:

Welche Stakeholder müssen im Rahmen der Kommunikation der Integration mit welchem Ziel informiert werden (siehe Lehrbuch S. 256–257)?

- Die **Mitarbeiter** werden mit dem Ziel über die Integration informiert, die Unsicherheit über ihre Arbeitssituation zu verringern und dadurch gegebenenfalls die **Arbeitsmotivation** zu steigern.
- Die **Shareholder** werden mit dem Ziel über die Integration informiert, die Unsicherheit über die finanziellen Auswirkungen der Integration zu verringern, damit auf dem Markt für Eigenkapitalanteile die Preisvorstellungen zwischen **Angebot und Nachfrage** nicht zu stark divergieren.
- Die **Fremdkapitalgeber** werden mit dem Ziel über die Integration informiert, die Auswirkungen durch die Akquisition auf die Risikosituation des Fremdkapitals darzulegen, um die Höhe des **Fremdkapitalzinssatzes** positiv zu beeinflussen.
- Die **Lieferanten** und **Kunden** werden mit dem Ziel über die Integration informiert, die Unsicherheiten bezüglich der Integration auf die geschäftlichen Beziehungen zu verringern, um **stabile zukünftige Geschäftsbeziehungen** sicherzustellen.
- Die **interessierte Öffentlichkeit** ist über die allgemeinen Auswirkungen der Integration (z.B. Arbeitsmarkt) zu informieren, um keine negativen **öffentlichen Reaktionen** hervorzurufen.

3.2 Aufgaben und Instrumente der Integration

> **Organisationsstruktur:**
>
> Was ist bei der Schaffung einer neuen Organisationsstruktur im Rahmen der Integration zu beachten (siehe Lehrbuch S. 258)?

Es ist darauf zu achten,

- dass zusätzliche **administrative Kosten** im Management, der Verwaltung und dem Vertrieb vermieden werden,
- dass einzelne Tätigkeiten nicht **doppelt** ausgeführt werden,
- dass es nicht mehr **Hierarchien** gibt, als notwendig sind,
- und dass es eine eindeutige und **überschneidungsfreie Organisationsstruktur** gibt.

> **Möglichkeiten zur Besetzung des Führungspersonals:**
>
> Erläutern Sie Möglichkeiten zur Besetzung des Führungspersonals des Akquisitionsobjektes nach der Akquisition (siehe Lehrbuch S. 259)?

- Die Besetzung des Führungspersonals des Akquisiteurs kann durch eigenes Führungspersonal auf **erster Ebene** des Akquisitionsobjektes erfolgen:
    - Das neue Führungspersonal bringt einen **eigenen Führungsstil** in das Akquisitionsobjekt ein. Die **Unternehmenskultur** kann sich dadurch ändern. **Widerstände** können aber beim Management und bei den Mitarbeitern auftreten und die Leistungs- und Kooperationsbereitschaft mindern.
- Die Besetzung des Führungspersonals des Akquisiteurs kann durch eigenes Führungspersonal auf **zweiter Ebene** des Akquisitionsobjektes erfolgen:
    - Das alte Führungspersonal auf erster Ebene sorgt für eine gewisse **Kontinuität** im Unternehmen. Es ist aber nicht sichergestellt, dass die gewünschte Zusammenarbeit mit einhergehenden Veränderungen vom alten Management auf erster Ebene **unterstützt** wird. Das Führungspersonal auf zweiter Ebene wirkt hingegen **integrierend**.
- Eine Neubesetzung des Führungspersonals des Akquisiteurs unterbleibt vorerst. Das Führungspersonal wird vorübergehend bzw. langfristig **beibehalten**.
    - Es wird eine gewisse **Kontinuität** im Unternehmen sichergestellt. Die Integration hängt von der **Kooperationsbereitschaft** des übernommenen Managements ab. Kommt es zu Integrationsproblemen, kann das Management **ausgetauscht** werden.

> **Integration der F&E-Prozesse:**
>
> Wovon ist die Intensität der Integration der F&E-Prozesse abhängig (siehe Lehrbuch S. 261)?

- Die Intensität der Integration der F&E-Prozesse ist grundsätzlich abhängig von der **Kompatibilität** der F&E-Prozesse des Akquisiteurs und des Akquisitionsobjektes.
- Weitere Einflussfaktoren auf die Intensität der Integration der F&E-Prozesse sind unter anderem die **strategische Bedeutung** des Akquisitionsobjektes und deren F&E-Tätigkeiten, das **Klima** der Integration und gemachte **Zusagen** zum Erhalt von F&E-Projekten am **Standort** des Akquisitionsobjektes.

> **Reduzierung der F&E-Kosten:**
>
> Wie können im Rahmen einer Verschmelzung von F&E-Bereichen die F&E-Kosten im Verhältnis zum Umsatz gesenkt werden (siehe Lehrbuch S. 263– S. 264)?

- Die F&E-Kosten im Verhältnis zum Umsatz können reduziert werden, indem das Verhältnis zwischen **Kapitalbindung und F&E-Output** verbessert wird. Dies wäre beispielsweise der Fall, wenn der gleiche F&E-Output mit einer geringeren Kapitalbindung erreicht wird. Durch eine Zusammenlegung der F&E-Bereiche könnten kapitalintensive Forschungsinstrumente von der gesamten Abteilung genutzt werden, so dass die Auszahlung bzw. die Abschreibung für das eingesparte Gerät entfällt.
- Die F&E-Kosten im Verhältnis zum Umsatz können reduziert werden, indem das Verhältnis zwischen **laufenden F&E-Kosten und F&E-Output** verbessert wird. Dies wäre beispielsweise der Fall, wenn der gleiche F&E-Output mit einer geringeren Anzahl an Personal erreicht wird. Durch eine Zusammenlegung der F&E-Bereiche könnten Arbeitsschritte zusammengefasst werden und dadurch das Verhältnis zwischen Personalbestand und F&E-Output verbessert werden.
- Die F&E-Kosten im Verhältnis zum Umsatz können reduziert werden, indem das Verhältnis zwischen dem **F&E-Output und Umsatz** verbessert wird. Dies wäre beispielsweise der Fall, wenn der gleiche F&E-Output auf mehr Produkte übertragen wird und dadurch zu einem höheren Umsatz führt.
- Grundsätzlich bedarf es für die Realisation der Reduzierung der F&E-Kosten eine strukturierte unternehmensübergreifende F&E-**Planung** und adäquate **Anreizsysteme**. Dabei dürfen die Kosten der **Planung**

3.2 Aufgaben und Instrumente der Integration

und Koordination der F&E-Prozesse nicht die Einsparungen aus der Integration der F&E-Prozesse übersteigen.

> **Risiken und Chancen der Verschmelzung:**
>
> Erörtern Sie die Risiken und Chancen einer Verschmelzung der F&E-Bereiche (siehe Lehrbuch S. 263)?

- Einerseits besteht bei einer Verschmelzung der F&E-Bereiche das Risiko, dass **Schlüsselmitarbeiter** abwandern, ein erhöhter **Planungs- und Koordinationsaufwand** entsteht und die **Marktnähe** aufgrund einer stärkeren Zentralisierung verloren geht.
- Andererseits entsteht gerade durch die Verschmelzung der F&E-Bereiche die Möglichkeit eine **kritische Größe** zur Realisierung von F&E-Projekten zu erhalten, **Kosteneinsparungen** zu realisieren und durch **vielfältigere Ressourcen** bessere F&E-Ergebnisse zu erlangen (z.B. Ergänzung der F&E, neuartige Kombinationen aus der Produktentwicklung, Zugang zu externen Ressourcen, höhere Spezialisierung etc.).

> **Integration der Produktionssysteme:**
>
> Wie können im Rahmen einer Integration der Produktionssysteme die Kosten im Verhältnis zum Umsatz gesenkt werden (siehe Lehrbuch S. 265–S. 267)?

- Die Produktionskosten im Verhältnis zum Umsatz können reduziert werden, indem das Verhältnis zwischen **Kapitalbindung und Produktions-Output** verbessert wird:
    - Das Anlagevermögen kann z.B. durch die Zusammenlegung der Verwaltung in ein Gebäude oder die Zusammenlegung der Produktion auf eine Produktionsstätte reduziert werden.
        - Es kommt zu einer **besseren Auslastung** der schon angeschafften Gebäude und Produktionsstätten.
        - Eine **höhere Produktionsstückzahl** könnte durch leistungsfähigere neue Maschinen erbracht werden, deren Anschaffungs- und Betriebskosten im Verhältnis zu den produzierten Mengen günstiger sind.
        - **Größere Produktionslose** durch eine unternehmensübergreifende Koordination der Produktion können zu Rüstkostenersparnissen führen (z.B. Beibehaltung der Stanzgröße).

- o Das Umlaufvermögen kann z.B. durch geringere Lagerbestände oder aufgrund eines verbesserten Forderungsmanagements reduziert werden.
- Die Produktionskosten im Verhältnis zum Umsatz können ferner reduziert werden, indem das Verhältnis zwischen **laufenden Produktionskosten und Produktions-Output** verbessert wird:
  - o Durch die Zusammenlegung von Produktionsstätten kommt es z.B. zu einem höheren Output in der Produktionsstätte, wodurch sich die Degression der Fixkosten erhöht. Durch den höheren Output kann es außerdem zu schnelleren Lernprozessen und Erfahrungseffekten kommen. Wenn beispielsweise ein Fehler in der Produktion auftritt, kann die komplette Produktionsstätte daraus lernen.
  - o Darüber hinaus kann ein Know-how Transfer zu Produktionsverbesserungen führen (z.B. Modellverbesserungen, Prozessverbesserung etc.).
- Die Produktionskosten im Verhältnis zum Umsatz können außerdem reduziert werden, indem das Verhältnis zwischen **Produktions-Output und Umsatz** verbessert wird:
  - o Am Markt können z.B. höhere Preise durchgesetzt werden, wenn die Qualität sich durch einen Know-how Transfer verbessert und/oder sich die Produktionszeit pro Output verringert.
  - o Durch die Integration von Produktionssystemen könnte z.B. eine kritische Produktionsmenge erreicht werden, die ein Nebenprodukt hervorbringt (z.B. Wärme bei einer chemischen Reaktion), das am Markt oder intern wieder verwertet werden kann (z.B. Wärme wird zu Strom umgewandelt und gegen Entgelt ins Stromnetz eingespeist) und zu einem höheren Umsatz führt (Economies of Scope).

Kosten der Integration von Produktionssystemen:

Was für Kosten fallen für die Integration von Produktionssystemen an (siehe Lehrbuch S. 267)?

- Für die Integration von Produktionssystemen müssen Produktionsstätten zusammengelegt, neuverteilt oder redimensioniert werden.
- Dadurch kommt es zu
  - o **Auflösungskosten** und **Transferkosten** für die Potentialfaktoren (Integrationskosten)
  - o sowie zu **Komplexitätskosten** aus der Koordination der Produktionssysteme im Verbund.

3.2 Aufgaben und Instrumente der Integration

> **Ziele des Vertriebs:**
>
> Was sind die grundsätzlichen Ziele des Vertriebs (siehe Lehrbuch S. 268)?

Ziele des Vertriebs sind:

- die **Pflege** der bestehenden Kundenbeziehungen (Zufriedenheit),
- die **Erhöhung** der Kundenfrequenz (Zeit),
- die **Erhöhung** der Lieferungen an die Kunden (Menge pro Kunde),
- die **neue Gewinnung** von Kunden (Menge insgesamt),
- die Förderung des **Cross Sellings** (Menge insgesamt)
- und die **Steuerung des Kundenportfolios** (Risiko).

> **Integration der Vertriebssysteme:**
>
> Wie können Synergien im Rahmen einer Integration der Vertriebssysteme erzielt werden (siehe Lehrbuch S. 269)?

- Synergien können erzielt werden durch
    - die **Reduktion**, den **Transfer**, den **Zugang** oder die **Zusammenlegung** von Ressourcen (z.B. Personal),
    - die **Verbesserung** von Prozessen
    - und eine Veränderung des **Leistungsprogramms**.
- Die Vertriebskosten im Verhältnis zum Umsatz können reduziert werden, indem das Verhältnis zwischen **Kapitalbindung und Vertriebs-Output** verbessert wird:
    - Das Anlagevermögen kann z.B. durch eine Integration des Vertriebs mit dem des Akquisitionsobjektes verringert werden, so dass es zu einer Reduktion der Vertriebsfilialen kommt. Es folgt eine höhere Frequenz der Kundenbesuche durch eine Reduzierung der Vertriebsfilialen. Die positiven Ergebniseffekte aus den Einsparungen überwiegen idealerweise etwaige negative Ergebniseffekte aus Absatzrückgängen aufgrund der geringeren Filialdichte.
    - Das Umlaufvermögen kann z.B. durch geringere Lagerbestände und/oder eines verbesserten Forderungsmanagements reduziert werden (Transfer von Managementkapazitäten).
- Die Vertriebskosten im Verhältnis zum Umsatz können reduziert werden, indem das Verhältnis zwischen **laufenden Vertriebskosten und Vertriebs-Output** verbessert wird:
    - Indem z.B. die Vertriebsmitarbeiter des Akquisiteurs ebenfalls die Produkte des Akquisitionsobjektes vertreiben (Cross-Selling) können Vertriebsmitarbeiter eingespart werden.

- o Eine einheitliche Koordination der Vertriebsmitarbeiter kann z.B. zu einer Reduzierung von Doppelarbeiten und zu einer Reduktion der Kosten führen.
- Die Vertriebskosten im Verhältnis zum Umsatz können reduziert werden, indem das Verhältnis zwischen **Vertriebs-Output und Umsatz** verbessert wird:
  - o Durch eine Veränderung des Leistungsprogramms (z.B. Leistungskombination) können z.B. höhere Gewinnspannen erreicht werden.

Vereinheitlichung des Vertriebsnetzes:

Ein japanischer Automobilkonzern übernimmt einen amerikanischen Konkurrenten. Der japanische Automobilkonzern möchte über die Händler des amerikanischen Konkurrenten ebenfalls die japanischen Modelle vertreiben. Beurteilen Sie diese Entscheidung kritisch!

- Positiv zu beurteilen ist, dass die japanischen Modelle ohne den kostspieligen Aufbau eines eigenen Vertriebsnetzes **schnell** in den amerikanischen Markt vertrieben werden können. Die Erfahrungen des amerikanischen Vertriebsnetzes können genutzt werden.
- Fraglich ist aber, wie sich diese Entscheidung auf die bestehenden Kundenbeziehungen, auf die Kundenfrequenz und auf die Gewinnung von Neukunden auswirkt. Besonders bei unterschiedlichen **Marktbearbeitungsstrategien** kann ein einheitliches Vertriebsnetz negative Auswirkungen auf die Kundenbeziehung haben.

Integration des Planungs- und Kontrollsystems:

Warum kommt der Integration des Planungs- und Kontrollsystems (PuK-System) in den Unternehmensverbund eine besondere Bedeutung zu (siehe Lehrbuch S. 271–273)?

- Die Integration des Planungs- und Kontrollsystems des Akquisitionsobjektes in den Unternehmensverbund ermöglicht eine **einheitliche Planung, Steuerung, Kontrolle, Koordination und Informationsversorgung** bezüglich des Akquisitionsobjektes im Unternehmensverbund.
- Durch die Integration des Planungs- und Kontrollsystems werden **Risiken** besser erfasst, die sich auf Ebene des Unternehmensverbundes **kumulieren** oder **kompensieren** können.

3.2 Aufgaben und Instrumente der Integration

- Ein einheitliches Planungs- und Kontrollsystem verringert die **Komplexität** und erhöht die Motivation durch die Einrichtung **einheitlicher Anreizsysteme**.
- Darüber hinaus kann es bei der Implementierung zu **Verbesserungen** des Planungs- und Kontrollsystems kommen (z.B. Innovationen, Wissenstransfer etc.).

Kosten der Integration der PuK-Systeme:

Was für Kosten fallen hauptsächlich aus der Integration der PuK-Systeme an und wo spiegeln sich diese in der GuV wider (siehe Lehrbuch S. 272)?

- Es fallen Kosten bei der **Zusammenführung** der PuK-Systeme, der **Einführung** und der **laufenden Schulungen** an.
- Kosten aus **Akzeptanzproblemen** entstehen, wenn es bei den Mitarbeitern zu Widerstand oder zu einer inneren Kündigung kommt.

Inhalt des Informationsmanagements:

Womit beschäftigt sich das Informationsmanagement (siehe Lehrbuch S. 273)?

- Das Informationsmanagement beschäftigt sich mit der
    - **Beschaffung**
    - **Verarbeitung**
    - **Übertragung**
    - **Speicherung** und
    - **Bereitstellung** von Informationen.

Integrationsgeschwindigkeit:

Mit welchen Integrationsgeschwindigkeiten können neue Systeme eingeführt werden?

- Die Systeme können **schlagartig** umgestellt werden (Big Bang).
- Die Systeme werden **schrittweise** erneuert (sukzessive Migration).
- Das alte und das neue System werden übergangsweise **gleichzeitig** betrieben (paralleler Betrieb).
- In einzelnen Bereichen wird das System **probeweise** eingeführt, bevor das System unternehmensweit eingeführt wird (Pilotierung).

> **Vorteile der Integration der Informationssysteme:**
>
> Was für Vorteile entstehen durch die Integration der Informationssysteme (siehe Lehrbuch S. 274–275)?

- Durch die Integration der Informationssysteme wird ein **Informationsfluss** zwischen dem Akquisiteur und dem Akquisitionsobjekt sichergestellt.
- Darüber hinaus wird die **Konsistenz** der Informationen durch die Integration der Informationssysteme verbessert, um eine bessere Entscheidungsgrundlage zu erlangen.
- Materielle und personelle Ressourcen werden durch die Integration eingespart, wenn gleiche und ähnliche Tätigkeiten **zentral** oder **standardisiert** erbracht und **Redundanzen** vermieden werden.

> **Integrationsspezifische Berichterstattung:**
>
> Was ist das Ziel der integrationsspezifischen Berichterstattung (siehe Lehrbuch S. 277)?

- Das Ziel der integrationsspezifischen Berichterstattung ist, den Integrationserfolg **laufend** und **zeitnah** zu dokumentieren und **ökonomische** und **nichtökonomische Konsequenzen** aus der Integration darzustellen.

> **Fortschrittskontrollen:**
>
> Im Integrationsplan wird festgelegt, was (Integrationsschritte), von wem (Verantwortliche), wann (Zeitvorgaben), mit welchen Kosten durchzuführen ist. Was für Fortschrittskontrollen muss das Integrationscontrolling durchführen (siehe Lehrbuch S. 284)?

- Das Integrationscontrolling muss
    - **Sachfortschrittskontrollen**,
    - **Terminkontrollen** und
    - **Kostenkontrollen** durchführen.
- Die Fortschrittskontrolle kann um eine Kontrolle des **FCF** erweitert werden.
- Darüber hinaus sind die Annahmen, die die Grundlage der Integrationsplanung sind, zu überprüfen (**Prämissenkontrolle**).
- Die Kontrollen können einzelne Integrationsprojekte betreffen oder auf Ebene der gesamten Integration durchgeführt werden.

3.2 Aufgaben und Instrumente der Integration

> **Earned Value Method:**
>
> Beschreiben Sie die „Earned Value Method" (siehe Lehrbuch S. 285–288)?

- In der „Earned Value Method" wird der **Zielerreichungsgrad** der Integration gemessen:
    - In t=0 werden die kumulierten Integrationskosten für die durchzuführenden Integrationsmaßnahmen geplant (**Soll-Integrationskosten der Soll-Integrationsleistung**).
    - In t=x werden die kumulierten Integrationskosten für die durchgeführten Integrationsmaßnahmen ermittelt (**Ist-Integrationskosten der Ist-Integrationsleistung**).
    - Darüber hinaus werden in t=x die kumulierten Integrationskosten ermittelt, die ursprünglich für die durchgeführten Integrationsmaßnahmen angesetzt wurden (**Soll-Integrationskosten der Ist-Integrationsleistung**). Durch die Differenz der ursprünglich geplanten Integrationskosten mit den angefallenen Integrationskosten für die Integrationsmaßnahmen wird die **Integrationskostenabweichung** ermittelt. Werden die ursprünglich geplanten Integrationskosten der geplanten Integrationsmaßnahmen mit den ursprünglich geplanten Integrationskosten der durchgeführten Integrationsmaßnahmen verglichen, ergibt sich die **Integrationsleistungsabweichung**.
    - In t=x werden nun die durchzuführenden Integrationsmaßnahmen und die kumulierten Integrationskosten bis zum voraussichtlichen Projektabschluss neu geplant. In Folge dessen lassen sich für das Integrationsobjekt eventuelle **Terminüberschreitungen** und **Integrationsmehrkosten** prognostizieren.

> **Meilensteine:**
>
> Welche wertorientierten Zielgrößen kann das Integrationscontrolling als Meilensteine vorgeben (siehe Lehrbuch S. 295–299)?

- Das Integrationscontrolling kann im Rahmen der Planung beispielsweise **Soll-Unternehmenswerte** oder **Soll-Wertbeiträge** (z.B. EVA, CVA) vorgeben, um eine wertorientierte Kontrolle zu ermöglichen.

Integrations-Dashboard:

Was ist ein Integrations-Dashboard (siehe Lehrbuch S. 299–305)?

- Das Integrations-Dashboard bildet vier Arten von Synergien ab:
    - **Finanzwirtschaftliche** Synergien
    - **Güterwirtschaftliche** Synergien
    - **Marktbezogene** Synergien
    - **Wissensbasierte** Synergien.
- Es werden **Maßnahmen**, **Kosten** und **Zeitraum** für die Realisation der vier Arten von Synergien geplant, gesteuert und kontrolliert.
- Das Integrations-Dashboard dient als **Informations- und Kommunikationsinstrument**, zeigt **Interdependenzen** auf und berücksichtigt Synergien **gleichberechtigt**.

Abschlusskontrolle:

Wofür dient die Abschlusskontrolle der Integrationsphase (siehe Lehrbuch S. 307)?

- Die Abschlusskontrolle der Integrationsphase dient der **Dokumentation** und der **Auswertung** der Integration. Die Abschlusskontrolle kann **positive oder negative Sanktionen** zur Folge haben und dadurch bereits eine **präventive Wirkung** entfalten. Darüber hinaus kann aus der Auswertung für zukünftige Integrationen **gelernt** werden.

4 Laufendes Beteiligungscontrolling

4.1 Planungs- und Berichtswesen

Unternehmensgruppen-Handbuch:

Was ist die Aufgabe des Unternehmensgruppen-Handbuches bzw. des Konzernhandbuches (siehe Lehrbuch S. 311–312)!

- Die Aufgabe des Unternehmensgruppen-Handbuches ist die **einheitliche Kommunikation** über die Ausrichtung der **Unternehmensgruppe**, die Darstellung von **Unternehmensprozessen** und die Definition von einheitlichen **Berichtsformaten und -inhalten**.

Aufbau des Planungs- und Berichtswesens:

Ein Unternehmen hat folgende Matrixstruktur:

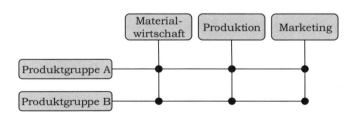

Wie ist das Planungs- und Berichtswesen aufgebaut (siehe Lehrbuch S. 314)?

- Das Planungs- und Berichtswesen richtet sich nach der **bestehenden Organisationsstruktur**. In diesem Fall würden sowohl die **objektorientierten Verantwortlichen** der Sparte Produktgruppe A und der Sparte Produktgruppe B als auch die **verrichtungsorientierten Verantwortlichen** der Funktionen Materialwirtschaft, Produktion und Marketing der Unternehmensleitung berichten.

Betriebswirtschaftliche Kennzahl:

Was ist eine betriebswirtschaftliche Kennzahl (siehe Lehrbuch S. 314)?

- Betriebswirtschaftliche Kennzahlen informieren über **betriebswirtschaftliche Sachverhalte**. Durch die betriebswirtschaftlichen Kennzahlen kommt es zu einer bewussten **Verdichtung der Realität**. Man unterscheidet zwischen absoluten und relativen Kennzahlen. Der Gewinn wäre beispielsweise eine absoluten Kennzahl; die Eigenkapitalrentabilität eine relative Kennzahl.

Kennzahlenart:

Welche unterschiedlichen Kennzahlenarten gibt es (siehe Lehrbuch S. 314)?

- Gliederungskennzahlen
- Beziehungskennzahlen
- Indexkennzahlen

Kennzahlenart:

Erläutern Sie, um was für eine Kennzahlenart es sich bei den folgenden Kennzahlen handelt?

$$\text{Eigenkapitalquote} = \frac{\text{Eigenkapital}}{\text{Gesamtkapital}}$$

$$\text{Umsatzrentabilität} = \frac{\text{Jahresüberschuss}}{\text{Umsatz}}$$

- Wenn ein **Teil** (z.B. Zähler = Eigenkapital) **zum Ganzen** (z.B. Nenner = Gesamtkapital) in ein Verhältnis gesetzt wird, handelt es sich um eine **Gliederungskennzahl**.
- Am Beispiel der Hopper AG beträgt die Eigenkapitalquote der Beteiligung B am Ende der Periode t-1 beispielsweise 52,82%:

4.1 Planungs- und Berichtswesen

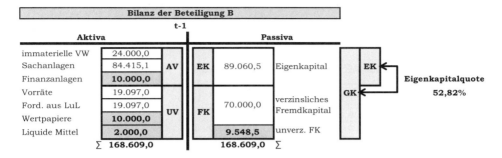

Die Umsatzrentabilität der Beteiligung B beträgt beispielsweise in der Periode t:

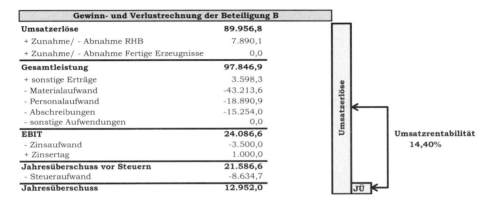

Kennzahlenart:

Erläutern Sie, um was für eine Kennzahlenart es sich bei der folgenden Kennzahl handelt!

$$\text{Eigenkapitalrentabilität} = \frac{\text{Jahresüberschuss}_t}{\text{Eigenkapital}_{t-1}}$$

- Wenn zwei wesensverschiedene Größen (Jahresüberschuss – Eigenkapital; Umsatz – Mitarbeiter), die in einem **sachlogischen** Zusammenhang zueinander stehen (je mehr Kapital/Mitarbeiter desto höher der Jahresüberschuss/Umsatz) und **keinen Teilmengencharakter** aufweisen, in ein Verhältnis gesetzt werden, handelt es sich um eine **Beziehungskennzahl**.
- Am Beispiel der Hopper AG beträgt die Eigenkapitalrentabilität der Beteiligung B in der Periode t beispielsweise 14,54%:

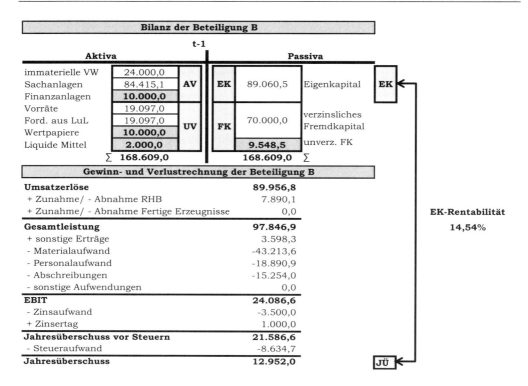

Kennzahlenart:

Erläutern Sie, um was für eine Kennzahlenart es sich bei der Kennzahl Umsatzwachstum handelt!

$$\text{Umsatzwachstumsrate} = \frac{\text{Umsatz}_t - \text{Umsatz}_{t-1}}{\text{Umsatz}_{t-1}} = \frac{\text{Umsatz}_t}{\text{Umsatz}_{t-1}} - 1$$

- Der Umsatz in t-1 ist der **Basiswert** (Nenner). Die **Veränderung** des Umsatzes einer Periode wird dazu in Verhältnis gesetzt (Zähler). Es handelt sich um eine **Indexkennzahl**, weil die zeitliche Veränderung der Daten übersichtlich aufbereitet wird.
- Am Beispiel der Hopper AG beträgt die Umsatzwachstumsrate der Beteiligung B in der Periode t beispielsweise 41,32%:

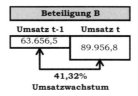

Kennzahlensystem:

Erläutern sie anhand der Umsatzrentabilität, wie ein Kennzahlensystem aufgebaut ist!

$$\text{Umsatzrentabilität} = \frac{\text{Jahresüberschuss}}{\text{Umsatz}}$$

- Ein Kennzahlensystem besteht aus **mehreren Kennzahlen**, die in einer **rechnerischen oder sachlogischen Verknüpfung** zueinander stehen. Der Jahresüberschuss kann beispielsweise in einzelne Elemente untergliedert werden, aus denen er berechnet wird. Diese Elemente können in einem weiteren Schritt sachlogisch strukturiert werden. In dem folgenden Beispiel wird der Jahresüberschuss lediglich auf einzelne Positionen aus der Gewinn- und Verlustrechnung zurückgeführt:

$$\begin{aligned}
\text{Umsatzrentabilität} &= \frac{\text{Jahresüberschuss}}{\text{Umsatz}} \\
&= \frac{\text{Umsatz} - \text{betriebliche Aufwendungen} -/+ \text{sonstiges betriebliches Ergebnis}}{\text{Umsatz}} \\
&\quad - \frac{\text{Finanzergebnis} - \text{außerordentliches Ergebnis} - \text{Steuern}}{\text{Umsatz}} \\
&= \frac{\text{Umsatz}}{\text{Umsatz}} - \frac{\text{betriebliche Aufwendungen}}{\text{Umsatz}} -/+ \frac{\text{sonstiges betriebliches Ergebnis}}{\text{Umsatz}} \\
&\quad - \frac{\text{Finanzergebnis}}{\text{Umsatz}} - \frac{\text{außerordentliches Ergebnis}}{\text{Umsatz}} - \frac{\text{Steuern}}{\text{Umsatz}}
\end{aligned}$$

mit:
betriebliche Aufwendungen = Herstellungskosten + Verwaltungskosten + Vertriebskosten + F & E - Kosten

- Durch die Aufspaltung der Kennzahl in einzelne Komponenten, können Einflussfaktoren identifiziert, prognostiziert, vorgegeben, kontrolliert und analysiert werden.

Prognose der Umsatzrentabilität:

Welche Probleme ergeben sich bei der Prognose der Umsatzrentabilität?

- Das **außerordentliche Ergebnis** lässt sich nicht prognostizieren.
- Das **Finanzergebnis** besteht aus den Zinserträgen und den Zinsaufwendungen. Die Entwicklung des Umsatzes und die Entwicklung der Zinserträge weisen keinerlei Zusammenhänge auf und eine Veränderung des Verschuldungsgrades beeinflusst die Umsatzrentabilität, obwohl sich die Marktstellung des Unternehmens deswegen nicht verändern muss.
- Auch der **Steueraufwand** kann aufgrund von Verlustvorträgen oder Steuernachzahlungen über die Zeit schwanken. Für die Prognose und die Beurteilung der Marktstellung eines Unternehmens ist es daher besser auf die EBIT-Marge zurückzugreifen:

$$\text{EBIT-Marge} = \frac{\text{EBIT}}{\text{Umsatz}}$$

Annahme: EBIT = Betriebsergebnis = Jahresüberschuss + Steueraufwand + außerordentliches Ergebnis + Finanzergebnis

- In der Gewinn- und Verlustrechnung der Beteiligung B der Hopper AG wird kein außerordentliches Ergebnis ausgewiesen. Die EBIT-Marge der Beteiligung B beträgt in der Periode t beispielsweise 26,78%:

Gewinn- und Verlustrechnung der Beteiligung B	
Umsatzerlöse	89.956,8
+ Zunahme/ - Abnahme RHB	7.890,1
+ Zunahme/ - Abnahme Fertige Erzeugnisse	0,0
Gesamtleistung	97.846,9
+ sonstige Erträge	3.598,3
- Materialaufwand	-43.213,6
- Personalaufwand	-18.890,9
- Abschreibungen	-15.254,0
- sonstige Aufwendungen	0,0
EBIT	24.086,6
- Zinsaufwand	-3.500,0
+ Zinsertag	1.000,0
Jahresüberschuss vor Steuern	21.586,6
- Steueraufwand	-8.634,7
Jahresüberschuss	12.952,0

EBIT-Marge 26,78%

Return on Capital Employed-Formel:

Welche Verknüpfungen stellt die Return on Capital Employed-Formel her? Gehen Sie davon aus, dass

- Return = NOPLAT = EBIT – fiktive Steuerzahlung und
- Capital Employed = Anlagevermögen + Umlaufvermögen – Finanzanlagen und Wertpapiere – Liquide Mittel – unverzinsliches Fremdkapital.

Die Finanzanlagen und Wertpapiere werden abgezogen, da das Finanzergebnis nicht in der obigen Definition des EBIT enthalten ist und

4.1 Planungs- und Berichtswesen

Zähler und Nenner symmetrisch zueinander abgegrenzt werden sollten. Würde das EBIT die Zinserträge aus den Finanzanlagen und den Wertpapieren enthalten, dürften sie nicht abgezogen werden. Auf das unverzinsliche Fremdkapital müssen keine Zinsen gezahlt werden. Es wird abgezogen, um auf die durchschnittliche Verzinsung des Eigen- und des verzinslichen Fremdkapitals aus dem operativ gebundenen Vermögen abzuzielen. Liquide Mittel sollten im Besonderen dann abgezogen werden, wenn diese für die operative Tätigkeit nicht benötigt werden (Überschüssige Liquide Mittel).

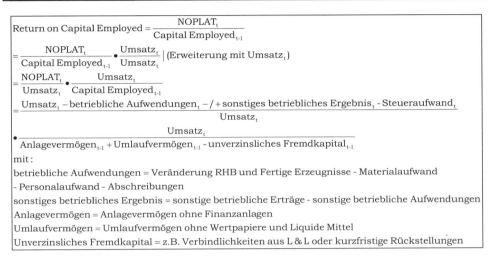

$$\text{Return on Capital Employed} = \frac{\text{NOPLAT}_t}{\text{Capital Employed}_{t-1}}$$

$$= \frac{\text{NOPLAT}_t}{\text{Capital Employed}_{t-1}} \cdot \frac{\text{Umsatz}_t}{\text{Umsatz}_t} \mid (\text{Erweiterung mit Umsatz}_t)$$

$$= \frac{\text{NOPLAT}_t}{\text{Umsatz}_t} \cdot \frac{\text{Umsatz}_t}{\text{Capital Employed}_{t-1}}$$

$$= \frac{\text{Umsatz}_t - \text{betriebliche Aufwendungen}_t - / + \text{sonstiges betriebliches Ergebnis}_t - \text{Steueraufwand}_t}{\text{Umsatz}_t}$$

$$\cdot \frac{\text{Umsatz}_t}{\text{Anlagevermögen}_{t-1} + \text{Umlaufvermögen}_{t-1} - \text{unverzinsliches Fremdkapital}_{t-1}}$$

mit:
betriebliche Aufwendungen = Veränderung RHB und Fertige Erzeugnisse - Materialaufwand
- Personalaufwand - Abschreibungen
sonstiges betriebliches Ergebnis = sonstige betriebliche Erträge - sonstige betriebliche Aufwendungen
Anlagevermögen = Anlagevermögen ohne Finanzanlagen
Umlaufvermögen = Umlaufvermögen ohne Wertpapiere und Liquide Mittel
Unverzinsliches Fremdkapital = z.B. Verbindlichkeiten aus L & L oder kurzfristige Rückstellungen

- Am Beispiel der Hopper AG könnte für die Beteiligung B ein Kennzahlensystem folgendermaßen aufgebaut werden:

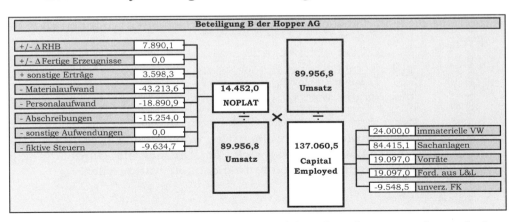

In diesem Beispiel stehen die Kennzahlen in einem mathematischen Zusammenhang zum NOPLAT bzw. dem Capital Employed. Die Veränderung der einzelnen Kennzahlen erklärt die Entwicklung des Return on Capital Employed:

	t-2	t-1	t		Soll t+1
Δ RHB	435,0	3.662,0	7.890,1		
% vom Umsatz	0,85%	5,75%	8,77%		
Δ Fertige Erzeugnisse	0,0	0,0	0,0		
+ sonstige Erträge	2.058,0	2.546,3	3.598,3		
% vom Umsatz	4,00%	4,00%	4,00%		
- Materialaufwand	-23.924,2	-30.370,9	-43.213,6	14.452,0	
% vom Umsatz	-46,50%	-47,71%	-48,04%		
- Personalaufwand	-10.804,5	-13.367,9	-18.890,9	NOPLAT	
% vom Umsatz	-21,00%	-21,00%	-21,00%		
- Abschreibungen	-10.000,0	-12.601,0	-15.254,0	÷	
% vom Umsatz	-19,44%	-19,80%	-16,96%		
- sonstige Aufwendungen	0,0	0,0	0,0		
% vom Umsatz	0,00%	0,00%	0,00%		
- fiktive Steuern	-3.685,7	-5.410,0	-9.634,7		
% vom Umsatz	-7,16%	-8,50%	-10,71%		
immaterielle VW	28.000,0	26.000,0	24.000,0		
% vom Umsatz	54,42%	40,84%	26,68%	137.060,5	
Sachanlagen	82.000,0	84.404,0	84.415,1		
% vom Umsatz	159,38%	132,59%	93,84%	Capital Employed	
Vorräte	15.000,0	15.435,0	19.097,0		
% vom Umsatz	29,15%	24,25%	21,23%		
Ford. aus L&L	15.000,0	15.435,0	19.097,0		
% vom Umsatz	29,15%	24,25%	21,23%		
unverz. FK	-7.500,0	-7.717,5	-9.548,5		
% vom Umsatz	-14,58%	-12,12%	-10,61%		

Auf Basis dieser Daten können der Beteiligung Soll-Werte vorgegeben werden, die diese in der nächsten Periode zu erreichen hat, um den EVA zu steigern:

$$EVA = \left(\frac{NOPLAT_t}{Capital\ Employed_{t-1}} - WACC\right) \times Capital\ Employed_{t-1}$$

$$EVA = \underbrace{(ROCE - WACC)}_{Value\ Spread} \times Capital\ Employed_{t-1}$$

In diesem Beispiel wurden die einzelnen Kennzahlen auch prozentual vom Umsatz angegeben. Dadurch lässt sich der Umsatz als Ganzes in die NOPLAT-Marge und in die einzelnen Aufwandsquoten unterteilen:

4.1 Planungs- und Berichtswesen

%-Veränderung vom Umsatz:	
Δ RHB	8,77%
Δ Fertige Erzeugnisse	0,00%
+ sonstige Erträge	4,00%
- Materialaufwand	-48,04%
- Personalaufwand	-21,00%
- Abschreibungen	-16,96%
- sonstige Aufwendungen	0,00%
- fiktive Steuern	-10,71%
Summe	**-83,93%**
NOPLAT-Marge	**16,07%**

Die unterschiedlichen Aufwandsquoten reagieren aber nicht in einem eindeutigen Verhältnis zum Umsatz. Die Steueraufwandsquote steigt beispielsweise, weil sich die EBIT-Marge der Beteiligung B in den letzten Perioden erhöht hat. Der Materialaufwand steigt stärker als der Umsatz, weil mehr Roh-, Hilfs- und Betriebsstoffe eingekauft wurden. Die Abschreibungen gehen in der Periode t zurück, weil unter Umständen eine höhere Kapazitätsauslastung zustande kam, in den vergangenen Perioden weniger investiert wurde oder beispielsweise stille Reserven aufgrund einer schnellen Abschreibung gebildet wurden.

Return on Capital Employed:

Wie kann der Return on Capital Employed gesteigert werden?

- Der Return on Capital Employed steigt, wenn sich das Verhältnis zwischen **NOPLAT und Capital Employed** verbessert. Dies wird beispielsweise erreicht, wenn bei konstantem Capital Employed der **NOPLAT steigt** oder bei konstantem NOPLAT das **Capital Employed sinkt**.
- Als vorgelagerte Größen beeinflussen der Kapitalumschlag und die NOPLAT-Marge den Return on Capital Employed.
  - Die NOPLAT-Marge zeigt auf, wie viel Cent von einem Euro Umsatz zur Bedienung der Ansprüche der Eigen- und Fremdkapitalgeber übrigbleibt. Die **NOPLAT-Marge steigt** beispielsweise, wenn bei gleichen Kosten der Preis der abgesetzten Mengen gesteigert werden kann oder wenn bei gleichem Umsatz die Kosten reduziert werden können.
  - Der Kapitalumschlag des Capital Employed gibt an, wie viel mal das Capital Employed innerhalb einer Periode im Unternehmen zirkuliert ist. Bei einer positiven NOPLAT-Marge führt ein **höherer Kapitalumschlag** zu einem höheren Return on Capital Employed.

- Negativ zu bewerten ist, dass **Interperiodendependenzen** nicht explizit als sachlogische Zusammenhänge erfasst werden. So führt eine Verringerung der Vertriebskosten aufgrund der sachlogischen rechnerischen Verknüpfung zwar zu einem steigenden Return on Capital Employed; die Verringerung der Vertriebskosten kann hingegen zu einer zukünftig geringeren Umsatzentwicklung führen.

Hurdle Rate:

Das Controlling der Hopper AG möchte zur wertorientierten Steuerung der Beteiligung B eine „Hurdle Rate" vorgeben. Es stehen zwei Alternativen zur Auswahl:

$$\frac{NOPLAT_t}{Capital\ Employed_{t-1}} \geq WACC$$

$$\frac{Jahresüberschuss_t}{Eigenkapital_{t-1}} \geq r(EK)$$

Erörtern Sie kurz, welche „Hurdle Rate" Sie der Hopper AG empfehlen würden?

- Der Marktwert des Eigenkapitals kann durch die Diskontierung der Jahresüberschüsse bestimmt werden, wenn die zeitlich unterschiedliche Verteilung zwischen den Jahresüberschüssen und den Ausschüttungen durch kalkulatorische Zinsen auf das gebundene Kapital ausgeglichen wird (**Preinreich-Lücke-Theorem**) und das **Kongruenzprinzip** erfüllt ist. Übertreffen die zukünftigen Eigenkapitalrenditen den Diskontierungszinssatz (r(EK)), hat die Beteiligung B ein positives errechnetes M/B-Verhältnis. Periodisch kann daher gefordert werden, dass die Beteiligung B die „Hurdle Rate" r(EK) übertreffen sollte.
- Vorteil des ROCE (NOPLAT/Capital Employed) ist, dass die Finanzanlagen und Wertpapiere herausgerechnet werden, um die Leistung des operativen Geschäfts zu beurteilen. Verstärkt wird dies dadurch, dass die Finanzierungsstruktur und der Steuervorteil im WACC getrennt berücksichtigt werden. Daher ist der Hopper AG für die wertorientierte Steuerung der WACC als „Hurdle Rate" zu empfehlen.

Planung:

Erörtern Sie den Begriff der Planung (siehe Lehrbuch S. 317–325)!

4.1 Planungs- und Berichtswesen

- In der Planung wird festgelegt,
  - wer (Planungsobjekt)
  - was (Planungsinhalt)
  - wann (Planungszeitraum) zu erreichen hat.
- **Planungsobjekte** können sich beispielsweise auf Beteiligungen beziehen, deren Management innerhalb einer Periode (**Planungszeitraum**) erfolgs- und finanzwirtschaftliche Kennzahlen zu erreichen hat (**Planungsinhalt**).
- Es wird zwischen einer **Detailplanung** und einer **strategischen Planung** unterschieden. Die strategische Planung wird vor der Detailplanung vorgenommen.

Prämissen:

Planungen beruhen auf Prämissen. Welche Prämissen werden zentral vorgegeben oder zumindest stichprobenartig überprüft (siehe Lehrbuch S. 316)?

- Annahmen, die zentral vorgegeben oder überprüft werden, sind Annahmen zur **volkswirtschaftlichen Entwicklung**, zu **Wechselkursen** und **Zinssätzen**.

Ziele und Strategien:

Nennen Sie jeweils ein Beispiel für ein geschäftspolitisches Ziel, eine Unternehmensgruppenstrategie, eine Geschäftsfeldstrategie, eine Wettbewerbsstrategie, eine Wertschöpfungsstrategie und für eine einzelne Maßnahme (siehe Lehrbuch S. 321–322)!

- **Geschäftspolitische Ziele** sind beispielsweise „den Service spürbar zu verbessern" oder „die Lieferzeit spürbar zu reduzieren". Eine **Vision** konkretisiert die geschäftspolitischen Ziele, indem sie einen Zustand in der Zukunft beschreibt und extern sowie intern kommuniziert. Das **Unternehmensleitbild** gibt hingegen intern eine Orientierung für das Verhalten zur Verwirklichung der Vision.
- Eine **Unternehmensgruppenstrategie** ist beispielsweise die Konzentration auf Kernkompetenzen. Sie beschreibt die Gesamtausrichtung der Unternehmensgruppe.
- Eine **Geschäftsfeldstrategie** ist beispielsweise die Expansion in Entwicklungsländer. Sie beschreibt, welche Geschäftsfelder bearbeitet werden sollen.

- Eine **Wettbewerbsstrategie** ist beispielsweise „die Leistung in einer unverwechselbar hohen Qualität" zu erbringen (Differenzierungsstrategie). Sie beschreibt, wie sich das Unternehmen in dem Geschäftsfeld positionieren möchte.
- Eine **Wertschöpfungsstrategie** ist beispielsweise die Fertigung von einfachen Maschinen in China zur Reduktion von Kosten. Sie beschreibt, welche Strategie in den einzelnen Funktionen verfolgt wird.
- Eine **Maßnahme** ist beispielsweise eine groß angelegte Werbekampagne, um den Markenwert zu steigern. Maßnahmen beschreiben Schritte zur Umsetzung einer Strategie.

Strategische und operative Planung:

Wie kann die strategische und operative Planung zwischen der Holding und den Beteiligungen abgestimmt werden (siehe Lehrbuch S. 323–326)? Nehmen Sie auch kurz kritisch Stellung!

- Die Holding kann die strategische und operative Planung für die Beteiligungen zentral vorgeben (**top-down**). Dies hat den Vorteil, dass die Holding Interdependenzen bei der strategischen und operativen Planung berücksichtigen kann. Der Nachteil einer zentralen Planung ist, dass das dezentrale Wissen auf Beteiligungsebene nicht genutzt wird und die Vorgaben demotivierend und innovationshemmend wirken können.
- Die Beteiligungen können die strategischen und operativen Planungen selbst vornehmen und an die Zentrale berichten (**bottom-up**). Dies hat den Vorteil, dass das dezentrale Wissen mit in die Planungen einfließen kann. Allerdings kann das dezentrale Management zu optimistische Zukunftsplanungen (**Hockey-Stick-Effekte**) oder versteckte Reserven mit in die Planung aufnehmen (**Slacks**). Eine Plausibilisierung der Planungen sollte deshalb seitens der Zentrale erfolgen. Darüber hinaus werden Interdependenzen dezentral nicht immer erfasst.
- Die strategische und die operative Planung können auch in einem Abstimmungsprozess zwischen Holding und Beteiligungen vorgenommen werden (**Gegenstromverfahren**). Das Gegenstromverfahren vereint die Vorteile des top-down und bottom-up Ansatzes. Je mehr Interdependenzen im Unternehmensverbund existieren, desto stärker wird die Holding koordinierend in die Planungen eingreifen.

4.1 Planungs- und Berichtswesen

> **Budgetierung:**
>
> Beschreiben Sie beispielhaft den Begriff der „Budgetierung" (siehe Lehrbuch S. 326–327)!

- Der Begriff „Budgetierung" bezeichnet die **schriftliche Festlegung** der operativen Planung. Dies kann in Form von zukünftig zu erreichenden **absoluten und relativen Kennzahlen** erfolgen.
    - Es kann beispielsweise festgelegt werden, dass im nächsten Jahr die Beteiligung eine Gesamtkapitalrentabilität von 10% zu erreichen hat. In der Erreichung der Gesamtkapitalrentabilität kann der Beteiligung eine starke Autonomie eingeräumt werden.
    - Eine andere Möglichkeit besteht darin, den zu erreichenden Umsatz und die dafür zulässigen Kosten zentral zu bestimmen. In diesem Fall kommt es zu einer stärkeren Einflussnahme der Zentrale.

> **Balanced Scorecard:**
>
> Beschreiben Sie die Balanced Scorecard und gehen Sie darauf ein, ob die Perspektiven bei allen Beteiligungen einer Holding gleich sind!

- In der Balanced Scorecard werden für die Perspektiven **Finanzen, Kunden, Interne Prozesse** und **Potential** (Lernen und Wachstum) operationale Ziele für Planungs-, Steuerungs- und Kontrollzwecke vorgegeben, um eine **ganzheitliche Betrachtung** der unternehmerischen Leistung zu erlangen.
- Es werden in jeder Dimension **3-5 Werttreiber** geplant und kontrolliert. Zwischen den einzelnen Dimensionen bestehen umfangreiche **Zusammenhänge**. Eine Verbesserung in den Dimensionen Kunden, Interne Prozesse sowie Lernen und Wachstum sollte die Dimension Finanzen positiv beeinflussen. Die **finanzielle Perspektive** ist somit die Verbindung zwischen allen Dimensionen. Es bestehen aber auch umfangreiche Zusammenhänge zwischen den einzelnen Perspektiven. So kann beispielsweise eine Verbesserung der internen Prozesse zu einer höheren Kundenzufriedenheit führen, was in einer positiven Auswirkung auf die finanzielle Perspektive mündet.
- Die Werttreiber der einzelnen **Perspektiven** müssen **beteiligungsspezifisch** festgelegt werden. Ausschlaggebend hierfür sind die einzelnen Geschäftsfelder, die eine Beteiligung bearbeitet. Je verschiedener die Geschäftsfelder sind, desto mehr Unterschiede werden sich auch in den einzelnen Perspektiven ergeben.

> **Berichtswesen:**
>
> Von wem werden die Daten für das Berichtswesen in einer Holding grundsätzlich erhoben (siehe Lehrbuch S. 332)?

- Die Beteiligungen erheben grundsätzlich **dezentral** die Daten. Das Beteiligungscontrolling verifiziert diese lediglich. In Ausnahmefällen bzw. um eigene Prämissen zu überprüfen, wird das Beteiligungscontrolling selbst die Daten erheben.

> **Gefahr von Kontrollen:**
>
> Was ist die Gefahr von zu starken Kontrollen (siehe Lehrbuch S. 332)?

- Es besteht die Gefahr, die **Vertrauensposition** zu verringern. Dies kann zu einer Verringerung der **Motivation** bzw. zu **Widerständen** führen.

> **Berichtsarten:**
>
> Was für Berichtsarten gibt es (siehe Lehrbuch S. 333–334)?

- Es gibt **Standardberichte**, die allgemeine Pflichtinhalte (finanzwirtschaftliche Größen), beteiligungsspezifische Pflichtinhalte und erforderliche Ergänzungsinhalte enthalten.
- Darüber hinaus gibt es **Sonderberichte**, die Abweichungsberichte und Bedarfsberichte enthalten.

> **Berichtsdimensionen:**
>
> Wie können die Berichtsdimensionen in den Beteiligungen in Abhängigkeit von der Führungsphilosophie unterschiedlich ausgestaltet sein (siehe Lehrbuch S. 336–339)?

- Das Berichtswesen kann beteiligungsindividuell nach dem **Datenumfang** differieren. Es können beispielsweise wenige oder viele Kennzahlen geplant, realisiert und kontrolliert werden. Wichtig ist auch, dass nicht antizipierte Chancen und Risiken für die strategische Planung erhoben werden.

4.1 Planungs- und Berichtswesen

- Darüber hinaus kann sich das Berichtswesen in den einzelnen Beteiligungen bezüglich der **Informationsfrequenz** unterscheiden. Es kann der Zentrale z.B. täglich, wöchentlich, monatlich, quartalsweise, halbjährlich und jährlich berichtet werden, wobei das monatliche Reporting besonders bedeutend ist. Der Umsatz und der Auftragseingang können in kürzeren Abständen berichtet werden.
- Darüber hinaus kann sich bei den unterschiedlichen Beteiligungen die Informationsebene unterscheiden. Eine Beteiligung kann zum Beispiel einer Zwischenholding berichten, die wiederum der Holding berichtet. Durch die Aggregation gehen allerdings Informationen verloren. Das Übertreffen von Schwellenwerten kann dann ein Auslöser für eine individuelle Berichterstattung sein.

Monatsabschluss:

Welche drei Varianten der Erstellung des Monatsabschlusses gibt es (siehe Lehrbuch S. 340)?

- Der Monatsabschluss wird am Stichtagsende bzw. kurz danach erstellt. Nicht verbuchte Positionen werden entweder nicht erfasst oder geschätzt. Aufgrund von nicht verbuchten Positionen oder Schätzungen ist der Monatsabschluss ungenau.
- Eine andere Möglichkeit ist nach dem Stichtagsende abzuwarten, bis ein endgültiger Monatsabschluss erstellt werden kann. Der Monatsabschluss wird genauer zu Lasten der Aktualität. Eine Harmonisierung der internen und externen Berichterstattung ermöglicht eine schnellere Erstellung des Abschlusses. Darüber hinaus könnten Vorabmeldungen erfolgen.

Vergleichsdaten:

Mit welchen Vergleichsdaten können die Daten aus der Berichtserstattung verglichen werden (siehe Lehrbuch S. 341–343)?

- Die Daten aus der Berichtserstattung (z.B. Marktanteile, Absatz, Umsatz, EBIT) können mit anderen Beteiligungen (intern) oder mit anderen Unternehmen (extern) verglichen werden (**Betriebsvergleiche**).
- Darüber hinaus können die Daten mit den geplanten Daten verglichen (Soll-Ist) und bei einer Überschreitung von Toleranzschwellen Gegensteuerungsmaßnahmen initiiert werden (**Planvergleiche**).
- Im Rahmen von **Zeitvergleichen** werden die Daten zu den Daten der Vorperiode in ein Verhältnis gesetzt (Ist-Ist), um Trends und Struk-

turbrüche zu erkennen. Dabei können die geplanten Daten auch auf ihre Annahmen und Vorgaben überprüft (Soll-Soll) und im Rahmen einer Vorschau festgestellt werden, welches Gesamtergebnis aufgrund der Veränderungen noch erreicht werden kann (Soll-Wird).

Quantitative Berichtselemente:

Zählen Sie einige quantitative Berichtselemente auf (siehe Lehrbuch S. 343–346)!

- **Finanzielle Berichtsgrößen** sind beispielsweise der Absatz, der Umsatz, das EBIT, der Jahresüberschuss, der Cashflow, der Free Cashflow, der Auftragseingang und der Auftragsbestand.
- Als **operative Berichtsgrößen** sind beispielsweise die Kapazitätsauslastung, die Lieferzeiten und -quoten, die Personalsituation, die Kundenzufriedenheit und die Produkt- und Prozessqualität zu nennen.
- **Berichtselemente zur Markt- und Wettbewerbssituation** könnten der Marktanteil, das Marktwachstum und die Angebotserfolgsquote sein.

Qualitative Berichtselemente:

Was ist bei **qualitativen** Berichtselementen in mehrstufigen Unternehmensstrukturen zu beachten (siehe Lehrbuch S. 345)?

- Qualitative Berichtselemente sind **nicht aggregierbar**. Sie werden für Kommentierungen der monetären Größen verwendet, um beispielsweise Abweichungen zu erklären und innere Zusammenhänge zu verdeutlichen.
- Es sollten aber **nicht zu viele** qualitative Berichtselemente in die Berichterstattung aufgenommen werden, um der beschränkten **Informationsverarbeitungskapazität** Rechnung zu tragen.

Sonderberichte:

Wann können Sonderberichte ausgelöst werden (siehe Lehrbuch S. 346–347)?

- Sonderberichte können bei der Über-/Unterschreitung von **Grenzwerten** (Abweichungsbericht – Exceptional Report) oder durch

4.1 Planungs- und Berichtswesen

die Vorgabe von **Richtlinien** bzw. durch die Initiierung von **Entscheidungsträgern** (Bedarfsbericht – Ad-hoc-Report) ausgelöst werden.

> **Weiterverarbeitung von Berichten:**
>
> Wie werden die Berichte vom Beteiligungscontrolling weiterverarbeitet (siehe Lehrbuch S. 347)?

- Das Beteiligungscontrolling **kontrolliert** und **analysiert** die Berichte, um **Abweichungen** festzustellen und **Gegensteuerungsmaßnahmen** einzuleiten.
- Darüber hinaus werden die Berichte vom Beteiligungscontrolling zur Verringerung der Informationskomplexität **aggregiert** und **konsolidiert** sowie mit **Kommentierungen** versehen.

> **Benchmarking:**
>
> Erklären Sie den Begriff „Benchmarking" (siehe Lehrbuch S. 349)!

- Benchmarking bezeichnet den **systematischen Vergleich** von Unternehmen oder Unternehmensteilen mit dem **Best-Practice Unternehmen**. Das Benchmarking zeigt Leistungsunterschiede auf, die näher analysiert werden, um Verbesserungspotentiale aufzuzeigen.

> **Generisches Benchmarking:**
>
> Was versteht man unter einem generischen Benchmarking (siehe Lehrbuch S. 350)?

- Ein generisches Benchmarking liegt vor, wenn **verschiedene** Unternehmenseinheiten bzw. Funktionseinheiten aus **unterschiedlichen Branchen** miteinander verglichen werden.

> **Internes Benchmarking:**
>
> Was sind Vorteile und Nachteile eines internen Benchmarking (siehe Lehrbuch S. 349–353)?

Vorteile:

- Durch ein internes Benchmarking kann ein **interner Wettbewerb** geschaffen werden. Verstärkt wird dies durch die Veröffentlichung der Ergebnisse und an das interne Benchmarking anknüpfende Leistungsanreize.
- Die Daten können sowohl unternehmensgruppenweit **standardisiert** erhoben als auch **flexibel** angepasst werden (z.B. Detaillierungsgrad). Darüber hinaus lassen sich auch qualitative Faktoren erfassen.
- Bei Leistungsunterschieden kann das interne Best-Practice Unternehmen **beratend** zur Leistungsverbesserung beitragen.

Nachteile:

- Für manche Bereiche lassen sich **keine Vergleichsobjekte** finden (z.B. Zentrale).
- **Wettbewerbsdefizite** gegenüber **externen** Wettbewerbern werden ausgeblendet.
- Durch die Fokussierung auf das Best-Practice Unternehmen, werden **neue Wege** zur besseren Erreichung des Unternehmensziels ausgeblendet.

Benchmarking-Prozess:

Stellen Sie die einzelnen Schritte des Benchmarking-Prozesses dar (siehe Lehrbuch S. 351–352)!

- Zuerst werden die **Vergleichsobjekte** und der **Zeitabstand** der Datenerhebung festgelegt, um daraufhin die Daten zu **erheben** und zu **analysieren**.
- Danach folgt die **Vereinbarung** von leistungssteigernden Zielen und **Verbesserungsmaßnahmen**, die **umgesetzt** und **kontrolliert** werden.

Datengrundlage:

Auf welche Datengrundlage kann das Beteiligungscontrolling für Planungs-, Steuerungs- und Kontrollzwecke sowie für Koordinations- und Informationsversorgungszwecke zurückgreifen (siehe Lehrbuch S. 354)?

- Das Beteiligungscontrolling kann auf die Daten der **externen Rechnungslegung**
- und auf die Daten der **internen Rechnungslegung** zurückgreifen.

4.1 Planungs- und Berichtswesen

Daten zur periodischen Performancemessung:

Auf welche Daten sollte das Beteiligungscontrolling zur periodischen Performancemessung und zur mehrperiodischen strategischen Planung zurückgreifen (siehe Lehrbuch S. 354)?

- Für die **wertorientierte Steuerung** können die Daten des externen Rechnungswesens herangezogen werden. Beteiligungsindividuelle Anpassungen können grundsätzlich daran vorgenommen werden.
- Für **Vergleiche** mit Mitbewerbern sind meistens nur Daten des externen Rechnungswesens beschaffbar. Daher sollte auf diese zurückgegriffen werden.

Erstellung von Abschlüssen:

Warum ist es von Vorteil, wenn die einzelnen Beteiligungen und nicht das Beteiligungscontrolling die dezentralen Abschlüsse erstellt (siehe Lehrbuch S. 357)?

- Das Beteiligungscontrolling könnte ein Interesse haben, einzelne Wahlrechte und Interpretationsspielräume bei der Erstellung der dezentralen Abschlüsse wahrzunehmen (**Manipulationsspielraum**). Dies würde die **Unabhängigkeit** des Beteiligungscontrollings gefährden. Erstellen die einzelnen Beteiligungen die dezentralen Abschlüsse in Eigenverantwortung, kommt dem Beteiligungscontrolling hingegen eine **kontrollierende Funktion** zu.

Harmonisierung:

Was wird im Rechnungswesen als Harmonisierung bezeichnet (siehe Lehrbuch S. 357–358)?

- Die Harmonisierung bezeichnet die **Angleichung von internem und externem Rechnungswesen**. Es wird eine materielle und formale Vergleichbarkeit angestrebt.

HB I, II und III:

Erläutern Sie, was unter den Begriffen HB I, HB II und HB III zu verstehen ist (siehe Lehrbuch S. 358–361)!

- Der Abschluss einer Beteiligung nach **handelsrechtlichen Grundsätzen** wird als Handelsbilanz I (**HB I**) bezeichnet.
- Bei der Erstellung des Konzernabschlusses, müssen gruppenweit **einheitliche Bewertungsregeln** ausgeübt werden. Dafür werden in der HB I der einzelnen Beteiligungen Vereinheitlichungen vorgenommen. Die vereinheitlichten Abschlüsse werden als **HB II** bezeichnet.
- Werden an der HB II weitere Veränderungen vorgenommen wie beispielsweise die Aufnahme von **kalkulatorischen Elementen** oder die **Eliminierung von bilanzpolitischen Maßnahmen**, so entsteht die **HB III**. Diese dient nur internen Steuerungszwecken.

Konzern:

Was ist ein Konzern (siehe Lehrbuch S. 361)?

- Ein Konzern bezeichnet eine **wirtschaftliche Einheit** bestehend aus mehreren **rechtlich selbständigen** Unternehmen.

Konzernabschluss:

Was wird im Konzernabschluss dargestellt (siehe Lehrbuch S. 362)?

- Der Konzernabschluss stellt die wirtschaftliche Situation der wirtschaftlichen Einheit „Konzern", bestehend aus **allen** Tochterunternehmen, in Abhängigkeit des Grades der **Einflussnahme**, bezogen auf einen **einheitlichen Stichtag**, nach **einheitlichen Bewertungsmethoden** und der einheitlichen Ausübung von **Wahlrechten** dar.

Tochterunternehmen:

Wie werden Tochterunternehmen in den Konzernabschluss einbezogen, die vom Konzern einheitlich geleitet oder beherrscht werden können (siehe Lehrbuch S. 363)?

- Tochterunternehmen (verbundene Unternehmen) werden **voll konsolidiert**. **Minderheitsanteile** sind lediglich in den Konzernabschluss aufzunehmen.

4.1 Planungs- und Berichtswesen

> **Gemeinschaftsunternehmen:**
> Wie werden Gemeinschaftsunternehmen in den Konzernabschluss einbezogen, die durch mehrere Gesellschafter gemeinsam geleitet oder beherrscht werden (siehe Lehrbuch S. 363–364)?

- Das Gemeinschaftsunternehmen wird nur in Höhe der **Quote der Kapitalbeteiligung** in den Konzernabschluss einbezogen. Die anderen Gesellschafter sind nicht in den Konzernabschluss aufzunehmen. Alternativ ist eine **at-equity-Konsolidierung** nach IFRS zulässig.

> **Assoziierte Unternehmen:**
> Wie werden assoziierte Unternehmen in den Konzernabschluss einbezogen, die nicht beherrscht werden, auf die aber ein maßgeblicher Einfluss ausgeübt werden kann (siehe Lehrbuch S. 364)?

- Assoziierte Unternehmen werden grundsätzlich nach der **at-equity-Methode** in den Konzernabschluss einbezogen. Dies sind die **historischen Anschaffungs- und Herstellungskosten**, die jährlich um die anteilige Entwicklung des Eigenkapitals und der Ausschüttungen korrigiert werden. Bezüglich einer Goodwill-Bilanzierung ist der **Impairment Test** anzuwenden.

> **Sonstige Beteiligungen:**
> Wie werden sonstige Beteiligungen im Konzernabschluss ausgewiesen, deren Anteil in der Regel weniger als 20% beträgt oder bei denen die Assoziierungsvermutung widerlegt wird (siehe Lehrbuch S. 365)?

- Die sonstigen Beteiligungen können zu **fortgeführten Anschaffungs- und Herstellungskosten** (Anteile an Tochterunternehmen) oder als **Finanzinstrument** zum Fair-Value im Konzernabschluss ausgewiesen werden.

> **Konsolidierung:**
> Erläutern Sie den Begriff der Konsolidierung (siehe Lehrbuch S. 366)!

- Ein Konzern besteht aus mehreren rechtlich selbständigen Tochterunternehmen. Die rechtlich selbständigen Tochterunternehmen müssen einen eigenen Abschluss erstellen. Wird ein Tochterunternehmen in den Konzernabschluss mit einbezogen, müssen die Geschäftsvorfälle zwischen dem Tochterunternehmen und den anderen rechtlich selbständigen Unternehmen des Konzerns eliminiert werden. Dieser Prozess der **Eliminierung der gruppeninternen Geschäftsvorfälle** wird als Konsolidierung bezeichnet. Dabei kann sich der Begriff der Konsolidierung auch auf den ganzen **Prozess der Erstellung des Konzernabschlusses** beziehen.

Kapitalkonsolidierung:

Erklären Sie anhand des folgenden vereinfachten Beispiels den Begriff der Kapitalkonsolidierung! Der Konzern besteht aus den rechtlich selbständigen Tochterunternehmen A und B. Die Konzerneinheit hält an beiden Unternehmen 100% der Anteile (siehe Lehrbuch S. 366–367).

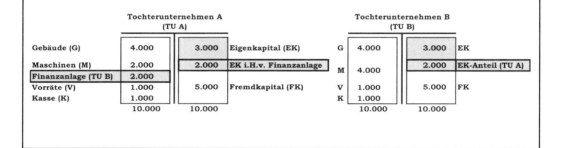

- In der Kapitalkonsolidierung muss die Finanzanlage des Tochterunternehmens A mit dem Eigenkapital des Tochterunternehmens B verrechnet werden, damit die **Eigenkapitalbestandteile nicht mehrfach erfasst** werden.

Konsolidierung:

Was passiert, wenn der Kaufpreis der Finanzanlage (TU B) den Buchwert des anteiligen Eigenkapitals übertrifft (siehe Lehrbuch S. 367)?

4.1 Planungs- und Berichtswesen

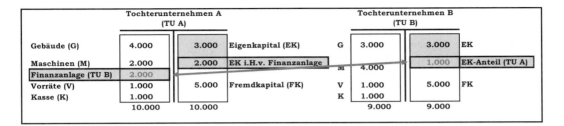

- Die Vermögensgegenstände und Schulden des Tochterunternehmens werden in der Konzernbilanz bei der erstmaligen Konsolidierung zu **Zeitwerten** bewertet. Der Unterschiedsbetrag zwischen dem Kaufpreis und den neu bewerteten Vermögensgegenständen und Schulden wird als **Goodwill** bilanziert.

Minderheitsgesellschafter:

Wenn die Konzerneinheit weniger als 100% der Anteile an den Tochterunternehmen besitzt, gibt es Minderheitsgesellschafter. Wie werden die Minderheitsgesellschafter im Konzernabschluss berücksichtigt (siehe Lehrbuch S. 368)?

- Die Minderheitsgesellschafter werden als **Gesellschafter der wirtschaftlichen Einheit** des Konzerns (**Einheitstheorie**) betrachtet. Aufgrund dessen werden die **Minderheitsanteile im Eigenkapital** des Konzerns ausgewiesen.

Schuldenkonsolidierung:

Erklären Sie anhand des folgenden vereinfachten Beispiels den Begriff der Schuldenkonsolidierung! Der Konzern besteht aus den rechtlich selbstständigen Tochterunternehmen A und B. Die Konzerneinheit hält an beiden Unternehmen 100% der Anteile. Das Tochterunternehmen B schuldet dem Tochterunternehmen A 1000 Geldeinheiten aufgrund einer gruppeninternen Lieferung, die noch nicht bezahlt wurde (siehe Lehrbuch S. 368–369).

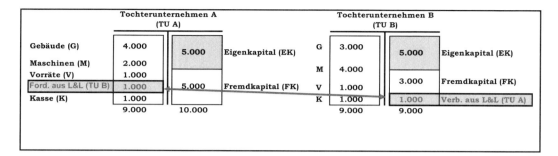

- Da die wirtschaftliche Einheit des Konzerns nicht Schuldner und Gläubiger zugleich sein kann, müssen die **internen Schuldverhältnisse gegeneinander aufgerechnet** werden.

Aufwands- und Ertragskonsolidierung:

Erklären Sie anhand des folgenden vereinfachten Beispiels den Begriff der Aufwands- und Ertragskonsolidierung (siehe Lehrbuch S. 369)!

Der Konzern besteht aus den rechtlich selbständigen Tochterunternehmen A und B. Die Konzerneinheit hält an beiden Unternehmen 100% der Anteile. Das Tochterunternehmen B kauft für 1000 Geldeinheiten Waren beim Tochterunternehmen A. Die Waren werden erst im nächsten Jahr verarbeitet und verkauft, so dass sich der Vorratsbestand erhöht:

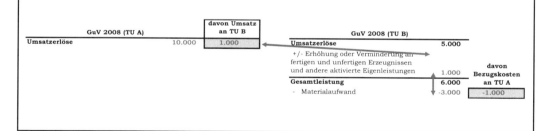

- Das Tochterunternehmen A verbucht die Umsatzerlöse aus der Lieferung der Waren als **Ertrag**, während bei dem Tochterunternehmen B für die Lieferung **Materialaufwendungen** aus Bezugskosten anfallen. Wird die wirtschaftliche Einheit des Konzerns betrachtet, kommt es zu **keinen Umsatzerlösen**. Deswegen müssen Aufwand und Ertrag im Rahmen der Aufwands- und Ertragsrealisierung rückgängig gemacht werden.

4.1 Planungs- und Berichtswesen

Zwischengewinnkonsolidierung:

Wann kommt es bei der Aufwands- und Ertragskonsolidierung zu einer Zwischengewinnkonsolidierung (siehe Lehrbuch S. 369)?

GuV 2008 (TU A)		davon Umsatz an TU B		GuV 2008 (TU B)		davon Bezugskosten an TU A
Umsatzerlöse	10.000	1.000		Umsatzerlöse	5.000	
+/- Erhöhung oder Verminderung an fertigen und unfertigen Erzeugnissen und andere aktivierte Eigenleistungen	0	0		+/- Erhöhung oder Verminderung an fertigen und unfertigen Erzeugnissen und andere aktivierte Eigenleistungen	1.000	
Gesamtleistung	10.000	1.000		Gesamtleistung	6.000	
- Materialaufwand	-5.000	-500		- Materialaufwand	-3.000	-1.000
- Personalaufwand	-1.000	-100		- Personalaufwand	-600	
- Abschreibungen	-2.000	-200		- Abschreibungen	-1.200	
+ Sonstige betriebliche Erträge	0	0		+ Sonstige betriebliche Erträge	0	
- Sonstige betriebliche Aufwendungen	0	0		- Sonstige betriebliche Aufwendungen	0	
EBIT	2.000	200		EBIT	1.200	

- Wenn ein **Gewinn- oder Verlustanteil** durch die **konzerninterne Lieferung** entstanden ist, so muss dieser in der Zwischengewinnkonsolidierung eliminiert werden. Erst durch einen Verkauf an konzernexterne Dritte kann ein Gewinn oder Verlust aus einer Leistung als realisiert betrachtet werden.

Einheitliche Leitung:

Was ist allgemein unter dem Begriff der einheitlichen Leitung zu verstehen (siehe Lehrbuch S. 371–372)?

- Unter dem Begriff der einheitlichen Leitung wird allgemein **die zentrale Koordination** des Unternehmensverbundes unter einer Konzernleitung verstanden. Dabei reicht es aus, wenn einzelne grundlegende Unternehmensbereiche, wie **beispielsweise der Finanzbereich**, zentral koordiniert werden. Das Konzept der einheitlichen Leitung bezieht sich auf die **tatsächliche Ausübung** und nicht nur auf die rechtliche Möglichkeit der Ausübung der einheitlichen Leitung.

Control-Verhältnis:

Wann liegt gemäß § 290 II HGB ein Control-Verhältnis vor (siehe Lehrbuch S. 372)?

- Ein Control-Verhältnis liegt vor, wenn das Mutterunternehmen die rechtliche Möglichkeit hat, ein Tochterunternehmen zu beherrschen.
- Das Mutterunternehmen kann ein Tochterunternehmen beherrschen,
    - wenn es die **Mehrheit** der Stimmrechte hat,
    - wenn es das Recht hat, die **Mehrheit** der Mitglieder des Verwaltungs-, Leitungs- oder Aufsichtsorgans zu bestellen oder abzurufen,
    - wenn ein **Beherrschungsvertrag** abgeschlossen wurde oder eine **Satzungsbestimmung** die Beherrschung ermöglicht.

Kapitalmarktorientierung:

Wann ist ein Unternehmen kapitalmarktorientiert (siehe Lehrbuch S. 376)?

- Alle Unternehmen, deren **Wertpapiere** zum Handel an einem **geregelten Markt** zugelassen sind, sind kapitalmarktorientiert.

Aufstellung eines Konzernabschlusses:

Wann hat ein Unternehmen nach §§ 290 ff. HGB einen Konzernabschluss zu erstellen (siehe Lehrbuch S. 380)?

- Ein **kapitalmarktorientiertes** Unternehmen hat in Deutschland einen Konzernabschluss zu erstellen, wenn
    - ein Tochterunternehmen unter der **einheitlichen Leitung** des Mutterunternehmens geführt wird oder
    - das Mutterunternehmen die Möglichkeit hat das Tochterunternehmen aus rechtlicher Sicht zu **beherrschen** (Control-Konzept).
- Für **nicht kapitalmarktorientierte Unternehmen** gibt es **größenabhängige** Befreiungen.
- Auch **nicht kapitalmarktorientierte Teilkonzerne** sind von der Erstellung eines Konzernabschlusses befreit, wenn der Teilkonzern beim Mutterunternehmen in den Konzernabschluss einbezogen wird.

Konsolidierung von Tochterunternehmen:

Kapitalmarktorientierte Unternehmen müssen den Konzernabschluss nach IFRS erstellen. Welche Tochterunternehmen müssen nach IFRS nicht konsolidiert werden (siehe Lehrbuch S. 380)?

4.1 Planungs- und Berichtswesen

- Die Tochterunternehmen,
    - die von **untergeordneter Bedeutung** (Grundsatz der Wesentlichkeit) sind,
    - **zu Weiterveräußerungszwecken** erworben werden (grundsätzlich innerhalb von 12 Monaten)
    - oder deren **Kosten-Nutzen-Verhältnis** gegen eine Konsolidierung spricht,

  müssen nicht in den Konzernabschluss einbezogen werden.

Bedeutung der Gewinn- und Verlustrechnung:

Was für eine Bedeutung kommt der GuV im Beteiligungscontrolling zu (siehe Lehrbuch S. 383–385)?

- Die GuV dient der **Erfolgsermittlung** und der **Koordination** der einzelnen Beteiligungen.
- Die GuV kann im Rahmen der **Erfolgsspaltung** zur Informationsverbesserung aufbereitet werden. Die Erfolgsmessung erfolgt über Rentabilitätsbetrachtungen.

Erfolgsspaltung:

Erläutern Sie den Begriff der Erfolgsspaltung (siehe Lehrbuch S. 383–385)!

- Im Rahmen der Erfolgsspaltung wird die GuV zu Analysezwecken aufbereitet. Grundsätzlich ist zwischen
    - einem **ordentlichen Ergebnis**,
    - einem **neutralen Ergebnis** (betriebsfremd, periodenfremd, außerordentlich),
    - einem **Finanzergebnis**
    - und einem **Steuerergebnis** zu unterscheiden.
- Da die **Finanzplanung** und die **Steuerplanung** grundsätzlich durch die Zentrale erfolgt, ist im Beteiligungscontrolling auf das ordentliche Ergebnis abzustellen.
- Je nach Bedeutung des neutralen Ergebnisses, ist dieses näher zu untersuchen bzw. für die Erfolgsbemessung anzupassen.

Güte der bereitgestellten Daten:

Wie kann das Beteiligungscontrolling die Güte der bereitgestellten Daten in der GuV bewerten (siehe Lehrbuch S. 384)?

- Das Beteiligungscontrolling kann entweder in die **Datenerfassung eingebunden werden** oder
- geeignete **Plausibilitätstests** durchführen.

Gestaltungsmöglichkeiten:

Was sind typische Gestaltungsmöglichkeiten, auf die das Beteiligungscontrolling im Rahmen der Prüfung der bereitgestellten Daten der GuV achten sollte (siehe Lehrbuch S. 384)?

- Rückstellungsbildung
- Zeitpunkte der Umsatzrealisation
- Entwicklung der Provisionen und Rabatte
- Veränderung der Vorräte beim Gesamtkostenverfahren

Gesamtkostenverfahren vs. Umsatzkostenverfahren:

Ist aus Sicht des Beteiligungscontrollings das Gesamtkostenverfahren oder das Umsatzkostenverfahren vorteilhaft (siehe Lehrbuch S. 384)?

- Grundsätzlich ist das Umsatzkostenverfahren vorteilhaft, weil
  - der **Markterfolg** besser abgebildet wird und
  - aus dem Umsatzkostenverfahren eine **Deckungsbeitragsrechnung** abgeleitet werden kann.
- Für Beteiligungen, die langfristige Leistungserstellungen erbringen, ist das Gesamtkostenverfahren vorteilhaft, da die Kostenentwicklungen nach **Kostenarten** und die **Bestandsveränderungen** dargestellt werden.

Bedeutung der Bilanz:

Wofür ist die Analyse der Bilanzen der Beteiligungen im Beteiligungscontrolling notwendig (siehe Lehrbuch S. 385)?

- Wenn kein zentrales Liquiditätsmanagement geführt wird, gibt die Bilanz Aufschluss über die **Zahlungsfähigkeit** des Tochterunternehmens. Eine Kapitalstrukturanalyse, eine Vermögensstrukturanalyse und die Berechnung von langfristigen Deckungsgraden sowie kurzfristigen Liquiditätsgraden geben Aufschluss über die **finanzwirtschaftliche Lage**. Meistens wird aber die Kapitalstruktur von der Zentrale festgelegt, so dass diese nicht weiter analysiert werden muss.

4.1 Planungs- und Berichtswesen

- Eine nähere Betrachtung der Entwicklung der Vorräte, der Rückstellungen, der Forderungen aus L&L und der Verbindlichkeiten aus L&L können **Gestaltungsmaßnahmen** aufdecken.
- Die Kapitalrentabilitätsanalyse sollte auf einer näheren Vermögens- und Kapitalstrukturanalyse basieren, um Gestaltungsmaßnahmen aufzudecken.

Aussagekraft der Kapitalflussrechnung:

Was für eine Aussagekraft besitzt die Kapitalflussrechnung (siehe Lehrbuch S. 385–388)?

- Die Kapitalflussrechnung **erklärt** die Veränderung eines Finanzmittelfonds z.B. der der Liquiden Mittel ersten Grades (beispielsweise in den Cashflow aus betrieblicher Tätigkeit, Investitionstätigkeit, Finanzierungstätigkeit).

Bedeutung der Kapitalflussrechnung:

Wofür spielt die Kapitalflussrechnung im Beteiligungscontrolling eine große Rolle (siehe Lehrbuch S. 385–388)?

- Die Kapitalflussrechnung dient als **Planungsinstrument** für die Liquiditätssteuerung in der Unternehmensgruppe (Finanzcontrolling).
- Im wertorientierten Beteiligungscontrolling kann z.B. für **Bewertungszwecke** auf die Kapitalflussrechnung zurückgegriffen werden.

Bedeutung des Cashflow:

Welche Vorzüge kann es haben, den Cashflow zur dezentralen Erfolgsbemessung mit heranzuziehen (siehe Lehrbuch S. 387)?

- Durch die Erfassung der Zahlungsein- und -ausgänge mittels eines zentralen Finanzcontrollings können **Manipulationen erschwert** werden.
- Die Zahlungsein- und -ausgänge können unternehmensgruppenweit aufsummiert werden **ohne Konsolidierungen** vornehmen zu müssen.

> **Bedeutung des internen Rechnungswesens:**
>
> Diskutieren Sie kurz, inwieweit das Beteiligungscontrolling auf das interne Rechnungswesen zurückgreifen sollte (siehe Lehrbuch S. 396–397)!

- Das interne Rechnungswesen unterliegt **keinen gesetzlichen** Bestimmungen. Es kann deswegen **flexibel** zur Entscheidungsunterstützung verwendet werden.
- Durch die Flexibilität kommt es zu einer **höheren Manipulationsanfälligkeit**. Durch eine Dokumentation und eine interne Revision kann dem entgegengewirkt werden. Das interne Rechnungswesen kann das externe Rechnungswesen aber grundsätzlich ergänzen.

> **Integrierte Kosten- und Leistungsrechnung:**
>
> Wann ist die Implementierung einer über mehrere Beteiligungen integrierten Kosten- und Leistungsrechnung nützlich (siehe Lehrbuch S. 397–402)?

- Eine integrierte Kosten- und Leistungsrechnung ist nützlich,
    - wenn die Tochterunternehmen sehr stark durch **Lieferungs- und Leistungsverflechtungen** miteinander verbunden sind
    - oder wenn homogene Produkte hergestellt werden, die zu einer **übergreifenden Koordination** von Ressourcen führen.

  Im Vordergrund steht die Informationsbeschaffung und -verarbeitung, um **Interdependenzen** zwischen den Tochterunternehmen aufzuzeigen und **übergreifende Entscheidungen** treffen zu können.

> **Mehrstufige Deckungsbeitragsrechnung:**
>
> Welche Besonderheit ist bei der mehrstufigen Deckungsbeitragsrechnung zu beachten, wenn diese über mehrere rechtliche Einheiten gebildet wird (siehe Lehrbuch S. 398–402)?

- Zieht man die **variablen Kosten** von den **Umsatzerlösen** ab, ergibt sich der Deckungsbeitrag. Bei der mehrstufigen Deckungsbeitragsrechnung werden die fixen Kosten von den Deckungsbeiträgen stufenweise (z.B. produktfixe Kosten, Bereichsfixe Kosten, unternehmensfixe Kosten etc.) abgezogen. Wenn diese über mehrere rechtliche Einheiten gebildet wird, sind nur die **externen Gruppenerlöse** und die dazugehörigen **variablen Kosten** einzubeziehen.

- Die gruppenweite Kosten- und Leistungsrechnung dient der Berechnung der **Gruppen-Herstellungskosten**: Für kurzfristige Entscheidungen sind die Teilkosten (variable Einzelkosten) und für langfristige Entscheidungen die Vollkosten (Einzel- und Gemeinkosten) von Bedeutung. Darüber hinaus ist sie zur Bemessung des Periodenerfolgs, der Steuerung von Engpässen und für die Fundierung von Produkt- und Absatzprogrammentscheidungen relevant.

4.2 Verrechnungspreise

> **Verrechnungspreise:**
> Welche Aufgaben von Verrechnungspreisen sind zu unterscheiden? Erläutern Sie bitte kurz, in welcher Beziehung diese grundsätzlich zueinander stehen!

Es lassen sich interne und externe Aufgaben und Funktionen von Verrechnungspreisen wie folgt unterscheiden:

- **Interne Funktionen** = Funktionen, die auf die Erfolgssteuerung der beteiligten Unternehmen und der Unternehmensgruppe ausgerichtet sind:
    - **Erfolgsermittlungsfunktion:** Bestimmung der dezentralen Erfolgsbeiträge durch in den Verrechnungspreisen enthaltene Gewinnanteile sowie Sicherstellung der Planbarkeit und der Kontrolle der dezentralen Wertschöpfung.
    - **Koordinationsfunktion:** Maximierung des Gruppenerfolgs und Lenkung von Investitionsmitteln in deren produktivste Verwendung. Die Koordinationsaufgabe baut idealerweise auf die Erfolgsermittlungsaufgabe auf und steuert das dezentrale Handeln durch Incentivierung der auf den Verrechnungspreisen aufbauenden dezentralen Erfolge.
    - **Kostenrechnungsfunktionen:** Vor allem Ermittlung von Preisuntergrenzen sowie Preiskalkulationen, in die die Verrechnungspreise eingehen.
- **Externe Funktionen** = Funktionen, die an die externe (Steuer-) Bilanzierung anknüpfen:
    - **Gewinnverlagerungsfunktion:** Steuerung der Gewinnverteilung zwischen Beteiligungen, die in unterschiedlicher Höhe Minderheitsanteile aufweisen, und zwischen Beteiligungen, die von unterschiedlichen Steuerhoheiten erfasst werden

(Ausnutzen von Steuergefällen). Umgehung von Kapitalverkehrsbeschränkungen.
- o **Wertbemessungsfunktion:** Grundlage für Zahlungen an bzw. von öffentlichen Stellen, wie Zölle, Verkehrssteuern oder Subventionen.
- o **Bestandsbewertung:** Grundlage für bilanzielle Aktivierung von bezogenen Leistungen und Halb- oder Fertigprodukten im Einzelabschluss.
- o **Präsentation des Unternehmens:** Steuerung des Gewinnausweises in der Prozesskette im Einzelabschluss sowie in der Segmentberichterstattung.
- o **Unterstützung der Markterschließung:** Gewährung von Eintrittsinvestitionen via niedriger Verrechnungspreise für den Bezug von Leistungen bzw. hohen Verrechnungspreisen für den Absatz.

- Handelt es sich nicht um Leistungen, die intern ohne Synergien erstellt werden und für die ein vollständiger, insbesondere ausreichend liquider, Markt besteht, kommt es regelmäßig zu Zielkonflikten, da die verschiedenen Verrechnungspreisansätze die Aufgaben in unterschiedlicher Form erfüllen. Diese Zielkonflikte können auch innerhalb der beiden Gruppen bestehen, so insbesondere zwischen der Erfolgsermittlungs- und der Koordinationsfunktion. Dabei gilt, dass in einem harmonisierten Rechnungswesen grundsätzlich nur ein Verrechnungspreisansatz Gültigkeit haben kann, da nur ein Verrechnungspreis für die Bemessung der in der Bilanzierung abzubildenden Zahlungsgrößen herangezogen werden kann.

Transferpreise:
Was ist unter Transferpreisen zu verstehen? Welche Aufgaben stehen bei diesen im Vordergrund?

- Von Transferpreisen wird gesprochen, wenn **grenzüberschreitende Leistungsbeziehungen** bewertet werden. Bei der Bestimmung von Transferpreisen gewinnen die externen Funktionen ein besonders hohes Gewicht. Dies ist auf die mögliche Ausnutzung von **Steuergefällen** sowie die Umgehung von **Kapitaltransferbeschränkungen** zurückzuführen. Ferner kann durch die Gestaltung von Transferpreisen Einfluss auf die Höhe von **Import- bzw. Exportzöllen** genommen werden.

4.2 Verrechnungspreise

Gestaltung von Transferpreisen:
Welches Prinzip ist für die Gestaltung von Transferpreisen von entscheidender Bedeutung?

- Für die Bemessung von Transferpreisen hat der Grundsatz des Fremdvergleichs eine besondere Bedeutung, da er als „dealing-at-arm´s-length"-Prinzip sowohl in § 1 Abs. 1 des deutschen Außensteuergesetzes (AStG) als auch in Art. 7 des OECD-Musterabkommens zur Vermeidung der Doppelbesteuerung aufgenommen wurde. Danach müssen Transferpreise so bemessen werden, wie sie zwischen unabhängigen Dritten, die am Markt aufeinander treffen, vereinbart worden wären. Bei der Bewertung von Leistung und Gegenleistung ist dabei auch die Risikoverteilung zwischen den Beteiligten zu berücksichtigen.

Gestaltung von Verrechnungspreisen im Unternehmensverbund:

In einer Unternehmensgruppe werden an drei Standorten gleichartige Vorprodukte für den Vor-Ort-Bedarf gefertigt. Transportkosten und Kapitalbindung können vernachlässigt werden. An den drei Standorten A, B, C besteht eine Nachfrage in Höhe von $B_A=400$, $B_B=500$ und $B_C=600$. Die jeweils identischen Gesamtkostenfunktionen zur Erstellung der Produkte in der Stückzahl x lautet:

$$K(x) = 100 + \frac{\sqrt{x}}{2}$$

a) Welche Gestaltung der Produktion ist aus Sicht der Zentrale sinnvoll? Begründen Sie bitte Ihre Entscheidung verbal und rechnerisch.

b) Wie sollten die Verrechnungspreise gestaltet werden? Welche Problematik besteht dabei?

---

a) Die Produktion sollte **zentralisiert** werden, da auf diese Weise erhebliche Synergien gehoben werden können. Dies ist auf zwei Effekte zurückzuführen:

- **Fixkostendegression:** An jedem Standort fallen Fixkosten in Höhe von 100 pro Periode an. Durch eine Zusammenlegung können somit 200 pro Periode eingespart werden.

- **Streng konkave Produktionsfunktion:** Die Grenzkosten der Produktion fallen.

Rechnerischer Nachweis:

	A	B	C	**Summe**
Kosten dezentraler Produktion	110	122,4	124,5	**356,9**
Kosten zentraler Produktion (im Beispiel bei A)	138,7			**138,7**

b) Die Verrechnungspreise sollten in jedem Fall so gestaltet werden, dass sich eine dezentrale Produktion aus Sicht der einzelnen Einheiten nicht lohnt. Somit ist ein Ansatz unterhalb der bei dezentraler Produktion entstehenden Durchschnittskosten zu wählen, d.h. unter 0,2750 GE/Stück bei A, unter 0,2448 bei B und unter 0,2075 bei C.

Allerdings ist eine **eindeutige Zuordnung** der Synergien auf die Teileinheiten **nicht möglich**. Dies ist darauf zurückzuführen, dass Synergien qua definitionem erst durch das Zusammenspiel von mehreren Akteuren entstehen.

Informationsfunktion von Verrechnungspreisen:

Die Unternehmensgruppe, in der Sie als Beteiligungscontroller in der Zentrale tätig sind, besteht aus der Holding H, der produzierenden Einheit P sowie den drei Vertriebseinheiten V_A, V_B und V_C, über die exklusiv vertrieben wird. P produziert das Produkt bei optimaler Ausnutzung der vorhandenen Kapazitäten in einer Stückzahl von 10.000 p. a., die am Markt nachgefragt werden, bei variablen Kosten von 45 Geldeinheiten (GE)/Stück. Der interne Verrechnungspreis beläuft sich auf 60 GE/Stück, um auch die Fixkosten der P abzudecken. Im Vertrieb werden unter weiterer Aufwendung von variablen Kosten in Höhe von 20 GE/Stück Absatzpreise von 100 GE/Stück erzielt.

  a) P erhält von einem Großhändler eine Anfrage, ob P bereit ist, 3.000 Stück zu einem Preis von 70 GE zu verkaufen. Wie wird die Geschäftsleitung der P entscheiden?
  b) Wie fällt die Entscheidung aus Ihrer Perspektive aus?
  c) Wie könnte die Erfüllung der Koordinationsaufgabe sichergestellt werden?
  d) Wie werden die Bezugskosten aus Sicht der Kostenrechnung der Vertriebseinheiten qualifiziert? Welche Gefahren sind damit verbunden?

a) Es ist davon auszugehen, dass sich die Geschäftsleitung der P **für den Zusatzauftrag** entscheidet, auch wenn sie in diesem Fall den Bedarf der internen Vertriebseinheiten nicht mehr in vollem Umfang erfüllen kann. Dies ist darauf zurückzuführen, dass aus Sicht der P bei einem internen Absatz ein Deckungsbeitrag in Höhe von 15 GE/Stück entsteht, sich der Deckungsbeitrag bei Absatz an den externen Nachfrager jedoch auf 25 GE/Stück erhöht.

b) Aufgrund der Mengenrestriktion in der Produktion ist die Entscheidung, den Zusatzauftrag anzunehmen, aus zentraler Sicht gegen die konzernweiten Opportunitätskosten in Form des entgangenen Deckungsbeitrags zu spiegeln. Diese belaufen sich jedoch auf 35 GE/Stück, da den konzernweiten variablen Kosten in Höhe von 65 GE/Stück ein Absatzpreis von 100 GE/Stück gegenübersteht. Somit sollte von dem **Zusatzauftrag Abstand genommen** werden. Ferner besteht die Gefahr, dass durch den Absatz an einen Dritten auch die hohe Vertriebsmarge unter Druck gerät.

c) Die Erfüllung der Koordinationsaufgabe kann auf verschiedene Arten und Weisen sichergestellt werden. Zu nennen sind insbesondere:

- Zwang der P zur **ausschließlichen Vermarktung** an die konzerninternen Vertriebsgesellschaften, zumindest jedoch last call für die internen Vertriebsgesellschaften vor dem Zuschlag an Dritte.

- **Allokation der gesamten Konzernmarge** bei P, d.h. Vereinbarung eines Verrechnungspreises in Höhe von 80 GE/Stück. Damit würde sich auf der Vertriebsseite jedoch ein Erfolg von null einstellen. Die Erfolgsbemessungsfunktion und die damit verbundene Motivationsfunktion auf Vertriebsseite würden beeinträchtigt.

d. In der Kostenrechnung der Vertriebsgesellschaften würde der Bezug als **variable Materialkosten** bewertet, unabhängig davon ob auf Ebene der P andere Kostenarten maßgeblich sind und unabhängig von der tatsächlichen Beschäftigungsabhängigkeit der Kosten (variabel vs. fix). Es wird deutlich, dass in konzerninternen Prozessketten wesentliche Informationen aus der Kostenrechnung nicht übertragen werden, die u. a. für die Engpasssteuerung aber auch für die Prognose von Preisentwicklungen (z. B. Lohn- vs. Materialkostenentwicklung) von Bedeutung sind. Da die Bestimmung der Transferpreise ferner häufig von externen Funktionen, insbesondere den steuerlichen Anforderungen, so dominiert wird, dass andere Verrechnungspreisansätze unumgänglich sind, ist eine **konzernweite Kostenrechnung** für die Steuerung der Prozesskette notwendig.

> **Verrechnungspreise in vollständigen Märkten:**
>
> Zur Unternehmensgruppe U, die auf einem Markt für standardisierte Baubeschläge tätig ist, gehören die produzierende Einheit P und die am Endkundenmarkt absetzende Einheit A. P hat unmittelbaren Zugang zum Wholesalemarkt der angesichts der gegenwärtigen Konjunktur eine tiefe Liquidität aufweist.
>
> A empfängt 10.000 Fertigprodukte von P zum Wholesalepreis von 50 GE/Stück und setzt diese zu 60 GE/Stück ab. Von Bedeutung sind dabei für A allein Vertriebskosten in Höhe von 8 GE/Stück, die je zur Hälfte als fix und variabel zu qualifizieren sind. Die Produktionskosten der bei ca. 80 % der Kapazitätsgrenze produzierenden Einheit P gestalten sich bei Erreichen der jährlichen Gesamtkapazität wie folgt:
>
> - Umgelegte Fixkosten für die Entwicklung und Verwaltung in Höhe von 4 GE/Stück.
> - Personalkosten in Höhe von 15 GE/Stück.
> - Materialkosten in Höhe von 15 GE/Stück.
> - Langfristige Abschreibungen in Höhe von 5 GE/Stück.
>
> a) Welchen Erfolg erzielt die Unternehmensgruppe?
> b) A erhält eine Anfrage, ob die Bereitschaft besteht, für 52 GE/Stück zusätzliche 1.500 Einheiten zu liefern. Wie wird A entscheiden? Wie ist diese Entscheidung aus Konzernsicht zu beurteilen und zu erklären? Wie würden Sie die Produktionsentscheidung optimieren?
> c) Wie beurteilen Sie die unter (b.) dargestellte Situation, wenn der Wholesalemarkt einbricht und kein Handel mehr stattfindet?

a) Von Bedeutung ist zunächst eine Definition des unbestimmten Erfolgsbegriffs. Hier kann es sich aufgrund der Aufgabenstellung sowohl um einen Deckungsbeitrag als auch um einen betrieblichen Erfolg vor Zinsen und Steuern im Sinne eines EBIT handeln.

Der **Deckungsbeitrag** beläuft sich unter der Annahme, dass die Personal- und Materialkosten vollständig variabel sind, auf:

$$DB_{ges} = 10.000 \cdot (DB_P + DB_A) = 10.000 \cdot (20 + 6) = 260.000 \; GE$$

Das **EBIT** kann eindeutig berechnet werden als:

$$EBIT_{ges} = 10.000 \cdot (EBIT_P + EBIT_A) = 10.000 \cdot (11 + 2) = 130.000 \; GE$$

b) Beim gegenwärtigen Wholesalepreis wird A den **Zusatzauftrag ablehnen**, da er aus Sicht der Vertriebseinheit mit einem negativen Deckungsbeitrag verbunden wäre. Diese Entscheidung ist aus

Konzernsicht richtig, da es zu einer Einschränkung des konzernweiten Deckungsbeitrags käme. Dies ist damit zu erklären, dass bei Existenz eines vollkommenen Marktes für ein Zwischenprodukt die Koordination von Angebot und Nachfrage optimal sichergestellt wird und keine zusätzliche konzernweite Optimierung notwendig ist. Kostenrechnerisch kann dies wie folgt ausgedrückt werden: *Die Deckungsbeiträge, die sich aus dem Bezug / Absatz zum Marktpreis ergeben, bilden die Opportunitätskosten, an denen jede alternative Handlungsmöglichkeit zu spiegeln ist.*

Vielmehr sollte P die Produktion ausdehnen und weitere Produkte am Wholesalemarkt absetzen. Dies könnte zu einem zusätzlichen Deckungsbeitrag in Höhe von ca. 50.000 GE (2.500 Stück · 20 GE/Stück) führen. Auch diese Entscheidung kann die operative Einheit allein aufgrund der Marktpreisinformationen treffen.

c) Bricht der Wholesalemarkt ein, kann dieser auch keine ausreichenden Steuerungsinformationen mehr bieten. Die Möglichkeit des Zusatzauftrags ist nun an den konzernweiten Deckungsbeiträgen der beteiligungsübergreifenden Prozesskette zu messen. Dieser beläuft sich auf 18 GE/Stück, d.h. dem um das um 8 GE/Stück unter dem Vertriebspreis liegende Angebot reduzierten Konzerndeckungsbeitrag. Der **Zusatzauftrag** sollte damit **angenommen** werden.

Verrechnungspreise in unvollständigen Märkten:

In einem Konzern wird die Vertriebseinheit V, in der pro abgesetzter Einheit des Produkts 10 GE variable Kosten anfallen, von einer produzierenden Einheit P bedient, deren variable Kosten sich auf 40 GE/Stück belaufen. Für das Produkt besteht ein liquider Wholesalemarkt, auf dem sich ein Preis von 50 GE/Stück eingestellt hat, während der Vertrieb 62 GE/Stück erlösen kann. Sowohl in der Produktion als auch im Vertrieb sind freie Kapazitäten vorhanden, wobei ein weiterer Absatz an Endkunden nicht ohne weiteres möglich ist.

Bei einer konzerninternen Vermarktung können Synergien realisiert werden, die sich auf ein vereinfachtes Bestell-, Lagerhaltungs- und Transportsystem zurückführen lassen. Diese in oben genannten Kosten noch nicht berücksichtigten Synergien in Höhe von 6 GE/Stück fallen im Verhältnis 1:2 bei V und bei P an.

a) Wie hoch ist der Deckungsbeitrag je Stück?

b) Die Vertriebseinheit erhält die Anfrage, ob die Bereitschaft besteht, zusätzliche 10.000 Einheiten zum Preis von 57 GE/Stück zu

> liefern. Wie ist aus Sicht der V, wie aus Sicht des Konzerns zu entscheiden? Wie kann diese Beobachtung verallgemeinert werden?
>
> c) Wie würden Sie auf der Grundlage ihrer Beobachtung den konzerninternen Verrechnungspreis wählen? Diskutieren Sie diese Lösung in Bezug auf die internen Funktionen von Verrechnungspreisen.

a) Bei der Bestimmung des Deckungsbeitrags ist zwischen der Situation bei internem Bezug und bei externem Absatz und Bezug zu unterscheiden. Dies lässt sich wie folgt verdeutlichen:

	Externer Bezug	**Interner Bezug**
Deckungsbeitrag P	10	10
Synergien bei P		4
Deckungsbeitrag bei V	2	2
Synergien bei V		2
Konzernweiter Deckungsbeitrag	12	18

b) Aus Sicht der V ist es nicht vorteilhaft, den Zusatzauftrag anzunehmen, da selbst wenn die Synergien im Vertrieb ausgeschöpft werden, kein positiver Deckungsbeitrag erzielt werden kann. Vielmehr würde sich bei Bezug zu 50 ein negativer Deckungsbeitrag in Höhe von -1 GE/Stück bei V einstellen.

Anders gestaltet sich die Entscheidungssituation unter Berücksichtigung sämtlicher Wertschöpfungsstufen im Konzern. Hier stehen den geringeren Erlösen von 3 GE/Stück bei Bedienung des Zusatzauftrags interne Synergien in Höhe von 6 GE/Stück gegenüber. Verallgemeinern lässt sich diese Aussage wie folgt: *Selbst bei Existenz eines liquiden Marktes für Zwischenprodukte bzw. eines Wholesalemarktes generieren die dort gültigen Preise keine vollständigen Steuerungsinformationen, soweit Synergien bei interner Vermarktung vorliegen. Entgangene Deckungsbeiträge bei Zusatzaufträgen sind in dieser Situation an den bei externer Vermarktung der Zwischenprodukte bzw. dem Bezug von Vorprodukten am Markt entfallenden Synergien zu messen, um zu einer Vorteilhaftigkeitsentscheidung zu gelangen.*

c) Grundsätzlich sollte der interne Verrechnungspreis so gesetzt werden, dass für beide Einheiten die interne Vermarktung nicht nachteilig ist, d.h. aus Sicht der V der Preis von 52 GE/Stück nicht überschritten und aus Sicht der P der Preis von 46 GE/Stück nicht unterschritten wird.

Der interne Verrechnungspreis würde angesichts der unter (b.) getroffenen Aussagen die zutreffenden Steuerungssignale entfalten, sobald er aus Sicht von V um sämtliche Synergien reduziert würde, d.h. 46 GE/Stück. Diese Ausgestaltung führt zum gewünschten Koordinationserfolg, erfüllt aber die Erfolgsbemessungsfunktion nicht mehr in vollem Umfang, da sämtliche Synergien bei V allokiert würden, obwohl diese durch die Entscheidung von P, intern zu vermarkten, mitverursacht werden. Allerdings wäre P lediglich indifferent zwischen einer internen und einer externen Vermarktung, da am externen Markt um die entgehenden Synergien höhere Erlöse erzielt werden könnten.

Mengenoptimierung mit Verrechnungspreisen:
In einer Unternehmensgruppe wird eine Vertriebseinheit V von einer produzierenden Einheit P beliefert. Es sind folgende Kostenfunktionen gegeben:

$$K_{Vertrieb}(x) = 1 + \frac{x}{2}$$

$$K_{Produktion}(x) = 2 + \frac{x^2}{2}$$

Die Preisstellung am Absatzmarkt ist mengenabhängig. Dabei gilt der folgende Zusammenhang:

$$p(x) = 10 - \frac{x}{2}$$

a) Bitte bestimmen Sie den Erfolg der Vertriebs- und der Produktionseinheiten bei Verrechnungspreisen von 2,5, 3,5 und 4,5 GE/Stück. Gehen Sie dabei von einer realistischen Produktionsbandbreite von bis zu 10 Einheiten pro Periode aus. Erläutern Sie bitte, welchen Verrechnungspreis die jeweiligen Einheiten wählen würden und wie sich dies auf den Konzernerfolg auswirken würde!
b) Bestimmen Sie nun bitte rechnerisch die konzernoptimale Produktionsmenge!
c) Wie kann erreicht werden, dass V diese Menge wählt?
d) Wie ist die unter (c.) gefundene Lösung hinsichtlich der Erfüllung

der Erfolgsermittlungs- und der Koordinationsfunktion zu bewerten?

a) Die Erfolge der Teilbereiche und des Konzerns bei verschiedenen Mengen und den vorgegebenen Verrechnungspreisen lassen sich wie folgt darstellen:

Position	Funktion	Mengen									
		1	2	3	4	5	6	7	8	9	10
Preis	10-x/2	9,5	9	8,5	8	7,5	7	6,5	6	5,5	5
Erlöse	x*p	9,5	18	25,5	32	37,5	42	45,5	48	49,5	50
Grenzerlöse		9,5	8,5	7,5	6,5	5,5	4,5	3,5	2,5	1,5	0,5
Vertriebskosten	1+x/2	1,5	2	2,5	3	3,5	4	4,5	5	5,5	6
Produktionskosten	2+x²/2	2,5	4	6,5	10	14,5	20	26,5	34	42,5	52
Konzernerfolg (EBIT)		5,5	12	16,5	19	19,5	18	14,5	9	1,5	-8
Verrechnungspreis von	2,5										
EBIT P		0	1	1	0	-2	-5	-9	-14	-20	-27
EBIT V		5,5	11	15,5	19	21,5	23	23,5	23	21,5	19
Konzernerfolg		5,5	12	16,5	19	19,5	18	14,5	9	1,5	-8
Verrechnungspreis von	3,5										
EBIT P		1	3	4	4	3	1	-2	-6	-11	-17
EBIT V		4,5	9	12,5	15	16,5	17	16,5	15	12,5	9
Konzernerfolg		5,5	12	16,5	19	19,5	18	14,5	9	1,5	-8
Verrechnungspreis von	4,5										
EBIT P		2	5	7	8	8	7	5	2	-2	-7
EBIT V		3,5	7	9,5	11	11,5	11	9,5	7	3,5	-1
Konzernerfolg		5,5	12	16,5	19	19,5	18	14,5	9	1,5	-8

Angesichts der Erfolgsausweise wird deutlich, dass V einen geringen Verrechnungspreis bevorzugen würde, während aus Sicht von P ein hoher Verrechnungspreis favorisiert würde. Allerdings hat die Wahl des internen Verrechnungspreises keinen Einfluss auf den Konzernerfolg. Dieser hängt allein von der zu optimierenden Menge ab.

b) Die konzernoptimale Produktionsmenge lässt sich aus der konzernweiten Gewinnfunktion wie folgt bestimmen:

$$G_{kons}(x) = E(x) - [K_{Vertrieb}(x) + K_{Produktion}(x)]$$

$$G_{kons}(x) = x \cdot \left(10 - \frac{x}{2}\right) - \left[\left(1 + \frac{x}{2}\right) + \left(2 + \frac{x^2}{2}\right)\right] = 10x - \frac{x^2}{2} - 1 - \frac{x}{2} - 2 - \frac{x^2}{2} = -x^2 + 9,5x - 3$$

$$G_{kons}'(x) = -2x + 9,5 = 0 \Leftrightarrow 2x = 9,5 \Leftrightarrow x = 4,75$$

$$G_{kons}''(x) = -2$$

Die konzernoptimale Absatzmenge beträgt 4,75 Einheiten. Aus der zweiten Ableitung der Gewinnfunktion wird deutlich, dass es sich dabei um ein Gewinnmaximum handelt.

c) Wird davon ausgegangen, dass V den individuellen Gewinn maximiert, ist sicherzustellen, dass bei einem Absatz von 4,75 Mengeneinheiten auch bei V das Optimum erreicht wird. Dabei gilt, dass sich Grenzkosten und Grenzerlöse von V entsprechen müssen.

4.2 Verrechnungspreise

Dies kann erreicht werden, indem der Verrechnungspreis in Höhe der Grenzkosten der produzierenden Einheit in Rechnung gestellt wird.

Wegen $K_{\text{Pr}oduktion}'(x) = 2\dfrac{x}{2} = x$ ist ein Verrechnungspreis in Höhe von 4,75 zu wählen.

Dann ergibt sich für V die folgende Optimierung:

$$G_{Vertrieb}(x) = x \cdot \left(10 - \dfrac{x}{2}\right) - 4{,}75 \cdot x - \left(1 + \dfrac{x}{2}\right) = 10x - \dfrac{x^2}{2} - 4{,}75 \cdot x - 1 - \dfrac{x}{2} = -\dfrac{x^2}{2} + 4{,}75 \cdot x - 1$$

$$G_{Vertrieb}'(x) = -2\dfrac{x}{2} + 4{,}75 = 0 \Leftrightarrow x = 4{,}75$$

$$G_{Vertrieb}''(x) = -1$$

d) Bei Verwendung eines Verrechnungspreises in Höhe der Grenzkosten der Produktion ergibt sich das folgende Bild:

Position	Funktion	Mengen										
		1	2	3	4	4,75	5	6	7	8	9	10
Preis	10-x/2	9,5	9	8,5	8	**7,63**	7,5	7	6,5	6	5,5	5
Erlöse	x*p	9,5	18	25,5	32	**36,22**	37,5	42	45,5	48	49,5	50
Grenzerlöse		9,5	8,5	17	15	**21,22**	22,5	19,5	26	22	27,5	22,5
Vertriebskosten	1+x/2	1,5	2	2,5	3	**3,38**	3,5	4	4,5	5	5,5	6
Produktionskosten	2+x²/2	2,5	4	6,5	10	**13,28**	14,5	20	26,5	34	42,5	52
Konzernerfolg (EBIT)		5,5	12	16,5	19	**19,56**	19,5	18	14,5	9	1,5	-8
Verrechnungspreis von	4,75											
EBIT P		2,25	5,5	7,75	9	**9,28**	9,25	8,5	6,75	4	0,25	-4,5
EBIT V		3,25	6,5	8,75	10	**10,28**	10,25	9,5	7,75	5	1,25	-3,5
Konzernerfolg		5,5	12	16,5	19	**19,56**	19,5	18	14,5	9	1,5	-8

Im Beispiel erzielen sowohl P als auch V im konzernoptimalen Punkt ihren maximalen Erfolg. Damit werden sowohl die Erfolgsermittlungs- als auch die Koordinationsfunktion des Verrechnungspreises erfüllt.

Dies ist jedoch nicht zwangsläufig der Fall. Insbesondere bei fallenden Grenzkosten oder Fixkosten in der Produktion können Situationen eintreten, in denen sich bei der Weiterverrechnung der Grenzkosten ein Verlust beim produzierenden Bereich einstellt. Damit würde die Erfolgsermittlungsfunktion dort nicht mehr erfüllt und die Motivationsfunktion belastet. Außerdem würden u. a. Anreize zur Durchführung kostensenkender Investitionen fehlen, wenn der produzierende Bereich diese unmittelbar weiterreichen müsste.

Gleichzeitig ist zu hinterfragen, wie die Koordinationsaufgabe umgesetzt werden kann. Um den Verrechnungspreis bestimmen zu können, müsste die Zentrale Kenntnisse über die Kostenstrukturen bei P erlangen. Damit ist keine rein dezentrale Steuerung der Verrechnungspreise mehr gegeben. Hinzu kommt, dass P bei bestehenden Informationsasymmetrien Anreize hat, diese auszunutzen, etwa indem höhere Grenzkosten angegeben werden. Die Aufgabe der Zentrale, die notwendige Transparenz zu erlangen, ist dabei mit umso höheren Kosten behaftet, je komplexer sich das Umfeld gestaltet. Beispielhaft anzuführen sind u. U. notwendige Kostenschlüsselungen, insbesondere wenn P verschiedene Produkte erstellt.

Duale Verrechnungspreise:
a) Was ist unter dualen Verrechnungspreisen zu verstehen?
b) Bitte diskutieren Sie, inwieweit die Prinzipien des Beteiligungscontrollings durch duale Verrechnungspreise erfüllt werden! Welche weiteren Vorbehalte sehen Sie bei einer engen Verknüpfung des Beteiligungscontrollings mit der externen Bilanzierung?

---

a) Von dualen bzw. von multiplen Verrechnungspreisen wird gesprochen, wenn eine Leistungsbeziehung mit verschiedenen Verrechnungspreisen bewertet wird, um unterschiedliche Aufgaben zu erfüllen. Denkbar ist auch, dass die leistende und die empfangene Einheit mit unterschiedlichen Verrechnungspreisen abgerechnet werden.

b) Die Erfüllung der Prinzipien des Beteiligungscontrollings kann wie folgt diskutiert werden:

- **Aggregierbarkeit:** Grundsätzlich kann jeweils nur eine konsistente Bewertung der Verrechnungspreise über alle Einheiten zu einer richtigen Darstellung des Gruppenerfolgs führen.
- **Kommunikationsfähigkeit:** Eine uneindeutige Bewertung der Leistungen kann sowohl die Verständlichkeit als auch die Akzeptanz beeinträchtigen. Dabei ist davon auszugehen, dass die Führung einer dezentralen Einheit die Verrechnungspreise einfordert, die sie besser stellt.
- **Anreizkompatibilität:** Die Verwendung von dualen Verrechnungspreisen ist nicht eindeutig und somit nur bedingt als objektiv zu bezeichnen. Vor dem Hintergrund der fehlenden Aggregierbarkeit kann auch die Zielkongruenz beeinträchtigt sein, da keine eindeutige Überführung in die Spitzenkennzahlen mehr möglich ist.

Bei einer engen Verknüpfung des Beteiligungscontrollings mit der externen Bilanzierung gewinnt die Forderung nach einer Eindeutigkeit der Transferpreise noch höhere Bedeutung. Sowohl für die Zwecke der handels- und steuerrechtlichen Abrechnung, als auch für eine Abbildung nach den Prinzipien der IFRS ist grundsätzlich eine Orientierung an den Zahlungen zwischen den Einheiten notwendig. Deren Höhe ist widerspruchsfrei festzulegen. Deutlich wird damit, dass ein System dualer Verrechnungspreise bei abweichenden Ergebnissen der Preishöhe eine duale Rechnungslegung selbst innerhalb des Controllings erfordert.

Zusammenfassend lässt sich festhalten, dass der Einsatz von dualen Verrechnungspreisen nur dann gerechtfertigt sein dürfte, wenn deren Verwendung einen deutlichen Nutzen bei der Steuerung der dezentralen Einheiten verspricht, da der Betrieb eines derartigen Systems mit deutlichen Aufwendungen verbunden ist.

4.3 Anreiz- und Vergütungssysteme

> **Anreiz- und Vergütungssysteme:**
> Bitte erläutern Sie die wesentlichen Aufgaben, auf die Anreiz- und Vergütungssysteme ausgerichtet sein können! Wie können diese in Hinblick auf die grundlegenden Funktionen des Beteiligungscontrollings systematisiert werden?

- Aufgaben, die von Anreiz- und Vergütungssystemen erfüllt werden sollten, sind:
    - Motivation zur Leistungssteigerung.
    - Motivation zur vollständigen und wahrheitsgemäßen Berichterstattung:
        - für Entscheidungen über Erfolgsvorgaben.
        - für Entscheidungen über die Verteilung von Investitionsmitteln.

Die Motivation zur Leistungssteigerung und zur vollständigen und wahrheitsgemäßen Berichterstattung sind dabei primär der Erfolgsermittlungsfunktion zuzuordnen. Die Motivation zur vollständigen und wahrheitsgemäßen Berichterstattung für Entscheidungen über die Verteilung von Investitionsmitteln ist hingegen primär der Koordinationsaufgabe zuzuordnen. Dieser Konflikt schließt nicht aus, dass durch die Anreiz- und Vergütungssysteme gerade eine Verknüpfung der beteiligungsbezogenen Erfolgsfunktion mit der Koordinationsaufgabe erfolgen soll.

> **Anreiz- und Vergütungssysteme:**
> Inwieweit besteht zwischen den Ausrichtungen der Anreiz- und Vergütungssysteme ein Zielkonflikt?

- Ein Zielkonflikt zwischen den Ausrichtungen der Anreiz- und Vergütungssysteme besteht insofern, als dass keines der bekannten Systeme sowohl die Erfolgsbemessungsfunktion auf der einen und die Koordinationsfunktion auf der anderen Seite in vollem Umfang erfüllt. Während das Weitzman-Schema und das Anreizsystem nach Osband und Reichelstein die Koordinationsaufgabe vernachlässigen, werden im die Koordinationsaufgabe erfüllenden Groves-Schema und Profit-Sharing zwar auch die dezentralen Erfolge der einzelnen Einheit erfasst, aufgrund deren geringerer Gewichtung jedoch der Grundsatz der Verursachungsgerechtigkeit nicht erfüllt. Dieser Kritik müssen sich auch jene Anreiz- und Vergütungssysteme stellen, die den gleichzeitigen Einsatz von auf die verschiedenen Aufgaben ausgerichteten Systemen vorsehen.

> **Anreiz- und Vergütungssysteme:**
> Welche Anforderungen sollten bei der Gestaltung von Anreiz- und Vergütungssystemen beachtet werden? Erläutern Sie diese bitte kurz!

- Anforderungen, die bei der Gestaltung von Anreiz- und Vergütungssystemen Berücksichtigung finden sollten, sind die
    - **Verursachungsgerechtigkeit:** Die incentivierten Entscheidungsträger sollten die Möglichkeit haben, die Erfolgsgröße, an die die Belohnung anknüpft, in einem ausreichenden Umfang beeinflussen zu können, da sich nur Ursache-Wirkungs-Zusammenhänge systematisch steuern lassen.
    - **Motivationsfunktion:** Die eingesetzten Instrumente sollten für die handelnden Personen motivierend wirken. Dabei sind zahlreiche Parameter zu optimieren, die z. T. in einem Spannungsfeld zueinander stehen. Zu nennen sind u. a. die Vergütungshöhe, die Verständlichkeit der Systeme sowie die Erreichbarkeit der Erfolgsvorgaben bei gleichzeitig bestehendem Wunsch nach einer ambitionierten Planung.
    - **Aktualität:** Um eine Steuerung via Anreiz- und Vergütungssystemen zu ermöglichen, sollte ein unmittelbarer zeitlicher Zusammenhang zwischen den Aktivitäten und den Anreizen bestehen. Dies stützt die Motivationsfunktion und kann durch kurze Berichtswege und die möglichst unmittelbare Ausschüttungen von Erfolgstantiemen und anderen Belohnungen erreicht werden. Umgekehrt kann im Fall von nur

4.3 Anreiz- und Vergütungssysteme

mit deutlicher Verzögerung eintretenden Wirkungen eine Streckung der Vergütungsfunktion sinnvoll sein, um der Verursachungsgerechtigkeit zu entsprechen.

- o **Wirtschaftlichkeit:** Den Kosten für den Betrieb der Anreiz- und Motivationssysteme sollte ein höherer Nutzen gegenüberstehen. In die Kosten sind auch die zusätzlichen Vergütungen einzubeziehen.

Aus den Ausführungen wird deutlich, dass zwischen den Anforderungen z. T. Zielkonflikte bestehen, die sich nicht vollständig überwinden lassen. Beispielhaft sei das Spannungsfeld zwischen Wirtschaftlichkeit und Motivationsfunktion benannt. Dabei ist regelmäßig keine einseitige Optimierung, sondern ein Ausbalancieren der Lösung zwischen den verschiedenen Anforderungen zu empfehlen.

Anreiz- und Vergütungssysteme
Inwieweit sind Anreiz- und Vergütungssysteme geeignet, ein laufendes Planungs- und Berichtswesen zu ersetzen?

- Anreiz- und Vergütungssysteme operieren mit Plan- und Ist-Daten, sind somit also als Ergänzung des laufenden Planungs- und Berichtswesens, nicht jedoch als dessen Ersatz zu verstehen. Daneben ist ein detailliertes Reporting für die Kommunikation von Ergebnissen und -abweichungen unumgänglich. Allerdings können Anreiz- und Vergütungssysteme dazu beitragen, die Plandatenqualität zu erhöhen.

Umgang mit Anreiz- und Vergütungsfunktionen (I)

Gegeben sei eine Funktion der Form $l(C_{ip}) = \dfrac{x^2}{2}$.

Das damit verbundene Vergütungssystem gestaltet sich wie folgt:

$$L_i = L_{0i} + l(C_{ip}) + l'(C_{ip}) \cdot (C_{ir} - C_{ip})$$

mit:

L_i:	Entlohnung der Führung der Beteiligung i
L_{0i}:	fixe Entlohnung der Führung der Beteiligung i
C_{ir}:	realisierter Erfolg der Beteiligung i
C_{ip}:	berichteter Erfolg der Beteiligung i

a) Erläutern Sie bitte um was für ein Anreiz- und Vergütungssystem es sich handelt. Bitte führen Sie dabei auch aus, welche Aufgabenstellung mit dieser erfüllt werden soll. Wie sollte die Funktion auf jeden Fall umgestaltet werden?

b) Prognostiziert wird von der dezentralen Einheit ein Erfolg von 15 GE. Bitte bestimmen Sie rechnerisch den Erfolg, den die Führung der Einheit im Rahmen des Budgetprozesses angeben sollte. Wie ist diese Aussage zu bewerten?

c) Wird durch die dargestellte Funktion kollusives Handeln gefördert? Bitte erläutern Sie Bedingungen, die ggf. erfüllt werden müssen!

d) In einer mehrjährigen Betrachtung zeigen sich im Planungszeitpunkt t die erwarteten Erfolge wie folgt:

Jahr$_{t+1}$: 50 GE, Jahr$_{t+2}$: 75 GE und Jahr$_{t+3}$: 65 GE

Nehmen Sie an, dass Sie als Finanzvorstand der Beteiligung fungieren und mittels geschickter Bilanzpolitik bis zu 30 GE von einer Periode in eine andere verschieben können. Wie lautet das 3-Jahres-Budget, das Sie bei der Zentrale anmelden würden, wenn Zinsen vernachlässigt werden können und Sie keine besondere Risikoaversion haben? Wie würden Sie die Erfolgsmeldung darstellen, wenn keine bilanzpolitischen Beschränkungen vorhanden wären, sondern stets lediglich ein Verlust ausgeschlossen werden sollte?

a) Mit $I(C_{ip}) = \frac{x^2}{2}$ gilt $I'(C_{ip}) = \frac{2x}{2} = x > 0$ und $I''(C_{ip}) = 1 > 0$.

Es handelt sich damit um ein Osband-Reichelstein-Anreizsystem, das der Motivation sowohl zur Leistungssteigerung als auch zur vollständigen und wahrheitsgemäßen Berichterstattung über die Erfolgsvorgabe dient.

Die Funktion sollte dahingehend umgestaltet werden, als dass zwischen dem Unternehmenserfolg und der Incentivierung ein reduzierender Faktor, der sich nach der erwarteten Erfolgshöhe bemessen sollte, eingefügt wird, da ansonsten die Gefahr droht, dass mehr als der erwirtschaftete Erfolg an das Management auszuschütten ist.

b) Die Funktion ist unter der Annahme, dass sich der prognostizierte Erfolg einstellt, zu maximieren.

Wird der zu berichtende Erfolg $C_{ip} = x$ gesetzt, gilt:

4.3 Anreiz- und Vergütungssysteme

$$L_i = L_{0i} + l(C_{ip}) + l'(C_{ip}) \cdot (C_{ir} - C_{ip}) = L_{0i} + \frac{x^2}{2} + x \cdot (15 - x) = L_{0i} + \frac{x^2}{2} + 15 \cdot x - x^2$$

$$L_i' = \frac{2x}{2} + 15 - 2x = 0$$

$$\Leftrightarrow x + 15 - 2x = 0$$

$$\Leftrightarrow 15 - x = 0$$

$$\Leftrightarrow x = 15$$

Damit ergibt sich ein Maximum, wenn der prognostizierte Erfolg von 15 auch im Rahmen des Budgetierungsprozesses mit der Zentrale als Planvorgabe vereinbart wird.

c) Es besteht die Gefahr, dass es zu einem kollusiven Handeln kommt, da die Erfolgsfunktion eine wachsende Grenzbelohnung aufweist. Damit lohnt sich eine Konzentration der Erfolge bei wenigen bzw. idealerweise einer Beteiligung. Allerdings ist es erforderlich, dass es anschließend zu einer Umverteilung der Leistungsprämien außerhalb der Erfolgsbemessung der Einheiten kommt, bspw. durch Weiterleitung von Teilen der Erfolgsprämie der Geschäftsleitung an die Geschäftsleitung weiterer Beteiligungen.

d) Auch in der mehrperiodigen Betrachtung bietet sich aufgrund der streng konvexen Erfolgsfunktion eine Konzentration der Erfolge an. Da Zinswirkungen vernachlässigt werden können und keine Risikoaversion besteht, ist die Zuordnung a priori offen. Aufgrund der Beschränkung der bilanzpolitischen Möglichkeiten bietet sich jedoch die Konzentration im Jahr t=2 an, das ohnehin über die höchsten Erfolgsaussichten verfügt.

Die Änderung des zu erwartenden Incentivierungserfolgs unter Vernachlässigung einer fixen Entlohnung zeigt sich wie folgt:

	t=1	t=2	t=3	**Summe**
Wahre Erfolgsplanung	50	75	65	190
Zu erwartende Incentivierung bei wahrer Erfolgsmeldung	1.250	2.812,5	2.112,5	**6.175**
Bilanzpolitisch optimierte Erfolgsmeldung	20	135	35	190
Zu erwartende Incentivierung bei Nutzung der Bilanzpolitik	200	9.112,5	612,5	**9.925**

Diese Vorgehensweise bedingt jedoch, dass im Rahmen des Planungsprozesses die deutlichen Unterschiede zwischen den Planjahren glaubwürdig begründet werden können.

Bestehen keine Beschränkungen der Bilanzpolitik, sollte der Erfolg vollständig auf eine Periode konzentriert werden. Damit wäre eine Incentivierung in Höhe von 18.050 GE verbunden. Die Glaubwürdigkeit einer derartigen Planung wäre jedoch a priori erheblich eingeschränkt.

Umgang mit Anreiz- und Vergütungssystemen (II)

a) Erläutern Sie bitte kurz die grundlegende Funktionsweise der Anreiz- und Vergütungssysteme, die der Koordination von Investitionsbudgets dienen! Welche Größen müssen dabei im Idealfall nicht mehr explizit berücksichtigt werden?

b) Gegeben sei die folgende Anreiz- und Vergütungsfunktion:

$$L_i = L_{0i} + \alpha \cdot \left[C_{ir} \cdot (y_i) + \sum_{j \neq i} C_{jp} \cdot (y_j) - R_i \right]$$

mit:

L_i: Entlohnung der Führung der Beteiligung i

L_{0i}: fixe Entlohnung der Führung der Beteiligung i

C_{ir}: realisierter Erfolg der Beteiligung i

$C_{ip} / {}_{jp}$: berichteter Erfolg der Beteiligung i/j

$y_{i/j}$: zugeteilte Investitionsmittel der Beteiligung i/j

R_i: Korrekturgröße des Verantwortungsbereichs i

α: Gewichtungsfaktor mit $0 \leq \alpha \leq 1$

Um was für eine Anreiz- und Vergütungsfunktion handelt es sich? Welche Ziele werden durch das System verfolgt?

c) Nehmen Sie an, dass α = 0,5, L_{0i} = 50 und R_i = 100 beträgt. Welche Aussage lässt sich dann bezüglich der Incentivierung der individuellen Zielerreichung des Bereichs A treffen?

d) Erläutern Sie, warum bei der dargestellten Vergütungsfunktion kollusives Handeln besonders wahrscheinlich ist? Wie könnte dem entgegengewirkt werden?

4.3 Anreiz- und Vergütungssysteme

a. Eine Koordination zwischen den Investitionsbudgets erfolgt mittels Berücksichtigung der entgehenden Gewinne in anderen Berichtseinheiten. Somit werden die Opportunitätskosten aus Konzernsicht mit erfasst. Idealerweise kann dabei vollständig auf die Verwendung von Plangrößen verzichtet werden.

b. Es handelt sich um ein Groves-Schema, durch das sowohl die Koordination der Investitionsbudgets als auch die Maximierung des Erfolgs der Berichtseinheit erreicht werden soll.

c. Im Zahlenbeispiel kompensieren sich die fixe Entlohnung der Führung der betrachteten Beteiligung i und der gewichtete Korrekturfaktor. Somit besteht keine fixe Vergütung, sondern neben der Vergütung für die Erfolge der anderen Teilbereiche lediglich die variable Komponente $\alpha \cdot [C_{ir} \cdot (y_i) - C_{ip} \cdot (y_i)]$. Dies lässt sich wie folgt zeigen:

$$L_i = L_{0i} + \alpha \cdot \left[C_{ir} \cdot (y_i) + \sum_{j \neq i} C_{jp} \cdot (y_j) - R_i \right]$$

$$= L_{0i} + \alpha \cdot \left[C_{ir} \cdot (y_i) - C_{ip} \cdot (y_i) + \sum_{j=1}^{J} C_{jp} \cdot (y_j) - R_i \right]$$

d. Es besteht eine höhere Wahrscheinlichkeit für kollusives Handeln als bei vergleichbaren Funktionen, da in der Anreizfunktion allein auf die geplanten Erfolge der anderen Teilbereiche abgestellt wird. Somit sind keine zusätzlichen Zahlungen notwendig, um die Erfolge aus dem abgestimmten Verhalten umzuverteilen und das kollusive Handeln damit erst zu ermöglichen (sog. Seitenzahlungen). Dem könnte entgegen gewirkt werden, indem der unter (c.) beschriebene Teil der Vergütung höher gewichtet wird. Dies könnte jedoch dazu führen, dass mittels überhöhter Erfolgsprognosen zusätzliche Investitionsmittel eingeworben werden, und somit die Erfüllung der Koordinationsaufgabe wieder eingeschränkt wird.

Alternative könnten bei der Bemessung der Vergütung die geplanten Erfolge vernachlässigt und allein die Ist-Erfolgserreichung berücksichtigt werden. Dies entspräche dem *Profit-Sharing*.

Umgang mit Anreiz- und Vergütungssystemen (III):

a) Beschreiben Sie bitte das System des Profit Sharing!

b) Erläutern Sie bitte in diesem Zusammenhang wie Informationsasymmetrien in diesem System genutzt werden können!

c) In welchem Zusammenhang stehen an den Konzernerfolg bzw. die Entwicklung des Aktienkurses der Konzernmuttergesellschaft anknüpfende Anreiz- und Vergütungssysteme zum Profit Sharing?

a) Das *Profit Sharing* gestaltet sich formal wie folgt:

$$L_i = L_{0i} + \delta_i \cdot \sum_{j=1}^{J} C_{jr} \cdot (y_j)$$

mit δ_i: beteiligungsindividueller Gewichtungsfaktor mit $0 \leq \delta_i \leq 1$

Beim Profit Sharing werden lediglich die Ist-Erfolge der Einheiten in die Vergütungsfunktion aufgenommen, nicht jedoch die geplanten Erfolge. Dabei erfolgt eine beteiligungsindividuelle Gewichtung.

b) Das Profit Sharing nutzt Informationsasymmetrien, die nicht nur zwischen der Zentrale und den Beteiligungen, sondern auch zwischen den Beteiligungen bestehen, aus, da eine Maximierung der Incentivierung auch aus individueller Sicht nur erreicht werden kann, wenn der eigene Erfolg wahrheitsgemäß geplant wird und es zu einer entsprechenden Allokation der Investitionsmittel kommt. Somit besteht keine Abhängigkeit vom Verhalten anderer Beteiligungen, die durch Informationsasymmetrien belastet wäre.

c) Wird der beteiligungsindividuelle Gewichtungsfaktor $\delta_i = 1$ gesetzt, erfolgt durch das Profit Sharing eine auf den Konzernerfolg ausgerichtete Incentivierung. Die fixe Entlohnung ist dabei unerheblich, da diese von der dezentralen Führung nicht beeinflusst werden kann.

Eine Verknüpfung mit dem Aktienkurs des Mutterunternehmens lässt sich nicht unmittelbar herstellen, auch wenn dieser regelmäßig nicht nur den Wert der AG, sondern des gesamten Konzerns reflektiert, da in den Börsenwert auch die Zukunftserwartungen einfließen. Dies gelänge, wenn das Profit Sharing nicht auf einperiodige Erfolgsgrößen wie den EBIT, sondern auf dynamische Größen wie die Veränderung des DCF oder des Economic Income abstellen würde.

Anreiz- und Vergütungssysteme:
Welche Auswirkungen hat die Einbeziehung von Unsicherheit auf die Gestaltung von Anreiz- und Vergütungssystemen?

Einbeziehung von Unsicherheit

- Die Anforderungen an die Anreiz- und Vergütungssysteme werden unter Berücksichtigung von Unsicherheit erheblich komplexer. Leitlinien für die Gestaltung der Systeme sind aus dem Grad der Risikoaversion der dezentralen Bereiche und der Unsicherheit abzuleiten:

- Je geringer die Risikoaversion bzw. je ausgeprägter die Risikofreude der Bereichsführung und je geringer das Erfolgsrisiko ist, desto eher eignen sich Erfolgsgrößen als Bemessungsgrundlage der Belohnung, da die Kosten der Systeme überschaubar bleiben und eine Verknüpfung mit den übergeordneten Erfolgszielen erfolgt.
- Je geringer die Risikofreude bzw. je ausgeprägter die Risikoaversion der Bereichsführung und je ausgeprägter das Erfolgsrisiko ist, desto stärker sollte auf andere Verhaltensindikatoren zurückgegriffen werden, um die Kosten der Anreiz- und Vergütungssysteme gering zu halten.
- Es kann allerdings gezeigt werden, dass das Anreizsystem nach Osband und Reichelstein auch in Unsicherheitssituationen zur Weitergabe der richtigen Erfolgsprognose führt.

5 Controlling der Desinvestition

5.1 Konzepte der Desinvestition

Kapitalallokation:
Warum ist die Desinvestition eine zentrale betriebliche Kapitalallokationsfrage (siehe Lehrbuch S. 475)?

- Die Unternehmenszentrale hat im Sinne der Anteilseigner das zur Verfügung stehende Geld risikoadäquat zu investieren. Dies betrifft sowohl neue Investitionen in Geschäftsbereiche als auch hypothetisch zur Verfügung stehendes Geld durch Desinvestitionen. Es stellt sich die Frage, ob durch den Verkauf mehr **Wert generiert** wird als durch die Weiterführung eines Unternehmensteils. Anstatt von Investitionen kann das Geld auch an die Anteilseigner ausgeschüttet werden.

Transaktionsarten:
Was für zwei Transaktionsarten können grundsätzlich Gegenstand der Desinvestition sein (siehe Lehrbuch S. 475)?

- Der Gegenstand der Transaktion können einerseits die einzelnen Vermögensgegenstände und Schulden (**Asset Deal**)
- und andererseits die Anteile des Desinvestitionsobjektes (**Share Deal**) sein.

Arten der Bezahlung einer Transaktion:

Welche zwei grundsätzlichen Arten der Bezahlung einer Transaktion gibt es, wenn ein Unternehmensanteil verkauft wird (siehe Lehrbuch S. 475)?

- Grundsätzlich lassen sich die Bezahlung in bar (**Cash Deal**) und die Bezahlung in Form eines Anteilstauschs (**Share Deal**) unterscheiden.

Phase der Desinvestition:

Wann beginnt die Phase der Desinvestition und wann endet die Phase der laufenden Beteiligung (siehe Lehrbuch S. 476)?

- Die Phase der Desinvestition beginnt mit der **Entscheidung** für die Desinvestition.
- Die Phase der laufenden Beteiligung endet erst mit dem Übergangsstichtag (**Closing**). Die Phase der laufenden Beteiligung und der Desinvestition überschneiden sich daher.

Gründe für eine Desinvestitionsentscheidung:

Nennen Sie beispielhaft einige Gründe für eine Desinvestitionsentscheidung (siehe Lehrbuch S. 477)?

- Integrationsmisserfolg
- Unvorhergesehene Entwicklungen
- Schuldenabbau bzw. Aufrechterhaltung der Zahlungsfähigkeit
- Auflagen von Wettbewerbsbehörden

Konzepte der Desinvestition:

Was für Möglichkeiten der Desinvestition gibt es (siehe Lehrbuch S. 478)?

- Sell-off
- Spin-off
- Split-off
- Equity Carve-out
- Subsidiary IPO
- Split-up
- Tracking Stocks
- Joint Venture
- Stilllegung

5.1 Konzepte der Desinvestition

> **Konzept der Desinvestition:**
>
> Wie wird das Konzept der Desinvestition genannt, bei dem **alle** Eigentumsanteile an einen **unternehmensexternen Käufer** veräußert werden, so dass der Verkäufer nach dem Verkauf keinen Einfluss mehr hat (siehe Lehrbuch S. 478–479)?

- Sell-off

> **Konzept der Desinvestition:**
>
> Welche Person(en) können bei einem Sell-off als externe Käufer auftreten (Arten eines Sell-off)?

- Institutionelle oder private Investoren (**klassischer Sell-off**)
- Top-Management des Desinvestitionsobjektes (**Management Buy-out**)
- Top-Management und Mitarbeiter des Desinvestitionsobjektes (**Employee Buy-out**)
- Externe Manager (**Management Buy-in**)

> **Konzept der Desinvestition:**
>
> Wie nennt man den Verkauf eines **überwiegend fremdfinanzierten** Unternehmensteils (siehe Lehrbuch S. 479)?

- Leveraged Buy-out

> **Konzept der Desinvestition:**
>
> Wie wird das Konzept der Desinvestition genannt, bei dem ein bisheriger **Konzern** den bisherigen Anteilseignern die **Mehrheit** der Anteile des Tochterunternehmens als **Sachdividende** verhältniswahrend überträgt und dadurch das **Control-Verhältnis** verliert, so dass das Tochterunternehmen nicht mehr zum Konzernkreis zählt (siehe Lehrbuch S. 480–481)?

- Spin-off

> **Spin-off:**
> Was für Gründe gibt es für einen Spin-off (siehe Lehrbuch S. 481)?

- Ein Spin-off verkleinert den Unternehmensverbund und reduziert dadurch die **Komplexität**. Dies kann sich positiv auf die Steuerung des gesamten Unternehmensverbundes und auf die Führung der einzelnen rechtlichen Einheiten auswirken.
- Darüber hinaus wird eine getrennte **Kapitalerhöhung** möglich.

> **Minderheitsbeteiligung:**
> Was für Gründe sprechen dafür, dass eine Konzerngesellschaft eine Minderheitsbeteiligung am Desinvestitionsobjekt beibehält?

- Die Konzerngesellschaft sichert sich dadurch ein **Mitspracherecht**. Dies kann nützlich sein, wenn das abgespaltene Unternehmen künftig ein Geschäftspartner des Konzerns bleibt.
- Darüber hinaus signalisiert die Konzerngesellschaft **Vertrauen** in das abgespaltene Unternehmen und es kann bei steigendem Wert die Anteile verkaufen.

> **Konzept der Desinvestition:**
> Wie wird das Konzept der Desinvestition genannt, bei dem ein bisheriger **Konzern** einem oder mehreren Anteilseignern die **Mehrheit** der Anteile des Tochterunternehmens als **Anteilstausch** überträgt und dadurch das **Control-Verhältnis** verliert, so dass das Tochterunternehmen nicht mehr zum Konzernkreis zählt (siehe Lehrbuch S. 482)?

- Split-off

> **Konzept der Desinvestition:**
> Wie wird das Konzept der Desinvestition genannt, bei dem ein **Konzern** einen **Minderheitsanteil** eines Tochterunternehmens über den **institutionalisierten Kapitalmarkt** verkauft? Da das **Control-Verhältnis** nicht durch den Verkauf eines Minderheitsanteils verloren geht, bleibt der Konzernkreis erhalten (siehe Lehrbuch S. 483)!

5.1 Konzepte der Desinvestition

- Equity Carve-out (bzw. Split-off IPO)

Primärplatzierung:

Wann liegt beim Equity Carve-out eine Primärplatzierung vor (siehe Lehrbuch S. 483)?

- Wenn über den institutionalisierten Kapitalmarkt Anteile aus einer **Kapitalerhöhung** verkauft werden. Die Kapitalerhöhung fließt der verselbstständigten Unternehmenseinheit vollständig zu.

Sekundärplatzierung:

Wann liegt beim Equity Carve-out eine Sekundärplatzierung vor (siehe Lehrbuch S. 484)?

- Wenn über den institutionalisierten Kapitalmarkt Anteile der **Konzerneinheit** verkauft werden. Das Geld fließt dann der Konzerneinheit zu.

Gründe für neue Anteilseigner:

Was für Gründe sprechen dafür, dass eine Konzerngesellschaft neue Anteilseigner für die verselbstständigte Unternehmenseinheit gewinnt, ohne das Control-Verhältnis aufzugeben (siehe Lehrbuch S. 483)?

- Die Konzerngesellschaft kann dadurch die **Kapitalstruktur** verbessern,
- das **öffentliche Interesse** und die Bekanntheit steigern
- sowie eine **kapitalmarktorientierte Bewertung** herbeiführen, um das Unternehmen in der Zukunft besser verkaufen zu können oder das Anreizsystem des Managements zu verbessern.

Konzept der Desinvestition:

Wie wird das Konzept der Desinvestition genannt, bei dem ein **Konzern** einen **Mehrheitsanteil** eines Tochterunternehmens über den **institutionalisierten Kapitalmarkt** verkauft und dadurch das **Control-Verhältnis** verliert, so dass das Tochterunternehmen nicht mehr zum Konzernkreis zählt (siehe Lehrbuch S. 485)?

- Subsidiary IPO

Konzept der Desinvestition:

Wie wird das Konzept der Desinvestition genannt, bei dem ein bisheriger **Konzern** alle Anteile der Tochterunternehmen als **Sachdividende** den bisherigen Anteilseignern verhältniswahrend überträgt und dadurch den **Konzernverbund** auflöst? Die Anteilseigner sind dann direkt an den einzelnen separat fortgeführten Unternehmen beteiligt (siehe Lehrbuch S. 486).

- Split-up

Konzept der Desinvestition:

Wie wird das Konzept der Desinvestition genannt, bei dem ein Unternehmen Anteile eines Unternehmensbereichs herausgibt, der rechtlich nicht selbstständig ist (siehe Lehrbuch S. 487–488)?

- Tracking Stocks

Ausgabe von Tracking Stocks:

Was für Gründe sprechen für die Ausgabe von Tracking Stocks (siehe Lehrbuch S. 488)?

- Es kommt zu einer **kapitalmarktorientierten Bewertung**, die das Anreizsystem des dezentralen Managements verbessern kann.
- Darüber hinaus kann die **Rendite-Risiko-Struktur** des Unternehmensbereichs besser abgebildet werden.
- Im Falle der Aufnahme von neuen Aktionären, kommt es zu einer **Kapitalerhöhung**, die die Eigenkapitalstruktur stärkt.

Besonderheiten von Tracking Stocks:

Was sind die Besonderheiten von Tracking Stocks (siehe Lehrbuch S. 488)?

5.1 Konzepte der Desinvestition

- Die Anteilseigner haben ein Recht auf den **Gewinn** und den **Liquidationserlös** des Unternehmensbereichs. Es muss daher ein **unternehmensbereichsbezogenes Rechnungswesen** geführt werden.
- Der Unternehmensbereich ist aber **nicht rechtlich selbständig**. Die Anteilseigner der Tracking Stocks haften daher für die Schulden des Gesamtunternehmens, wobei auch der **Erfolg des Gesamtunternehmens** zu versteuern ist.
- Das Stimmrecht der Inhaber der Tracking Stocks bezieht sich auf die **Hauptversammlung des Gesamtunternehmens**, so dass es zu **Interessenskonflikten** kommen kann.

Konzept der Desinvestition:

Wie wird das Konzept der Desinvestition genannt, bei dem ein Unternehmensbereich als Sacheinlage in ein neues rechtlich selbständiges Unternehmen eingebracht wird, das von zwei oder mehreren Unternehmen gegründet wird und an dem das Unternehmen nicht mehr als 50% der Anteile hält (siehe Lehrbuch S. 489–490)?

- Joint Venture (Gemeinschaftsunternehmen)

Konzepte der Desinvestition:

Bitte füllen Sie die folgenden Felder aus!

	Reduktion der Eigentumsanteile	Käufer des Desinvestitionsobjektes
1. Sell-off		
2. Spin-off		
3. Split-off		
4. Subsidiary IPO		
5. Split-up		
6. Equity Carve-out		
7. Tracking Stocks		
8. Joint Venture		

Lösung:

	Reduktion der Eigentumsanteile	Käufer des Desinvestitionsobjektes
1. Sell-off	Vollständige Reduktion	Unternehmensexterne Anteilseigner (C,D), i.d.R. Kauf durch Barmittel
2. Spin-off	Abgabe einer Mehrheitsbeteiligung	Verhältniswahrend die Anteilseigner des Konzerns (A,B) durch eine Sachdividende
3. Split-off		Einige Anteilseigner des Konzerns durch eine Sachdividende (B) an die restlichen Anteilseigner (A)
4. Subidiary IPO		Unternehmensexterne Anteilseigner (C,D), i.d.R. Kauf durch Barmittel
5. Split-up	Abgabe der Mehrheitsbeteiligung aller Beteiligungen	Verhältniswahrend die Anteilseigner des Konzerns (A,B) durch eine Sachdividende
6. Equity Carve-out	Abgabe einer Minderheitsbeteiligung	Unternehmensexterne Anteilseigner (C,D), i.d.R. Kauf durch Barmittel
7. Tracking Stocks	Ausgabe von Anteilen an einem Unternehmensbereich	Unternehmensexterne/-interne Anteilseigner
8. Joint Venture	paritätisch	strategischer Partner

Sell-off vs. Liquidation:

Was ist der Unterschied zwischen dem Sell-off und der Liquidation eines Unternehmensbereichs (siehe Lehrbuch S. 491)?

- Beim Sell-off wird ein Geschäftsbereich verkauft und **fortgeführt**.
- Bei der Liquidation wird der Geschäftsbereich verkauft und vom Käufer **aufgelöst**.
- Der Sell-off kann allerdings in Verbindung mit einer Teilliquidation stattfinden, so dass lediglich ein **redimensionierter** Geschäftsbereich fortgeführt wird.

Höhe des Liquidationserlöses:

Was beeinflusst grundsätzlich die Höhe des Liquidationserlöses (siehe Lehrbuch S. 491)?

- Die Höhe des Liquidationserlöses wird davon beeinflusst, inwieweit Vermögensgegenstände als Sachgesamtheit veräußert werden können (**Auflösungsintensität**)
- und dem Zeitdruck, die Liquidation durchführen zu müssen (**Auflösungsgeschwindigkeit**).

5.2 Der Prozess der Desinvestition

Auslöser einer Desinvestition:

Was für Gründe können der Auslöser einer freiwilligen Desinvestition sein (siehe Lehrbuch S. 492–493)?

- **Strategische Neuausrichtung** (z.B. Konzentration auf Kernkompetenzen, Komplexitätsverringerung)
- **Krisenhafte Entwicklungen** (Verfehlung von Performancezielen, Beteiligung als Wertvernichter)
- **Konkrete Akquisitionsangebote** (Ist das Akquisitionsangebot höher als der Fortführungswert?)

Analyse der Ist-Situation:

Wie wird die Ist-Situation einer Beteiligung strukturiert untersucht (siehe Lehrbuch S. 494)?

- **Finanzielle Analyse** (Vernichtet die Beteiligung Wert? Was für Ergebnisse erzielen vergleichbare Unternehmen?)
- **Unternehmensanalyse** (Welche Stärken und Schwächen hat die Beteiligung? Was für Kernkompetenzen hat die Beteiligung?)
- **Umweltanalyse** (Was für Risiken und Chancen betreffen die Beteiligung? Wie hoch sind das Marktwachstum und die Größe des Marktes? Wie hoch ist der Marktanteil der Beteiligung?)

Handlungsmöglichkeiten in einer krisenhaften Situation:

Wenn eine Beteiligung in einer krisenhaften Situation ist, was für Handlungsmöglichkeiten hat der Unternehmensverbund und wie sind die Handlungsalternativen zu bewerten? (siehe Lehrbuch S. 495)?

- Der Unternehmensverbund kann die Beteiligung **restrukturieren** oder **desinvestieren.**
- In einem ersten Schritt können die finanziellen Auswirkungen der Restrukturierung in der Plan-Gewinn- und -Verlustrechnung und in der Planbilanz eingeflochten werden.
- In einem zweiten Schritt kann der Free Cashflow abgeleitet werden.
- Der Barwert der Free Cashflows kann dann mit dem Barwert der Free Cashflows ohne die finanziellen Auswirkungen der Restrukturierung bzw. dem Barwert der Cashflows aus dem Verkauf verglichen werden.

Aktionsraum, Zustandsraum, Ergebnismatrix:

Was ist der Aktionsraum, der Zustandsraum und die Ergebnismatrix im Falle einer Desinvestition (siehe Lehrbuch S. 496)?

- Die **Desinvestitionsalternativen**, die dem Unternehmen zur Verfügung stehen, bilden den Aktionsraum des Unternehmens im Falle einer Desinvestition ab.
- Alle **möglichen Umweltzustände** (z.B. optimistischer, wahrscheinlicher, pessimistischer Zustand), die eintreten können und die Handlungsalternativen beeinflussen, bilden den Zustandsraum.
- Die Ergebnismatrix zeigt die **bewerteten Alternativen** der Desinvestition.

Schwierigkeiten der Bewertung:

Welche Schwierigkeiten treten bei der Bewertung von Beteiligungen auf (siehe Lehrbuch S. 496)?

- Es kann schwierig sein, die Beteiligung im Unternehmensverbund eindeutig **abzugrenzen**.
- Darüber hinaus kann die Ausgliederung aus dem Unternehmensverbund zu **Desintegrationskosten** führen.

Möglichkeiten zur Aufwertung:

Nennen Sie beispielhaft Möglichkeiten zur Aufwertung einer Beteiligung im Rahmen der Desinvestition (siehe Lehrbuch S. 497)!

- Zuordnung von **materiellen und immateriellen Gütern**
- Zuführung neuer **Liquider Mittel**

5.2 Der Prozess der Desinvestition

- Übertragung **finanzieller Beteiligungen**
- Zuführung von **Eigenkapital**
- Rückführung von **Verbindlichkeiten**
- Zuordnung von **Management- und Mitarbeiterkapazitäten**

Synergien im Rahmen der Desinvestition:

Können im Rahmen der Desinvestition auch Synergien bzw. Dyssynergien entstehen (siehe Lehrbuch S. 498)?

- Synergien und Dyssynergien entstehen aus Verbundeffekten. Hat die Beibehaltung der Beteiligung wertmindernde Folgen für den Unternehmensverbund, so **werden die Dyssynergien** (z.B. negatives Image)/Synergien (z.B. umfangreichere Absatzkanäle) **zu Synergien** (z.B. Vermeidung des negativen Images)/Dyssynergien (z.B. geringere Absatzkanäle) durch die Desinvestition der Beteiligung.

Wert eines Desinvestitionsobjektes:

Besteht der Wert eines Desinvestitionsobjektes ausschließlich aus dem Verkaufserlös (siehe Lehrbuch S. 498)?

- Nein, der Verkaufserlös bildet die Basis. Weitere Einflussfaktoren auf den Wert der Beteiligung haben der:
    - Barwert der Synergien
    - Barwert der Dyssynergien
    - Barwert der Ausgaben für die Desintegration und für mögliche Aufwertungsmaßnahmen.

Desinvestitionsplan:

Welche drei prozessualen Elemente muss ein Desinvestitionsplan enthalten (siehe Lehrbuch S. 501)?

- Operationale Ziele (**Planung**)
- Maßnahmen zur Erreichung der Ziele (**Realisierung**)
- Kontrollgrößen (**Kontrolle**)

Suche nach potentiellen Investoren:

Wie kann die Suche nach potentiellen Investoren für ein Desinvestitionsobjekt erfolgen (siehe Lehrbuch S. 503)?

- **direkt** (institutionelle Anleger, private Anleger, Manager, Mitarbeiter)
- **indirekt** (institutionalisierter Kapitalmarkt)

Auswahl potentieller Investoren:

Nennen Sie drei Kriterien zur Auswahl von potentiellen Investoren (siehe Lehrbuch S. 503)?

- **Ähnlichkeit** im Rendite-Risiko-Profil
- **Absicht** des Investors bezüglich des Engagements
- Gewünschte **Streuung** der Anteile

Desinvestitionsentscheidung:

Die Fujitsa AG hat folgende drei Beteiligungen:

		Fujitsa AG		
	Holding	Beteiligung A	Beteiligung B	Beteiligung C
	Umsatzerlöse	**Umsatzerlöse**	**Umsatzerlöse**	**Umsatzerlöse**
t-1	28.947.570	3.643.200	19.467.000	5.837.370
t	28.629.962	4.530.240	19.252.052	4.847.670
t+1e	29.500.374	6.457.651	19.030.858	4.011.865
t+2e	31.912.747	9.801.792	18.803.315	3.307.640
	NOPLAT	**NOPLAT**	**NOPLAT**	**NOPLAT**
t-1	4.858.927	526.335	4.179.339	153.253
t	4.620.369	590.504	4.037.654	-7.789
t+1e	5.206.018	1.274.044	3.842.973	89.001
t+2e	6.159.843	2.264.914	3.847.224	47.705
	FCF	**FCF**	**FCF**	**FCF**
t-1	3.369.113	-757.161	2.837.301	1.288.973
t	-4.052.120	-951.191	-1.547.546	-1.553.383
t+1e	3.187.535	-466.208	2.737.118	916.625
t+2e	4.135.674	713.356	2.555.015	867.304

Eine Private-Equity-Gesellschaft bietet der Fujitsa AG „1 Euro" für die Beteiligung C. Berechnen Sie den Unternehmenswert und erörtern Sie, ob Sie das Angebot annehmen würden!

Nehmen Sie ab der Periode t+2e kein Umsatzwachstum mehr an. Die EBIT-Marge und der Steuersatz bleiben ab der Periode t+2e konstant. Die Abschreibungen werden als konstant angenommen und sollen den Investitionen in die Kapazitätserhaltung entsprechen. Berechnen Sie für die Periode t die Erweiterungsinvestitionsrate und nehmen Sie diese danach als konstant an!

5.2 Der Prozess der Desinvestition

		Prognose		
Rappaport-Werttreiber	t	t+1e	t+2e	t+3e
Umsatz	5.837.370,0	4.847.670,5	4.011.865,2	3.307.639,6
prognostizierte EBIT-Marge			3,70%	2,40%
prognostizierter Steuersatz			-40,00%	-40,00%
			Bitte berechnen:	
EBIT	255.421,1	-12.982,2		
NOPLAT	153.252,6	-7.789,3		
+ Abschreibungen / - Zuschreibungen	1.100.000,0	1.100.000,0	776.520,1	776.520,1
- Investitionen in Kapazitätserweiterung	0,0	0,0	0,0	0,0
- Investitionen in Kapazitätserhaltung	0,0	-700.000,0	0,0	0,0
Kapazitätsauslastung	0,663	0,577	0,802	0,696
		Bitte berechnen:		
Umsatzwachstum (absolut)				
Erweiterungsinvestitionsrate (WC)				
			Bitte berechnen:	
- Erweiterungsinvestitionen (WC)		60.487,2		
FCF		452.697,8		
Restwert				
Annahme: Diskontierungsfaktor	6,85%	0,9359	0,8759	0,8197
Barwert				
Unternehmenswert (EK+FK) des betriebsnotwendigen Vermögens (Bestandteile des EBIT)				
+ nicht betriebsnotwendiges Vermögen				
Unternehmenswert (EK+FK)				
- MWFK (=Annahme BWFK)				
= MWEK				

Das nicht betriebsnotwendige Vermögen und den Buchwert des FK (Annahme = MWFK) finden Sie in der Bilanz auf der folgenden Seite:

Aktiva			t	Passiva		
immaterielle VW	2.000.000,0					
Sachanlagen	5.306.080,4	AV	EK	4.603.564,8	Eigenkapital	
Finanzanlagen	1.000.000,0					
Vorräte	0,0				verzinsliches	
Ford. aus LuL	484.767,0	UV	FK	5.000.000,0	Fremdkapital	
Wertpapiere	1.000.000,0					
Liquide Mittel	0,0			187.282,7	unverz. FK	
Bilanzsumme	**9.790.847,4**			**9.790.847,4**	**Bilanzsumme**	

- Nach dem DCF-Verfahren ergibt sich ein negativer Marktwert des Eigenkapitals:

		Prognose		
Rappaport-Werttreiber	t	t+1e	t+2e	t+3e
Umsatz	5.837.370,0	4.847.670,5	4.011.865,2	3.307.639,6
EBIT-Marge	4,38%	-0,27%	3,70%	2,40%
Steuersatz	-40,00%	-40,00%	-40,00%	-40,00%
		Bitte berechnen:		
EBIT	255.421,1	-12.982,2	148.335,5	79.508,8
NOPLAT	153.252,6	-7.789,3	89.001,3	47.705,3
+ Abschreibungen / - Zuschreibungen	1.100.000,0	1.100.000,0	776.520,1	776.520,1
- Investitionen in Kapazitätserweiterung	0,0	0,0	0,0	0,0
- Investitionen in Kapazitätserhaltung	0,0	-700.000,0	0,0	0,0
Kapazitätsauslastung	0,663	0,577	0,802	0,696
		Bitte berechnen:		
Umsatzwachstum (absolut)		-989.699,6	-835.805,2	-704.225,6
Erweiterungsinvestitionsrate (WC)		-6,11%	-6,11%	-6,11%
		Bitte berechnen:		
- Erweiterungsinvestitionen (WC)		60.487,2	51.103,5	43.078,3
FCF		452.697,8	916.624,9	867.303,7
Restwert				696.372,4
Annahme: Diskontierungsfaktor	6,85%	0,9359	0,8759	0,8197
Barwert		423.673,9	802.857,0	1.281.789,2
Unternehmenswert (EK+FK) des betriebsnotwendigen Vermögens (Bestandteile des EBIT)	2.508.320,0			
+ nicht betriebsnotwendiges Vermögen	2.000.000,0			
Unternehmenswert (EK+FK)	4.508.320,0			
- MWFK (=Annahme BWFK)	-5.000.000,0			
= MWEK	**-491.680,0**			

- Die Holding hat drei Beteiligungen. Die Beteiligung A wächst stark, die Beteiligung B operiert in einem stagnierenden Markt und die Beteiligung C befindet sich in einem schrumpfenden Markt. Die Umsatzerlöse und der NOPLAT der Beteiligung C nehmen kontinuierlich ab. Bei fallenden Umsatzerlösen können meistens die Kosten nicht in gleichem Maße gesenkt werden (Kostenremanenz). Damit die Gewinnspanne nicht sinkt, müsste die Beteiligung C die Preise anheben. Durch Preissenkungen anderer Konkurrenten würde das schwierig werden, ohne einen noch stärkeren Umsatzeinbruch zu bekommen.
- In der Prognose wurde eine höhere Investition in die Kapazitätserhaltung in der Periode t+1e prognostiziert. Vor dem Hintergrund der fallenden Umsatzerlöse, erscheint es sinnvoll die Kapazität schon früher herunterzufahren und die Investitionen in die Kapazitätserhaltung weitestgehend zu unterlassen. Wenn der FCF keinen positiven Effekt auf die FCF-Prognose hat, könnte im besten Fall der Barwert der Investition eingespart werden (700.000/(1+0,0685)).
- Der negative Marktwert des Eigenkapitals signalisiert, dass die Beteiligung C Probleme haben wird, die Zinsen für das Fremdkapital

zu zahlen bzw. dieses aus dem operativen Cashflow zu tilgen. Es besteht die Gefahr, die Beteiligung C zu lange durch die anderen Beteiligungen zu subventionieren und eine Branchenkonsolidierung hinauszuzögern. Um das Risiko zu reduzieren, könnte die Fujitsa AG die Beteiligung frühzeitig verkaufen.
- Die Fujitsa AG sollte versuchen noch andere Käufer zu finden und eine Liquidation des Unternehmens zu prüfen, da der Buchwert des Eigenkapitals weit über dem Marktwert liegt, so dass die einzelnen Teile in diesem Fall mehr wert sein könnten als das Unternehmen als Ganzes. Darüber hinaus sind ein Teilverkauf und eine Restrukturierung ebenfalls mit in Betracht zu ziehen. Die finale Entscheidung ist auf Interdependenzen auf die Holding und die Beteiligungen A und B zu überprüfen.

Stichwortverzeichnis

Akquisition
  Arten 149
  Teilziele 150
Asset Deal 21
Attractiveness-Test 162
Balanced Scorecard 263
BCG-Matrix 51, 55, 61, 64, 145
  Holding 64
  SGE 61
Benchmarking 44, 267
Beteiligung 1
  atypisch stille 10
  betriebswirtschaftliche 3
  Einflussnahme 10
  Koordination 28
  rechtliche Form 8
  Relevanz 2
  typisch stille 9
  unternehmerische 3
  wirtschaftliche 3
Beteiligungscontrolling
  Anforderungen 34, 35, 36
  Aufgaben 28
  prozessuale Aufgaben 38
  prozessübergreifende Aufgaben 38
Beteiligungsform 11
Beteiligungslebenszyklus 4
Beteiligungsmanagement 37
Better-off-Test 163
Budgetierung 263
Capital Asset Pricing Model 93
  arithmetische Mittel 94
  Bestimmtheitsmaß 96
  Betafaktor 97
  geometrische Mittel 94
  Marktportefeuille 94

Regressionsgerade 95
Conglomerate Surplus 47
Cost-of-entry-Test 163
Defension 154
  Cross Investment 154
  Follow the Customer 154
  Follow the Leader 154
Dezentrale Unternehmensführung ... 25
Due Diligence 166, 167
Due Diligence-Team 165
Dyssynergien 231
Earned Value Method 249
Economies of Scale 151
Economies of Scope 151
Eigenkapitalersatz 14
Entity-Ansatz 77, 192
Equity-Ansatz 182
EVA
  Analogieansatz 142
  beteiligungsspezifischer EVA 141
externe Effekte 33
Fayolsche Brücke 39
Finanzanlagen 92
Fixkostendegression 54
Flow to Equity 82
Free Cashflow 76
  Ewige Rente 101
  Plan-GuV 80
  Rappaport 76
Fremdfinanzierung 13
Gesamtkostenverfahren 74
Gesellschafter-Fremdfinanzierung ... 15, 16
Haftung 16
Hockey-Schläger-Effekt 207
Holding 29, 30

Ausschüttung 12
Dimensionen der Koordination 29
Einflussnahme 31
Hybris 155
Idealtypischer Lebenszyklus ... 106, 107, 109, 111
Idealtypisches Beteiligungsportfolio
.... 114
Information Hypothesis 153
Integrationsgrad 236
partielle Integration 237
Stand-alone-Position 236
vollständige Integration 238
Kapitalwert.. 117
Kernkompetenz.............................. 45, 46
Kongruenzprinzip..........184, 185, 189, 194
Konzernformen 17
Eingliederungskonzern 18
Gleichordnungskonzern 17
Vertragskonzern............................. 17
Kulturschock-Test 163
Long List 157
M/B-Verhältnis 103
Marktwachstum 53
McKinsey-Matrix 58, 68
Monopolistische Vorteile..................... 151
Multiplant Economies 151
Multiplant of Scheduling................... 152
Multiplikator...214, 215, 216, 217, 218, 219
Net Operating Profit Less Adjusted
Taxes 75
One-house-model................................ 48
Operative Aufgaben............................ 40
Operativer FCF 77, 89
Organschaft 19, 20
Plan-Bilanz.. 82
Plan-Gewinn- und Verlustrechnung 80
Plan-Kapitalflussrechnung 85
Portfolioanalyse 48, 49
Preinreich-Lücke-Theorem 187, 190, 196
Prinzipal-Agenten-Problem 26, 27
reales Marktwachstum........................ 56
Realoptionsansatz.............................. 210
relativer Marktanteil 52, 56
Rentabilität 71

Return on Capital Employed........... 71
Return on Invested Capital 71
Return on Investment 71
Reporting 40
Risikoadjustierung 137, 140
Screening 157
Share Deal.. 21
Short List... 157
Slacks 207
Stand-alone-Wert............................. 224
Strategie
Ableitung 43
Akquisitionsstrategie 46
Geschäftsfeldstrategie 41
Holding-Strategie 41
Koordination 42, 43
Ressourcenverteilung 42
Strategische Aufgaben..................... 39
Strategischer Planungsprozess......... 39
Strategischer Wettbewerbsvorteil 45
Synergie
finanzwirtschaftliche 152
Kostensynergien......................... 229
leistungswirtschaftliche.............. 151
marktliche 152
Quantifizierung 224
Quantifizierung 209
Umsatzsynergien 227
Synergiestufen 24
Technologieportfolio 143
Total Cashflow 91
Transaktionsarten 303
Transaktionskosten........................... 23
Umsatzkostenverfahren 74
Umsatzprognose 50
Umsatzrendite 74
Umwelt
Branchenattraktivität.................. 44
Globale Umwelt 44
Regulative Gruppen 44
Valuation Hypothesis 153
Value Spread 109
Verlustvorträge 19, 23
Vermögensrecht................................ 12
Verwaltungsrecht.............................. 12

Stichwortverzeichnis

Weighted Average Cost of Capital 97
Wertketten-Analyse 44
Wertpapiere 92

Zentrale 24
Zukunftserfolgswert............................ 174

Alles zur BWL in einem Kompendium

Hans Corsten, Michael Reiß (Hrsg.)
Betriebswirtschaftslehre
4., vollständig überarbeitete und wesentlich erweiterte Auflage 2008
Reihe Lehr- und Handbücher der Betriebswirtschaftslehre

Band 1:
710 Seiten, gebunden
€ 29,80 | ISBN 978-3-486-58652-7

Band 2:
613 Seiten, gebunden
€ 29,80 | ISBN 978-3-486-58653-4

Modernes, gut verständliches Kompendium der Betriebswirtschaftslehre, das das umfassende Gesamtspektrum der modernen Betriebswirtschaftslehre in anwendungsorientierter Form vermittelt.
Band 1 umfasst die Themenbereiche Grundlagen, Internes Rechnungswesen, Externes Rechnungswesen, Beschaffung, Produktion und Logistik, Marketing, Investition und Finanzierung.
Band 2 umfasst die Themenbereiche Planung und Entscheidung, Controlling, Führung, Informationsmanagement, Technologie- und Innovationsmanagement, Strategisches Management, Internationales Management.

Das Buch richtet sich in erster Linie an Studierende der BWL, VWL und des Wirtschaftsingenieurwesens. Das Buch setzt am Beginn des Grundstudiums an und eignet sich zudem hervorragend zum Selbststudium.

Bestellen Sie in Ihrer Fachbuchhandlung oder direkt bei uns: Tel: 089/45051-248, Fax: 089/45051-333
verkauf@oldenbourg.de

Oldenbourg

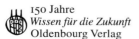

150 Jahre
Wissen für die Zukunft
Oldenbourg Verlag

Durchblick im Dschungel der Kennzahlen

Hans-Ulrich Krause, Dayanand Arora
**Controlling-Kennzahlen –
Key Performance Indicators**
Zweisprachiges Handbuch Deutsch/Englisch –
Bi-lingual Compendium German/English
2008 | 666 S. | gebunden
€ 49,80 | ISBN 978-3-486-58207-9

Es gibt eine Vielzahl von Controlling-Kennzahlen. Was sie genau bedeuten und welchen betriebswirtschaftlichen Aussagegehalt sie haben, ist allerdings sowohl für Studierende als auch für Praktiker nicht immer auf den ersten Blick erkennbar.

Dieses Buch hilft dabei, im Dschungel der Controllling-Kennzahlen den Durchblick zu behalten – und dies nicht nur auf Deutsch, sondern auch auf Englisch.

Dieses Buch ist der ideale Begleiter durch ein betriebswirtschaftliches Studium und gibt auch Praktikern nützliche Tipps bei der Verwendung und Interpretation von Controlling-Kennzahlen.

Über die Autoren:
Professor Dr. Hans-Ulrich Krause ist Inhaber einer Professur für Betriebswirtschaftslehre mit Schwerpunkt »Controlling/Rechnungswesen« an der Fachhochschule für Technik und Wirtschaft Berlin.

Professor Dr. Dayanand Arora ist Inhaber einer Professur für Betriebswirtschaftslehre mit Schwerpunkt »Finanz- und Rechnungswesen« an der Fachhochschule für Technik und Wirtschaft Berlin.

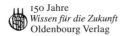

150 Jahre
Wissen für die Zukunft
Oldenbourg Verlag

Bestellen Sie in Ihrer Fachbuchhandlung oder
direkt bei uns: Tel: 089/45051-248, Fax: 089/45051-333
verkauf@oldenbourg.de

Projekte problemlos abwickeln

Bernhard O. Herzog
Technik der Projektarbeit
Handbuch für Projektleiter und Consultants
2008 | 141 S. | gebunden
€ 26,80 | ISBN 978-3-486-58592-6

In den meisten Unternehmen hat sich die Erkenntnis durchgesetzt, dass man interne Projekte nicht problemlos abwickeln kann, wenn man sie genauso organisiert und steuert wie Routinearbeit. Spezielles Know-how und Erfahrungswissen ist also unabdingbar für reibungslose Projektarbeit.

Das vorliegende Werk geht von folgenden vier Kernthesen aus: (1) Die Abwicklung von Projekten ist für Unternehmen keine Ausnahmesituation, sondern wird mehr und mehr zum Regelfall. (2) Projektarbeit erfordert jedoch spezielle Techniken um erfolgreich zu sein. (3) Diese können von darauf spezialisierten Personen, also von erfahrenen Projektleitern oder im Projektmanagement versierten Consultants bereitgestellt werden. (4) Regieprojekte sind ein zukunftsweisender Weg, internes Fachwissen sinnvoll mit professionellem Projektmanagement Know-how zu verbinden.

Die Grundfertigkeiten der Projektarbeit sind Gegenstand dieses Buches. Die darin enthaltenen Praxisbeispiele, Erfahrungen und Anregungen sollen jedem, der sich in einer Projektsituation befindet, eine Hilfestellung bieten. Dies gilt in gleicher Weise für einen externen Berater oder einen Inhouse-Projektarbeiter.

Bernhard Otto Herzog ist Management Team Mitglied der ABB Global Consulting und lehrt am Institute for International Management Consulting (I-IMC), Ludwigshafen.

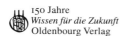

150 Jahre
Wissen für die Zukunft
Oldenbourg Verlag

Bestellen Sie in Ihrer Fachbuchhandlung oder direkt bei uns: Tel: 089/45051-248, Fax: 089/45051-333
verkauf@oldenbourg.de

Risiko – ist das überhaupt objektiv?

Thomas Wolke
Risikomanagement
2. vollständig überarbeitete und
erweiterte Auflage 2008
308 S. | gebunden
€ 29,80 | ISBN 978-3-486-58714-2

Mittelständische Unternehmen und Großkonzerne sind heute gleichermaßen vielfältigen betriebswirtschaftlichen Risiken ausgesetzt. Wollen sie nicht in eine Krise geraten, müssen sie ein effektives Risikomanagement betreiben. Waren früher die Verfahren der Risikomessung eher qualitativ und intuitiv, gewinnen heute mehr denn je objektiv nachvollziehbare Verfahren an Bedeutung – unabhängig von der subjektiven Risikoeinschätzung des Managers.

Und wie konkret ist Risiko eigentlich?
In diesem Buch stellt Thomas Wolke das Thema systematisch dar und geht sowohl detailliert als auch konkret auf die Problemfelder des Risikomanagements ein. Genauer beleuchtet werden beispielsweise neue Verfahren der Risikomessung und -analyse sowie die Risikosteuerung. Daneben wird auf die vielfältigen finanz- und leistungswirtschaftlichen Risiken eingegangen, denen Unternehmen heute ausgesetzt sind.

Abschließend stellt der Autor auch das Risikocontrolling genauer dar und führt die gewonnen Erkenntnisse in einer praxisnahen Fallstudie zusammen.

Das Buch richtet sich an Bachelor- und Masterstudenten mit Schwerpunkt Finance & Accounting wie auch an Anwender, die mit dem Risikomanagement in irgendeiner Form in Berührung kommen.

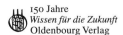
150 Jahre
Wissen für die Zukunft
Oldenbourg Verlag

Bestellen Sie in Ihrer Fachbuchhandlung oder
direkt bei uns: Tel: 089/45051-248, Fax: 089/45051-333
verkauf@oldenbourg.de

Menschen und Manager: Ein Balanceakt?

Eugen Buß
**Die deutschen Spitzenmanager -
Wie sie wurden, was sie sind**
Herkunft, Wertvorstellungen, Erfolgsregeln
2007. XI, 256 S., gb.
€ 26,80
ISBN 978-3-486-58256-7

Was ist eigentlich los im deutschen Management? Kaum ein Tag vergeht, ohne dass die Medien kritisch über die Zunft der Führungskräfte berichten. Sind die deutschen Manager denn seit dem Beginn der Bundesrepublik immer schlechter geworden? War früher etwa alles besser, als es noch »richtige« Unternehmerpersönlichkeiten gab?
Antworten auf diese Fragen finden Sie in diesem Buch.

Es gibt kein vergleichbares Buch, das die Zusammenhänge des Werdegangs und der Einstellungen von Spitzenmanagern darstellt. Die Studie zeigt, dass es in der Praxis unterschiedliche Managertypen gibt. Diejenigen, die ihre Persönlichkeit allzu gerne der Managementrolle unterordnen und jene, die eine Balance zwischen Mensch und Position finden.

Das Buch richtet sich an all jene, die sich für die deutsche Wirtschaft interessieren.

Prof. Dr. Eugen Buß lehrt an der Universität Hohenheim am Institut für Sozialwissenschaft.

Oldenbourg